教学生品《论语》

阿奎 ◎ 著

团结出版社

图书在版编目（CIP）数据

教学生品论语 / 阿奎著. -- 北京：团结出版社，2022.4
ISBN 978-7-5126-8963-3

Ⅰ．①教… Ⅱ．①阿… Ⅲ．①儒家②《论语》－青少年读物 Ⅳ．①B222.2-49

中国版本图书馆CIP数据核字(2021)第113480号

出　　版：	团结出版社
	（北京市东城区东皇城根南街84号　邮编：100006）
电　　话：	（010）65228880　65244790　（出版社）
	（010）65238766　85113874　65133603（发行部）
	（010）65133603（邮购）
网　　址：	http://www.tjpress.com
E-mail：	zb65244790@vip.163.com
	tjcbsfxb@163.com（发行部邮购）
经　　销：	全国新华书店
印　　装：	天津盛辉印刷有限公司
开　　本：	170mm×240mm　　16开
印　　张：	25.25
字　　数：	488千字
版　　次：	2022年4月　第1版
印　　次：	2022年4月　第1次印刷
书　　号：	978-7-5126-8963-3
定　　价：	58.00元

（版权所属，盗版必究）

前　言

本书采用教师与学生对话的形式，其中"师"代表教师，"生"代表学生。

"师"为作者，"生"并非一人，这是教师与几个学生之间的对话。不过这种对话，并非完全实录。

本书收录了《论语》全文，并附有适当的词语解释，便于读者对原文的理解。

在原文之后，附有出场学生的介绍，即学生名录，便于对孔子弟子的了解。

在教师与学生的对话过程中，有对原文的解释，用黑体字标示，有些是由学生解释的，有些则是由教师解释的。有歧义的地方在对话中也有部分说明，但不是学术研究，所以不能完全罗列。

除涉及孔子言行的必要史实在对话中有说明外，一般不作过多介绍，因为许多历史文献的真实性，还有学术争论。

对《论语》的注释和讲解的版本，自古至今层出不穷，本书对这些参考书目就不一一列举了。

笔者没想过要对《论语》进行讲解，可在教学过程中，发现学生对孔子的理论越来越感兴趣，说明社会上的《论语》热潮也浸染到了大学校园。这种现象令人喜忧参半。喜的是年轻人关注并热爱中国传统文化；忧的是，《论语》是一套封建社会的理论，里面有精华也有糟粕。如何正确地去品鉴它，如何取其精华、去其糟粕地传承中国传统文化，是我们老师必须引导和帮助学生甄别的。这促使我去跟学生讲解并品鉴孔子的理论，让他们能够正确理解这套东西。

孔子可以被视为中国职业教育的创始人，他培养学生是为了让他们能很好地从政，在培养的过程中，他着重强调的是职业道德。稍晚于孔子的柏拉图，在古希腊创建了"柏拉图学园"，教授的是各种学问。如果"柏拉图学园"的核心是科学精神的话，那么孔子教育的核心则是人文精神。一个是学术传授，一个是素质培养，两者不可或缺，中西合璧，才能构成人类教育的两大文明源头。明白这点，我们也就昭然了孔子理论的精华所在，即他所讲的那些"仁义道德"。

孔子的理论，说起来并不复杂。这是一套封建社会的价值体系，其基础是等级制度，其"仁义道德"都是围绕着维护等级制度建立起来的。等级间的规则就是"道"，而维护等级的最好办法是"德"。在等级中的人，上级对下级的道德是"仁恕"、"施恩"，下级对上级的道德是"忠信"、"报恩"。统治阶级对被统治阶级有教育、引导和做表率的"责任"。维护等级的具体形式就是"礼"。在孔子眼里家庭是社会的细胞，他把封建等级观念引入家庭伦理，从而开创了家族宗法制度的先河。"君臣"关系被演绎为"父子"关系，上下级关系被演绎为"兄弟"关系。教育、引导和听话、服从之类维护等级制度的观念，被演绎为伦理中的"孝悌"、"敬老爱幼"之类的观念。

如果把等级观念从孔子的"仁义礼智"中剥离，我们会发现，孔子讲的是社会中人与人之间的相处与关系，讲的是人与人之间的道德关系。老子把万物之源及规律称之为"道"，把"道"的具体体现称之为"德"。老子把自然之道等同于社会之道，显然是不科学的。孔子并不讲自然，只讲社会。我们摒弃孔子的社会规则的"道"，留存其维护"道"的"德"，那么就能达到弃其糟粕、取其精华的效果。有学生问我，科学重要还是道德重要。我的回答是：道德重于一切。从源头上说，我们是集群性动物。但凡集群性动物，都有维护集群的纽带，没有这种纽带，就无法集群生存，也就没有集群性动物的存在。动物具有集群性，它们维护集群的纽带是本能的；对人类来说，集群性就是社会，人类维护社会的纽带则是道德。这也是孔子道德理论的伟大之所在。科学可以克隆人，但道德不允许。道德一旦被毁弃，社会就不复存在，人就没有生存的基础。

孔子为了使自己的理论显得具有说服力，把尧舜时代的制度作为根据和典范，用以显示自己的正宗。仔细想一想，氏族社会肯定比国家产生之后的社会更具道德规范。氏族社会没有法律和警察，他们用"原始禁忌"来维护道德，触犯禁忌是要被处死的。也就是说，违反道德准则等同于犯罪。孔子把尧舜时代作为典范是对的。其后孟子进一步提出了"老吾老以及人之老，幼吾幼以及人之幼"的理想，这符合母系氏族社会的现实。老人社会化赡养，孩子共同抚养，是原始社会的现实，也已成为现代社会的发展方向。孔子把社会道德延伸到家庭伦理之中，提倡"孝悌"观念。现代社会应该把家庭伦理还原为社会道德，"孝悌"观念也应该还原为社会道德。

老年人应该受到社会的尊重，这是原始氏族社会就有的社会道德之一。人类的第一个婚姻形式"血缘婚"，就是为了保护老年人而诞生的。为什么要保护老者？因为老年人拥有更多生产知识与经验，知识与经验是社会发展不可缺少的。敬老爱幼，是任何集群生物的本能。狒狒迁徙时，幼崽和老弱狒狒以及雌狒狒始终是走在队伍当中的，最强壮的雄狒狒开道，半成年的雄狒狒殿后。

有人喜欢用"传统美德"来说《论语》，这显然是不够的。道德是没有传统的。所谓传统，就是过去的和与其他民族不同的，但道德不是这样。一些人类文明发展出来的道德，根本就不可能具有什么民族特色。比如诚信、见义勇为、助人为乐，难道是中华民族独有的？不是的。抚养儿女、赡养老人难道是中华民族特有的？也不是。任何一个民族如果没有这样的道德，都不可能发展到今天。所有美德都是全人类的，而不是某个民族的。孔子提倡"仁义道德"的理论是人类人文精神的体现，他与柏拉图体现的科学精神一起，构建起人类文明的两块基石。

孔子在人类思想史上，世界性地位是不言而喻的。无论哪国学者写世界哲学史，都不可能跳过孔子，不可能不把孔子放在人类思想的一个高峰来阐述。即便是现代社会，人们如果要站在历史伟人的肩膀上研究思想的话，就必须攀登孔子这座人类思想的高峰。正是鉴于此，本人才跟学生讲解《论语》，希望能帮助学生登上孔子理论之巅。作为教师，我认为有责任结合现代的观念来对孔子的理论进行论述与品鉴，从而更好地传承人类的思想文明。

阿　奎于沪上　2021年8月6日

目 录

学而第一 / 1

为政第二 / 20

八佾第三 / 42

里仁第四 / 65

公冶长第五 / 88

雍也第六 / 114

述而第七 / 139

泰伯第八 / 171

子罕第九 / 187

乡党第十 / 209

先进第十一 / 221

颜渊第十二 / 240

子路第十三 / 260

宪问第十四 / 281

卫灵公第十五 / 309

季氏第十六 / 334

阳货第十七 / 347

微子第十八 / 364

子张第十九 / 373

尧曰第二十 / 391

学而第一

1·1 子曰："学而时习之，不亦说（悦）乎？有朋自远方来，不亦乐乎？人不知而不愠，不亦君子乎？"

- [词语解释] 说（yuè）：悦。　　愠（yùn）：怨恨，一般指心里窝火不发泄出来。
- 师：孔子说："学习了一门课，经常去复习，不是很快乐么？"你们感到快乐么？
- 生：不快乐。
- 师：那么经常去实习和演习呢？
- 生：实习、演习比较快乐。
- 师：那么就以实习、演习来理解，因为"习"字在甲骨文中，上面是羽毛，下面是太阳，意思是鸟在太阳下飞，可以理解为练习飞翔。
- 生：能不能看作飞出去玩？
- 师：可以。但孔子不会喜欢学生学习时常溜出去玩，我也不喜欢你们这样。
- 生：后面比较容易理解。"有朋友来看你，肯定是快乐的事。至于别人不理解你，你却一点也不生气，也是君子的表现。"
- 师：这点你们能做到么？
- 生：关系一般的能做到，要是好朋友，恐怕就有点生气。连最好的朋友都不理解你，心里总是窝火的。老师，孔子为啥把学习、招待朋友、理解不理解扯一块儿？
- 师：扯在一起的关键是什么？快乐不快乐。《论语》开首篇，孔子对学生进行快乐教学。学生日常三件事，学习、交友、彼此理解。对这三件事，孔子希望学生保持好心情。你们大学生活的三件事是什么？
- 生：打工、结社、谈恋爱。
- 师：打工算是实习，社团活动是交友，谈恋爱就是青年男女之间理解不理解了。打工、交友是比较快乐的，但你是一个优秀青年，姑娘却不理解你，难道不生气吗？
- 生：很生气的，老师。她怎么就是不懂我的心？
- 师：这点我理解。年轻人荷尔蒙很旺，被异性理解的愿望是很强烈的。
- 生（笑）：理解万岁！
- 师：先别高兴。孔子的时代是乱世，烦恼多多，希望学生能保持快乐心态是对的。错的是不被理解而不生气。这在心理学上讲不通，尤其是亲近的人不理解你，有点怨恨很正常。重要的是怎么让别人理解你。现代西方文学的奠基人之一卡夫卡，他老爸不理解他，处处压制他，他给老爸写了三万多字的长信，骂他老爸是"专制暴君"，以此来宣泄胸中的怨气。

生：老爸就算不是专制暴君，也会给他一顿胖揍。

师：他没敢交给老爸，让母亲转交，母亲哪敢给丈夫看呢？

生：在孔子眼里，卡夫卡肯定不是君子。

师：君子是孔子培养学生的目标，后面会讲到君子应该怎样，不应该怎样。

生：登个招生广告，学习的专业是"君子"，有人会报名么？现在要是在求职简历个人专长一栏写上"君子"，招聘单位得傻眼了吧。

师：如果写"小人"，用人单位肯定不要你。君子是和小人相对的。这是孔子这套理论第一个与我们时代格格不入的地方，表面上好像以素质好坏把人分为君子、小人，实质上是封建等级观念在作怪。现代社会有小人吗？

生："小人"是骂人的词儿。就是狱中罪犯，我们也不能称之为小人，应该叫失足者。

师：人的素质有高低，文化程度有高低，生活质量也有高低，但说人家小人，那是不道德的。

1-2　有子曰："其为人也孝弟(悌)，而好犯上者，鲜矣；不好犯上，而好作乱者，未之有也。君子务本，本立而道生。孝弟(悌)也者，其为仁之本与(欤)！"

● [学生名录] 有子：孔子的学生，姓有，名若。有的说他比孔子小十三岁，有的说小三十三岁。据说长得像孔子，孔子死后，被同学们视为孔子的接班人。

● [词语解释] 弟：悌（音 tì），对兄长的恭敬。　　鲜（音 xiǎn）：少。　　与：同"欤"，语气词。后面大多相同。

● 师：我们发现在《论语》中提到学生都用字，只有曾参和有若称"子"，还有冉有和闵子骞也偶尔称一下"子"。

● 生：可能是班长、副班长，或者助教吧？

● 师：可能吧。有子的这段话很关键，说出了君子的本质。他说："为人孝顺父母、敬爱兄长，就很少冒犯上级；不喜欢冒犯上级，而喜欢造反，没有这样的人。君子致力于基础，基础建立了，'道'就产生了。所以'孝悌'是'仁'的基础。"我们先议孝悌。孔子把孝悌与犯上作乱对应，也就是把父母兄长视为上级。

☺ 生：老师，不对的啦。要是把父母看成上级，要爱他们就很难。嚯，奴才该死！嚯，奴才有罪！这还过啥家庭生活哟。嚯，奴才自行了断算了！

☻ 师：父母不这样看。他们有些人就打骂孩子，认为这是他们应有的权力。

☺ 生：我们农村父母理所当然地这样认为。

☻ 师：父母对未成年子女有监护权，这种权力和上级对下级的权力完全不同。孝顺不是听话，而是关爱和责任。

☺ 生：父母们会跳起来的。难道孩子不该孝顺父母吗？中国人的传统美德还要不要啦？

☻ 师：孩子不能一味地只讲孝顺！这种传统美德也应该反思。

☺ 生：老师也太过分了，这样会遭万人唾骂的。

☻ 师：骂是不理解现代社会子女和父母的关系。封建伦理是孩子听父母话，沿用到上下级关系，就是下级听上级话；沿用到师生关系就是学生听老师话。孔子很希望把封建的家庭伦理扩展到社会，为了完善社会的管理，建立起听话式教育，这是有悖于现代社会的。

☺ 生：老师，那我们可以不听你的话。

☻ 师：老师的话并不重要，重要的是话的对与错。现代社会上级与下级的关系，是服务关系，当官的为百姓服务，百姓是他们的衣食父母。说到孝也应该是官孝民，现在我们提倡"顺民心"，就是这个意思。

☺ 生：可"父母官"又怎么说？不就是把官视为父母嘛。

☻ 师：从父母爱子女的角度提"父母官"是可以的，从父母管子女的角度就不妥当。现代社会不存在犯上作乱，只存在"犯下作乱"。当官不能为百姓好好服务，恐怕就会被罢免。如果欺压民众，搞得民怨沸腾，那就是"犯下作乱"。

☺ 生：现实很残酷，在家里明明我有理，想争辩，父母会说我"没规矩"，是不是父母也有"犯下作乱"之嫌？

☻ 师：这是监护。怎么肯定你就有理？

☺ 生：老师，孔子说的"道"到底啥意思？

☻ 师："道"的意义很含糊，道家常用这个词。我觉得解释为规矩、规则、规律比较贴切些。

☺ 生：古人说的"无道昏君"，也是这个意思吧？父母说我"没规矩"，就是说我是"无道的孩子"。

☻ 师：你是"无道昏子"么？要相信世间自有真理在，万事均有对与错，所谓万物皆有其道。

☺ 生：老师，古代的"仁"和"大"一样，都可以理解为"人"，是么？

☻ 师：是。天大，地大，人亦大。所以"大"就是人。人站在天地之间则是"仁"。记住现代社会"仁"的基础是人人平等，决不是君子小人、上级下级之类等级间的顺从。

1-3　子曰："巧言令色，鲜矣仁。"

- [词语解释]令：美好。　色：脸色。
- 师：孔子的意思就是："花言巧语、满脸堆笑的人，很少有仁德。"
- 生：去商店买东西，服务员都是花言巧语、满脸堆笑的，也不能断言他们全是没有道德的人吧。
- 师：孔子时代哪知道微笑服务，他说的是虚伪的喜欢拍马屁的人。
- 生：老师，社会上巧言令色的人吃得开，这种人，人脉很旺。
- 师：我不否认。可有个问题，一个在外面巧言令色的人，难道在家里就不孝悌了么？人要在社会上混，花言巧语、满脸堆笑想必也是一种才能，尤其是在商业社会里。一个实话实说，整天板着面庞的商人，要和气生财就难啦。这和仁德关系恐怕不大。
- 生：我家隔壁就有这样一位，逢人点头哈腰，尤其是拍领导的马屁，很肉麻的，可他还真是个孝子。我猜，在座同学的父母，也有这种人吧。
- 师：巧言令色实在不是叫人喜欢的个性，可断言这种人缺少仁德，缺少"孝"，孔子的思维不太严密。
- 生：是很不严密，至少也得做一做社会调查。

1-4　曾子曰："吾日三省吾身：为人谋而不忠乎？与朋友交而不信乎？传不习乎？"

- [学生名录]曾子：孔子的学生，名参（shēn），字子舆，比孔子小四十六岁，鲁国南武城人。南武城位于今天的山东枣庄市附近。
- [词语解释]省（xǐng）：内省、反省，自我检查。
- 生：老师，"省"是不是反省的意思？如果是，那么每天老想着自己的身体，这个曾子是个自恋狂啊。
- 师：这里的"身"不是指身体，而是指自己。曾子的意思是："我每天多次反省自己，替人做事没有尽力么？与朋友交往不讲诚信么？老师传授的东西没有复习么？"

- 生：这个曾子和前面的有子一样，被称为"子"，大概也是班长或助教。
- 师：这点我们应该向曾子班长学习，尤其是讲诚信。诚信是现代社会的基石之一。所谓"信"，就是真话。老子说"美言不信，信言不美"，就是真实的话不漂亮，这和上面的"巧言"是对立的。
- 生：现在广告满天飞，"美言"铺天盖地，商业社会要建立诚信比较难。到小摊上买东西，商贩美言道："东西便宜，我不赚你钱。"我说："不赚我钱我不要，我不想接受陌生人的馈赠。"结果商贩自己都不好意思了。
- 师：知道不好意思，说明他还懂得人应该讲真话。现代社会讲诚信，不仅仅是对朋友，而是对整个社会的。我问你们，社会建立诚信制度的目的是什么？
- 生：为了杜绝欺诈行为呗。
- 师：那是商业社会的"道"。要是每个人都有诚信档案，不讲诚信的人寸步难行，找工作人家不要，贷款贷不到，开公司不允许……这样的市场经济才叫"有道"。现代社会必须靠制度去建立道德。
- 生：小人靠制度，君子靠自省。
- 师：不要拿君子小人区别人，这个封建等级观念，我们已否定了。

1-5 子曰："道千乘之国，敬事而信，节用而爱人，使民以时。"

- [词语解释] 道：用作动词，即运用规则，治理。　　乘（shèng）：古代四马拉一车为乘。
- 师：前面我讲"道"是规律、规则、规矩的意思，这里的"道"用作动词，使有规矩，意思是治理。"乘"在打仗时就是战车，冲在前面。
- 生：相当于现代战争中的坦克吧。
- 师：差不多。冲在前面的还有一种战车叫"冲"，成语"首当其冲"里的"冲"。这个成语说的就是前面的士兵必须抵挡这种冲车。先秦时，以拥有"乘"的多少来衡量一个国家的国防力量。春秋初期，还没有千乘之国，像晋文公拥有七百乘，已经可以称霸诸侯了。可到了孔子的年代，千乘之国只是小国了。孔子说："治理小国家，要认真做事，讲信用，节俭并且爱护百姓，使用百姓要在农闲的时候。"
- 生：老师，孔子的治国之道与为人之道很一致哩。
- 师：实质上治国与为人是两码事，比如齐桓公的丞相管仲，为人不怎么样，但治国很有一套，后面孔子会提到他。现代社会也一样，好人不一定就是能人，能人也未必是好人。

- 生：孔子只能算好人，不能算能人。周游了那么多国家，也没人听信他的这套话。
- 师：不能这么说。行走江湖，孔子肯定不是高手，开了个武馆倒是培养出不少高手。这就是理想与现实的差距。
- 生：老师，现在我们国家人口世界第一，经济总量世界第二，算得上世界大国。孔子这种治理小国的方法，对现在我们国家适用么？
- 师：这个问题提得好。"敬事而信"肯定是适用的。现在一些中国人敬业精神还很不够。有法不依、执法不严、缺乏长效管理等等，都是治国不"敬事"的表现。至于"信用"，我们现在的商业信用还有待提高。
- 生：不是说无商不奸嘛。不法奸商不讲信用，守法商人应该是讲信用的吧。
- 师：错。这种观点是中国古代社会长期重农轻商的反映。商业应该以诚信为本，不讲信用，就是商业欺诈，是犯罪。正是由于"无商不奸"的观点，使为商者"奸"得很自然，加上不"敬事"的管理，使得假冒伪劣充斥市场。
- 生：那节俭爱人总不会有错吧。
- 师：这也有个度的问题。过度节俭使得消费指数 CPI 长期低位徘徊，不利于经济发展。在能源上必须节俭，可有些方面只要不浪费就行。爱人也要有度，过度就是溺爱。治国者爱百姓也一样，不能事事"顺民意"。大众比较重视眼前利益，事事顺之，不利于国家的长远发展，有些方面还得听听专家的。

1-6

> 子曰："弟子入则孝，出则弟（悌），谨而信，泛爱众，而亲仁。行有余力，则以学文。"

- 师："弟子"在这里可能指年纪小的人，也可能指学生，或许是孔子面对刚入学的新生，他说："年纪小的人进家门得孝顺父亲，出门在外要敬爱兄长，说话要谨慎和诚实，要爱大家，亲近别人，怀有仁德。这样践行之后，还有余力，那么可以学学各种文化。"
- 生：现在是倒过来的，年纪最小的在家里是小皇帝，大家围着小皇帝转。
- 师：这是溺爱。
- 生：老师，不溺爱不行的。现在社会竞争如此激烈，孩子以文为重，行有余力再去干别的。与其说一家人围着孩子转，不如说围着孩子的功课转。
- 师：把多余的精力只放在功课上，在激烈的竞争中未必完全有优势。也应该注重个人道德，没有个人道德在市场竞争中会被淘汰的。
- 生：是不是孔子的时代是国家的竞争时代，而我们现在进入了个人的竞争时代？

- 师：未必。现在国家之间的竞争也很激烈。只能说孔子的教育观念与目前的教育有所不同。我们目前应该是职业教育与素质教育并重，而孔子是以素质教育为主，职业技能为辅。知道为什么会有这种变化么？
- 生：人多岗位少呗。
- 师：关键是人多。人口的增长已完全打破了人与自然之间的平衡，人们只有不断增加劳动强度才能维持生存，劳动强度的增加一方面减少了就业岗位，另一方面对劳动效率的要求就越来越高，对就业技能的要求也越来越高。
- 生：这听起来很复杂，简单点说就是以前的劳动没有现在技术含量高。虽说年龄小在家里当小皇帝不对，可孔子对年龄小的人要求也太严厉了。
- 师：孝悌对中国人的影响太深了，孝悌的根据就是年龄。先不说孝（我们放到后面再讲），就说悌，年龄上是晚辈，就得对兄长毕恭毕敬，谨小慎微，大气不敢出，这对头吗？
- 生：年轻人总得尊敬年长者吧。我看韩国电视剧，弟弟对哥哥尊敬得不得了。在学校里，年长的就是师兄、学长，晚辈们对他们也是毕恭毕敬的。
- 师：世界上有许多让你讨厌的人，你会因为一个人年龄比你大而尊敬他吗？
- 生：不会。
- 师：那为啥有的人会让你们产生敬意呢？
- 生：要是一个人做了我做不到的事，我就尊敬他。
- 生：要是我欣赏一个人，我就会尊敬他。

   ……

- 师：的确，你们当中没有人因为年纪的大小来决定是否尊敬一个人。问题清楚了，尊敬是由于对自身价值体系和审美情趣的认同感导致的，肯定不是因为年龄。
- 生：那么在年长者面前为所欲为，目中无人，总是不对的吧？
- 师：我们要学会平等待人，平等就是不要凌驾于别人之上，不管年龄大小，不管学识、地位多高，都不能凌驾于别人之上。后面读下去，每当孔子强调孝悌时，我们都要想到平等，这是孔子时代与我们时代的本质差别。
- 生：老师，照您这样说，尊敬别人的说法不对啰。
- 师：不能因为是"别人"就尊敬他，记住，尊敬是不能随便使用的感情。你们可以追星，可以树立自己的偶像，但不能轻易为之而尊敬！
- 生：听见没有，偶像也不能尊敬吔？
- 师：你知道你偶像的为人么？他的道德品质如何？他的价值观是怎样的？这些你都不知道。你看的并不深入，你只是喜欢他的"样子"，这就能让你付出尊敬这种高尚的感情吗？
- 生：老师，看样子，我也无法尊敬您了。
- 师：要尊敬我，首先要平等地对待我。有些学生怕老师，怕什么？怕的是因为你们觉得老师对学生有某种权力，老师比学生高一等级，这就是不平等地对待我。你们能平等地对待你们的偶像吗？如果不能，就休谈尊敬。

☺ 生：哇呀，要做到平等待人还真是难啦。

1-7

子夏曰："贤贤易色；事父母，能竭其力；事君，能致其身；与朋友交，言而有信。虽曰未学，吾必谓之学矣。"

● [学生名录] 子夏：孔子晚年收的学生，比孔子小四十四岁，此人姓卜，名商，字子夏。出身贫寒，曾在鲁国担任过地方长官，后收徒讲学，当上了老师。

● [词语解释] 贤：看重、尊敬。　易：轻视、简慢。　致：委弃，奉献。

☻ 师：子夏说："看重品德、才能，轻视美貌。"有人认为这是针对朋友说的，我看是对妻子说的，或者找对象时说的。

☺ 生：用现在的话说就是：找老婆不注重外在美，要注重心灵美。

☻ 师：我看"贤贤"就行了，不必"易色"，外表美，也是一种美，轻视就过于做作了。法国作家雨果《巴黎圣母院》中的艾斯米哈尔达，内外都美，可谓尽善尽美。对"尽善尽丑"的阿西莫多，就必须重德轻貌了。这条要看对象。第二条："侍奉父母，要能够竭尽全力。"侍奉父母，即所谓的孝，我看当前是存在问题的。你们以后工作，第一个月的工资是不是会给父母，或者花在父母身上呢？

☺ 生：那当然，报答父母的养育之恩呗。我以后还会把每个月的工资都交给父母，我肯定是个孝子，应该算得上竭尽全力。

☻ 师：这就是问题。报恩的想法是不对的。把工资交给父母是因为父母会把你的钱存起来，以后还是会用在你身上，实质上啥也没给父母，给的只是理财的义务。要是父母把你的工资都花光，用于他们自己的消费，你会把工资全额奉献么？

☺ 生：天下哪有这样的父母？

● 师：所以，我看一些子女名为孝顺，实质是变相的"啃老"。

☺ 生：照老师这么说，难道父母对子女就没有养育之恩了？子女就不需要报答父母了？

☻ 师：现在我们来讲"孝"的问题。养育子女是父母的责任，既然做了父母，就得养育子女，这是人的基本义务。赡养老人，是子女的责任，也是人的基本责任。责任之上是不可能建立恩情的，建立的只能是感情和亲情。所以报恩的想法肯定是错误的。

☺ 生：父母和子女总有感情的吧。

师：感情和恩情是两回事，不能混淆起来。子女和父母的关系，是责任和义务的关系，不是恩情关系。不管父母与子女感情上怎样，都必须尽自己的责任。

生：明白了，子女和父母同样是平等的关系，各自有各自的责任。

师：对。人与人之间平等，才是现代的观念，这也包括子女与父母的平等。子女成年之前，父母有管教子女的权力，成年以后，就是平等关系。

生：现在不是在倡导社会化养老嘛。要是社会化养老体制建立以后，赡养老人成了社会的责任，子女不是就没有责任了么？

师：你们是不是喜欢养宠物？

生：老师请正面回答问题！

师：别急，看到外面遛狗的年轻人没有？人和狗都穿着时髦，看上去狗的生活水平不低呀。你想这些年轻人父母的生活水平怎样呢？我看未必全都比他们的狗优越吧。爱宠物貌似很有爱心，实质根本不是那么回事，这只是他们的一种生活消费。如果父母的生活水平还不如一条狗，哪里谈得上什么爱心？如果一个人每月花在狗身上的钱是一千多，而他们父母的退休工资达不到这个数，这样的子女不说爱心，就连赡养父母的责任也没尽到。赡养父母不只是让老人能活下去，而是要让父母的生活水平不比自己低。因为我们社会的发展已跨过了温饱阶段，要是把赡养依然停留在温饱上，是不对的。

生：可父母的消费就停留在温饱上，他们好像没有其他的需求。

师：你竭尽全力了吗？父母在抚养孩子时，难道自己吃香的喝辣的，而让孩子仅仅满足温饱？

生：这怎么可能？一般都是孩子优先。

师：所以在生活质量的改善上，父母优先，当不为过。什么叫平等？这就是平等。侍奉父母，不是听父母话，不是把钱交给父母，让他们替你保管，而是让他们的生活质量不低于你，这才是侍奉，才是赡养。

生：要是现在父母有钱，而孩子下岗，父母还向孩子要赡养费咋办？现在不是有这样的事吗？

师：这是父母对子女的不平等。父母完成了抚养孩子的责任，如果孩子成年后，生活不如父母，父母帮助子女是可以的，不过没有帮助的义务。至于硬要下岗子女拿赡养费，那是传统的报恩思想在作怪。父母的生活质量高于子女，不从亲情的角度，就从责任的角度，子女也无法尽赡养的责任，因为现代赡养的概念就是提高父母的生活质量。

生：要是父母与子女是责任关系，那么感情放在啥位置呢？

师：摒除了报恩观念，两代人之间的感情才是纯正的、友好的，这才是现代意义上的亲情。现在许多父母似乎一切都为了孩子，完成养育责任，还总是把希望寄托在孩子身上，在他们眼里，孩子就是他们自己的另一部分。

- 生：好像父母都这样看哩。
- 师：父母养孩子是一种责任，孩子对父母好成了一种道德，彼此不对等。一个父母把未成年的孩子丢弃，法律马上得过问；一个子女任凭父母拿着微薄的退休金过活，自己养着宠物，法律却不过问。父母和子女之间还有一点平等吗？
- 生：咋越听越奇怪，从老师嘴里说出来，怎么成了孝顺为万恶之首？
- 师：把责任和感情混为一谈，原本是平等和责任的关系，父母怎么就一下子成了弱势群体！
- 生：我今天回去就宣布：爸，从现在起，我跟你平等了！
- 师：你还没资格这样说。你经济独立了吗？你开始尽自己的家庭责任和社会责任了吗？与别人平等的前提是独立，独立的前提是担起责任。
- 生：老师，第三条"事君"就是侍奉君主，现在已没有君主了，跟我们没关系吧。
- 师：在古人眼里，君与国家等同，所以"事君"也可以理解为替国家做事。意思是"为国能奉献自己的身体"。第四条就是"交朋友要言而有信"。子夏是说，做到了这样"四项基本原则"，"即使没读过什么书，我也认为他是有学问的人"。
- 生：老师，有学问和有教养毕竟不是一回事啊。
- 师：的确。我看现在有学问而没教养的人越来越多啦。

1-8 子曰："君子不重则不威，学则不固，主忠信，无⟨毋⟩友不如己者，过则勿惮改。"

- [词语解释] 重：庄重或自重。　　固：固陋、浅薄。　　无：毋。
- 生：君子体重不够，就不威武。
- 师：别胡说了。孔子说："君子不庄重就没有威仪，学习了就不会浅薄，要以忠诚和诚信作为主要的品德。不要和不如自己的人交朋友。有过错，就不要害怕改正。"
- 生：不和不如自己的人交朋友，肯定不对。老师认为学生不如自己，老师和学生就不会成为朋友了。
- 师：这句话后人有不同的理解，从字面上理解就是这个意思。从辩证的角度说，不与不如自己的人交朋友，高于你的人当然也不会和你交朋友，那么君子就不可能有朋友了。
- 生：看来也是为了维护等级，所以君子只好时刻保持庄重，让人看上去很有威仪。老师一点威仪都没有，动不动就在学生面前"傻笑"，无怪乎老师总是强调"平等"。

- 师：威仪是封建等级制搞出来的，庄重不庄重根本不重要，重要的是平等待人，平等了才会公正、公平。一个不具有平等观念的人，肯定不会是一个正直的人。你可以讨厌某些人，但不平等对待别人是不对的。你不能平等对待你讨厌的人，讨厌你的人也有权力不平等对待你。
- 生：知道啦，老师。孔子说了，有错误就不怕改正。
- 师：有这份勇气，你们都是我的朋友。对学习了就不会浅薄怎么看？
- 生：这还有啥怀疑的么？人人都知道开卷有益。

1-9 曾子曰："慎终追远，民德归厚矣。"

- [词语解释] 终：老死曰终，指父母死亡。　　远：远祖、祖先。
- 师：曾子说："慎重地替父母送终，时时追思祖先，民间的道德风尚就会归于纯厚。"我看这话放到现代来说，完全不合时宜。知道为什么不合时宜么？
- 生：老师的意思是，追思祖先，敬重父辈，不见得会使民风淳朴。
- 师：难道我们的祖先、父辈，不比我们纯朴吗？
- 生：肯定比我们纯朴，他们哪里有我们这样复杂？
- 师：俄罗斯总统普京说过一句令人深省的话："说苏联解体好，那是没有良知；说苏联解体不好，那是没有头脑。"意思就是，计划经济下的社会道德要比市场经济时代好，而市场经济时代的人民生活要比计划经济时好。祖先、父辈的为人肯定要比我们纯朴，而我们的生活肯定要比前辈好。
- 生：那么老师，难道经济越发达，社会道德就越不好么？
- 师：非也。社会变迁也意味着道德的变迁，只是道德的变化没有社会经济的变化来得快，经济是基础，道德是上层建筑，地基打下去了，才有可能在上面建房子。所以当社会经济产生质变时，道德显然是跟不上的。计划经济下的道德规范，遭遇到市场经济的突变，自然会瓦解崩溃，而市场经济所需的道德规范又没有完全建立起来，这时在人们的眼里，社会的道德底线仿佛跌破了。
- 生：怪不得我妈常唠叨，现在部分人变得越来越坏了。
- 师：拿我们上面说的"学则不固"来说，一个蒙昧的人，原本在道德上很纯朴，通过学习，他不再蒙昧，知道了世界上的种种现象，他的纯朴也就丧失，如果他不能够通过进一步学习来建立新的道德准则，那么他何止是浅薄……
- 生：终于明白老师说开卷未必有益是啥意思了。我看我们现在恐怕都还没到学习建立新的道德标准的时候，而以往的纯朴已不再了，因此现在我们处于浅薄阶段。

1-10

子禽问于子贡曰:"夫子至于是邦也,必闻其政。求之与(欤)?抑与之与(欤)?"子贡曰:"夫子温、良、恭、俭、让以得之。夫子之求之也,其诸异乎人之求之与(欤)?"

- [学生名录] 子贡:姓端木,名赐,字子贡。卫国人,比孔子小三十一岁。孔子死后,被认为是儒家学说的传承者,收孔子的孙子子思为弟子,子思收了孟子为学生。
- [词语解释] 其诸:表示不肯定的语气,同"或者""大概"。
- 生:老师,子禽是不是孔子的学生?
- 师:某些学者认为是,大多数人认为不是,所以不归入"学生名录"。我也认为不是,此人姓陈,名亢,字子禽。在"第十九"里他认为孔子不如子贡。不过这会儿从口气上看,他很敬重孔子,他称孔子为"夫子"。一般当过大夫的人,才被称为夫子,孔子做过鲁国的司寇,所以他的学生称他为夫子,后来在某些特定的场合,"夫子"专门指孔子。
- 生:子禽去向孔子的学生子贡打听孔子的情况,说明孔子很有名,大概有不少粉丝吧。
- 师:这种打听或许有些不怀好意,他问:"老人家一到哪个国家,一定听到那个国家的政治状况,他是打听到的呢,还是别人主动来告诉他的?"
- 生:言下之意,要是孔子到处打听消息,是很不光彩的做法。
- 师:子贡的回答很妙,他说:"老人家是靠温和、善良、庄重、严肃、节俭、谦逊得来的。老人家获得的方式,或许和别人都不同。"
- 生:妙啥呀,分明是牛头不对马嘴。他品德好,别人就会来告诉他国家大事?只是他的名气响,每到一个国家都有大批的粉丝跑来告诉他情况,他的消息就很灵通。
- 师:你或许说得对,因为他品德好,所以在各个国家都有粉丝,这样看来,子贡说得还真不错哩。
- 生:老师您哪,啥都要批一通,第一个"温和"就够不上,您要有粉丝就难喽。
- 师:我不需要粉丝,现在网络那么发达,不必打听就能坐观天下。
- 生:我来帮您批判。庄重是为了维护等级的威仪。过度节俭不利于消费指数 CPI 的增长。严肃肯定不好,严肃的老师我们不喜欢。
- 师:说严肃不好,给个理由。
- 生:不平等呗。严肃的人总认为自己了不起,或者高别人一等。
- 师:很高兴你们接受了平等观念。不过一个严肃的人要做到温和也是很难的。幽默算不算一种品德呢？
- 生：幽默算个性，不算品德。
- 师：幽默不算品德，与之相对的严肃就算品德么？幽默的好人和严肃的坏人，不可以有么？坏人中也有节俭的和浪费的，也有傲慢和谦逊的。我看"温、良、恭、俭、让"当中，只有善良属于品德，其他都属于个人风格。
- 生：那么说是因为孔子的个人风格招人喜欢，照现在的话说，就是具有人格魅力，才有人来告诉他消息。
- 师：温和、谦逊固然招人喜欢，庄重、严肃未必会招人喜欢吧？你们不是也不喜欢我严肃嘛。
- 生：经老师一分析，子贡岂不是在用谎言搪塞子禽吗？
- 师：实质上，子贡可能不想回答这种无礼的问话。我估计孔子每到一个国家，就是让学生到处打听，那时候又没现代化的传媒，也不会有现在所谓的追星族。子贡回答得很妙，表情恐怕就不那么妙了。

1-11
子曰："父在，观其志；父没，观其行。三年无改于父之道，可谓孝矣。"

- [词语解释] 行（xíng）：行为。
- 师：孔子说："父亲活着时，看儿子的志向；父亲死后，看儿子的行为；要是儿子几年下来都不改变他父亲的行为规范，和他父亲一样为人，也就算得上孝了。"
- 生：老师，要是那个人的父亲是个坏蛋咋办？
- 师：我们不去说父亲有好坏之分，就算父亲是个大好人，那么和父亲一样成为大好人，就是个大孝子了？
- 生：纵然父亲不是坏人，可如果不是个大好人，儿子永远都不可能是个大孝子啦。
- 师：说儿孙辈不好，就说他是"不肖子孙"。"肖"什么意思？就是像，我们今天连用为"肖像"。像什么呢？像父亲、父辈。不肖子孙就是不像父辈的子孙，在古人眼里，这是很坏的，没有道德的，大不孝的。
- 生：这都是孔子理论影响的吧。
- 师：我想是的。孔子生在一个动荡的年代，希望社会安定是可以理解的。周朝初社会安定，礼节也比较周到；春秋初期，社会动荡了，但还有礼节可言，双方打仗时还彼此问候，问候完了再打；后来到战国时，问候都没了，阴谋诡计横行，明的不行暗的来。那时孔子就很怀念彬彬有礼的周公时代，所以他想恢复周礼，在他眼里，整个社会都不像周朝初期了，也即成了"不肖社会"。

生：就像我们现在一些老人，十分怀念计划经济时代的社会风气淳朴一样。

师：对，正如普京说的，有良知而没有头脑。孔子就属于这种人，我想战国时代的庄子正好倒了过来，属于有头脑而没有良知的那种。

生：老师说孔子没头脑，未免太过分了吧？不是说他"知不可为而为之"吗？说明他看透了，却还在坚持做。他应该属于有脑子而性格固执的人才对呀。

师："知不可为而为之"，我们后面再说。说他没头脑，是说他没有哲学头脑，事物总是发展的，即使经过动乱发展出一个安定的时代，也不可能与以前的安定时代一样。恢复过去是一种怀旧情绪，但一切物是人非，不复当年，这是永恒不变的法则。纵然貌似当年，也只是表面雷同而已，本质肯定改变了，否则社会就不发展了。这就是哲学中的否定之否定。说庄子有头脑，是因为庄子认识到时间的流程不可逆转，万物在这流程中永远改变着。从这个意义上说，庄子是哲学家。

生：不过庄子的影响没孔子大，这是不是说明怀旧的人很多，怀旧是人的本性。

师：怀旧是一种情感，这种情感对你们这个年龄的人来说，不是太强烈。把一种怀旧的情感用于"孝"这样一种品德，实在是荒唐得令人觉得可爱。"我很像我老爸，所以我是个孝子，因为是孝子，所以是个大好人。"谁在别人面前这样说，肯定会被当作弱智。

生：老师，我想起德国现代哲学家维特根斯坦的一句话："如果你不能伤害自己的感情，你就不能正直地思考。"我看孔子肯定不想伤害自己怀旧的感情，所以……

1-12　有子曰："礼之用，和为贵。先王之道，斯为美，小大由之。有所不行，知和而和，不以礼节之，亦不可行也。"

师：这里的"和"解释比较多，照古人看来，事情恰到好处叫作"和"。有人理解为调和，现在我们喜欢用"和谐"这个意思。

生：要是用和谐这个意思，有子说的是啥意思呢？

师：他的意思是："礼的作用，以和谐最为可贵。过去圣君治国的法则，这是最漂亮的一点，大大小小的事情都按这个法则做。当然也有行不通的，你知道和谐而想使事情和谐，可不用礼去节制它，也还是行不通。"

生：按照这个意思，大家讲究礼节，大大小小的事情都讲究礼节，我们就能构建起和谐社会了。至少从表面上看，人人讲礼貌，彼此很和气，社会是和谐的。

- 师：首先，孔子的"礼"和我们现在的"礼貌"有本质的不同，孔子的礼是等级之间的标志，现代的礼貌是平等之间的客气。其次，和谐不是礼节导致的，礼节只是和谐的表面现象。
- 生：那建立和谐社会的关键是啥？
- 师：这个问题就大了。这里我先讲最关键的一点，就是英国经济学家亚当·斯密在他的《道德情操论》中所讲的："全社会的财富如果不能被全社会的成员共享，这个社会就是不稳定的。"这是和谐的基础。

1-13
有子曰："信近于义，言可复也。恭近于礼，远耻辱也。因不失其亲，亦可宗也。"

- [词语解释] 言可复：即"言复"，实践诺言。　远（yuàn）：使远离。　因：依靠、凭借。　宗：可靠。
- 师：有子说："所作的承诺符合道义，诺言就可以兑现。所表现的恭敬符合礼节，就不会遭人侮辱。凭借亲近的人来做事，也就可以靠得住。"
- 生：看来有子很清楚关系的重要性。中国社会这么早就需要凭借关系来做事了。
- 师：现在用"人脉"这个词来取代关系。中国社会人际关系特别复杂，这种复杂是封建伦理长期主导中国社会的结果。有子所谓的"不失其亲"的"亲"，其本质就是伦理关系，也就是说，真正靠得住的是伦理关系。
- 生：像我们这种外地来上海的学生，在上海没有任何伦理关系，找个工作要比本地学生难。在上海，我们外地生可谓"失其亲而无可宗也"！
- 师：外地同学体会到社会用伦理关系来维系的可怕了吧。告诉我，可怕在什么地方？
- 生：不公平哪，老师！
- 师：说得好。要靠"人脉旺"才能做成事情的社会，是个不公平的社会。靠伦理关系来维系的封建社会，就是没有公平可言的社会。
- 生：女同学或许还有机会，学得好不如嫁得好；我们男同学就没机会啦，学得好不如出身好，生则生矣，岂可悔也？
- 师：怎么能这么想？真是没志气！
- 生：老师，我们哪来志气，缺少有能量的伦理关系，不就是弱势群体吗？
- 师：世界上最有钱的两个人是谁？
- 生：微软的盖茨和"股神"巴菲特。

- 师：美国政府要取消遗产税，这两位富翁自己出钱在媒体上做广告，竭力反对取消遗产税，就像巴菲特在一次股东大会上说的，认为生在富有家庭的子女，可以衣食无忧的想法，是有悖于社会公平的。所以巴菲特不让自己的三个子女继承一分钱。有钱人还在为社会公平奋斗，你们要是觉得自己是社会不公平的受害者，就更应该为社会公平奋斗。
- 生：人们常说，一件事情要做到完全公平是不可能的。
- 师：是不可能，因为我们国家还只是社会主义的初级阶段。然而并不能以此作为理由，把不公平当作合理的现象。在座的学生，如果父母富有，可以也应该继承父母的财产，但不能拿继承的财产来炫耀，否则这就是可耻的。如果政府要取消财产的继承，或者对继承遗产收税，不要因为父母富有而站在反对的一边，以一己私利阻止社会向公正的方向迈进，这也是可耻的。我也会因为有这样的学生而感到可耻。不管你们中有谁继承多少财富，但认为继承是荣耀、合理的，那么就别再认为是我的学生，我没有这样的学生！
- 生：知道啦，老师，我们会偷偷地继承，对谁也不说，并且拼命反对这种不合理的现象。
- 师：言行不一，在孔子看来很不君子，而目前也算是比较君子的做法了。
- 生：唉，理想是美好的，现实是残酷的。

1-14

子曰："君子食无求饱，居无求安，敏于事而慎于言，就有道而正焉，可谓好学也已。"

- [词语解释] 就：接近。　　正：匡正、端正，用作动词。
- 生：老师，孔子说的"君子吃得不要太饱"，很符合我们现在健康饮食习惯嘛。七分饱是最合理的。"居住不要太安逸"，也符合我们这些外地生的居住条件。我们想安逸也没法安逸。现在住学生宿舍，毕业后总想在上海找个工作，只好租房，要住上属于自己的房子，少说也得工作个十年二十年。可怜哪，杜甫的《茅屋被秋风所破歌》至今读来还令人唏嘘。
- 师：还挺能感慨的。孔子的这段话，我们看出他的等级观念了吧。君子肯定出自上层社会，出自可以食饱居安的阶层。他要求这些衣食无忧的人，"做事要敏捷，说话要谨慎，和'有道'的人为伍，就会正直，这样可以称得上好学了"。
- 生：说话是要谨慎，弄不好造成"祸从口出"。

- 师：我不同意这种说法。谨慎是为了自保，人人图自保，个个慎言讷语，那么正直之声何出？对不公正、不平等的现象就要说，要理性表达自己的合理诉求。用普希金的诗句，就是"今天是你，明天是我"。一种不公平、不公正、不平等、不合理的现象，你缄口自保，那么这种现象明天就可能落到你头上。我想孔子要求说话谨慎，意思应该是不要乱说，不要说有违等级礼节的话，若是为自保而慎言，那还称得上君子么？
- 生：自保还是很重要的。法国哲学家萨特说："存在先于本质。"自身都保不住，还提啥本质？
- 师：对，自保的确重要，但保的不仅仅是今天，还有明天、后天。对于两种情形，我们应该缄口沉默，一种是无法改变的，另一种是讲不清楚的。可对能改变，甚至向好的方向改变一点点，而又说得清楚的，我们就应该说。套用维特根斯坦的话就是："该说的，都该说清楚；不该说的，就得保持沉默。"社会是个大家庭，在这个家庭中，正义之声不发，邪恶之音必起，每个家庭成员，都要有责任感。
- 生：这就是"道"哇！我们有如此讲原则的老师，算是"就有道"，也变得正直起来了呗。
- 师：是夸我还是损我？
- 生：不是夸您，而是我们好学。现在才明白，孔子的好学，跟我妈说的一样，就是"要学好"。

1-15

子贡曰："贫而无谄，富而无骄，何如？"子曰："可也。未若贫而乐道，富而好礼者也。"子贡曰："《诗》云：'如切如磋，如琢如磨。'其斯之谓与㈱？"子曰："赐也，始可与言《诗》已矣！告诸往而知来者。"

- 生：子贡看上去有钱了，说不定像上回讨论的，他继承了一大笔遗产，所以才会这样问老师："贫穷却不拍马屁，有钱却不骄傲，怎么样？"
- 师：孔子对他的要求更高，孔子说："这样可以，但还不如贫穷而快乐，有钱而爱好礼节的人。"
- 生：老师，最难做到的恐怕是有钱不骄傲，没钱却快乐。现在有的有钱人，一个比一个傲慢。
- 师：有钱人傲慢，就让他去傲慢，你要是说他，他认为你嫉妒他有钱。傲慢与偏见总是结伴的。傲慢的人，看问题的眼光或多或少都有问题。孔子希望有钱人不仅不傲慢，还要热衷于礼节。往往有钱人比穷人更懂礼节，以表示他们有修养。

生：为啥说着贫富，一下子扯到《诗经》上去了？子贡为什么突然问："《诗经》上说：'不断切磋，不断琢磨。'讲的就是这个意思吧？"

师：恐怕他真的继承了一笔财产，心里有些得意，口气也大了。言下之意，他不是来求教老师，而是来与老师切磋的。孔子对有钱的学生也蛮客气，子贡名叫端木赐，所以孔子对他说："赐啊，现在可以和你讨论《诗经》了，告诉你过去，你能知道未来。"

生：孔子是不是特喜欢《诗经》？

师：《诗经》可以说是中国现实主义文学的源头，而孔子不懂现实却是个很讲现实的人，他不喜欢玩虚的。据说他还编辑过《诗经》。

生：孔子有钱么？

师：不能说穷，但也不富有，算是中产阶级。《史记》中说他"弟子盖三千焉"。司马迁也吃不准，所以用"盖"字，实际上后人考证下来，孔子弟子才七十多人。他办私学是收学费的，一般以实物为主，比如像干肉什么的。那时候要靠办学赚钱不太现实。周游列国之后，他被召回鲁国，尊为"国老"，按现在的标准，至少也是享受国家一级津贴的。

1-16 子曰："不患人之不己知，患不知人也。"

生：这句话很容易明白，就是"不担心别人不了解自己，担心的是自己不了解别人"。

师：又回到这一卷的开头，"人不知而不愠"，首尾呼应。好像孔子在说，我不担心别人不了解我，担心的是我不能把别人理解透。我担心的不是你们读不透这部书，也不是你们看不透孔子，而是你们不了解当今的社会。我们在这里用批判的眼光读《论语》，目的就是"告诸往而知未来"。读过去，看现在，知未来。

生：老师不担心我们不理解你么？

师：当然担心。我不担心不知人，人都有自己的个性、经历、情趣爱好，把周围的人摸得透透的，有这个必要么？我们应该说，不担心社会不了解自己，而担心自己不了解社会。现在的人，还没搞清楚自己是怎样的人，却都想在媒体露个脸，都想让更多的人知道你，不管是好是坏，知名度成了一种财富。

生：知名度就是话语权，有话语权就能吸引眼球，能吸引眼球就有商业价值。这就是商业社会呀。

- 师：恐怕未必如此，商业社会、市场经济有自身的"道"，现在这个"道"还没有彻底建立，纵然建立了，还有一个长期完善的过程。在这种新旧交替之际，用封建的理论去理解阐释现代社会是不对的，所以现在人们最应该担心的，不是人不知己和己不知人，而是不知道在市场经济之上的社会之"道"是什么。
- 生：您觉得孔子算是知"道"人么？
- 师：孔子设立君子、小人的标准，是用自己的理想化的概念去衡量别人，只能说他知道抽象化的人，不了解社会现实中的具体的人，因为他对社会的发展和社会的现状了解，却不理解。说他不了解社会，他还没那么没眼光，可他不理解。也就是黑格尔说的："知道的，并不等于理解的。"

为政第二

[2-1] 子曰："为政以德，譬如北辰，居其所而众星共(拱)之。"

● [词语解释] 北辰：北极星。　　共：拱，环抱。

● 师：孔子认为为政最重要的方法是"德"，所以他说："用德来治理国家，就如同北极星，处在自己位置，其他的星星都会环抱着它。"孔子把"德"作为治国的根本，所以中国人一直把品德和道德放在很重要的位置。司马迁在《史记》当中有一篇《管晏列传》，把先秦时齐国的两个宰相管仲和晏婴进行比较，贬低管仲的为政，抬高晏婴的为人，得出为人比为政重要，从而影射当时的汉武帝刘彻。虽然汉武帝建立了许多历史功绩，但人品很差。司马迁的做法，大概也是来自于孔子的这一思想。既然"德"是治国之本，人品很差的人怎能治理好国家？可管仲就是把齐国治理好了，真是很矛盾。对此你们怎么看？

● 生：要是一个老师品德很好，课却上得特糟糕，学生能服他么？

● 师：一个不学无术的大好人，成了混进教师队伍的渣滓。

● 生：听我爸说，改革开放前，很少有贪污的官员，可老百姓很穷啊。用道德来治理国家，和今天经济全球化的世界肯定是格格不入的。

● 师：没错。道德是对个体而言的，品德好的人可以具有个人魅力，可以让人喜欢他，甚至可以作秀，但以此来治国是荒唐的。治国必须用法律，必须把经济搞上去。

● 生：老师，社会上还是把德看得很重。比如我到一家公司打工，公司要加班，我问加班费多少，老板就说我品行不好，一心想着钱。我想，我打工不就是为了钱吗？难道要我无私奉献？

● 师：这种现象很普遍，一些单位的领导，常常希望员工无私奉献，用思想教育来提高办事效率，这种做法不就是来自于"为政以德"嘛。

● 生：这有效果么？

● 师：对小部分人会有效果。但管理国家，管理一个单位，以德为政，收效不会很大。老百姓是为了生活活着，不是为了理想活着，我看老百姓是不会拥护一个治国无方而品德良好的管理者的。为了生活的老百姓关注的是吃穿住行，解决了温饱，当然要关注房子是不是买得起，车子是不是养得起。一个单位的领导能解决职工的这些问题，职工就认为他品德好。治国治单位，经济总是第一位的。提高劳动成本，提高劳动的价值，提高职工的生活水平，这就是单位领导的"德"。

所以德和能是结合在一起的。一般来说，比较多的是无德无能和有德有能。我认为不学无术的大好人是不存在的，只有不学无术的老实人。

- ☺ 生：老实不是美德吗？
- ☻ 师：老实和愚昧是一个概念。

2-2　子曰："《诗》三百，一言以蔽之，曰：'思无邪'。"

- ● [词语解释]《诗》三百：《诗经》为我国最早的诗歌集，收歌词三百零五篇，后人将其简称为《诗》或《诗》三百。据说孔子编辑过此书，为此《诗》被列为儒家的"四书五经"之一。
- ☺ 生：这话好懂，孔子说：《诗经》三百篇，一句话来概括，就是：没有邪恶的想法。"
- ☻ 师：不仅没邪恶，而且很纯正。《诗经》你们应该去读一读，尤其是"风雅颂"当中的"风"，大多都是民歌，老百姓想的都是实际问题，抒发的都是实实在在的感情。
- ☺ 生：民歌中爱情歌曲比较多吧？
- ☻ 师：对，爱情、婚姻、家庭，这是民歌永恒的主题。
- ☺ 生：没想到，孔子这样古板的人，会喜欢爱情歌曲。
- ☻ 师：对，他还教音乐呢。
- ☺ 生：老师，孔子要是唱流行歌曲会是什么样？真想看看哪。
- ☻ 师：是民歌，不是流行歌曲。
- ☺ 生：孔子谈恋爱会怎样呢？"窈窕淑女呀，君子好想你吔！"老师，您也唱一个吧。
- ☻ 师：越说越不靠谱。孔子对《诗经》是从思想上重视的，同时《诗经》作为当时外交的工具，在孔子的眼里也就更为重要了。
- ☺ 生：为啥是外交的工具？
- ☻ 师：外交辞令常要引用《诗经》，上流社会说话时，也常引用。不过《诗经》的文学价值当时却很少受重视。

2-3　子曰："道(导)之以政，齐之以刑，民免而无耻；道(导)之以德，齐之以礼，有耻且格。"

- ● [词语解释]免：免罪、免刑、免祸。　　格：亲近、归服、向往。

- 师：这话不太好懂，意思就是："拿行政来做规矩，并用刑法来配合，百姓虽然远离犯罪，却还是没有羞耻之心；拿道德来做规矩，并用礼教来配合，百姓就会有廉耻之心，并且归服统治者。"
- 生：说得那么复杂，不就是上面的"为政以德"嘛。
- 师：他把"为政以德"说得更明白了。无怪乎当时各诸侯国的统治者都不用他这套理论。身处乱世，到处劝人为德，倒是蛮令人感动的。不过那会儿，人和民是有区别的，最早的时候，民是指奴隶，比人的地位低，后来把百姓叫作民，民不够做人的资格，管理民的阶层才是人。让人对民讲道德，在当时已是一大进步了。
- 生：孔子的时代还有奴隶么？
- 师：有。孔子时鲁国国君没什么实权，权力落在了季、孟、仲孙三个家族的手里，其中季氏家族的权力最大。季氏解放了奴隶，实行封建制；孟氏属于半封建半奴隶制，而仲孙氏依然是奴隶制。其实对于奴隶制来说，所谓的刑法并不是国法，而是家法。
- 生：老师，您认为现在我们应该以法律来治理国家，那么用什么来进行配合呢？是用礼教么？
- 师：不是。应该用行政手段来进行配合。现代社会的治国之道，首要的任务是杜绝坏人坏事。这就像纽约证券交易所立法一样，首先界定进入市场的都是坏人，然后制定交易规则，目的是不让这些坏人干坏事。商业的基础是人与人之间的平等，不平等怎么作交易？保证平等、公平，才是政府的职能，才是治国之道。
- 生：这么一说，法律的重要性就清楚了。法律面前人人平等的原则很重要哇。那么道德处于啥位置呢？
- 师：道德必须建立在法律之上，建立在平等之上，而不是建立在伦理之上。不能因为伦理与道德经常连用，就认为道德是建立在伦理之上的。
- 生：此话怎讲？
- 师：道德建立在伦理之上，就不能把和自己关系亲近的人平等看待，就会在行为中徇私。每个人都会有私情的想法，你的个体道德建立在法律之上，法律就能阻止这种私情。道德是个体的，伦理是家族的，而法律才是社会的，孰重孰轻，应该是很明了的。
- 生：在法律允许的情况下，徇私应该是可以的吧？
- 师：钻法律的空子？虽说不违法，但那是不道德的。

2.4

子曰："吾十有㊟五而志于学，三十而立，四十而不惑，五十而知天命，六十而耳顺，七十而从心所欲，不踰矩。"

● [词语解释] 从：纵。
☺ 生：这句话人们经常引用，意思为，孔子说："我十五岁立志求学，三十岁自立，四十岁不再受各种诱惑，五十岁知道什么是天命，六十岁什么话都可以心平气和地听，七十岁随心所欲也不会逾越各种规矩。"老师，我有几个地方不明白。三十岁自立，是不是太晚了？也可以作为成家立业来解释吧？
● 师：还可以认为是自立门户了。反正就是独立的意思。
☺ 生：那么四十不惑，是不是也可以认为，四十岁不再感到有什么困惑了呢？
● 师：当然也可以这样理解。
☺ 生：天命是不是今天有些人常说的，听天由命，命运是由天安排的？
● 师：这是古人的宿命论，就是所谓的天意。这不怪他们，那时科学不发达，个人又那么渺小。
☺ 生：即使科学发达了，我也觉得有命运这回事，有些的确是命运的安排。
● 师：女孩子有时候就是相信命运，甚至还去让人算命，这是迷信。更糟糕的是，年纪越大越容易迷信。这点你们应该学学宋代女词人李清照。李女士晚年非常凄凉，国破家亡，丈夫早逝，无依无靠，颠沛流离，于是她发一声感慨："人生到此，天道宁论！"
☺ 生：天道也就是天命吧。她的意思是说，人活到这份上，不要再讲什么天命了！
● 师：越是不如意，越不能相信什么天命。如果真是五十岁知天命的话，也就是看清了自己在这个社会中的"命运"。
☺ 生：老师，耳顺也不太好解。
● 师：六十岁时，孔子亡命他国，人在旅途，各种言论听多了，不耳顺心态就会崩溃。
☺ 生：这倒也是，不过到七十岁，要随心所欲，也没这把子气力了。
● 师：古人的寿命没现在长，像欧洲中世纪的时候，平均寿命四十都不到，孔子时代中国人能活到七十已是很长命了，相当于今天的百岁寿星了。
☺ 生：所以说七十古来稀嘛。想想也是，老寿星随心所欲，别人也不会怪罪的，不就是老小孩嘛。

2·5

> 孟懿子问孝。子曰："无违。"
> 樊迟御，子告之曰："孟孙问孝于我，我对曰'无违'。"樊迟曰："何谓也？"子曰："生，事之以礼；死，葬之以礼，祭之以礼。"

- ● [学生名录] 樊迟：姓樊，名须，字子迟，也被人叫作樊迟。《史记·仲尼弟子列传》中说他比孔子小三十六岁，但《左传》中有樊迟的记载，算下来他要比孔子小四十六岁。
- ● 师：孟懿子是鲁国的大夫，姓仲孙，名何忌。他属于鲁国三大家族中的孟氏，"懿"是他的谥号，所以叫孟懿子。《左传》中说，他父亲孟僖子死前，叮咛他要向孔子学礼，因此他来向孔子求教"孝"的问题，其实是来实现父亲的遗嘱。孔子回答说："不要违背。"
- ☺ 生：怪不得樊迟不明白，不违背，孔子说的话省略了宾语。
- ● 师：樊迟给孔子驾车，孔子告诉他："孟懿子向我问孝的问题，我回答说'不要违背'。"樊迟问："什么意思？"孔子说："父母在世，以礼待奉；父母死后，以礼安葬，并且以后以礼祭祀他们。"孔子对学生樊迟还是没有说出违背的内容，想一想，到底是什么内容？
- ☺ 生：从对樊迟说的话来看，不违背对父母的礼节。
- ● 师：孔子要孟懿子不要违背，不违背父母只是其一。其二是不要违背父亲的遗嘱，言下之意，孟懿子是该好好学点礼教了。其三是不要违背做臣子的本分。当时季、孟、仲孙三家大夫控制鲁国政权，对鲁国国君很不敬。鲁昭公的时候，鲁昭公长期居住在齐国，不敢回国，最后死在异乡，后来鲁国的三家大夫又立昭公的弟弟定公为君，实际上鲁国国君名存实亡。孔子无法改变这样的局面，所以他希望三家大夫不违背做臣子的本分，不要逼君太甚。
- ☺ 生：照这样看，孔子说话很有艺术性的哩，不违背什么，让他自己去想。
- ● 师：孔子最讨厌犯上作乱，可又不能明说，他真是个聪明人。
- ☺ 生：是不敢说吧，孔子不见得有反权贵的精神。
- ● 师：说了也没用。孟懿子只是想完成父亲的遗愿，来问一下，根本不想听什么，没明白就走了，算是问过了。
- ☺ 生：如此"孝子"，孔子还弄得这么晦涩。

2·6 孟武伯问孝。子曰："父母唯其疾之忧。"

- 师：这个孟武伯是孟懿子的儿子，"武"是他的谥号，他的名字叫仲孙彘。
- 生：老师，"彘"就是猪吧，说不定他是猪年生的，是个金猪宝宝。
- 师：什么金猪宝宝呀，父亲有钱有势，纨绔弟子还差不多。古代医疗水平比较低，孩子成活率偏低，取个小猫小狗之类的动物名字，希望容易养活。孟武伯也来向孔子请教孝的问题，孔子告诉他："做爹娘的只为孩子的疾病担忧。"
- 生：老师，这里的"其"是不是也可以指父母呢？
- 师：是有这种解释，但理解起来不顺，指孩子更贴近些。
- 生：这次孔子也是话里有话吧。"疾病"大概不仅仅是生理上的，而且有心理上的，性格上的，为人上的吧？看来孟武伯是个胡作非为的家伙。
- 师：我担心孔子说得这么隐晦，他能不能听懂。
- 生：从古到今，天下父母替子女担心都是一样的。
- 师：这话不科学。父母替子女担心，是把子女视为自己的一部分。我认为母系社会就不这样，孩子把长辈女性都叫妈妈，把长辈男性都叫舅舅……
- 生：母系社会没有父亲的概念，所以才叫舅舅吧。
- 师：对。所以在亲戚当中舅舅的地位相对高一些，这是历史原因导致的。

2·7 子游问孝。子曰："今之孝者，是谓能养。至于犬马，皆能有养；不敬，何以别乎？"

- [学生名录] 子游：姓言，名偃，字子游，吴国人。比孔子小四十五岁，后来做了鲁国的地方官。
- 师：看看学生子游来问孝，孔子怎么回答。孔子说："现在所谓的孝，就是说能养活父母。至于说狗和马，都是可以养活的，对父母不敬爱，养活父母和养活狗马有什么区别呢？"
- 生：现在有些人家里的狗养得好好的，却不赡养父母，有些人不养父母，还拼命地啃老，离孔子孝的要求实在太远了。
- 师：问题就出在这个封建的"孝"。
- 生：老师前面评论过了，还有啥高见？
- 师：父母生儿女为了什么？

☺ 生：生儿防老呗。老了没人养，所以大多数父母都希望有后代能替自己养老送终，尤其喜欢生儿子，这样香火也得以延续。

☻ 师：把子女作为自己养老的工具，这对么？

☺ 生：好像是有问题。

☻ 师：所以"孝"总是和"顺"联系在一起。这孩子孝顺，不仅意味着赡养父母、照顾父母，还意味着听父母话。不管父母的话对不对，听话式教育是父母对待孩子的方法。父母的话在一定时期内正确，可随着社会的发展变化，他们的话就可能很难让孩子适应这个社会了。与其说现在孩子不孝顺，不如说在新的时代面前，父母培养孩子的观念不对。古人说，子不教，父之过。反过来说就是：子有过，父不教。

☺ 生：那么子女就不该孝敬父母了？这种传统美德就不要了？

☻ 师：又回到了我们读第一篇时说过的问题，子女对父母应该尽到责任，不仅要尽赡养的责任，而且要尽提高其生活水平的责任。这决不是听话和报恩的关系。

☺ 生：我懂了。父母从小要培养孩子的责任心，不是孝心，也不是感恩之心。

☻ 师：责任从小事扩大到大事。做每件小事都得负责任，扩大到对父母、亲人的责任，再到对家庭的责任，最后是对社会、对国家的责任。

☺ 生：孔子的意思是，除了赡养父母，更应该敬爱父母。

☻ 师：敬爱是敬重和爱戴，以前人们往往把这个词用在对国家领导人的称呼，如敬爱的毛主席，敬爱的周总理。

☺ 生：敬爱的老爸，敬爱的老妈，挺别扭的嘛，应该用"亲爱"才对。

☻ 师：子女和父母的关系除了责任之外，就是在这份责任之上建立起来的亲情。亲人之间的感情，是不用敬爱的，"敬爱"一词是用在上下级之间的。

2-8

　　子夏问孝。子曰："色难。有事，弟子服其劳；有酒食，先生馔，曾是以为孝乎？"

● [词语解释] 馔（zhuàn）：食物、吃喝。　　曾：竟然、简直、难道，表强调语气。

☺ 生：子夏和子游的年龄差不多大吧，都比孔子小四十多岁。不过这次孔子回答他的孝，不太好懂哩。

☻ 师：是不太好懂，后人理解也有所不同。"色难"，从字面的意思来说，就是侍奉父母时脸色不太好看。我认为"在父母跟前一直要保持好脸色，很不容易。"后面是年长对年幼的礼节，就是"有事情，年轻的效劳；有酒食，年长的先吃喝，难道这就被认为是孝了吗？"

生：子夏年纪比较小，所以孔子给他讲了一些孝悌的最基本规则。

师：讲了那么多次的"孝"，我们也该做个总结。自孔子提出这个孝以来，并非古人都停留在孔子的意义上。汉代的司马迁说自己的父亲临终时要儿子尽孝，不过司马谈对司马迁说的孝是这样的："孝始于事亲，中于事君，终于立身。"也就是说，侍奉父母是孝的初级阶段，为国出力为中级阶段，最高阶段则是事业有成。司马谈所谓的事业有成，就是要完成名垂千古的事业，这样就能光宗耀祖。这就是孝的最高境界，而司马迁做到了，忍辱负重地完成了不朽之作《史记》。

生：司马谈说的这个孝，听起来境界要比孔子高一点。

师：为什么境界高？

生：因为它扩大到了国家，最后扩大到全人类。名垂千古不是为了全人类么？

师：的确。虽然司马谈说的"孝"其最终目的也是为了祖宗，但他的目光要比孔子高远，这可能是时代造成的，孔子处于战乱时代，而司马谈所处的是汉朝盛世。乱世能保住自己和家人已是万幸，盛世当然要兼济苍生。

生：很显然，老师会说，我们现在要用责任来取代孝，最初是对家人父母的责任，然后是对国家社会的责任，最高境界是对人类的责任。

师：这要求其实并不高，比如节约资源，保护环境，这样一些小事，都是对人类负责。至于我们为什么要把孝改为责任，这个问题比较复杂，我们后面一点点地讨论。

2.9 子曰："吾与回言终日，不违如愚。退而省其私，亦足以发。回也不愚！"

[**学生名录**] 颜回：姓颜，名回，字子渊，也叫颜渊。鲁国人。孔子最得意的门生。《史记·仲尼弟子列传》中说，他比孔子小三十岁，但据考证，应该比孔子小四十岁。

师：这是孔子表扬颜回，他说："我整天对颜回讲学，他不提出异议，好像很笨。回去后自己反省学到的东西，也足以对此进行发挥。颜回也不笨哪。"

生：大概同学当中有人说颜回对老师说的东西从来不提反对意见，所以孔子才表扬他，说他不笨。这样看来，孔子还真是喜欢这个学生。老师您是不是也喜欢这类不挑刺的学生？

师：说不喜欢吧，你们会觉得有点虚伪；说喜欢吧，你们会认为我是要维护老师的威信。真有点难哪。由此看来，孔子或许也是在这种难堪的情形下，说这话的吧。

☺ 生：我看老师自己喜欢挑刺儿，可能不太会喜欢颜回这样的学生。

● 师：实际上喜欢一个学生，不在于挑不挑刺儿，而在于是不是好学。颜回是个好学的学生。

☺ 生：要是老提出不同意见，每堂课都跟老师 PK 几回，孔子肯定也会受不了的。

● 师：动不动就 PK，谁受得了。我并不希望你们唯唯诺诺，只希望你们能平等地对待我。

☺ 生：平等？难道我们压迫老师了？

● 师：上第一节课时有同学就把早点带进课堂吃，你们可以吃，我为什么不能吃？这就是不平等哪。要是我吃着早点给你们上课，没吃早点的同学就觉得不平等了。

☺ 生：明白了，课堂有课堂的规矩，这就是"道"！

2-10

　　子曰："视其所以，观其所由，察其所安，人焉廋哉！人焉廋哉！"

● [词语解释] 以：因。　　由：经由。　　廋（sōu）：隐藏，藏匿。

● 师：孔子说："审视他做事的动机，观察他做事的方法，考察他对所做的事是否安心，人还能隐藏到哪儿去？人还能隐藏到哪儿去呢？"有一种说法，叫"好心办坏事"。到底是做的事情重要，还是做事的动机和方法重要呢？

☺ 生：当然是做的事情重要。

● 师：对。人就是由行为构成的，而这行为又是由他做的事情决定的。德国历史上有马丁·路德的宗教改革。当时基督教罗马教皇为了敛财，向欧洲各国收取"天堂的门票"，德国农民本来就很穷，哪里付得起，马丁·路德带头闹起来，不交这笔钱，于是大家跟着他一起闹，形成了一次宗教革命。说马丁·路德对基督教有研究，那是胡说，他只是个普通的农民，不管出于什么动机，他总归是那次宗教改革的领袖。因为事情本身导致了这样一场改革。孔子认为要了解人，就要对他的动机、内心非常看重。

☺ 生：人应该是由行为和事情构成的。这或许就是马克思所说的：人是社会关系的总和。

● 师：没错，可每个人的社会关系都是靠自己的行为去构成的。孔子比较喜欢琢磨人，相对来说，就不太喜欢琢磨社会。所以他在乎人做事前的动机和做事后的心理。我倒是觉得，做事的方法和做什么事是最重要的。

- 生：老师，心理还是很重要的，要是爱上一个人，就得拼命琢磨对方的心理。
- 师：你们现在不少人都在谈恋爱，但爱是一种行为，靠谈是谈不出来的。你喜欢一个异性同学，你说你爱他（她），这只是你的动机，动机不能代表行为。只有当你关心他、帮助他、照顾他，你爱的动机才成为现实。所以爱是两个人的事，是互动行为。我看一些以自我为中心的同学，实际上还没有爱的能力，只不过代表"我要"。
- 生：照老师这样的恋爱观，我们的爱情啥都不是！
- 师：有的甚至"我要"都不是，而是"别人要"。
- 生：啥叫"别人要"哇？
- 师：就是自己根本就没喜欢上谁，可别人都在谈恋爱，自己不谈很没面子，所以不得不找一个对象。这就叫"别人要"。
- 生：我们班还真有这样的同学哩。
- 师：至于爱的方式，每个人都会有所区别，这取决于个人的性格。为什么我认为做事的动机和事后的心态并不重要，重要的是事情本身呢？这就是侧重点的不同。喜欢琢磨人的人，当然就喜欢知道别人心里想什么，而喜欢琢磨社会的人，则看重人做的事，因为只有事情才会对社会产生影响。所以柏拉图说，"恶人亲往犯法，止于梦者便为善人。"
- 生：心里再怎么邪恶，只要不做坏事，就是好人么？
- 师：应该是这样。不要老去琢磨别人的心理，把自己的事情做好才是正道。

2-11　子曰："温故而知新，可以为师矣。"

- 生：孔子这句话都被人们说烂了。"温习旧知识，学习新知识，就可以当老师了。"
- 师：当老师没这么简单，关键不在于你知道多少知识，而在于理解你所知道的。
- 生：这点我认同。我们处在信息爆炸的时代，一个专业一天产生的知识量，一辈子都学不完，光"知新"，时间就不够用，哪有时间"温故"。
- 师：只要不浪费，时间应该是够用的。可我们总是在不知不觉中浪费时间。比如说废话，你们统计过没有，一个人一生说废话用掉的时间超过二十年，如果用说废话的时间读书的话，完全可以从幼儿园读到博士毕业。
- 生：没那么多吧。不过想想也是，早上起来就和同学聊，下课时聊，吃饭时聊，饭后聊，睡前聊，醒后聊，网上聊，网下聊，电话聊，微信聊。聊来聊去，每天的话题都差不多，也没聊出啥名堂。可老师呀，要是不聊，就没有交流，人生不就无聊了嘛。无聊无聊，就是没有聊天的意思吧？

- 师：无聊的"聊"是依靠的意思。无聊是指心理上没有依靠，没有着落。
- 生：可我们不聊天，心理就没着落，不聊天不就成了无聊了嘛。
- 师：因为不聊天而无聊，真是坏习惯。这个世界，听取聊声一片。
- 生：孔子说温故知新可以做老师，那老师您认为自己是靠什么做老师的呀？
- 师：我同意韩愈的说法，老师就是传道、授业、解惑。
- 生：唉，失望。我还以为有啥出人意料的说法哩。
- 师：看似简单，可目前一些老师却只能做到一点，就是授业。这也就是孔子说的，旧知识和新知识，把知识和技能传授给学生，学生能顺利就业。其他两点，我看很少有老师能做得到。
- 生："道"就是规则、规律，或者说道理，老师经常对我们进行人生观、世界观教育，班主任每天唠叨做人的道理。难道这不是传道吗？
- 师：是传道，但一些人并不清楚他们所传的"道"。价值观、人生观、世界观，这些在你们听起来很熟也很烦的词，绝大多数人并没有真正思考过。比如人生观，从读幼儿园到大学毕业，从工作的底层逐步往上升，人生的道路都是社会设计好的，有人走得好一点，有人走得差一点。为什么要这样？一个人非得走这样的人生路吗？
- 生：不走怎么办？人毕竟要到社会上去混的嘛。
- 师：这就是理由？社会凭什么设计这样的人生之道呢？你们没想过，也没怀疑过有什么不对么？你们中间有些人毕业后当老师，对学生进行人生观教育，不就是把社会上公认的价值观拿来灌输给学生嘛。这样的传道行吗？
- 生：那总不能另搞一套与社会公认的价值观相违背的东西吧？
- 师：不是违背，你支持也要有个支持的理由呀，没有经过自己怀疑和思考过的价值观是最不可靠的。说一个人信仰很坚定，从来没有动摇过、怀疑过自己的信仰。我看这样的信仰等于没有信仰。
- 生：就是说，只有动摇、怀疑，然后经过反复思考后确立的信仰才是真正的信仰。
- 师：不是这样么？我年轻时给一个干部培训班上课，学生都是上了年纪的领导干部。当时电视里放一部上下两集的电视剧，叫《马克思的青年时代》，那些领导干部当然都是坚定的马克思主义者，大家在一起看，上集放完了，有学员问我："老师，怎么一半放完了，马克思咋还没出来呢？"我说："卡尔就是马克思，马克思就是卡尔。"
- 生（笑）：天哪，连这都不知道。
- 师：你们不要笑。高尔基你们都知道，改叫马克西姆，恐怕有人就不知道了吧。

再说，年轻时代的卡尔还没留那象征性的胡子。不过有一点可以肯定，问我的那位学员没读过马克思的原著，原著上署名"卡尔·马克思"，写得明明白白的。在战争年代没时间看马克思的原著，那是可以理解的，和平年代总得抽时间看吧。

- 生：真是很羞愧，老师，我们也没看过马克思的原著。
- 师：有些老师感叹说，现在的年轻人没信仰。我不清楚他们作为有信仰的人，对自己的信仰有没有负起责任。信仰如同一个人的脊梁，如此重要的东西，靠别人讲故事一样讲给你听，就全盘接受，这行吗？
- 生：说实话，我们还真是没信仰。既然大家都信这个，社会也要求信这个，那就信吧。
- 师：有些人在市场经济之下，怀疑共产主义能不能实现。但我相信共产主义，读过马克思的一些著作后，我对这位先贤很崇敬。
- 生：马克思的说法好像与现在的市场经济有很大的不同哩。
- 师：没什么不同，这我们放在以后再讲。现在我们明白了老师传道为什么如此无力了吧。
- 生：他们中有些人的价值观也是听来的，也不是经过自己认真思考的结果，对自己都这么不负责任，当然没法传道啦。
- 师：解惑就更难了，解知识、技能方面的惑是可以的，可人生观、价值观方面的惑怎么解？人云亦云就能解惑吗？当老师很难。不仅人类的科学技术要传授给学生，人类的文明价值也要传授给学生，否则人类的文化生态会日益恶化。

2-12 子曰："君子不器。"

- 生：是君子不成器么？
- 师：不是。他的意思是："君子不是器物。"也就是指人不是工具、东西。
- 生：以人为本的思想。
- 师：说以人为本，怕是抬得太高了。我看理解为君子不能被人利用更妥当。因为当时还有奴隶，如果是以人为本，孔子该说"民不器"才对。
- 生：以人为本，就是把人的基本权利作为根本，一切以人为中心吧。
- 师：以人为本也有个限度，人毕竟是自然界的一部分，如果一切都以人为中心，那么自然界的平衡就不存在了。人可以利用自然，但这种利用不能破坏自然的自身成长，否则自然将受到破坏，人类也会面临自然的报复。
- 生：老师，假期我回老家内蒙古，看到河流干涸，草原消失，自然被破坏得真不成样子。

- 师：人们要更保暖的衣服，所以发明了羊绒衫。羊绒取自山羊，于是就大量放养山羊，山羊吃草与绵羊不同，把草根都吃掉了，于是"野火烧不尽，春风吹又生"的景象不复存在，草不再生出来了。人口的增长又过度消耗水源，河流干涸，气候变得干燥，最后草原变沙漠。要使沙漠变回草原，草籽必须在骆驼的胃里消化之后，才能在沙漠当中生根长草，成群的骆驼都被杀了吃肉，所以草籽无法在沙漠中长成草，草原便完了。这直接又导致沙尘暴的兴起。
- 生：没想到穿一件小小的羊绒衫，会导致如此严重的后果。
- 师：问题不在羊绒衫，而在于人们以为自然界的一切都应该为人服务，这种以人为中心的思想，在社会事务中是对的，可在自然界，人不应该忘记自己依然是"器物"，是自然的一个环节。往往我们觉得自己是人，就彻底忘记了人也是自然界的一种生物。哥白尼的"日心说"和达尔文的"进化论"给人类的自尊心以重创，可重创之后，人并没有因此改变唯我独尊的心理，并没有从此学会尊敬自然界。
- 生：如此看，在自然面前，我们还真该降为器物才对呀。

2-13

子贡问君子。子曰："先行其言，而后从之。"

- 师：子贡问怎样才能成为君子。孔子说："先做想说的事，然后再说。"
- 生：只做不说，只说不做，先做后说，先说后做。老师认为哪种比较好？
- 师：只说不做肯定不好，至于其他三种情形，要看具体情况而定。把这个作为衡量君子的标准，是过于形式主义了。
- 生：对呀，做和说，只是形式，君子是要看做和说的内容。
- 师：如果是做好事，做则做矣，说就免了。
- 生：我做了什么什么好事，到处说，也蛮可笑的。
- 师：除了职业本身就是说话的之外，一个人还是应该多做少说，毕竟做的行为和事情构成人本身。也就是马克思所说的，人必须把自己对象化。
- 生：啥叫对象化？
- 师：说得简单点就是，你并不是由你所想的、所说的构成，而必须是由你所做的事构成，即通过你的劳动使你的价值成为对象，你就是你的对象。
- 生：说得这么深奥干什么？不就是劳动创造价值嘛。
- 师：是劳动创造你自己。

2-14 子曰:"君子周而不比,小人比而不周。"

● [词语解释] 周：周全、全面、团结。　比(bi)：偏私、勾结。
● 师：孔子的意思是说："君子团结而不勾结,小人勾结而不团结。"
○ 生：团结和勾结不是一个意思么？只不过一个是褒义词,一个是贬义词。
● 师：还不仅仅是褒贬的分别,团结可以要求全体人员,勾结只能用于少部分的人。我想孔子也是在这个层面上说的。团结大多数才是君子,勾结少数人则是小人。
○ 生：老师,在一个犯罪集团中,大多数人勾结,不也可以说团结嘛。
● 师：看来你们也学会了从相对的角度看问题,但从更大的范围来看他们就是勾结。一个国家大多数人团结在一起,可从更大的角度来看,也可以叫勾结,二战时期,日本军国主义,德国法西斯主义,从其内部来说,也可以说团结,从外部来说,就是勾结。什么都是相对的,重要的是为什么而团结或勾结在一起。
○ 生：看来孔子的这个观点在现在看来并不准确。
● 师：反过来说,孔子是对的,因为他说的话是在他的具体环境中,而后人却是从抽象的、脱离具体环境来理解的,所以错在后人的理解。
○ 生：是不是还有时间性呢？团结是长期的,勾结是为了某个目标,短期结成联盟。
● 师：团结和勾结都是有目的性的,至于时间的长短也是相对的。

2-15 子曰:"学而不思则罔,思而不学则殆。"

○ 生：孔子的这话现在常被引用,意思是："光学不想就迷惘,光想不学就危险。"
● 师：我想问的是,到底有什么危险？
○ 生：当然危险啰,不看书老是胡思乱想,会得精神病的。
● 师：危险不在于想不通,而在于成为偏执狂。大多数人都会按照自己的智力水平理解事物,每每也都能想通。不过学而思之就不迷惘了么？
○ 生：总比不学好吧？
● 师：有时比不学更迷惘,这种迷惘就是不肯承认自己不理解。不学的人或许是朴实的,不懂就是不懂。一些学了很多的人,尤其是在学阶上通过一级级考试拿到高学历文凭的人,自以为无所不通,在别人面前显出不懂岂不很没面子。于是他们就会按照自己的所学来理解他们无法理解的东西,这样势必成为偏执狂。

生：老师的意思是，学而思之更殆？

师：不能这么说，应该是思而学之。我建议什么问题想不通，就去好好地学这方面的知识。

2·16

子曰："攻乎异端，斯害也已！"

师：这句话有两种解释，一种把"攻"解释为专攻，意思就是："专搞异端邪说，这是有害的。"另一种把"攻"解释为攻击，意思就成了："批判异端邪说，祸害就可以消除了。"

生：这两种解释太不相同了。

师：也没什么大不同，在孔子看来，异端邪说是有害的，必须批判。

生：异端邪说当然是有害的。

师：关键不在于有害无害，而在于什么是正统，什么是异端。

生：总有正统和不正统的吧。

师：所谓正统，是政府奉行的那套治国学说。汉朝初，刘邦用"黄老学说"的"无为而治"来治国，道家的思想即为正统，儒家思想就成了异端邪说。汉武帝把经过迷信改造后的儒家学说作为正统，道家自然被视为异端邪说。唐朝开国后，李家王朝误认为老子姓李，抬高道家学说……

生：怎么是误认为老子姓李呢？《史记》里不是说老子姓李名耳么？

师：是司马迁搞错了，春秋时没有李姓，却有"老"这个姓。

生：那"老子"不是"老先生"的意思呀。

师：当然不是。由于司马迁的这个错误，使得道家学说相对于别的学说地位要高，但李家王朝的高明之处在于，不立什么学说为正统思想，允许百家争鸣，所以出现了三教九流的思想一起繁荣的局面，没有正统，也就没有异端邪说。有些理论和思想的确是偏执的，但不能说全无可取之处。

什么理论都不能"专搞"，"专搞"一种理论都是有害的，人应该博取众长，最重要的是学习别人的思维方法，用自己的眼光看世界，用自己的脑子去思考。

生：按老师的说法，应该是"专攻一说，斯害也已"。

师：我认为把一种学说视为异端，这种做法是错误的。异端是宗教里的词。宗教是讲信仰的，不符合本宗教的信仰，就被这种宗教视为异端邪说。但学术思想不能那样理解。

生：思想学说应该允许百家争鸣。

师：思想学说的目的都是反映社会和自然的，反映得正确与否是值得商榷的，把某种思想列为正宗，那也只是一家之言。要是以此排斥百家，把别的思想视为异端，那人类社会还怎么思考？怎么在思考中前进？
- 😊 生：假如某些思想是明显错误的呢？
- 😎 师：我们承认有些思想是偏激的，有些是温和的，有些是保守落后的。至于符不符合客观规律，那是要实践来检验的。我们可以批判某些思想学说，那得摆事实讲道理，说不科学是可以的，但冠以"异端"就太过分了。

2-17　子曰："由，诲女（汝）知之乎！知之为知之，不知为不知，是知也。"

- ● [学生名录] 仲由：字子路，又叫季路，卞人（山东泗水县东五十里）。比孔子小九岁，在鲁国季氏那里做过家臣。
- ● [词语解释] 女：汝。
- 😊 生：这句话上中学时我们老师常挂在嘴边。孔子说："仲由，教你的都明白了么！知道就知道，不知道就不知道，这才是求知的态度。"
- 😎 师：知还可以解释为智，这样最后一句就是："这才是明智的。"
- 😊 生：要是前面的"知"也理解为"智"的话，就成了"聪明就是聪明，笨蛋就是笨蛋"。
- 😎 师：解释得通，可显然孔子不是这个意思。
- 😊 生：老师，我想仲由只比孔子小九岁，在同学当中年龄算比较大的，好歹别的同学也得叫他一声"学长"，可他不懂又不好意思问，怕别人说他愚钝，没面子，所以孔子才说这话教训他。
- 😎 师：有这种可能。这一条对老师来说更有意义。老师在学生面前显出不懂，就更没面子，所以有些老师就会不懂装懂，糊弄学生。
- 😊 生：老师，您要是糊弄我们，就死定了！
- 😎 师：市场经济时代，纵然不讲师道尊严，但也不能不讲师生平等。
- 😊 生：我们不扁您，我们起诉您，我们付了钱，您给我们伪劣产品。
- 😎 师：自我保护意识很强嘛。谢谢提醒。不过用商业上的买卖关系，来形容师生关系，肯定是不对的。
- 😊 生：为啥不对？不是我们付学费，老师给我们知识吗？
- 😎 师：那各国政府都不要投资教育了，既然是商业关系，政府只要制定买卖规则就行了。教育是民族文化和民族素质的基础，也是社会价值观的基石。商业是供求关系,供是由求来决定的,要什么就制造什么、给予什么,教育沦落到这个地步,那还了得!

☺ 生:现在有些学校不是提出老师要服务好学生么?

☻ 师:这种提法是危险的,很容易被人理解为商业化的服务和被服务的关系。把学生培养成什么样的人,不是由被培养者学生来决定,甚至也不是由他们的父母决定的,社会有其价值体系,人类文明有其道德原则。只要交钱就可以自己选择,那成什么教育啦?

2-18 子张学干禄。子曰:"多闻阙疑,慎言其余,则寡尤;多见阙殆,慎行其余,则寡悔。言寡尤,行寡悔,禄在其中矣。"

☻ [学生名录] 子张:颛孙师,姓颛孙,名师,字子张,陈国人,比孔子小四十八岁。

☻ [词语解释] 干:求也。　禄:俸禄,做官的工资,代指官职。　阙:空隙,保留。　尤:错误。　殆:同"疑"。

☻ 师:子张向孔子请教怎样做官。

☺ 生:这对我们也有帮助吧?现在考公务员很热门,大家不都想做官吗?

☻ 师:有帮助,你们听听孔子怎么说,他说:"多听,有疑问先放着,没有疑问的谨慎地说出来,这样就少犯错误;多看,有不懂先放着,搞清楚的就谨慎地去做,这样就不会有太多的后悔。言语少犯错,做事少后悔,做官的工资就在这里面了。"

☺ 生:做官可不容易,得处处小心,说话做事都得谨慎。

☻ 师:在等级制度下做官当然得谨慎小心,尤其是对待官职比你高的,因为你的权力是上面给的,是等级制度给的。

2-19 哀公问曰:"何为则民服?"孔子对曰:"举直错诸枉,则民服;举枉错诸直,则民不服。"

☻ [词语解释] 哀公:鲁国国君,姓姬,名蒋,定公之子,定公死后继位,在位二十七年。　错:措,放置。　诸:之于。　枉:弯曲,不正直。

☻ 师:这次是鲁哀公来求教,他问:"怎样做才能让百姓顺服?"由于是回答国君的问话，所以不用"子"，而用"孔子"。孔子回答说："把正直的人置于不正直的人之上，那么百姓就顺服；把不正直的人置于正直的人之上，百姓就不顺服。"

- 生：老师，孔子建议鲁哀公不用不正直的人不就完了，干吗弄得这么复杂？
- 师：政治不是你们想象的那么简单，拿西方的民主选举来说，表面上是全民公决，实际上是金钱的赌博，谁后面的经济实力强，下的赌注大，最后就能赢得这场豪赌，赢了之后，在制定国家政策和法律时，就偏向为自己提供赌注的那些利益集团。
- 生：可封建时代，国君的权力应该是绝对的，应该可以任命下面的官员。
- 师：鲁国三大家族早已把国君的权力架空，鲁哀公自身难保。孔子给他提这样的要求，恐怕已是很为难他的哩。
- 生：看来他是想赢得民心，想壮大自己的势力，扩大在百姓中的影响力。
- 师：照我看，政治的开明和黑暗，主要是正直和不正直的比例。从政的人中，正直的人比例占优势，政治就开明，否则就黑暗。

2-20 季康子问："使民敬、忠以劝，如之何？"子曰："临之以庄，则敬；孝慈，则忠；举善而教不能，则劝。"

- [词语解释] 季康子：季孙肥，"康"是谥号。为鲁国正卿，是当时鲁国最有实权的人物，连鲁哀公都不放在眼里。 以：连词，和，而。
- 师：这时应该在孔子周游各国后，被季康子召回鲁国，尊为"国老"。孔子这会儿名声在外，鲁国的统治者至少得做做表面文章，偶尔求教一下他。
- 生：这样啊，鲁君求教了，季康子也跟着来求教。他问："要使百姓敬重他，忠诚于他，并且为他卖力，该怎么做？"看来季康子在和鲁国国君较劲，他们都想争夺百姓，赢得民心。
- 师：孔子的话大概是针对季康子的弱点说的。他说："在百姓面前要庄严，别人就会敬重你；孝顺父母，慈爱幼儿，别人就忠诚于你；提拔好人，教导没能力的人，别人就会替你卖力。"
- 生：要是针对其缺点说的，说明季康子为人实在不怎么样。平时很不庄重，嬉皮笑脸的，在家不能尊老爱幼……
- 师：我要问的是，如果我在你们面前显得非常庄重，不苟言笑，你们会尊敬我么？
- 生：不会。学生要是在老师面前毕恭毕敬，老师您可要当心，学生心里说不定是讨厌您的。要是在您面前嘻嘻哈哈，就算不尊敬，心里肯定是喜欢您的。

- 师：为什么会这样呢？难道我在你们面前保持庄重的样子，就一点没作用吗？
- 生：老师，就您这样还保持庄重呢，不嬉皮已算好的啦。不过说心里话，我们还是挺敬重您的。
- 师：明白了。这就是现代社会和封建社会的不同。庄重往往是等级制摆出来的架子，虽然目前等级还存在，等级观念还存在，可人们心里却已不在乎等级，所以庄重并不能赢得尊敬。
- 生：有些人还是非常喜欢庄重的，至少这能赢得表面的尊敬。

2·21

或谓孔子曰："子奚不为政？"子曰："《书》云：'孝乎惟孝，友于兄弟，施于有政。'是亦为政，奚其为为政？"

- [词语解释]《书》：《尚书》，也叫《书经》，是上古到周朝的历史文献资料的汇编，据说孔子曾整理过《尚书》，所以它被后人列为儒家经典之一。 施：延及，影响。

- 师：有人问孔子："您为什么不从政？"孔子回答："《尚书》里说：'孝哇，只有孝顺父母，友爱兄弟，以此影响拥有政权的人。'这也是从政，为什么只有做官才是从政呢？"
- 生：孔子这话听来有点"吃不到葡萄说葡萄酸"哩。
- 师：是有这意味，不过把孝悌扯到从政上，似乎有些牵强。你们会说"我做个好人，等于我做官了"。
- 生：孝悌能影响政治，以此来强调孝悌的重要性，这谁会信呢？
- 师：也难怪，孔子到处游说孝悌治国，就是没人相信他这套说法。
- 生：不过后来儒家成为正统学说，孝悌的理论被推广到孝悌治国的高度。不是有"爱民如子""衣食父母"之类的说法嘛。
- 师：百姓到底是"子"还是"父母"呢？要看说时的需要。不过把官与民的关系比喻成家庭关系，实在是过于简单化了。按照现代观念，官民的关系是服务与被服务的关系，民纳税就是购买官员的服务，官员拿工资，就是拿纳税人的钱，给百姓提供服务，服务不到位，百姓应该有权撤换官员。

2-22

子曰："人而无信，不知其可也。大车无輗，小车无軏，其何以行之哉？"

- [词语解释] 輗（ní）、軏（yuè）：牛拉的为大车，马拉的为小车，拉车的车辕上有横木，横木上有活销，大车的活销叫輗，小车的活销叫軏。没有活销，自然不能把车套在牲口上。
- 师：孔子说："人不讲诚信，不知如何办事了。就像大车没有輗，小车没有軏，怎么能行走呢？"
- 生：就是说，一个人不讲诚信，就别在社会上混了。
- 师：这点是人类文明的共同原则。讲诚信的原则不是来源于社会形态，无论是奴隶社会、封建社会，还是资本主义社会、社会主义社会，只要构成一个社会，就得讲诚信。社会形态的不同决定讲诚信的对象不同，奴隶主肯定不会跟奴隶讲诚信，但奴隶主之间也是要讲诚信的，不讲诚信，就会在自己的阶层内被孤立。
- 生：好比孔子说的，诚信就是车上的活销，没有这个，人在社会上就无法形成关系。
- 师：孤立的人不是社会人，社会人就必须与别人发生各种关系，关系建立就得靠诚信。
- 生：父母老是教育孩子要讲真话，可他们也不一定会对孩子讲诚信，有时我父母也对我撒谎，我只是不揭穿而已。
- 师：不能简单地把讲真话与诚信等同。诚信是承诺的事必须兑现，而讲真话不是承诺。因为喜欢撒谎的人，别人很怀疑他的承诺是否也属于谎言，不相信会兑现，所以人们才会把撒谎和不讲诚信等同，进而把诚信与讲真话等同。
- 生：那么是否有满嘴谎话的诚信者？
- 师：理论上应该有这样的人，整天撒谎，可一旦承诺必然兑现。撒谎是一种坏习惯，但撒谎的人可不一定是坏人，只有撒谎的动机不好，撒谎才是坏的行为，我们才能说此人品德不好。
- 生：老师，我可没遇见过满嘴谎言的好人。
- 师：没有不良动机而去撒谎，使别人不信任自己，这样的傻瓜可是稀世珍品哟。

2·23

　　　子张问："十世可知也？"子曰："殷因于夏礼，所损益可知也；周因于殷礼，所损益可知也。其或继周者，虽百世可知也。"

- 生：就是那个"学干禄"的学生子张吧，这次他问孔子："十世以后的事情可以知道么？"看来他的兴趣还是蛮广的。
- 师：孔子回答他说："殷朝沿袭夏朝的礼制，所增加和删除的可以知道；周朝沿袭殷朝的礼制，所增加和删除的也可以知道。那么有继承周朝的朝代，即使过了一百年，应该也可以知道的。"
- 生：孔子的意思是说，礼制的本质是不变的，只是有所增减，更加完善。是这样么？
- 师：是的。孔子对于礼制非常自信，所以竭力推行他的礼教学说。
- 生：要是时代发生根本性变化，那么礼制也是会变的。
- 师：子张对老师提这样的问题，恐怕对孔子的要求太高了，孔子实际上是个关心现世，而不太关心未来的人。他的推理方法也很简单，就是温故而知新。这让我想起作家卡夫卡的一句名言："信念使人幸福。"
- 生：啥意思？
- 师：意思是未来可能和自己的预测完全不同，但只要相信按自己的信念作出的预测，对和不对谁知道，只要自己认为对，感觉就很幸福。
- 生：您的意思是，不管百世后是不是依然沿袭夏的礼制，只要孔子相信，并以此作为信念，他就是幸福的。
- 师：否则他也不会知不可为而为之了，他就是个以信念为幸福的人。
- 生：这样的人是不是很令人尊重？
- 师：从好的方面说，这是坚定；从不好的方面说，是固执。不过这样的人有一个缺点，就是信念会妨碍他看问题的眼光。孔子的时代处于奴隶社会向封建社会的过渡时期，只要稍有眼光的人，都会意识到社会发生了翻天覆地的变化，礼制也不会例外。

2·24

　　　子曰："非其鬼而祭之，谄也。见义不为，无勇也。"

- 师：孔子认为："不是自己的鬼却祭祀它，这是拍马屁。看到正义之事不去做，这是没有勇气。"

- 生：啥叫"自己的鬼"？
- 师：古人认为人死后变鬼，自己的鬼就是自己的祖上。
- 生：这样看来，祭别人的鬼的确是拍马屁。不过这和见义不为有啥关系？
- 师：孔子的忠孝其核心就是报恩。他人的鬼对你没恩，救人于危难，那人对你也没恩。这里孔子在报恩之上，又添进了义。今天我们把义当作正义，孔子的"义"是不是和我们今天的正义相符合，还有待于后面孔子进一步为我们阐述。
- 生：不会完全相同吧。我们今天的正义到底是啥意思呢？
- 师：平等、公平、公正……这些都该被视为正义。
- 生：这和见义勇为好像有些距离。
- 师：路见不平拔刀相助，什么叫"不平"？就是不平等、不公平。在单位里，老板很不公正地对待某个员工，大家都知道不公平，都"见义"了，有谁"为"呢？做同样的工作，别人比你做得还好，可老板对你更有好感，给你的钱比别人多，你很清楚这点，不能说不"见义"，可你拔刀相助了吗？
- 生：这哪是相助？是拔刀自残哪。
- 师：社会上的不公平现象，或许我们没有能力改变，最多呼吁呼吁，可单位里的事，尤其涉及自己的事，能见义勇为的有几个？见义勇为可不是那么简单的。
- 生：这样一说，大多数人恐怕都属于见义不为的。

八佾第三

3-1 孔子谓季氏，"八佾舞于庭，是可忍也，孰不可忍也？"

● [词语解释] 季氏：这个季氏有不同的说法，有人认为指季平子，即季孙意如，也有人认为是季康子，还有人认为是季桓子。不过有一点是肯定的，就是掌握鲁国实权的三个家族中的季氏，到底是季氏家族中的哪一位，并不重要。　八佾（yì）：古代的舞蹈，八人一行共八行，八八六十四人，叫八佾。八佾是天子观赏的。诸侯观赏的只能是六佾，即八人六行，共四十八人。像季氏这种大夫，只能观赏四佾，即三十二人。

● 师：孔子很光火，他说季氏，"在自己庭院里举行八佾之舞，这都能容忍，还有啥不能容忍？"

☺ 生：老师，孔子不是当着季氏面说的吧？

● 师：我想他是在自己庭院里议论季氏。不过"容忍"有两种解释，一种是季氏容忍自己的越轨行为，另一种是孔子不能容忍这种越轨行为。我看孔子可能两种意思都有。

☺ 生：观赏个舞蹈，值得让孔子这样发火么？

● 师：不是因为舞蹈，而是因为舞蹈的规模。在封建时代有很多等级上的规定。

☺ 生：据说这方面很讲究，天子死了叫崩，诸侯死了叫薨，大夫死了叫卒，小官吏死掉叫不禄，老百姓死掉才叫死。

● 师：对呀。死后在坟上种的树也有讲究，天子墓上种松树，诸侯种柏树，大夫种槐树，老百姓只能种杨柳。

☺ 生：季氏观赏八佾，是想篡位吧？

● 师：篡天子的位，还轮不到季氏。主要是这种行为，在孔子看来是无视天子的存在。孔子理论的基础是等级制，而且孔子这个人是很看重表面文章的，所以他特在乎维护等级制度的表面礼节。

☺ 生：明白了，季氏的这种行为冲击了孔子的理论基础，他当然无法容忍。

● 师：季氏大概不太讲规矩，所以在鲁国，他的封地里较早地废除了奴隶制，有时候不讲规矩的人往往有创新精神，容易接受新事物。

☺ 生：看来老师也属于没规矩的人。

● 师：现代社会，规矩太多是不好的，为人的准则要守住，而表面的规矩别过于在乎，所以对这种打破表面化规矩的行为，应该是：是不可忍，孰可忍。

3-2
　　三家者以《雍》彻。子曰："'相维辟公，天子穆穆。'奚取于三家之堂？"

- [词语解释] 三家：指季孙氏、孟孙氏、仲孙氏三家。三家均为鲁桓公后裔，也叫"三桓"。世袭鲁国的大夫，后势力渐大，放逐国君。其中势力最大的就是上面提到的季氏。　《雍》：为《诗经·周颂》中的一篇。　彻：撤。　相（xiàng）：助祭的人。　辟公：指诸侯。
- 师：第一句有歧义，一种意思是：鲁国三家大夫举行祭祀，在演唱《雍》歌时就撤去祭品。另一种意思是：鲁国三家大夫祭祀祖先时，唱着《雍》歌撤除祭品。
- 生：两种意思有啥差别？
- 师：前一种是用于祭祀的歌，《雍》还没唱完就撤祭品了，说明对祭祀很敷衍；后一种指祭祀自己的祖先，居然用周天子祭祀时才能用的《雍》歌，这是一种越规行为。
- 生：明白了。孔子对三家无视祭祀礼节或者规矩的做法很反感，所以他引用《雍》歌里的句子说："'助祭的是诸侯，天子严肃静穆。'这样的曲子为何出现在三家的大堂里？"
- 师：你是根据后面一种意思翻的，根据前一种意思就是："这样的曲子在三家的大堂里演唱，有何意义呢？"
- 生：反正差不多，孔子对三家的做法大为不满。
- 师：我们可以假设，如果《雍》是国家领导人去世时用的哀乐，一般人去世也用这样的音乐，你们会觉得不妥当么？
- 生：老师，现在哀乐好像没有等级之别吧。
- 师：如今清明扫墓，祭祀先人，往往顺带着踏青游玩。在孔子看来，这恐怕比祭歌没唱完就撤祭品还要敷衍。按照以伦理为基础的孝道，祖先是很重要的。祖先意味着家族观念，有了家族才能讲伦理。
- 生：现在家族观念很淡漠了，我只知道我祖父母、外祖父母，再往上，真的不清楚，父母也不说。
- 师：是啊，许多人对祖先的概念只是祖父母了，所以祭祀祖先也越来越淡漠了。
- 生：老师，连祖先都不晓得，我们不知道从哪里来，不知道自己的根，这是不好的现象吧？
- 师：什么是"根"？寻根就是寻找自己的祖先么？中国人对根真正到了崇拜的地步，起名字带根的不少，什么宝根、龙根之类的，仿佛知道祖先就是知道根。
- 生：有啥不对么？
- 师：知道自己的祖先是谁又能怎么样？知道人类如何发展过来的，才是重要的。知道祖先是谁并不重要，你是怎样的人才是重要的。知道人类的祖先倒是蛮重

- 生：可现在有些人对人类的祖先不感兴趣，只热衷于考证家谱，特想知道自己的祖先。
- 师：人应该注重个人的社会道德，而不是家族的伦理。

3·3 子曰："人而不仁，如礼何？人而不仁，如乐何？"

- 生：孔子说："做人却不讲仁义，怎么对待礼仪呢？做人却不讲仁义，怎么对待音乐呢？"老师，我不懂的是孔子为啥把仁义和音乐扯在一起？
- 师：这是针对上面说的，八佾和《雍》既是礼仪，又是音乐舞蹈。所以孔子得出这样的结论，像如此对待礼仪和音乐的季氏，肯定是不讲仁义的。
- 生：礼乐是表面文章，季氏再怎么搞，不仁还是不仁。这不正好说明孔子看重的不是表面，而是内在嘛。老师怎么认为孔子是个在乎表面文章的人呢？
- 师：孔子是很在乎表面文章的，这点读下去就会知道。一个人是应该心怀仁爱，可心怀仁爱的人就一定会讲究礼仪和音乐吗？
- 生：听起来好像没有必然联系。
- 师：古代社会礼乐很重要，秦朝建立后还专门设立了掌管音乐的机构，叫乐府。同时在音乐舞蹈上等级也很严格，比如唐朝诗人王维在当大乐丞时，独自欣赏应该是帝王欣赏的"宴王狮子舞"，后来受到检举，被贬了官。难道我们就能说王维是不仁之人吗？季氏无视礼乐，本质是抬高自己的地位。孔子愤怒的是他不守臣子之道，破坏等级秩序，季氏或许的确没有仁爱之心。但不守臣子之道，鄙视等级秩序的人却不一定不仁。魏晋时期的文学家阮籍，甚至提出"无君则万物定，无臣则万事理"的无政府主义思想，这种对礼乐、等级"白眼对之"的隐士，难道也是不仁之人？
- 生：这样一分析，孔子愤怒的是破坏表现等级的礼乐。
- 师：如果礼乐是表面文章的话，那么内容决不是"不仁"，而是等级秩序。

3·4 林放问礼之本。子曰："大哉问！礼，与其奢也，宁俭；丧，与其易也，宁戚。"

- [词语解释] 林放：鲁国人，生平不详。　　易：把事情办妥，周到。

- ☺ 生：林放来问礼的问题。这个林放不知何许人，与孔子同乡，说不定是邻居。
- ● 师：不管是什么人，反正孔子很想说这个问题。他说："这问题有重大意义呀。一般的礼，与其奢侈浪费，不如节俭；丧礼，与其面面俱到，不如内心真正地悲哀。"
- ☺ 生：的确像老师说的，孔子在乎"礼"这种表面文章。不过从他说的节俭、悲哀上看，也看不出有啥重大意义。
- ● 师：我认为他实际上是想说，礼是个大问题，关系人的品德和内心世界。节俭指的是品德，悲哀指内心。
- ☺ 生：老师，看来林放比较穷，看到季氏在礼仪上十分豪华，心理不平衡，才来问孔子。
- ● 师：从孔子的回答上看是这样。如今在礼仪上奢侈之风又起，讲究排场热闹。私人之事，唯恐天下人不知，从婚礼到丧礼，从满月酒到豆腐饭，从谢师宴到生日派对，凡是想得到的，统统都要来个仪式。
- ☺ 生：风气这样，也没办法。不搞别人就会说你。
- ● 师：人应该以宁静为幸福，"悄悄的我走了，正如我悄悄地来。"人是自然的一部分，应该遵循自然的"道"，或许如庄子把生老病死视为自然的循环更好一点。
- ☺ 生：这也太消极了吧，人生如水，淡而无味。
- ● 师：人和动物在生理上又有多少差别呢？差别大的是人的心灵和情感，表面再热闹，能让情感如大河般动荡吗？宁静如水的人，说不定是个情感激荡的人。这点孔子说得对，亲人死了，丧礼面面俱到，还不如内心真正的悲哀。

3·5　子曰："夷狄之有君，不如诸夏之亡[无]也。"

- ● [词语解释] 亡：无。
- ☺ 生：这不是民族歧视嘛。孔子说："偏远地区有君主，还不如中原地区没有君主。"
- ● 师：是民族歧视。古代中原地区的人把自己看成世界的中心。再缩小范围的话，这个中心就在齐国，因为齐就是"脐"，肚脐是人身体的中心。范围再缩的话，这个中心就是泰山，泰山古代有许多叫法，比如"太山""岱山""岱宗""昆仑"等等。
- ☺ 生：昆仑也是指泰山哪，我还以为指现在的昆仑山脉哩。古诗当中常提到，说此山产玉，李贺的诗句有，"昆山玉碎凤凰叫"。
- ● 师：泰山称"岱宗"，宗就是祖宗，据说黄帝和他的部落轩辕就发源于此，所以泰山就成了汉民族中心的中心。

- 生：古书上讲中国往往指的就是中原地区，所以把北方的少数民族叫狄，东方的叫夷，西方的叫戎，南方的叫蛮。再看不起人家，可统一中原的却是偏远地区的秦国。
- 师：新中国成立以后，为了禁止民族歧视，把以前带"犭"偏旁的民族称呼，统统改为"亻"字旁，比如"猺族"改为"傜族"。
- 生：改后的称呼体现了国家重视各民族之间的平等、和谐相处、共同发展，免得造成少数民族地区发展落后。
- 师：落后与先进是相对的，就拿北方的游牧民族来说，最早是比农业民族先进的，否则耶和华也不会喜欢亚伯的羊。
- 生：老师，啥是亚伯的羊，不懂。
- 师：这是《圣经》里的故事。人类的祖先最早是狩猎民族，也就是亚当和夏娃。后来狩猎民族演化为游牧民族和农业民族，也就是亚当和夏娃生了两个儿子，亚伯和该隐，亚伯是放羊的，即游牧民族，该隐是种地的，即农业民族。当他们用自己的劳动成果祭祀神耶和华时，耶和华喜欢亚伯的羊，不喜欢该隐的谷物。
- 生：是因为先进才喜欢？
- 师：劳动成果当然要看付出劳动的多少。把野兽驯化为家畜和发现谷物能吃，谁付出的劳动多？
- 生：当然是驯化野兽，这应该是很难的。
- 师：因此耶和华喜欢亚伯的羊。这说明最早时，游牧民族驯化野兽付出的劳动比农业民族多，他们比农业民族先进。
- 生：为啥后来农业民族超过了游牧民族？
- 师：生命从海洋里出来，变成两栖类，后来一支飞到天上去了，飞上天是不是比从爬行类进化为哺乳类难度大？
- 生：是。
- 师：为什么天上的鸟不能进化为人类？
- 生：在天上飞，遇到的危险少，比较安全。
- 师：游牧民族有些像鸟儿，天气不好，草地上的草不丰盛，拔起帐篷走人，否则咋叫"游牧"呢。但农业民族开垦出土地，种下粮食，气候不好了，能跑么？
- 生：噢，农业民族的危机比游牧民族大，所以农业民族发展了，前进了。
- 师：是的，最后因为一次吵架，该隐杀了他的兄弟亚伯。
- 生：真没想到，那些少数民族原来都是我们的兄弟。
- 师：你发达了、先进了，就不要看不起人家。
- 生：孔子好像说，你们就是有君主也发展不好。
- 师：这种心理最后就导致闭关自守。落后与先进是相对的，落后的危机能使民族进步。

3-6 季氏旅于泰山。子谓冉有曰:"女(汝)弗能救与(欤)?"对曰:"不能。"子曰:"呜呼！曾谓泰山不如林放乎?"

- [学生名录] 冉有：冉求，字子有，也叫冉有。比孔子小二十九岁。鲁国人，当时在季氏手下做事。
- [词语解释] 旅：祭山。当时只有天子和诸侯才有祭祀名山大川的资格。
- 生：这次季氏准备去祭泰山，孔子很不满。
- 师：是啊。他对冉有说："你不能阻止这事吗？"冉有说："不能。"孔子悲叹道："呜呼！难道泰山之神还不如林放吗？"
- 生：老师，不如林放是啥意思？
- 师：林放就是上面所说那个来问礼的人，或许是一般的平头百姓。孔子是说，难道泰山之神还不如林放这样的百姓聪明，会接受这种人的祭祀？
- 生：孔子为啥不把后半句话说完全？
- 师：大概孔子在冉有面前说季氏的坏话有所顾忌，虽然冉有是自己的学生，可毕竟是季氏的手下。
- 生：这又是一次超越等级的行为，孔子当然愤怒。
- 师：还因为祭的是泰山。前面说了，泰山在汉族人眼里，是中原的中心，不仅黄帝部落发源于此，而且在传说中，像玉皇大帝、西王母之类的神都居住在泰山；传说中泰山脚下还有一条泉，称为黄泉，可以直通地府。可以说泰山上住神，泰山下住鬼。
- 生：哇，这不就是古希腊神话中的奥林匹斯山嘛。
- 师：应该可以称为中国的奥林匹斯山。
- 生：怪不得季氏要去祭这样的山，把孔子急得……
- 师：人家要去祭你又奈何，冉有也回答得干脆，阻止不了。

3-7 子曰："君子无所争，必也射乎！揖让而升，下而饮。其争也君子。"

- [词语解释] 射：古代射礼，在《仪礼》中有《乡射礼》和《大射礼》，其实就是讲究礼节的射箭比赛，输者罚酒。
- 师：孔子说："君子无所争，一定要有所争的话，那就是射箭比赛。比赛前彼此作揖，谦让着登上赛场，下赛场后饮酒。这种竞争也是有君子风度的。"

生：这种比赛就是我们现在说的友谊第一，比赛第二。老师，君子无所争对么？现在社会竞争这么激烈，无所争恐怕连工作都找不着，饭也吃不上。

师：无所争是不对的。要维持等级秩序，当然无所争是最好的，但没有竞争就没有发展。以前搞计划经济，吃大锅饭，结果社会发展受到阻碍，人们都过得很穷。

生：听我爸说，那时候知识青年下乡，农村都吃公社食堂，大家都不用做饭。

师：那也是竞争的结果。

生：啊？这也是竞争？

师：二十世纪五十年代后期，中学毕业生出现一个高峰，加上妇女地位提高，家庭妇女纷纷走上社会，成为职业妇女，城市的就业压力非常大。现在有钱，增加投资，发展服务业，纵然就业竞争激烈，但还有就业。那时候国家穷，没钱迅速扩大建设，国际上处于冷战时期，开放引入外资是不可能的，没办法，就业的压力迫使我们进行人口倒流，于是把知识青年打发到农村去。多一人少一人挖地球，影响不大。

生：要是现在也解决不了大学生就业问题，国家会不会再提出，大学生上山下乡，接受贫下中农的再教育呢？

师：别胡思乱想。人口倒流，后果是严重的，导致了后来意识形态的倒流，文明的倒流。读书无用论、打倒知识分子臭老九，就是其可怕的后果。

生：现在有些大学毕业生到农村到边疆去工作，算不算倒流？要是城市就业竞争太激烈，主动去支边算不算无所争的君子？

师：我看有些支边行为不是无所争，而是为增加争的法码，因为支边有许多政策优惠，对以后回城市找工作、评职称、涨工资等等，都有好处。没有优惠政策，支边的人就会少一大半。至于真想去边远山区扎根一辈子，这样的人可以算是君子。不过这样的人恐怕也不是因为"无所争"去支边的吧，我想是他选择了另一种生存方式。所以争与不争不能成为君子标准。

3·8 子夏问曰："'巧笑倩兮，美目盼兮，素以为绚兮。'何谓也？"子曰："绘事后素。"曰："礼后乎？"子曰："起予者商也，始可与言《诗》已矣。"

[词语解释] 盼：黑白分明。　　绚：有文采。

- 生：子夏就是那个叫卜商的年轻学生，他问的《诗经》里的句子我们学过。"灿烂的笑容多漂亮，美丽的眼睛黑白分明，洁白的脸色上装扮着绚丽的文采。"子夏问，这是什么意思？他到底是装糊涂，还是同性恋？连赞美姑娘漂亮都不懂啊。
- 师：我看不是子夏的问题，而是孔子把《诗经》弄复杂了，学生反而被他搞糊涂了。
- 生：这怎么讲？
- 师：《诗经》中的"风"，都是民歌，大多为婚恋之歌。孔子要从中找出深刻的道理，你想，"姑娘像朵花"这样的句子，一定要找出深刻的思想，子夏当然只有糊涂的份了。
- 生：以前在中学，读一篇文学作品，老师总是重点讲中心思想、段落大意，文学作品总得反映作家的思想吧。
- 师：给我说说像《简·爱》这种恋爱小说，有什么深刻思想？
- 生：一个长相一般的女人爱上一个有妻子的男人……天哪，很俗的一个故事嘛。
- 师：就是。文学不是反映思想的，否则干脆去写哲学算了。
- 生：那文学反映什么？
- 师：文学是反映情感的，反映生活的，情感的饱满和生活的真实性，才是文学追求的目的。
- 生：《简·爱》中的故事生活中的确有，因为作品感情写得饱满，才成为名著吧。
- 师：我们这儿先不讨论文学。孔子要在"姑娘像朵花"当中挖掘深刻思想，能挖出什么来呢？我们来看看。他说："就像绘画，先用白色的底子，然后绘上色彩。"子夏又问："那么礼也是［在仁义的底子上］绘上的色彩么？"孔子说："启发我的是卜商啊，现在可以和你讨论《诗经》了。"
- 生：这段话理解起来真别扭。
- 师：是很别扭，这样牵强地把《诗经》与礼仪扯在一起，蛮吃力的。

3-9

子曰："夏礼，吾能言之，杞不足征也；殷礼，吾能言之，宋不足征也。文献不足故也。足，则吾能征之矣。"

- [词语解释] 杞：小国家，为夏禹的后代，位于今天的河南杞县。　宋：位于今天河南商丘县南的国家，商汤的后代。　征：证明，考证，依据。

☻ 师：大概是学生问夏商的礼制，孔子有些回答不上来，所以他说："夏朝的礼，我能说，但其后代杞国的资料不足以引证了；殷朝的礼，我能说，但其后代宋国也不足以引证。这是因为文献不足的缘故。如果文献足够的话，那么我就能引证了。"

☺ 生：孔子对夏商时代的礼制还是很向往的哩，就像我们向往共产主义。

☻ 师：过去的东西永远过去了，孔子老是想要恢复过去。纵然是过去好的方面，也不可能恢复。

☺ 生：好的方面总应该继承吧。列宁说，忘记过去，就意味着背叛。

☻ 师：记住不是继承，对过去，我们所能继承的只能是一些文明的原则，而不是形式。比如古人见面时打躬作揖，现在改成了握手。你们说哪种好？其实形式不重要，重要的是见面时表示友好。

☺ 生：形式还是很重要的，现在很多人在追求国粹，衣服追求唐装、汉服，文化提倡有中国特色、民族特点，像传统的京昆剧，如果不继承发扬，就会消亡。中国人应该有自己的民族礼节，我认为应该继承。

☻ 师：你想继承也继承不了。我们是想有民族性，有自己的特色，有中国性，可只能做到保留、保存，却不能继承。

☺ 生：保留、保存不就是继承么？

☻ 师：不是。继承是我们的生活方式来自于传统、来自于我们的前辈。拿京剧来说，以前人们对戏剧欣赏主要是京剧，而现在不是，尤其是年轻人，戏剧欣赏的主要是话剧，或许还不仅仅是话剧，戏剧欣赏多元化了。京剧失去了普遍性，成为独特性的东西，像唐装、汉服也不具备普遍性。

☺ 生：老师的意思就是，当一件东西在年轻一代中从普遍性变成独特性，就不是继承，而只是保留、保存。

☻ 师：对。民族的东西在本民族的年轻一代身上，依然是普遍性的东西，那么才是继承。这样的东西恐怕很难找到了。

☺ 生：这样看来，世界正在趋于同一。不承认是不行的。

3-10

子曰："禘自既灌而往者，吾不欲观之矣。"

● [词语解释] 禘（dì）：古代极隆重的祭祀远祖的大典，五年举行一次，只有天子才能举行。周成王因周公旦对周朝功勋卓著，特许他举行禘祭。后来鲁国沿此特例，也举行禘祭。　　灌：禘祭中开始的一个项目，最早是用活人代受祭者。

师：孔子说："禘祭从完成灌的程序之后，我就不想看了。"孔子说这话可能是不满鲁国举行禘祭，这是明显僭越。

生：对于超越等级的事，孔子从对八佾的愤怒到对祭泰山的不满，再到这里的不想看，体现了他无可奈何的心情。

师：要是开会时，一个不知天高地厚的小子，坐到为领导安排的座位上，还一个劲地要别人随便坐。对此会有人愤怒么？

生：那当然。一些会场为了保证领导的尊位不被占领，特意放上领导的名字……还别说，现代社会像孔子那样愤怒的人还真不少。

师：蔺相如为了不和廉颇争列，宁可称病不朝，说明当时的中国社会从座位到站位，都是有明显等级之分的。有等级才有僭越，没有等级就没有僭越。

生：是不是当时奴隶制的等级正在瓦解，封建等级正在建立？

师：估计是这样。

3-11　或问禘之说。子曰："不知也。知其说者之于天下也，其如示诸斯乎？"指其掌。

[词语解释] 示：同"置"。

生：好像有人对禘祭不明白，来问关于禘祭的说法。孔子心里生气，所以回答："不知道。知道禘祭说法的人对于治理天下，如同把东西放在这里。"说着指指自己的手掌。老师，孔子的意思到底是懂禘祭的人能把天下治理好，还是现在天下大乱，所以没有懂禘祭的人？

师：我们现在很难判断是哪种意思，因为这要看当时孔子说话的语气。后人在此语后面标上的是"？"，是从牢骚话来理解的，也就是从后一种意思来理解的。

生：就是说这些搞禘祭的人都不懂。现在人们每年也进行祭祀，祭大禹、祭黄帝、祭孔子……祭祀大典的规模一次比一次宏大，我看搞的人也是不懂的。

师：这是商业炒作，尤其是为发展旅游业。文化遗产越多，旅游资源也越多。非洲应该每年给露西搞一次世界性祭祀大典。

生：露西是谁？

师：至今发现的最早直立行走的猿人，人如果都是从非洲走出来的，露西可就是祖先的祖先了。

生：如果全世界人民每年都到非洲去参加祭祀，非洲旅游业大发展，也就不会那么落后了。

师：祭祀重要么？是不是还应该对皮凯亚虫搞一次祭祀？生命从海洋里诞生，人类的源头不是可以追溯到海洋里的皮凯亚虫吗？

生：这就免了吧。祭祀的对象应该是对人类或民族作出重要贡献的人，我们不能忘记他们的好处。

师：那么从人类贡献来说，对哥白尼、达尔文、摩尔根，我们都要搞大祭；对华夏民族来说，四大发明者是谁？找出来，每年大祭。

生：老师越说越不靠谱。

师：为什么不靠谱？说明祭祀只是一种封建形式。纪念作出贡献的先人，可以有很多现代的方式，讨论、研究、评价等等都可以。祭祀之风的兴起，我认为是封建意识的回潮。商业有许多东西可以炒作，挖掘人们心灵中残存的落后意识来炒作，这是没有社会道德的表现，甚至是对现代社会的玷污。

生：老师说得太严重了吧，有给人扣帽子之嫌。

3-12

祭如在，祭神如神在。子曰："吾不与祭，如不祭。"

● [词语解释] 与：参与。

师：从这句话可以看出祭祀的本质了。祭祀祖先，好像祖先真在那里，祭祀神，好像神真在那里。也就是说，祭祀的对象是鬼神。

生：所以孔子说："要是我不能亲自参加祭祀，还不如不祭祀。"孔子觉得应该对鬼神表示敬意，不能随便请人代祭，大概当时有些人因为比较忙，抽不出时间，所以就请人代祭。

师：有些事确实是不能请人代替的，因为太忙，没时间谈恋爱，请人代谈，行么？

生：那怎么行？谈恋爱能请人代替吗？到底谁在恋爱！看来祭祀也不能请人代。祭祖先，祖先一看个个都是陌生的面庞，谁是俺的后代？

师：请人代祭，说明当时已有不少人不在乎这种表面形式，可别人祭，自己不祭心里不踏实，所以请人代祭一下敷衍过去。你们现在有这种敷衍的事么？

生：有是有，不过都是小事，比如做作业、打扫卫生之类。

师：尽量自己的事自己做，请人代的话，也必须等价交换。我们这里可以对祭祀作一个总结了。古人之所以要祭祀，是因为迷信。他们认为人死后成为鬼，而人的世界之外还有神的世界，神鬼决定着人世，祭祀就是讨好鬼神，给他们烧纸钱、供吃喝，向他们表示敬意。

生：我们是唯物主义者，知道没啥鬼神。祭祀的对象都否定了，祭祀还有啥意思？皮之不存，毛将焉附。

师：唯物主义教育了多少年，为什么人们还要搞祭祀大典呢？

- 生：可我们总不见得把清明节祭扫先烈、亲人的习俗去掉吧？
- 师：祭祀和祭扫不能等同，祭扫是缅怀、追忆，其对象是逝去的人们，不是鬼神，这是两种完全不同的活动。祭扫时我们敬献的是鲜花和哀思，祭祀时敬献的是钱与物，是媚鬼神。许多人不懂这个道理，因此把祭扫搞成了祭祀，烧冥币、烧香、供食物。
- 生：有多少人能搞清楚这两者的差别呢？很容易弄成封建迷信的。

3-13　王孙贾问曰："'与其媚于奥，宁媚于灶。'何谓也？"子曰："不然，获罪于天，无所祷也。"

- [词语解释] 王孙贾：卫灵公的大臣，卫国的实力派人物。　奥：屋子的西南角叫奥。
- 生：王孙贾从卫国跑来问孔子问题？
- 师：大概这时孔子离开鲁国，周游列国了，卫国是他的第一站。所以王孙贾来问他："'与其讨好屋子西南角的神，不如讨好灶神。'这话什么意思？"
- 生：老师，我也不明白这话啥意思。
- 师：在古人看来，屋子里有很多神，而西南角的奥神是一屋之主。可能当时也有一种观点认为，灶神虽然不是最主要的神，却管着吃的，只要把灶神侍候好了，其他的神可以不管。
- 生：那昆山的"奥灶面"是不是取名于这两个神？
- 师：那就不清楚了。
- 生：王孙贾来问孔子是啥意思呢？
- 师：后人对王孙贾问此话的意思有两种猜测：一种猜测认为王孙贾虽有实权，却未必能无视卫灵公，所以他拿不准到底是直接拍卫灵公马屁好，还是拍卫灵公亲近之人的马屁好。这里"奥"就指卫灵公，而"灶"指的是卫灵公亲近的人，比如卫灵公的宠姬南子、近臣弥子瑕。另一种猜测是王孙贾来告诉孔子，你在卫国与其拍卫灵公的马屁，不如拍我的马屁，我才是卫国的实权派。这样"灶"指的就是王孙贾自己。
- 生：古人说话这么含蓄，老要猜，真够累的。
- 师：语言有语境，在当时的语言环境下，一听就知道话里有话，只是我们今天脱离语境来读，当然只好猜啦。所以当时孔子马上就明白了他的意思，就说："不对呀，要是得罪了上天，连祈祷都没用啊。"
- 生：从孔子的回答看，好像第二种猜测更合适。

- 师：未必这样。对孔子来说，等级是最重要的，下级得罪上级，仿佛就是得罪上天，无论自己还是王孙贾，都不应该得罪国君。

3-14　子曰："周监[鉴]于二代，郁郁乎文哉！吾从周。"

- [词语解释] 二代：指周朝以前的夏、商两个朝代。　　监：鉴，借鉴。
- 师：孔子说："周朝的制度是借鉴夏、商两代建立的，非常丰富多彩。我遵从周朝的制度。"
- 生：这里指的不是周朝的礼制么？
- 师：也可能指礼制。既然孔子没有指明，我们还是理解为一般的制度为好。
- 生：当时的制度文献我们还能读到么？
- 师：不能完整读到了，只能从出土的文物或其他的文献中片断地读到。
- 生：真是不能理解，奴隶社会的制度会好到什么地方去？
- 师：孔子的时代太混乱，要求秩序和安定是可以理解的，而把周初由周公等人创建的典章制度视为典范美好，的确令人难以理解。后来许多古人对自己所处时代的制度不满意时，往往就抬出周初的制度来赞美，好像这些人不仅继承了孔子的理论，还继承了他的复古情怀。
- 生：社会难道就一定是发展的，没有倒退的吗？
- 师：有的，我看元朝就是一个倒退的时代。社会的发展不是直线的，而是曲线的，就如同股市K线图中的波浪曲线，呈波浪型向前发展。
- 生：社会的发展方向是啥？
- 师：这都不明白！中小学怎么受的教育？社会发展目标当然是共产主义。
- 生：可许多人嘴上不说，心里却是有些怀疑的。
- 师：什么都可以怀疑，这是不容置疑的。社会制度从原始共产主义起步，到高级共产主义结束，这就是"肯定"和"否定之否定"。当中经历过的社会制度都是"否定"。你怀疑和不承认也没用，社会就是向这个方向发展，这就是文明的进化。
- 生：可有时候会觉得社会偏离这个目标在运行。
- 师：这就是曲线发展。

3-15

　　子入大(太)庙，每事问。或曰："孰谓鄹人之子知礼乎？入大(太)庙，每事问。"子闻之，曰："是礼也。"

- [词语解释] 大庙：太庙。古代开国之君叫太祖，祭祀太祖的庙叫太庙。鲁国最初的受封之君为周公旦，所以鲁国的太庙就是周公庙。周公名叫姬旦，所以也叫周公旦。他是周文王之子、周武王之弟，协助武王灭商。武王死后，由其摄政，辅佐周成王。　鄹（zōu）：地名。有人认为是今天的曲阜县东南十里的西邹集。鄹人指孔子的父亲叔梁纥，因为他当过鄹大夫，孔子也出生在那里。
- 师：孔子进周公庙，每件事都要问。有人说："谁说鄹人的儿子知道礼仪？进周公庙，什么事都问。"孔子听了以后说："这就是礼呀。"
- 生：孔子回答得有些强词夺理吧。不懂才问，啥都懂，还啥都问，他烦不烦？
- 师：我也觉得有些强词夺理。懂也得问，孔子认为这是礼节的需要，照这么说，你们懂了也问我，我这老师岂不累死？
- 生：这大概要看场合吧，在太庙这种场合，或许特别要讲究礼节。
- 师：这也不对呀。早上升国旗算是特别讲究礼仪的场合吧，如果问为什么升国旗呀，升到多高呀，国旗的尺寸应该是多少呀，等等，这也够烦人的。
- 生：真是有点像《大话西游》里的唐僧。
- 师：明明知道，每件事还故意问，我是问不出口的。
- 生：我们也问不出口，感到羞愧呀，这太虚伪了。
- 师：孔子为什么不感到羞愧，而认为这是礼节必需的呢？当礼节完全成为一种形式，它的内容就会淡化，这时问的行为就比问的内容重要了，既然不考虑问的内容，孔子问这问那也就不羞愧啦。

3-16

　　子曰："射不主皮，为力不同科，古之道也。"

- [词语解释] 皮：古代箭靶子叫"侯"，有用布做的，也有用皮做的。靶子的正中叫"正"或"鹄"。用皮做的靶子也叫"皮侯"或"皮"。　同科：同等。
- 师：孔子的意思是："射箭比赛，不以射穿透靶子为主要目的，每个人用力并不一定是同等的，这是古代的规矩。"
- 生：就像今天的拳击比赛，有重量级、轻量级之分。
- 师：孔子是说比赛不是比气力，而是比精准。

- 生：孔子挺喜欢射箭比赛的，已经第二次提射箭了。
- 师：不是喜欢这个比赛，而是因为这个比赛非常讲究礼仪。最重要的一点是，这属于贵族玩的游戏。
- 生：就像现在打高尔夫球，打得好得打，打不好也得打，因为"打"象征自己是有钱人。
- 师：对，就是这个理。

3-17　子贡欲去告朔之饩羊。子曰："赐也！尔爱其羊，我爱其礼。"

- [词语解释] 告（gù）朔：朔是每月的第一天。每年秋冬之交，周天子把第二年的年历颁给诸侯，叫"颁告朔"。诸侯把接受的年历放在祖庙里，每逢初一，杀羊祭于庙，这种祭祀叫"告朔"。　饩（xì）羊："告朔"之祭宰杀的羊。
- 生：子贡想把告朔之祭中的那只羊去掉。他为啥要去掉那只羊？
- 师：照理说，这种祭祀，鲁国国君应该亲临，但这年月已没人在乎周天子的规矩，所以鲁国国君也不来了，有点像前面说的请人代祭。这种祭祀已形同虚设，看来子贡是个节俭的人，既然祭祀纯粹是走过场，所以想把这羊省下来。
- 生：怪不得。虽然孔子是提倡节俭美德的人，却更重礼仪。所以他说："赐啊，你可惜那只羊，我可惜这种礼制。"
- 师：这种祭祀不仅仅是礼仪，而且关系到等级，关系到对周天子的态度问题，所以孔子才如此地在乎。
- 生：据说那时还有用活人祭祀的。
- 师：商朝时用活人祭祀的还很多，周朝奴隶制向封建制过渡后，这种现象不多见，即便还没有结束奴隶制的国家，也不想用活人祭祀，因为奴隶是财产，奴隶主不愿意浪费财产。不过还是有用活人殉葬的，秦穆公使用活人殉葬，殉葬的不仅仅是奴隶，还有当时秦国著名的三兄弟，当时人们把他们称作"三良"。
- 生："三良"就是三个大好人？
- 师：应该是。
- 生：要是周朝礼制规定祭祀时用活人，大概孔子也会反对吧。
- 师：不反对也不行啊，否则他还提倡什么仁爱呢。

3-18

> 子曰："事君尽礼，人以为谄也。"

- ☺ 生：孔子认为："待奉国君，完全按照礼节去做，人们会认为是献殷勤。"从这话看，是不是可以推测当时大多数人都不按礼节侍奉国君？
- ☻ 师：不一定的。我看是礼节过于周全地侍奉国君和拍马屁差不多，孔子才说这话的。
- ☺ 生：礼节周全与拍马屁应该很容易区别的。老师，我们见了您点头哈腰，您会认为是礼节周全还是拍马屁？
- ☻ 师：当然是拍马屁。见了老师用得着点头哈腰么？
- ☺ 生：可我们经常看到有的老师见了校长就点头哈腰地说好话。好话听起来总是耳顺的吧。
- ☻ 师：礼节有时还是要的，该谦逊时就得谦逊。我可从来没听你们说"某某和我"，都说"我和某某"，总是把自己放在前面。人应该学会谦逊，应该说"某某和某某及我……"
- ☺ 生：这种表达方式还真没想到。
- ☻ 师：这就叫礼数周全，而不是拍马屁。
- ☺ 生：以后开会发言，我就说："同学们、老师们、领导们及校长……"以此来体现孰重孰轻。
- ☻ 师：我看没什么不可以。

3-19

> 定公问："君使臣，臣事君，如之何？"孔子对曰："君使臣以礼，臣事君以忠。"

- ● [词语解释] 定公：名宋，鲁昭公之弟，昭公死后继鲁君之位，在位十五年。孔子于其在位时，担任过中都宰、司空、大司寇等职。
- ☺ 生：孔子在鲁定公时期在鲁国做官，说明鲁定公还是蛮重用他的，应该经常会请教他问题，这次他问："君主使唤大臣，大臣待奉君主，应该怎么做呢？"听这话，说明他使唤不了大臣，大臣也不侍奉他，心里很不是滋味。
- ☻ 师：他哥哥鲁昭公和"三桓"闹得打起来，打不过人家，只好逃到齐国去了。定公继位，日子会好过么？所以孔子的回答也不会有什么作用，他回答说："君主靠礼节来使唤大臣，大臣靠忠心来待奉君主。"

- 生：的确是不痛不痒的回答。
- 师：那么今天一个单位的领导靠什么使唤员工，员工靠什么听领导话呢？
- 生：靠信任，所谓"用人不疑，疑人不用"。靠尊重，领导尊重员工，员工就听话肯干。靠利益，有钱就干，没钱谁干。从公司来说，不就是雇佣关系么？
……
- 师：靠平等。
- 生：怎么又是平等？
- 师：领导和员工多数都没意识到这点。国家单位本身就不属于领导，也不属于员工，各司其职，职位有高低，人却没高低。这里不应该存在使唤和被使唤的关系，也不应该存在发话和听话的关系。干好自己的本职工作，这是每个人都必须做的。
- 生：可领导有开除你的权力。
- 师：只有你的部门领导才有开除你的权力，单位的领导不该有这种权力。权力是有范围的，越级管理、越级用权属于滥用权力。如果一个单位的领导事无巨细地都管，看起来很卖力，鞠躬尽瘁的样子，实际上却是在越权管理。不能越级管理是现代的管理方式，也是平等意义上的权力概念。如果事事要靠越权才能解决问题，说明我们社会上不尽职的人太多了。为什么不尽职？因为具有不平等观念。做事为了领导，为了得到领导的好评、提拔，而不是为了这份职业。
- 生：老师这样说，听起来有些勉强。现实不是这样的，我爸在单位里得罪了领导，虽然和部门的头儿关系很好，可还是被开除了。
- 师：是啊。理想与现实总有太大的距离。几千年的封建社会，能靠几十年时间彻底改变人们的观念吗？

3-20

子曰："《关雎》，乐而不淫，哀而不伤。"

- [词语解释] 淫：过分，过度。
- 师：你们都读过《诗经》中的《关雎》，一首很美的爱情歌曲。孔子说："《关雎》快乐却不过分，哀伤却不悲痛。"这里体现的是孔子的中庸思想。
- 生：老师，一个人要是恋爱都这样中庸，一辈子都不会有激荡的感情了，肯定不属于性情中人，是当不了文学家的。
- 师：总不能要求所有人都具有文学家的气质。不过中庸思想对中国人的影响实在太深了。

- 生：" 枪打出头鸟 "" 出头的椽子先烂 "" 树大招风 " 之类的，说的都是这个意思吧。在一个集体里不做出头鸟，也不做烂尾虾。
- 师：真是很糟糕的行为模式。
- 生：这有啥不好？安稳、保险，法不责众嘛。

3-21

哀公问社于宰我。宰我对曰："夏后氏以松，殷人以柏，周人以栗，曰，使民战栗。"子闻之，曰："成事不说，遂事不谏，既往不咎。"

- [学生名录] 宰我：姓宰，名予，字子我，也叫宰我。鲁国人，比孔子小二十九岁。据说他是经常和孔子唱反调的学生。
- [词语解释] 社：土地神。古代祭祀土地神要替土地神立一块木制的牌位，这牌位叫"主"或"社主"，这里的社，指的就是"社主"。
- 生：这人的名字好玩，叫宰我，他干吗不叫宰了我？
- 师：现在姓宰的人恐怕很少了。春秋时候的姓和现在有很大的不同，那时有些常见的姓现在几乎没有，而现在有些常见的姓，春秋时候没有。比如"李"姓，春秋时就基本没有，战国时才有，如秦始皇时的李斯。
- 生：知道啦。《史记》把老子的姓搞错啦。
- 师：不说姓。鲁哀公向宰我求教，做社主用什么木材。宰我回答说："夏朝用松木，殷朝用柏木，周朝用栗树的木材，说是为了让老百姓害怕战栗。"
- 生：这个宰我很喜欢望文生义嘛。他为啥不说，用松木是为了让老百姓感到轻松呢？
- 师：所以呀，孔子听说这事，感到问题严重，心里恼火，自己的学生怎么这样！可话已说出去了，也没办法，所以只好无可奈何地说："做成的事不必再说了，完成的事不必再劝阻了，已经过去的事就不必怪罪了。"
- 生：听孔子说这话，可以看出他的确是个很现实的人。既成事实，算了。
- 师：毕竟是老师，要有这个肚量。纵然宰我在学生当中是个"刺头儿"，也得宽容。
- 生：老师对"刺头儿"学生怎么看？
- 师：我喜欢理智型的"刺头儿"，不喜欢情绪型的"刺头儿"。
- 生：理智型就是像宰我那样老唱反调的？
- 师：对。理智型是因为老有不同的想法才唱反调，这种"刺头儿"有想法，思维方法可能与众不同，得出的结论就不一样，想法上剑走偏锋可是创新的开始哟。

- 生：还说别人剑走偏锋，老师您恐怕也属这类人吧，真是同类相惜。
- 师：或许是这样。情绪型的就讨厌了，他们挑刺不是因为有想法，而是因为闹情绪，什么事感到不满意，就闹情绪，一闹情绪对什么都看不惯，爱挑刺。这样的人往往以自我为中心。

3-22

子曰："管仲之器小哉！"或曰："管仲俭乎？"曰："管氏有三归，官事不摄，焉得俭？"

"然则管仲知礼乎？"曰："邦君树塞门，管氏亦树塞门。邦君为两君之好，有反坫，管氏亦有反坫。管氏而知礼，孰不知礼？"

- [词语解释] 管仲：名夷吾，春秋时齐国人，辅佐齐桓公成就霸业，任齐国宰相时颇有政绩，令顺民心，国富民强。　　三归：解释颇多，有人认为当时国君一娶三女，叫"三归"，因为"归"有出嫁的意思。有人认为指三个归宿，即三处家室，或三处房地产（采邑）。比较合理的解释是"市租"，即集市上收租，有点像现在收摊位费、保护费之类的意思。　　摄：兼职。　　塞门：类似于屏风的照壁，以间隔内外视线。　　反坫（diàn）：诸侯宴饮时，在正堂两侧设有放置空酒杯的土台叫"坫"。将空爵（酒杯）覆置于坫上，叫反坫，所以反坫也指放酒杯的土台，但这种土台只有诸侯家里才能有。　　而：假设。
- 师：孔子说："管仲气量太小了啦。"有人问孔子："管仲节俭么？"孔子说："管仲在集市上收取大量租税，他家里的门徒从不兼职，一个人干一个工作，怎么会节俭？"
- 生：看来要在孔子家做事，那得累死，他居然认为不兼职，就是不节俭。当管家，又得做保姆，还得干厨师的活，太会剥削人了。
- 师：剥削是那时统治者的本性，这就不要怪罪了。
- 生：说管仲气量小，又不节俭，孔子肯定不喜欢他。
- 师：是啊，孔子对管仲的评价不高，司马迁在《管晏列传》中就说："孔子小之。"指孔子小看他。
- 生：后面好像更糟。那人问："那么管仲懂得礼节么？"孔子说："君主宫殿里立塞门，管仲也立塞门。君主为国家间的友好交往，设立放酒杯的土台，管仲也设立土台。管仲假如懂得礼节的话，还有谁不懂礼节呢？"孔子最讨厌礼节上的僭越，管仲事事把自己弄得和君主同等待遇，孔子当然不会对他有好评。

- 师：管仲是能人，也不算什么坏人。只是喜欢奢侈摆谱，气量小，人也傲慢。齐桓公是个大政治家，他能容忍管仲的缺点，重用他，说明有气量。更有气量的是三国时的曹操，不忠不孝，只要有治国用兵之术者，皆用之。曹操用人，只要有本事，坏人也用。
- 生：这样看来，要是孔子当政治家的话，管仲这样的人他未必会用，何况是坏人。
- 师：现在我们的一些领导用人，怕是很难做到唯才是举。道德品德一般的人，要受到重用，不容易，重用品德不好的人，那是完全不可能的。
- 生：这大概也是受孔子思想影响吧。
- 师：一般来说，品德不好的能人，只能在竞争激烈的时代才会被人重用。和平年代，一般不会重用品德不好的人。

3-23　子语鲁大(太)师乐，曰："乐其可知也。始作，翕如也；从(纵)之，纯如也，皦如也，绎如也，以成。"

- [词语解释] 语(yù)：告诉。　　大师：太师，乐官的头领。　　翕(xī)：热烈。皦(jiǎo)：清晰。
- 生：孔子是告诉鲁国太师音乐的道理，还是和他讨论音乐呢？
- 师：从字面上看，是告诉，而不是讨论。
- 生：他也太自信了吧，人家好歹是音乐家的头儿。
- 师：他是从文学描述的角度来说音乐的。他说："音乐是可以知道的。开始演奏时，很热烈的样子，接着，非常纯清、非常清晰的样子，到延绵不绝时，才算完成了。"
- 生：这种描述，的确不是专业性的，而是文学化的。
- 师：孔子用这段话是想表达做事为人的规矩。做事开始时热烈，做到一半，事情理顺后，显得清晰，要完成，必须延绵不绝地坚持；为人年轻时热烈，中年时理智，老年时坚持；交友开始热烈，随后关系明朗，最后回味无穷。
- 生：道理倒是蛮浅显的，但音乐并非如此浅显吧。某一种音乐或许是这样的模式，但不能说音乐本身是这样。
- 师：古代的音乐怎么样，我们现在很难知道，中国最早的乐谱是在唐朝出现的。不过东方的音乐比西方音乐简单，这是肯定的，最复杂的音乐非德国莫属。
- 生：贝多芬、瓦格纳，人类音乐史上代表交响乐和歌剧的双子星座，都是德国人。为啥德国人能创造出这么复杂的音乐？

师：这可能与德国古典音乐家的地位比较低有关。像巴赫这样的音乐家都只是贵族家里的乐队长，演奏时还得像其他仆人那样穿上号衣。贝多芬时期的音乐家已从贵族仆人的地位摆脱出来，可纵然贝多芬名声再高，还是贫穷一生，外出时连双没有破洞的鞋子都找不到。贫穷才能使人发奋。中国古代对音乐很重视，朝廷专门有管理音乐的机构，音乐家都想到这种机构里做官。

3-24

仪封人请见，曰："君子之至于斯也，吾未尝不得见也。"从者见之。出曰："二三子何患于丧乎？天下之无道也久矣，天将以夫子为木铎。"

[词语解释] 仪：有说是在今天的开封市内，到底什么地方，不清楚。　封人：守边防的官，这里可能指卫国的边防。　丧：失去官职。　木铎：铜铃。官府发布政令时摇这种铃来召集民众。

生：仪地守边官员请求见孔子，说："凡君子到这地方，我未尝有不见面的。"当时孔子的名声蛮响嘛，还拿着架子不想见人家。

师：话说到这份上，你不见他，好像就不是君子了，所以跟从孔子的学生只好引见。这里没写见面的场景，出来后这人安慰孔子的学生说："你们几个何必担忧没有官做呢？天下无序的日子已很久了，上天就是把你们的老师作为铜铃，来摇醒世人的。"

生：从侧面描写，是为了增加孔子的神秘性吧？

师：一般是这样，比如《三国演义》里最神秘的武将是关羽，往往从侧面描写他的战斗场面，出场时"温酒斩华雄"就是用的这种手法。

生：一个守边的军官，每个过往的名人都要拜访，看来是个追星族。

师：还是个挺能安慰人的追星族。

生：不难猜想，孔子跟他说了一通所谓的"天意"。

师：不要乱猜，孔子从来不把自己的理论作为"天意"，把儒家学说"天经地义"化，是汉代方士董仲舒搞出来的。

生：老师，啥是方士？

师：就是有文化的巫师。

生：有文化有知识的巫师，这个说法很新鲜。

师：有啥新鲜的。以前我们说"有知识、有文化的劳动者"，这个"劳动"指的仅仅是体力劳动。这和"有知识、有文化的巫师"没什么两样。我问你们，你们学文化学知识，是为了成为体力劳动者吗？

- 生：有这种人吗？就算大学毕业后成为体力劳动者，也只是想从基层做起，最后成为管理者，至少也得成为技术工人吧。
- 师：这个提法很荒唐，所以现在劳动的概念里加入了脑力劳动。

3·25 子谓《韶》："尽美矣，又尽善也。"谓《武》："尽美矣，未尽善也。"

- [词语解释]《韶》：舜时的曲子。　《武》：周武王时的曲子。
- 生：孔子很喜欢听音乐，不知道是不是歌迷。
- 师：孔子这里对音乐的评价，实际是影射政治的。他评价《韶》，"美极了，也好极了"。评价《武》，"美极了，不够好"。在古人眼里，尧舜时代是最纯朴的时代，是理想社会。周武王灭商纣，用武力夺取天下，虽然周初仍被视为圣世，可就不够好了。
- 生：要是不从政治的角度，纯粹从音乐的角度来说，我觉得以前的歌曲是"尽善未尽美"，而现在的歌曲则是"尽美未尽善"。我喜欢听现在的流行歌曲，而我老爸老妈喜欢听以前的革命歌曲，所以在家里彼此都不"耳顺"。
- 师：这是一个欣赏习惯问题，欣赏习惯会形成审美习惯，你们得尊重父母的审美习惯。
- 生：老师，有没有"尽恶尽美"和"尽善尽丑"的？
- 师：这个问题问得好。有些美学家认为美仅仅是形式，与内容无关，所以就有"恶美"，有人认为英国唯美主义作家王尔德的戏剧《莎乐美》，就属于"恶美"。法国作家雨果就对这个美学问题用《巴黎圣母院》进行阐述，吉卜赛女郎艾斯米哈尔代表"尽善尽美"，敲钟人阿西莫多代表"尽善尽丑"，卫队长就代表"尽恶尽美"，而那个牧师则象征着"尽恶尽丑"。所以在雨果看来，"尽恶尽美"和"尽善尽丑"都是存在的。
- 生：我读《巴黎圣母院》时没想到这点。
- 师：从理想的角度，我们希望善是美的，恶是丑的，所以有的美学家就固执地认为，美是善的标志，丑是恶的标志。以前我们拍电影，也用这种美学观，人物脸谱化，荧屏上一看就知道好人坏人。但理想毕竟不是现实，美女、帅哥难道都是好人？
- 生：现实中尽善尽美者太少了。大凡长得难看的歌手，歌唱得特好。
- 师：听歌何必看人。现在谁都想露脸，学者、作家、文人、歌手等等。露什么脸呢，又不是主持人，毕竟靠的是作品，不是脸。所以电台比电视有优势的地方就是不露脸，可很少有电台意识到这点。

☺ 生：现在谁还听广播？

● 师：那是广播没有发挥自己的长处。

3-26　子曰："居上不宽，为礼不敬，临丧不哀，吾何以观之哉？"

☺ 生：这是说领导人吧。

● 师：是的。孔子说："身居领导地位却没有宽容的气度，行礼时心里却不尊敬别人，参加丧礼心里却不悲哀，这副德行，我如何看得下去呢？"

☺ 生：当时大概道德底线跌破了，孔子才发此感叹。身处现代，真有同感哪。曾经看过两幅照片，一幅是小学的危房，另一幅是当地政府按美国白宫的样子造的政府办公大厦，那地方离我的老家不远。两幅照片放在一起，看了真是让人心酸。

● 师：危房与"白宫"比较，产生的是道德的同情，可我们的制度为什么就不能设定政府办公楼不能比学校豪华呢？为什么就不能设定当地的行政管理费不得超过教育投入呢？

☺ 生：对呀对呀，我们总不能老是用道德上的同情来建立希望工程吧。法律制度哪儿去了？

● 师：想靠激发"居上"者的同情来解决这种问题，恐怕是没希望的，因为同情必须通过很直观的东西建立起来，而法制社会的制度必须建立在准确的经济数据上。

里仁第四

^{4·1} 子曰："里仁为美。择不处仁，焉得知(智)？"

- **[词语解释]** 里：居住，居处。
- 生："里"作为动词和作为名词，解释不一样吧。作为动词的话，就是"与仁德相处是美好的"；作为名词的话，就是"邻里间讲仁德是美好的"。
- 师：不管哪种解释，后面的意思都是一样的，"选择不与仁德相处，怎么算得上明智的呢？"
- 生：孔子的意思是不和仁德相处，肯定是傻。
- 师：古人可能选择邻居比较容易，现在城市居民几乎是无法选择邻居的。古人虽然住着深宅大院，可邻里间常串门子，东家短西家长一嗑，社会舆论就出来了，是不是准确很难说，邻里间至少有一定的了解。现代社会城市居民邻里虽然只有一墙之隔，却互不来往，甚至老死都"风马牛"，彼此根本不了解，要择邻是不太可能的。
- 生：老师，您认为这种情况是好还是不好？我妈老是怀念住石库门时，邻里间的和睦交往。认为住在公房里，邻里间人情冷漠。
- 师：邻里间如陌路，当然是不好的。远亲不如近邻，这话是对的。不过不能因为目前公房居民不来往，就认为住石库门好。
- 生：那当然。住了公房，谁还愿意住那种"七十二家房客"的石库门？
- 师：我不是说居住条件，而是指居住的独立性。
- 生：啥是居住的独立性？
- 师：以前中国人的住宅，有很大的院子，与外面的世界离得比较远，有隔绝感，这代表着在社会上一个个家族都是独立的。可是在院子里面，如果是大家庭的话，彼此间并不独立，并不具有独立的空间，尤其是大人与孩子间，孩子是没有独立空间的，纵然孩子有独立的房间，大人也可以随便出入。在家族的内部，小家庭的独立性和个人的独立性都是很差的。公房不一样，公房一般没有院子，纵然有院子，这院子也不是高墙深院，这意味着家族衰落了，与外面世界比较接近的小家庭成为独立体，而这个独立体的内部，更注重个人空间，如果有条件的话，孩子有自己的房间，而这个房间父母应该得到孩子的同意才能进入。看似邻里只有一墙之隔的公房，实际上更注重个体的独立性。这是社会细胞从家族到小家庭，再到个人，逐渐向个体化发展的必然趋势。
- 生：照这么说，邻里间的冷漠也是必然趋势啰。

- 师：不是的。串门式的邻里关系结束了，应该建立起来的是社区式的邻里关系，但我们社区发展相对滞后，所以现在进入新旧交替的冷漠阶段。
- 生：现在我们社区不是发展得很快么？
- 师：与发达国家的社区相比，还有很大差距。国外比较大的社区，都有自己的报纸，每天发布社区新闻。

4-2

子曰："不仁者，不可以久处约，不可以长处乐。仁者安仁，知(智)者利仁。"

- [词语解释] 约：简约，贫穷。
- 师：孔子认为，"没有仁德的人，不可能长久处于穷困中，也不可能长久处于快乐中。有仁德的人安于仁，聪明人则利用仁"。
- 生：不能长久处于贫困之中可以理解，谁都不愿处贫居困。不能处于快乐之中不好理解。
- 师：我们现在搞不清楚孔子说这话真正的意思。我发现有些人的快乐是相对的，不是绝对的。
- 生：老师又要发怪论了，快乐还有相对绝对之说？
- 师：有些人总是把自己与周围人比较，当自己某一方面超过别人时才快乐，否则就不快乐。加工资，比别人加得多时才快乐，否则加再多的工资都不快乐。住房不管好不好，只要比别人好就快乐，否则就不快乐。跟老婆离婚后，老婆过得比以前好，他就不快乐。
- 生："只要你过得比我好"这样的歌词对他肯定不适用，应该改为"只要你过得比我糟，什么事都办不了"。
- 师：这种人的快乐是建立在比较之上的。相反，所谓绝对的快乐，是跟自己以前相比，住得比以前好，钱比以前多，事业比以前顺利，都觉得快乐，只要有所改善，不管改善多少，都会快乐。
- 生：这是不是人们所说的知足常乐？
- 师：不是的。知足常乐，往往是满足于现状。绝对快乐型则是不断发展，只要有发展，就快乐。没有发展，只能维持现状，就不快乐。
- 生：要是快乐真有相对和绝对的分别，相对型的人是蛮讨厌的，这种人特自私，很难替别人快乐，别人有什么进步、好处，他一定很难过。
- 师：或许这就是孔子说的"不可以长处乐"的人吧。

☺ 生：仁者安心于仁德这好懂，因为他喜欢这个。智者利用仁德怎么讲呢？
☻ 师：这就太多了。地铁上，马路上，大大小小的公共场所，到处都有"智者"在向你伸手。
☺ 生：对呀，乞丐就是利用人们的同情心。
☻ 师：所以说，聪明人有好人坏人，好人利用同情心做好事，坏人利用同情心欺诈。
☺ 生：现在有报道，有些贫困学生频频向捐助者要钱，动不动就上千上万，利用到这份上，实在是过分。

43

子曰："唯仁者能好人，能恶人。"

☺ 生：孔子说："只有仁者才能喜欢人，才能厌恶人。"此话解释起来容易，想想蛮怪的。难道不仁的人就没有爱憎？
☻ 师：我想他的意思是：有仁爱的人，就有爱憎的标准；没有仁爱，就没有爱憎的标准。
☺ 生：标准是有的，只是不用道德的标准，用的是其他的标准罢了。
☻ 师：说说看，用什么标准？
☺ 生：比如，商人喜欢能让他赚钱的人，病人喜欢看好自己病的医生，学生喜欢讲课精彩的老师。反之，就厌恶。每种人都会有爱憎，标准都不一样，怎么能绝对地说，怀有仁爱之心的人才有标准呢？
☻ 师：每个人都按自己的标准好恶，谁能不按自己的标准好恶呢？
☺ 生：这……好恶总有理由吧？
☻ 师：我们平时说，人要学会换位思考，就是站在别人的立场，用别人的标准来想想。既然每个人的标准都不一样，难道就你的标准是正确的么？或许孔子说的"仁者"属于换位思考的人，所以其好恶的标准是一个客观标准，而不是一己的主观标准。
☺ 生：至少我觉得孔子的"仁者"比基督教的博爱要好，比如一个人的左脸被人家打了，他不会把右脸也伸过去让人家打，他至少有厌恶。
☻ 师：好恶的客观标准是存在的，可以肯定的是，不会是孔子的道德标准，而是社会标准。

> ⁴⁴ 子曰："苟志于仁矣，无恶也。"

- ☺ 生：他的意思是："如果有志于仁，就没什么可厌恶的。"这不是和上面有矛盾吗？
- ☻ 师：为了不矛盾，有些人把这个"恶"理解为坏处，意思就成了"如果有志于仁，总没坏处"。
- ☺ 生：老师，现在我们说"有志于"，后面总是一个职业，是可以养家糊口的职业，纵然有志于道德方面，也应该是有志于成为道德学家，或者道德教育工作者。只有衣食无忧的人，才有可能有志于道德、有志于看电影、有志于玩球……
- ☻ 师：说得好。孔子的"仁"这种道德，是脱离社会现实生存方式的抽象道德。
- ☺ 生：啥是抽象道德？
- ☻ 师：有两层意义：一层是，道德是在具体环境中的，有具体对象的，比如在黑社会团体里也讲义气、团结、彼此帮助等等的道德品质，离开具体环境的道德是空洞的。另一层是，道德是在社会中的，也可以说是在社会职业的基础上建立的。我们平时说职业道德，职业道德是道德的基础，在此之上才会有更高的道德，比如商业欺诈频繁，商业诚信就没有，商人若是没有经商的职业道德的话，还能要求他有更高的道德吗？
- ☺ 生：或许他对自己的亲戚朋友是讲诚信的呢？
- ☻ 师：这就牵扯到第一层意义，他在伦理的具体环境中讲诚信，而在职业上不讲诚信。说明此人本没有诚信，他看重的只是伦理关系，就像前面孔子说的"知者利仁"，他是利用诚信在维持伦理关系。
- ☺ 生：孔子的"仁"显然是不带职业性的。
- ☻ 师：所以不带职业性和具体环境的道德往往是空话。

> ⁴⁵ 子曰："富与贵，是人之所欲也，不以其道得之，不处也。贫与贱，是人之所恶也，不以其道得之，不去也。君子去仁，恶①乎成名？君子无终食之间违仁，造次必于是，颠沛必于是。"

- ● ［词语解释］恶（wū）乎：何处，怎样。
- ☻ 师：估计是学生跟着孔子颠沛，心生怨气，孔子鼓励说："富贵，这人人都想要，不用正当的方法得到，不接受。贫贱，这人人都厌恶，不用正当的方法摆脱，宁愿不摆脱。君子离开仁德，怎样成就名声？君子在一顿饭的短暂时间里，也不会违背仁德，在仓促匆忙之中，也必然坚守在仁德上，就是在颠沛流离之中，也一定要坚守仁德。"

- 生：想想那些学生也蛮辛苦的，跟着老师到处跑，也没捞着啥好。老师，您要是这样到处乱窜，我们肯定不会跟着您的。
- 师：我凭啥乱窜，要窜也是你们窜。孔子颠沛流离为啥？不就是到处求职嘛。等你们毕业了，也要到处乱窜去求职。
- 生：老师，"道"是规则、规律、法则等意思，是不是按规则出牌，就是正当的方法，不按规则就是不正当？
- 师：对。俗话说"君子爱财，取之有道"，只有按社会的规则取得财富，才是正当的。
- 生：现在有些事情讲潜规则，这是不是正当？
- 师："潜"就是隐蔽，就是见不得人，就是黑"道"。你说正当否？
- 生：现在有部分人是靠潜规则脱贫致富，真是不仁也。
- 师：为什么社会中出现潜规则呢？
- 生：是不是社会上"道"越来越少了？
- 师：潜规则实际上不是个人不遵循"道"，而是集体不遵循"道"。比如学术刊物收版面费、导游收商家的回扣、医生收开药费、教师收补课费等等，这些是整个行业的普遍现象，普遍就成规则，却是不合法的潜规则。集体的"无道"比个人的"无道"更可怕。
- 生：潜规则盛行，是不是意味着旧的规则已不起作用，而新的规则还没有彻底建立？
- 师：这是部分原因吧。真正的原因恐怕是法不责众的观念起的作用。法不仅应该责众，而且集体违法，应该更加严厉地进行法律制裁，只有这样，个人才会对自己所处的集体有一份责任感，才会对社会有一份责任感。
- 生：集体的"无道"比个人的"无道"危害大得多呀。

4·6　子曰："我未见好仁者，恶不仁者。好仁者，无以尚之；恶不仁者，其为仁矣，不使不仁者加乎其身。有能一日用其力于仁矣乎？我未见力不足者。盖有之矣，我未之见也。"

- [词语解释] 尚：超过。

- 生：孔子说："我没见过爱好仁德的人和厌恶不仁的人。"他的意思是世人对仁德毫不关心，对仁和不仁都无所谓。
- 师：听他后面说的话，就知道了。他说："爱好仁德的人，是无法超越的。"无法超越意味着最高境界，所以见不着。"厌恶不仁的人，他行仁德，只是不让不仁的东西影响到自己。"孔子处于战乱年代，不仁的东西太多了，厌恶不仁，要想不仁不影响到自己，大概难以做到，所以"恶不仁者"也见不到。
- 生：后面的意思好像不是没有，而是人们不去做。孔子说："有能用一天的精力追求仁的人吗？我没见到精力不足的人。可能是有这样的人，我没见到哇。"孔子在发感叹吧，感叹没有人追求仁德。
- 师：战乱年代的仁德和和平时期的仁德有什么差别呢？
- 生：战乱年代有敌我之分，如果两国交战，对敌国讲仁德，显然是背叛国家。
- 师：那要看战争的正义与否。春秋战国时期的战争，往往缺乏正义，只要有机会、有借口、有实力，就去打别人。既然缺少正义，从更高层面上说，就不存在敌我友，只存在国家利益，所谓国家利益，也就是君主的利益。在这种情况下，从人性出发讲仁德，自然不能被国家接受。个人以追求仁德为人生目的，要找到一个职业，端上吃饭的家伙，是很难的。
- 生：您的意思是，对大多数人来说，是不可能追求仁德的，生存才是第一位的。
- 师：不能说没有仁德者，而是孔子的仁德太纯粹、太抽象。每个社会都有善良的人，在具体的环境中，所谓的仁德，就是比别人做得好。别人都还是奴隶制，你解放奴隶，给奴隶以人身自由，这就是仁德。比如现在要把纯学术的刊物推向市场，让它自己维持生存，无奈之下大多数刊物只能用版面卖钱。如果一家刊物不遵循这种规则，却也无钱付稿费，虽然不付给别人劳动报酬是不对的，可它至少做到了不收钱，比别人好，这就是仁德。
- 生：孔子远离不仁，不让不仁影响自己，在现实中是不可能做到的吧？
- 师：在不仁的环境中，做得比别人好，这就是仁德。在三尺讲台上，别的教师只传授生存技能，那么有教师除了传授技能外，还能传授为人的原则，这就是仁德。远离邪恶，逃避社会以求得自身的纯洁性，这算什么仁德？这只能是清高。清高是一种幼稚。
- 生：为啥清高是幼稚？
- 师：不被成人世界污染，与成人世界隔绝的儿童是不是最纯洁的？是不是最幼稚的呢？
- 生：明白了，做得比别人好，比周围人善良，就是仁德。一切都是相对的，也是在具体环境中的。

4·7

子曰:"人之过也,各于其党。观过,斯知仁矣。"

● [词语解释] 党:勾结,同类。
☺ 生:这话不太好理解。孔子说:"人的过错,各自有各自的类型。"这样解释妥当么?
☻ 师:也有解释:"有的过错,都和他同类有关。"不过这种解释,不太贴切。如果是这种解释的话,那么后面的"仁",意思就是仁德。就是说,"看一个人的过错,可以知道他是否有仁德"。如果按你解释的意思,那么后面的"仁"是"人"的意思。我们知道"大"和"仁"都是人的象形字。后面的意思就成了:"观察一个人的过错,就可以了解这个人。"
☺ 生:老是有不同的解释,我们会不会理解错孔子的想法了?
☻ 师:不会出入太多,总的方向是对的,细节上有问题。我们毕竟不是考古,要求不用非常精确。孔子唠叨了那么多"仁",我们也该对"仁"进行一番总结了。我们比较多地用"仁德"来翻译,因为仁是一种品德,不会有大的错误,所以用仁德解释最贴切。可由于现代汉语双音节化,使仁组成许多不同的词,比如仁爱、仁慈、仁义、仁厚、仁心等等。孔子到底说的是什么呢?
☺ 生:既然这个"仁"是"人"的象形字,会不会是以人为本的意思?
☻ 师:很聪明的理解。对"仁"进行现代组词,大多离不开"对人家好",都是很好地对待别人,这样一想,不就是以人为本的思想嘛。
☺ 生:哇!我们以人为本的思想要比欧洲的文艺复兴早一千多年哩。
☻ 师:这值得那么高兴吗?不要因为古已有之,就提升起民族自豪感。光宗耀祖和"光子耀孙"都没什么可自豪的,自豪的是我们为人类的文明发展作出的贡献。时间的早晚不是太重要的,我们发明了火药,可是别人首先把它用于军事和工业。
☺ 生:这么一说,提起火药的发明,我们还真是有些羞愧。
☻ 不管怎么说,孔子"仁"的思想应该说是伟大的吧?
☻ 师:在当时是伟大的,毕竟超越了那个时代。可如果把这种思想运用于当今社会,就不是超越时代,而是落后于时代了。
☺ 生:难道现在不应该提倡以人为本的思想么?
☻ 师:这又回到了我们前面讨论过的问题。在社会事务中,人可以成为核心;在自然界,人不应该成为核心。真正的以人为本,不是体现在个人道德上,而是体现在个人如何使所处的集体、社会更人性化。如果说孔子的仁是个人对个人的道德,那么现代的仁,应该是个人通过集体和社会,达到改善人类生存环境的目的,是个人对社会的道德。

- 生：这就是社会责任吧。
- 师：这和爱情是一个道理。
- 生：怎么又扯上爱情啦？
- 师：前面说过，爱是一种行为，并不仅仅是心灵感受。仁也一样，必须是一种行为，而行为必须通过社会才能实现，只有成为对社会有帮助、对他人有帮助的行为，仁才是现实的仁。前面说人必须对象化，道德也必须对象化，通过行为成为一种现实的对象。
- 生：古人不是有"穷则独善其身，达则兼济天下"之说么？
- 师：没有独善其身的事，所谓善其身，是在社会环境中的"善"，不可能有"独"。兼济天下，怎么可能？只有济天下，才能济自己。
- 生：就像以前说的："只有解放全人类，才能解放自己。"
- 师：这个豪言壮语虽说得过头，但意思是对的。法国电影《老枪》中的医生绪里安，本来是想治病救人、独善其身的，最后知道不可能独善，只有济天下，才能济自己，只有拿起枪打鬼子，才是唯一的出路。
- 生：深刻！孔子的"仁"是与社会相对的"人"，我们今天的"仁"，必须是社会中的"人"。这就是马克思说的，人是社会关系的总和。
- 师：理解得很到位。

48

子曰："朝闻道，夕死可矣。"

- 生：哈哈，老师肯定会说，只有没有社会责任感的人才会："早上听说了真理，晚上死去都可以了。"
- 师：反应蛮快嘛。是啊，对社会没有责任的人，自己满足了，当然可以死了。
- 生：人活着难道就是为了追求真理吗？有不少人都这么说，我一辈子都在追求真理。
- 师：追求真理为什么？就为了知道吗？
- 生：不会吧。
- 师：当然不会，我们追求真理是为了人类生存得更好，人类生存得更好时，我们作为人类的一分子也就生活得更好。人到这个世界上，是为了生活，不为了别的，而人的生活，又是社会中的生活，不是荒野里的个人生存。你们生活在这个世界上，难道不想过得更好吗？
- 生：心里这么想，可嘴上却不这样说，嘴上这么说，好像不太崇高似的。
- 师：人们都喜欢说追求事业、追求真理、追求理想等等。实际上追求生活得更好才是最真实的，当然生活好有各种各样的标准。但有一点，这种生活好必须以人类的生活改善为基础，如果仅仅限于一己的生活，那才是不崇高的。记住，不因为你是人，你就不是动物，动物在世界上就是为了活和活得更好，人也一样，所不同的是，人的活和活得更好，是建立在人类之上的。致力于人类活得更好，那才是崇高。

- 生：怪不得以前的革命者宣言，为人类的解放事业奋斗终生。
- 师：这太高远了。对每个人来说，人类就是你的周围、你的单位、你周围的环境，再大一点，就是国家、民族。人类也必须落实到具体的对象上，不是空洞的概念。我看一个单位的领导，最高的理想就应该是让单位的员工过得更好。
- 生：抓一个小偷，肯定比"朝闻夕死"要更有益于社会，更君子吧。
- 师：我看，你们闻道矣。

4.9　子曰："士志于道，而耻恶衣恶食者，未足与议也。"

- 生："士"指读书人么？
- 师：恐怕没那么简单，因为古代的读书人，读书的目的是为了做官，而士可以指下层的官吏，也可以泛指读书人。孔子说："读书人有志于道，却对破衣粗食感到可耻，那就不足以和他讨论问题。"
- 生：就是要读书人"安贫求道"。
- 师："安贫"的观念对后代产生了不好的影响。这和我们前面所说的，人为了更好的生活是相矛盾的。
- 生：是呀，有志于道为了啥？对自己破衣粗食不感到可耻也就算了，毕竟是君子，对老百姓破衣粗食都不感到可耻，那是没良心。
- 师：贫穷不是可耻的，但安于贫穷，那才是可耻的。
- 生：这就是贫则思变的"道"哇。
- 师：只改变自己的贫穷是可耻的，带领大家一起改变贫穷，才是正道。在这方面，巴菲特做得很出色。
- 生：就是那个股神巴菲特么？
- 师：他不仅使自己成了大富翁，而且使他居住的小镇产生了200多个亿万富翁，从而使他所在的那个州，成为美国最富有的州。
- 生：唉，我要有那么个邻居就好啦。
- 师：真是"知者利仁"。你就不能想想帮助别人致富吗？
- 生：我可没那本事。

- 师：现在知道学习技能的重要性了吧。我们只有承担起社会责任，才能成为"君子"，所以必须具备许多技能。
- 生：照老师这么分析，孔子是个自私于自我完善的人哩。
- 师：我可没说孔子自私。

4-10
子曰："君子之于天下也，无适也，无莫也，义之与比。"

- [词语解释] 适：专注，适从。　　莫：反对，违背。　　比（bǐ）：挨着，相邻。
- 师：对于"适"和"莫"历代有多种解释，所以对这句话的理解也有许多不同。根据我们上面对孔子的分析，这句话很好理解。孔子说："君子对于天下的事情，不要太适从，也不要太违背，这要看事情是不是符合于'义'。"
- 生：这样解释符合对孔子的分析，就是别太在乎天下之事，符合道义的，适当参与，不符合道义的，也不必竭力反对。反正孔子提倡的是个人修行，修行到火候，死不足惜，天下的事也就这样了。他好像很消极哩。
- 师：虽然消极，却很符合他的中庸之道。再说那个年代，对具体的事情介入太深，也是很危险的。
- 生：说到底，生存还是第一位的。不过"义"也是很含糊的，好人讲正义，坏人可以不顾正义地讲义气，同样都是"义"嘛。
- 师：发现没有，有时说得含糊一点，反而更加深刻哩，仁者见仁，智者见智，后代阐发出孔子都没想到的意思。
- 生：很狡猾的手法哟。
- 师：要是单位里有这样的人，好事参与一下，坏事离得远远的。你们是怎样的感受？
- 生：这样的人好可恶的。好事他要沾光，坏事躲得远远的，这样的人一多，这个单位怎么搞得好呢？

4-11
子曰："君子怀德，小人怀土。君子怀刑，小人怀惠。"

- [词语解释] 刑：法度。
- 生：这里的"土"是土地，还是乡土？
- 师：都可以吧，但从句子的意思看，解释为土地更贴切些。孔子说："君子想着道德，小人想着土地。君子想着法度，小人想着恩惠。"

- 生：君子老想着道德与法律这样一些上层建筑，而小人则老想着财产与好处。
- 师：理解准确，满分。人的确有层次之分，可不管什么阶层，都应该是平等的，以君子小人分之，显然是等级歧视的眼光。
- 生：既然有层次之分，当然就应该有高低之分。
- 师：如果想着法度和道德的君子看不起小人，那么想着财产与好处的小人，同样可以看不起君子。谁都愿意多接受教育，能够使自己混进更高的层次，想着更高级的上层建筑问题。
- 生：要求别人多想一点道德问题，总不会错吧。
- 师：社会底层的小人物，难道没有自己的道德观、道德标准吗？他们有。我认为社会中确有好人坏人之分，不应该有君子小人之分。
- 生：我认为老师说得对。想着财产和好处的人并不能说明他是坏人。
- 师：退一步讲，想着上层建筑的君子们的收入是小人们的十分之一，那么他们会不想财产和好处吗？
- 生：老师，说实话，我老家在重庆的山区，那里的人，人均年收入不超过2000元，他们也没整天想着财产和好处，他们也有自己的道德标准，对不义之财，他们不会去赚的。
- 师：但他们没有话语权，而那些年收入几十万、几百万的人，却有话语权，他们有权标榜自己。我们现在是这样，孔子时代难道不是这样么？

4-12   子曰："放于利而行，多怨。"

- [词语解释] 放（fǎng）：同"仿"，依照。
- 生：事事都从个人利益出发，当然不会有好结果。
- 师：孔子可没说个人利益，他只是说："依照利益标准来行事，会产生很多怨恨。"要是指个人利益也太肤浅了吧。
- 生：这和上面说的一样吧，上面想着的财产和好处，可能也不仅是个人财产和好处。
- 师：利益有许多种，国家利益、集体利益、个人利益。只讲国家利益，那么，国与国之间就会产生怨恨。只讲集体利益也一样，其他的集体就会怨恨，像国内的一些垄断企业，只讲自身的利益，用恶性竞争把非垄断企业排挤出市场，非垄断企业就很有怨气。只讲个人利益就更招致别人反对了，你们同学中有人只顾自己的利益，你们就会讨厌他。但这并不表明，我们行事不是从利益出发的。

生：我也觉得是这样，从利益出发，实现双赢、多赢、共赢，不是皆大欢喜嘛。

师：目前有多少事不是从利益出发的？甚至我们保护环境、保护生态，也是为了人类自身的利益，为了子孙万代的利益。

生：老师这样说就很没劲了。孔子提倡道德不也是为了人类的利益吗？

师：我说的是经济利益，说俗了就是钱！可持续发展主要就是指经济的可持续发展，经济总量和发展速度不要一年比一年低。

生：孔子说的就是一切不要都向钱看。

师：我们应该一切都向钱看。

生：啊？老师说这话可不应该。

师：不要一说钱，马上就想到自己的钱包。

生：我明白老师的意思，一切都要以经济为中心，经济是一切的基础，人们行事就应该以经济利益为标准。

师：向钱看不是只看钱，也不是用"唯利是图"的目光来看。这里定位要清楚，有些是公益事业、福利事业，是花钱的事，有些则是赚钱的事业。花钱的事不肯花，讲节俭，就会多怨；赚钱的事，赚不到钱，也会多怨。

生：拼命赚钱，暴利，也会多怨吧。

师：当然会多怨。向钱看，并不意味着越多越好，以利益为标准，还得取得各方面的平衡，所以不能以利益为唯一标准。

生：个人也应该这样吧。有些是花钱的，有些是赚钱的，有些不能以钱为唯一标准。不管怎么说，经济真是一切的基础。所以人们说金钱不是万能的，没钱却是万万不能的。

师：人类发展、社会发展，就是为了让人们生活得更好，生活更好的基础是什么，就是钱越来越多，科技越来越发达。一个国家没钱，综合国力不行，当然就只能受别国欺负。

生：这就叫皮之不存毛将焉附哇。经济是皮，至于皮上的毛色是不是亮丽，那再去看别的方面。

师：说个人也一样。湖南有个中学语文老师，教导学生说："读书就是为了赚大钱，娶漂亮老婆。"结果招致骂声一片，连饭碗也丢了。

生：他自己笨嘛，应该换成古人的说法："书中自有黄金屋，书中自有颜如玉。"

生：这种说法是一样的，应该换成现代的说法："知识改变命运。"

师：说法不同，意思差不多。所谓改变命运，就是收入高一点，有钱人不说绝对娶漂亮老婆，但可能性要比穷人大得多。人也是按利益标准行事的，要是读到大学毕业，收入肯定比不读大学要低，你们会读大学么？

生：那还用说，肯定不会啦。难道真为了修养才读书？

师：所以不在于提倡个人不讲利益，而在于社会用利益来建立价值取向，在于建立个人在获取利益的过程中必须拥有的道德素质。君子爱财，取之有道。这"道"是社会建立的，不义之人都能在社会上获得财富，而且比善良的人更能获得财富，那是"无道的社会"。

4-13

子曰："能以礼让为国乎？何有？不能以礼让为国，如礼何？"

- [词语解释] 何有：春秋时常用语，有何困难，即不难。
- 生：孔子又在强调以礼治国了。他说："能用礼让来治理国家么？这有什么困难呢？不能用礼让来治理国家，又怎么对待礼呢？"他这里把礼与谦让扯在一起，恐怕指的是尧、舜禅让吧，他对周朝不是用禅让取得天下，不太满意，即所谓"未尽善"。
- 师：是这样。或许在原始社会，会有禅让，但进入奴隶社会和封建社会以后，还会有禅让么？禅让就是放弃权力，在等级社会里，放弃权力只有一种情况，就是被逼无奈。
- 生：从社会进步的角度来说，尧舜圣世难道没有周朝好吗？
- 师：那是肯定的。从表面上说，或者从个体性原则说，奴隶社会比原始社会残暴，缺少人性，却开始了激烈的社会竞争。一个没有竞争的社会，是缺乏发展动力的社会。如果说原始社会有着表面的礼让和谐，可这种和谐却培养了人的惰性。对此那些从人民公社过来的人，有着切身的体会。反正大家都一样，出工当然就不出力，人际关系很好，很和谐。我们目前是竞争的时代，如果没有竞争，你们会坐到这个教室里来读书吗？别想否定，你们中大部分人，都是冲一张大学文凭来的。没有大学文凭就竞争不过别人，就会输在起点上。
- 生：动机可能是这样的，可坐到教室里学起来，就是为了求知了。
- 师：那另说了。不过我们社会的和谐，是建立在竞争之上的和谐，所谓和谐就是竞争机会的公平，竞争规则的公平。公平才是现代社会的和谐。
- 生：公平难哪，老师。潜规则，就是竞争规则的不公平，权力在市场竞争中的重要作用，就是竞争机会的不公平。
- 师：所以建立和谐社会任重道远。

4-14

子曰："不患无位，患所以立。不患莫己知，求为可知也。"

- 生：孔子的这番话应该不会错，他认为："不必担心没有职位，担心任职的本领。

不必担心别人不了解你，应该追求可让别人了解你的事情。"

- 师：最后一句是有理解分歧的，你理解为追求让别人了解你的事情，也有人理解为追求可以让别人了解你的本领。
- 生：这个分歧是蛮大的。一个是追求事情，另一个是追求本领。现在的超男超女们，追求的就是本领，而不是事情。不是靠歌唱得好，或者在艺术领域做出啥成绩，而只是学习让别人了解你，这样的本领，说到底，就是学习如何露脸，如何成名。
- 师：所以"以事立身"是比较正确的。现在你们关心的应该是做事的本领，而不是露脸的本领。
- 生：我们还是很担心没有职位。孔子的学生担心的是官职，我们担心的是职业。
- 师：机会在你自己身上，现在给你一个公司领导职位，你能胜任么？
- 生：这大概不行。
- 师：你的本领越大，你的机会也就越多。我们前面讲竞争的公平，机会的公平，如果你没有本事，机会就不眷顾你，这也是很公平的。

4·15

子曰："参乎！吾道一以贯之。"曾子曰："唯。"

子出，门人问曰："何谓也？"曾子曰："夫子之道，忠恕而已矣！"

- 师：对于"恕"，孔子自己下过定义，就是"己所不欲，勿施于人"。孔子对曾参说："参啊，我讲的'道'贯穿着一个基本的意思。"曾参应道："是。"
- 生：怪不得曾参可以当学长，他好像很能领会。孔子出去后，别的同学就问："什么意思？"曾参回答："老师所讲的'道'，忠和恕罢了。"回答得这么干脆，应该不会有错吧。
- 师：这符合孔子的为人之道，大致不会错。只是"忠"的概念有些模糊，是对别人尽心，还是对国家效忠，抑或对朋友忠诚，不是很确定。"恕"既然孔子后面有明确解释，我们以后再讲。这个"忠"，要是待人尽心，还可以接受，其他的我就不赞同了。
- 生：尽忠报国，对朋友忠诚，难道不对吗？
- 师：不对。首先不能把国家与朝廷混为一谈，更不能把国家与国君混为一谈，朝廷、国君存在"有道""无道"之分，否则就是愚忠。其次，不能把国家与民族混为一谈，我们是个多民族国家，不能把捍卫本民族的利益视为尽忠于国家。第三，国家间有正义非正义之分，自己的国家去侵略别的国家，积极参与这种侵略，这种忠就要不得，像德国二战时侵略别的国家，一些德国的正义之士，纷纷"叛国"。

- 生：老师说起来真是一套一套的。让我想不通的是，要按这样说，岳飞这样的人，就算不上尽忠报国啰，因为他抗击的是女真，女真不就是国家内部的少数民族嘛。
- 师：此一时，彼一时，女真在当时可是称为"金"的国家，怎么能说不是为国尽忠呢？岳飞抗金肯定是民族英雄。
- 生：对朋友忠诚，不用老师说，我也知道不对了。朋友分好坏，狐朋狗友也可求忠诚的，这要看忠诚的是什么人。
- 师：人不能局限在小圈子，甚至不能局限在国家之内，眼光放远点。现在很多人在爱国主义的热情之下，往往忘了还有国际主义。国家利益说到底还得服从人类本身的利益，人类现时的利益也得服从文明发展的利益。

4-16 子曰："君子喻于义，小人喻于利。"

- 师："君子明白义，小人明白利。"这个思想我们在前面已经批判过了，就是君子以义为标准，小人以利益为标准。
- 生：按孔子的标准，秉着"书中自有黄金屋"这样的读书人，肯定是读书人中的小人了。
- 师：问问读书人，有几个不是冲着"黄金屋"读书的？不冲着这个去的话，你们毕业前回家，文凭不要了。
- 生：这样说太绝对了吧。读大学总还指望着毕业后干一番大事业哩。
- 师：别动不动就大事业。进一家公司拼命往上爬，不就指望着工资高点嘛；自己创业，开一家公司，不也是想多赚一点钱嘛。多如牛毛的公司，有几家敢说是在为人类的文明作贡献，不就是赚钱嘛。绝大多数人挂在口头上的"事业"，实际上就是赚钱。"知识改变命运"，改变什么命运？不就是贫穷的命运嘛。
- 生：唉，从老师口里出来，怎么都成为低档次的了。
- 师：不是低档次，而是把用经济利益来行事的人视为小人，是不对的。要真这样，我们也可以说，君子虚伪，小人实在。
- 生：知道啦。用经济利益做标准没有错，错的是什么都用一己之利，不考虑别人的利益、集体的利益、国家的利益、人类的利益。

4-17

子曰:"见贤思齐焉,见不贤而内自省也。"

- ☺ 生:这话好懂,"看见贤人,想着向他看齐;看见不贤的人,便自我反省。"
- ☻ 师:懂是好懂,可做起来却并不容易。孔子的贤人是品德好的人,还是有才能的人呢?
- ☺ 生:从孔子一贯的观点看,应该指品德好的人。
- ☻ 师:榜样的力量是无穷的。现在我们也喜欢树立几个贤人,让大家向他们看齐;坏人坏事,媒体一报道,让大家反省。
- ☺ 生:不过大多数人是介于贤与不贤之间的,否则就无所谓落后与先进了。
- ☻ 师:重要的是"贤"要有个度,当我们去树立一个典型时,往往忘记限度问题。
- ☺ 生:啥是"贤"的度呢?
- ☻ 师:榜样拔得太高,人们觉得学不了,反而不再"思齐"。有时候人们还会把提倡和要求等同起来,这就更不对了。比如提倡学习雷锋,不能要求人人成为雷锋。
- ☺ 生:这倒也是,把个别的典型,升格为对普通人的要求,会让大家无所适从的。
- ☻ 师:单位里有人加班不拿钱,你可以赞赏这种无私奉献的精神,可不能要求所有员工无偿加班,这样会破坏多劳多得的分配原则。
- ☺ 生:孔子是个理想化的人,不太顾及现实,他一定会这样要求大家的。
- ☻ 师:这种理想化的人,在每个单位里都有,用纯粹理想化的标准,把现实批判得体无完肤,以此体现自己是多么有思想、有理想,多么完美。
- ☺ 生:可这样并不能改变世界,除非他发动革命。
- ☻ 师:革命是要有代价的,发动一场革命需要大众参与,而大众可不是为了无私奉献才革命的,他们改革世界是为了得到好处。所以每一次革命成功,的确改造了旧世界,开辟了新世界,可新世界并非革命发起者的理想世界,因为革命的成功,也意味着各种新的利益集团诞生。英国资产阶级革命成功后,又被推翻,王政复辟,再革命,再推翻,反复多次,最后确立君主立宪制。为什么?因为老百姓觉得无论是资产阶级还是君主,都是各种利益集团在瓜分利益,他们得不到什么好处。
- ☺ 生:所以理想主义者就算发动革命,也不可能造就他们心目中理想的社会,是吧?
- ☻ 师:是这样。社会是一步步前进的,推翻封建社会、资本主义社会就能实现共产主义啦?那是理想主义者的幼稚之举。但是每一次革命都是一次进步,这点是肯定的。

4·18

子曰:"事父母几谏,见志不从,又敬不违,劳而不怨。"

- [词语解释] 几(jī):轻微,婉转。 违:冒犯。
- 生:这话做父母的听了都会很高兴。孔子说:"待奉父母婉转地劝阻他们不对的行为,见自己的意见没有被听从,也要恭敬而不冒犯,替父母操劳而不怨恨。"
- 师:在孔子的观念里,把父母子女的关系等同于封建等级关系,所以劝阻用的是下级对上级的"谏"字。父母不对,又不听你的,你也只好任劳任怨。这也就是臣子对君主的态度。
- 生:这里怎么不讲道德原则了呢?
- 师:道德原则是为等级制度服务的,不是等级为道德服务,孔子不会本末倒置。所以在他眼里周武王用武力推翻暴君纣,虽然符合道德原则,却是犯上作乱,是"未尽善"。
- 生:这肯定与我们现代生活不符合,如果父母品行不好,又固执己见,要我低三下四地侍奉就办不到。
- 师:人还是要讲原则的,对错自有真理在。为人父母在子女面前更要遵循对错的原则。
- 生:老师,我有一个同学,父母和邻居吵架,他觉得是父母错了,竭力劝阻父母,父母盛怒之下,根本听不进规劝。他愤怒了,啪的一拳把门上的玻璃击碎,手都流血了,这才使父母停止了吵架,可父母为这事不能原谅他,认为这孩子胳膊肘往外拐,六亲不认。自那以后,他与父母的关系出现了裂痕。讲原则或许没错,可这种原则与伦理发生冲突时,不要说"几谏",就是我同学那样激烈的"血谏",父母也未必会听从。
- 师:父母觉得是家里的老大,就会固执地把地位和真理掺和在一起,等级变成了伦理;领导觉得是单位的老大,也会错误地把权力和真理掺和在一起,伦理又变成了等级。这就是问题所在。实际上真理和年长、权力从来就没有关系。
- 生:单位领导"见志不从",你可以辞职或不负责任,而在家里就不行了,父母再不听规劝,也是你的父母哇。
- 师:的确是这样。所以父母和你在地位上是平等的,你尽赡养之责,也尽规劝之意,但父母执意犯错,你没有承担错误的责任。同样你成年后,犯下什么错,父母也没有责任。
- 生:可古代有父债子还之说。
- 师:这是不对的。现在也有报道,儿子欠债父亲还,父亲欠债儿子还。可从法律上说,儿子与父亲有平等的人权,这种"还"并不是什么义务,而仅仅是个人的道义,不过也是正常的。

> **4-19** 子曰:"父母在,不远游,游必有方。"

- 师:这点你们做得到吗?"父母健在的时候,不出远门,如果出远门的话,一定要交待一个方向。"
- 生:这是古代交通不便,信息传递太慢,现代社会就没必要如此啦。现在一般父母都可以活到八九十岁,那时自己也六七十岁了,到了退休年龄,也没出过远门,要是上海人到退休,最多才游一游江浙一带,那也太没出息了吧。
- 师:古代的"游"主要还不是指旅游,而是指游学或游宦,就是到处求学、求官。
- 生:要那样,现在的孩子恐怕都不可以留学了吧。
- 师:随着社会的发展,地球村的概念出现了,全球通的概念出现了,距离的远近,外出的方向都已不是问题了。然而现在我们离父母更远了。
- 生:更远?
- 师:距离没问题,时间就成了问题,我们与父母共处的时间越来越少。"常回家看看"成了一种伦理的奢望。这是不好的现象,家族的没落,人格的独立,往往使人越来越自我封闭。代沟就会出现。
- 生:老师,代沟肯定会有的吧。父母对越现代的东西越是不懂。
- 师:所以子女应该承担起使父母跟上时代的责任。父母不懂电脑,子女应该教他们。代沟的出现和加深,主要是子女的过错。

> **4-20** 子曰:"三年无改于父之道,可谓孝矣。"

- 生:"几年不改变父母的行为规范,可以称得上孝了。"这句话前面说过了,孔子又来唠叨,真是"饭泡粥"——啰唆。
- 师:当老师的是不是都像唐僧那样啰唆?
- 生:您还算好,至少还没啰唆到我们受不了的地步。

> **4-21** 子曰:"父母之年,不可不知也。一则以喜,一则以惧。"

- 师:谁记得父母年龄的举手……有一半人,算是不错了。孔子说:"父母的年龄,不可以不知道。一方面为此高兴,一方面为此谨慎。"

- 生：高兴、谨慎是什么意思？
- 师：父母年纪大，寿比南山，当然要高兴。可上了年纪，身体不好，就要谨慎了。你们父母的年龄还不算大，所以还体会不到谨慎的重要性。
- 生：老师，据说孔子的父亲叔梁纥，在孔子三岁时就去世了，而母亲颜征去世时，孔子也只有十七岁，还没有成年的孔子应该算是孤儿。
- 师：你倒是调查得蛮详细的。我们且不管孔子的父母健在的话，他会怎么样，仅就他的话而论，记住父母的生日，为父母的健康担忧，总不会有错的。关心父母，这是最起码的要求。

4-22

子曰："古者言之不出，耻躬之不逮也。"

- [词语解释] 躬：自己，亲身。　　逮：及，赶上。
- 师：孔子认为："古代的人不轻易说话，因为对自己的行为赶不上所说的，感到可耻。"
- 生：就是"一言既出，驷马难追"的意思吧。
- 师：不是不说话，而是不轻易说承诺的话。轻易承诺的人，往往不能兑现其承诺；不轻易承诺的人，兑现的概率会高一点，当然也不能说完全兑现。重要的是看什么情形下的承诺。
- 生：我有一个朋友，能力有限，却很想替朋友做点事。在朋友面前不承诺很没面子，所以遇事总是拍胸脯，可我们都知道他的能力，生怕他把胸脯拍坏，已经习惯了，也就对他的承诺不当回事。
- 师：这是挺痛苦的，他老是在追赶他的话，可总也追不上。不过这还不是最可悲的，至少他尽力了。还有一种人，能力是有的，承诺也是可以兑现的，但他不轻易承诺，因为他帮人办事，要看这人会不会回报他，有没有能力回报他，这种回报与承诺相比是不是划算。我认为这种人是最可悲的。他承诺的标准是利，而不是别的。
- 生："小人喻利"，应该没错的。
- 师：不是利，而只是一己之利。我们做事以利为标准，而朋友间却不能以一己之利为标准。这样的承诺，与其有，不如无。

4-23

子曰："以约失之者鲜矣！"

- 师：孔子说："因为约束自己而导致过失的人很少哇。"这个意思就是，能够约束自己的人，不容易犯错误。在课堂上我们就可以看出，凡是能约束自己的人，就不会经常讲话，不会触犯课堂的"道"。

生：老师说得也太严重了吧。课堂上讲话，也算是"无道"哇？

师：有一个叫东郭子的人问庄子，道是什么？庄子说："无所不在。"东郭子不明白，庄子告诉他，大小便当中也有道。难道课堂就没有课堂的"道"么？无视课堂的"道"就是无道。

生：说话也不是故意要扰乱课堂纪律。

师：当然不是故意的，是因为约束不了自己。

生：事事约束自己的人，一般胆子都很小。

师：这是一种浅薄的理解，认为不守规则就是胆子小，经常不守规则就是胆子大。做出不守规则的行为来体现自己胆子大，这是做给别人看的，想得到别人的赞许而已。真正胆大的人，是不需要向别人炫耀的，半夜睡不着，一个人到坟山或墓地里散步去了，这和大白天在街上溜达没什么两样。这样的胆大你们有么？约束自己和胆子的大小实际是没有什么关系的。

生：约束自己的人，就是事事能遵守规则的吧。

师：事事都有规则，个人有个人的规则，集体有集体的规则，社会也有社会的规则。人在社会上、集体中生活是要遵守这些规则的，否则就会受到唾弃，就会成为孔子所说的"失之者"。可万事都有一个反面，如果人人都完全遵守规则，规则就无法更新改进，社会也就不会发展。一些陈旧的规则总有人去突破、不遵循，这种突破不是故意为之，而是对这些规则的不合理性不满。课上到一半，自说自话地跑出去了，这算是突破吗？

生：内急时，也只好突破一下了。至少要比随便讲话合理些吧。

师：随便讲话肯定是不合理的，因为践踏了平等观念。讲话的人影响别人听讲，影响老师讲课，就是不把同学和老师与自己平等看待，把自己讲话的自由置于同学听课自由和老师讲课自由之上。这是侵犯"人权"哪。

生：太严重了吧。要是我不讲话，发微信，总可以吧？

师：那是践踏父母的劳动，父母付学费是让你来读书的，上课的时间那是父母用劳动的钱买来的，把自己发微信这种无聊的娱乐建立在父母劳动的血汗之上，你和父母之间是平等关系吗？

生：天哪，要找到可以突破的不合理规则还真难哩。

师：找得到也未必能突破，许多人认为高考制度不合理，可有几个不按高考模式培养孩子的家长？一般人能突破么？能突破者算是有胆略的吧。可如果孩子长大后，不能适应这个社会的竞争，不能在社会上立足，这种胆略的后果也真令人担忧。

生：如此看来，孔子所说的约束自己不犯错还真有问题。就是要人们安于等级的规则，不突破规则。

4-24
子曰："君子欲讷于言而敏于行。"

- 生：孔子说："君子应该说话迟钝，做事敏捷。"为啥做君子就得说话迟钝？
- 师：孔子可能有些夸张，他的意思应该是君子要少说多做。
- 生：我看少说少做、多说少做的人都不太好，不能就此认为只有少说多做的人好，多说多做的也应该不错吧。
- 师：说和做本来就不是对立的，像我的职业本来就是说的，要是讷于言，我还当啥老师呢？这点身为教师的孔子应该是明白的，他可能是针对那些整天游手好闲、夸夸其谈的家伙说的。
- 生：夸夸其谈或许是个人的风格，一个人不愿做事，碌碌无为地说上一辈子的话，也是自己的选择。最可恶的是自己不做，老是说别人做得如何如何的人。所以有道是，多做多错，少做少错，不做不错。
- 师：问题出在人们对人的评价上，不错的人总能得到好评，甚至升迁，而不是按做事的多少来评价。我看这样的评价标准和孔子说的"以约失之者鲜矣"，很有关系。处处守规矩、事事不越矩的人，就不会有创新，没有创新就不能干大事。这种少犯错的人得到好评，那就会人浮于事。
- 生：应该把错和做的事结合起来看，才是合理的评价。
- 师：所以小平同志说，允许犯错误，错了改嘛，但不允许不改革。"敏于行"未必是好事，做事要三思，太敏捷了，就会导致盲目行事。愿望是好的，可在推行的过程中会走样。我希望你们读书不要死记硬背，把考试闭卷改为开卷，我担心的是，这样你们干脆就不看书，考试时原封不动地把书上的东西抄给我。要是开卷的题目书上抄不到，我又担心你们都交白卷。所以要改革很难哩。
- 生：那干脆闭卷题开卷考。
- 师：想得美。

4-25
子曰："德不孤，必有邻。"

- 生：这里的"邻"不是指邻居，是指伙伴吧。

- 师：应该是这样。孔子的意思是："有德的人不会孤独，一定有志趣相投的伙伴。"
- 生：大概是孔子带着学生一拨人到处流浪，他们自认为是有德的人，可学生中有人感到自己属于另类，产生了孤独感。
- 师："走自己的路，让别人说去吧。"这是很难的。战乱年代，有德者不多，孔子和他的学生们游离于社会的参照系以外，至少在心理上会有孤独感，孔子不得不为他们打气。
- 生：孔子说得应该没错吧，纵然是战乱年代，有德的或许少，可毕竟还是有的。
- 师：要是你们中有人选择一条与别人完全不同的路，也会遇到心理问题的。如果不能忍受孤独，那么就不要与众不同。
- 生：想想也是，总觉得自己与众不同，可放眼一看，最多是和自己周围的人有些不同，而这种不同，从更广泛的人群来说，又有许多的同类，根本就谈不上与众不同。
- 师：真正的不同，不是你的行为言语、外表装饰，而是价值取向。价值取向脱离社会的认可和趋向，就很难找到同类，那才是真正的孤独，因为你已经不能归于社会的某类或某阶层。
- 生：这样的人是不容易在社会上生存的吧。
- 师：这倒未必。这样的孤独者，在生存上与其他人可能没有什么不同，在行为上、言论上也没什么与众不同，可他内心的价值观却是不同的，这种不同一般来说，不是变态的，就是超现实、代表未来的。因此我们可以认为萨特的"存在决定本质"并非完全正确。这些社会价值取向的叛逆者或超前者，为了生存，他们存在的形式和他们的内心世界是完全脱节的。
- 生：这是很痛苦的事哩。
- 师：对于叛逆者来说，是痛苦的，因为他们的价值观与社会格格不入；对于超前者来说，未必是痛苦的，因为他们清楚自己的价值观代表着未来，甚至清楚凭着自己的眼光和秉性，生活在任何时代，他们都会去追求未来的价值，现实永远是被未来否定的。
- 生：现实中还真是需要这样的人，没有这样的人，社会就不会进步。
- 师：知道什么叫黑色幽默么？就是用最认真的态度做最荒诞的事。
- 生：美国的一个文学流派吧。像《第二十二条军规》之类的小说。
- 师：高级的黑色幽默应该是，用认真的态度做被自己价值观否定的事。
- 生：老师，您不会是这样的人吧？认真地给我们上着课，内心里却把我们统统否定了。
- 师：我可从来不否定个人。

4-26

子游曰:"事君数,斯辱矣;朋友数,斯疏矣。"

- [词语解释] 数(shuò):屡屡,烦琐。
- 生:这怕是子游吃了亏才发的感慨:"侍奉君主过于烦琐,就会被侮辱;朋友间过于烦琐,就会彼此疏远。"他肯定在君主面前唠叨个没完,遭到一顿训斥。
- 师:所以人与人交往,要有一定的空间,对待父母也一样。对朋友、父母过于关心,什么事都发表自己的意见,甚至把自己的意见强调个没完,肯定是不对的。每个人都有自己独立的人格和自己的价值观。烦琐就是自己处处去插一脚,看似很关心别人,其实妨碍别人,甚至是强迫别人。我看你们中的一些人就有这个毛病。
- 生:的确,有时候明明是对父母好,可他们就是不接受,还很讨厌我的关心。
- 师:所以人要经常换位思考,父母的价值观肯定与你们有所不同,替父母做事,凡是与他们意见不同的地方,得尊重他们的价值观。对待朋友也一样,不要遇到什么事,就按自己的价值观替别人出主意,甚至认为朋友不接受你的意见就算不上朋友。
- 生:这种情况的确有。我有啥事,朋友们一窝蜂地出主意,好像他们都很够义气,最后把我弄得云里雾里,自己也不知道咋办才好了。不过我这人心地好,也没为此疏远朋友。
- 师:我看不是什么心地好,你自己价值观没有完全成熟,需要别人的意见。
- 生:老师太小瞧学生了吧。
- 师:或者换一种说法,你们的价值观基本相同,没有太大的出入,不同的只是行为风格有所差异,所以虽然有许多的意见,其实都是可以接受的。
- 生:这样说,还勉强可以接受。

公冶长第五

子谓公冶长,"可妻也,虽在缧绁之中,非其罪也。"以其子妻之。

子谓南容,"邦有道,不废;邦无道,免于刑戮。"以其兄之子妻之。

- [学生名录] 公冶长:字子长,齐国人。
  南容:南宫适,字子容,也叫南容,鲁国人。
- [词语解释] 妻(qì):做妻子,动词。 缧(léi)绁(xiè):捆犯人的绳索,借指监狱。 子:女儿。
- 师:这是孔子对把女儿和侄女嫁给自己的两个学生发表的意见。他评价公冶长,"可以嫁给他,虽然他在坐牢,但不是他犯了罪。"于是把自己的女儿嫁给了他。
- 生:把女儿嫁给一个罪犯,孔子倒是很开明嘛,现在的家长很难做到这点。
- 师:我估计他的女儿和学生公冶长是自由恋爱,女儿提出要嫁给他,孔子才同意的。
- 生:不会吧。这种封建时代会有自由恋爱?
- 师:春秋战国时代男女关系还没有到授受不亲的封建地步,我们在《诗经》中就可读到自由恋爱的,像《氓》。不过那时结婚也没有到民政部门领结婚证书之类的事,所谓合法婚姻就是有媒人,有证婚人,即"明媒正娶"就是合法婚姻,没有媒人和证婚人的,自然就是不合法的。公冶长既然在坐牢,找个媒人来向孔子提亲,大概不太现实。所以我猜测他们是自由恋爱。
- 生:看来孔子的女儿是个善良的姑娘,见男朋友坐牢,为了鼓励他好好改造,提出嫁给他,让他有个盼头。
- 师:什么叫好好改造,你没听孔子说,他是被冤枉的嘛。不是被冤枉的,孔子也不会同意这门婚事。
- 生:嫁了自己的女儿也就算了,干吗还管兄长的女儿?评价南容,"国家政治清明,不会废弃他不用的;国家黑暗,他也能免于刑罚。"于是就把自己兄长的女儿嫁给了他。是不是这时孔子的哥哥死了?
- 师:孔子的哥哥叫孟皮,估计这时已经死了,所以孔子也就替侄女做主了。从孔子的评价来看,南宫适是个有才能有智慧的人,至少比公冶长聪明,绝对不会被人冤枉去坐牢。
- 生：他们大概也是自由恋爱。
- 师：大概是。那时在社会底层，自由恋爱应该还是蛮普遍的。孔子的父母大概也是，而且也没媒人、证婚人就非法同居了。
- 生：啊？这样啊。那孔子是个私生子？
- 师：应该是。《史记》上说，他父亲叔梁纥和母亲颜征，"野合而生孔子"。所谓"野合"，按现在的说法，就是"非法同居"。但从好的方面说，他们肯定属于自由恋爱。
- 生：这样一说，我倒是蛮喜欢孔子的哩。
- 师：从孔子嫁女儿和侄女的态度看，孔子是个比较通情达理的人。现在的一些父母嫁女儿越来越在乎门当户对、有没有钱、职业好不好等等，他们真应该好好向孔子学习。

5-2

子谓子贱，"君子哉若人！鲁无君子者，斯焉取斯？"

- [学生名录] 子贱：姓宓，名不齐，字子贱。比孔子小四十九岁。
- [词语解释] 若：此。
- 师：孔子赞美子贱，"这人是个君子啊！鲁国要是没有君子，他从哪里得到君子的品德呢？"
- 生：老师也应该这样赞美我们哟。
- 师：要是你们个个都是君子，那么也不需要什么素质教育、道德教育了。可惜呀……
- 生：孔子好像认为鲁国是出君子的地方，这就像是英国人觉得英国是出绅士的国家。
- 师：说到绅士，那么英国的绅士和中国的君子到底有什么不同呢？
- 生：绅士应该很尊重女性的吧。"女士先请"似乎代表着绅士风度。君子似乎是对朋友而言的，是朋友之间的谦让，"您先请"似乎代表着君子风度。
- 师：这个区别是挺有意思的。想一想，为什么会有这样的差别？
- 生：绅士可能是资本主义时期提出来的一种品德，而中国的君子是封建时代提倡出来的品德。尊重女性，至少是资本主义表面上讲究的品德，而封建社会肯定不会尊重女性的，男尊女卑是封建社会的重要观念。
- 师：说到了本质。天赋人权、男女平等、人人自由，这是资本主义道德范畴，实际上根本做不到，甚至现实情形完全相反，可至少在理念上是这么提倡的。因此西方的绅士风度与中国的君子风度完全不是一回事，孰优孰劣，从社会形态上就已判然。资本主义相对封建主义来说，毕竟是一种文明，一种进步。

生：老师的意思就是，君子之风，可以休矣。

师：差不多吧。不过绅士相对我们社会来说，又是一种落后的风度了。

生：那么我们现在应该具备什么风度呢？

师：社会主义应该是怎样的一种风度，这就留给你们去思考吧。

5-3

子贡问曰："赐也何如？"子曰："女(汝)，器也。"曰："何器也？"曰："瑚琏也。"

● [词语解释] 瑚（hú）琏（niǎn）：簠簋。祭祀时盛粮食的器皿，方形的为簠，圆形的为簋。

● 师：估计是子贡听老师赞美那么年轻的子贱，心里不服气，所以他问："我怎么样？"孔子回答道："你，是东西罢了。""什么东西？""装粮食的器皿。"

○ 生：子贡听了肯定吐血。说子贡是东西，老师这样说，学生真是受不了。

● 师：孔子说过"君子不器"，君子不是东西。这话更难听吧。不过孔子认为子贡不如子贱，子贱不是东西，而子贡是东西。

○ 生（笑）：不是东西……我们坚决不做君子！

● 师：为什么笑？东西的"西"念轻声，是孔子以后出现的。原来"东"指太阳升起，即"动"的意思，后来又指太阳升起的地方，东面；"西"原本指鸟休息，即现在的"栖"，引申为太阳落下休息，再引申为太阳落下的地方，西面。后来出现了"五行学说"，东西南北中，五个方向，代表着金木水火土五种物质。在古人眼里，金和木是财富，所以东西连用，就代表物质的意思。实际上孔子时代还没代表物质的"东西"这个词，至于作为骂人的意思，起源更晚，准确地翻译的话，应该是"器物"。

○ 生：器物也很难听。

● 师：不要小看瑚琏这种东西哟，祭祀用的东西都是神圣的，况且在祭祀用品中，瑚琏装饰得相当精美。孔子把子贡比喻成瑚琏，也有赞赏的成分，说他属于重要的东西，是大器。

○ 生：怪不得古人有大器晚成之说，这大器或许就是国家的栋梁之材。

● 师：说一个孩子将来成大器，难道不是赞美么？

5·4

或曰:"雍也仁而不佞。"子曰:"焉用佞？御人以口给，屡憎于人。不知其仁，焉用佞？"

- **[学生名录]** 冉雍：姓冉，名雍，字仲弓，鲁国人，曾当过季氏家的总管，比孔子小二十九岁。
- **[词语解释]** 佞（nìng）：有口才。　　御：应对。　　口给：善辩。
- 生：是有人议论雍吧，说"雍有仁德却没口才"。
- 师：孔子回答得蛮有意思的。他说："要啥口才呀？应对别人用能言善辩，经常会被人忌恨。我不知道雍是不是仁，但用得着口才吗？"当老师的孔子居然鄙视口才，你们觉得这是为什么？
- 生：这是和仁比较，孔子觉得口才不重要。
- 师：听孔子的口气，不是不重要，而是根本没用。
- 生：孔子也有点道理吧。口才太好有时的确遭人厌的。
- 师：我看不是口才好遭人厌，而是把口才用在不该用的地方，才遭人厌。口才好的人，并不见得遇事就会如滔滔江水，该说时就很好地说，不该说时就缄口。凡事都婆婆妈妈一通的人，未必是口才好，或许说了半天也没说到要害。

5·5

子使漆雕开仕。对曰:"吾斯之未能信。"子说(悦)。

- **[学生名录]** 漆雕开：姓漆雕，名开，字子若，蔡国人，比孔子小十一岁。
- 师：孔子叫漆雕开去做官。漆雕开回答道："我对此没有信心。"孔子听了很开心。这里"吾斯之未能信"是倒装句，应该是"吾未能信斯"，加入"之"进行倒装。
- 生：漆雕开在学生中年龄蛮大的，孔子大概觉得他再学下去没意思了，想赶他走。
- 师：不是这样，他不走，孔子还是蛮开心的。
- 生：那么就是孔子对他不愿做官感到满意。
- 师：我看也不是。孔子满意的可能是他觉得还没学够。他认为自己的本事还不大，知识还不够多，所以没有信心。
- 生：现在有这样的说法，一流本科生，二流硕士生，三流博士生。
- 师：什么意思？

☺ 生：老师这也没听说过？找不到工作的本科生只好去读硕士，读了硕士再找不到工作，就只好去读博士了。

☻ 师：这是个别现象，不过从社会能力上看，一些博士生的确不如优秀的本科生。

☺ 生：漆雕开在孔子那里说不定已是博士后了，还对自己的能力没信心，看来他属于恋校一族，心理有问题。

☻ 师：别把人家看得那么差劲。

5-6　子曰："道不行，乘桴浮于海，从我者其由与(欤)？"子路闻之喜。子曰："由也好勇过我，无所取材。"

● [词语解释] 桴（fú）：用竹子或木材编成的筏，大的叫筏，小的叫桴。

☻ 师：孔子大概对于游说自己的理论也没信心了，所以他说："我的道如果行不通的话，我就坐筏子漂流到海外去。这时跟从我的或许只有仲由了吧？"

☺ 生：子路听了很高兴。这个学生挺外向的，被老师一表扬就咧开嘴笑个不停。孔子接着说："仲由爱好勇敢，这点超过我，但这没什么可取的。"孔子是不是戏弄他，认为他只是一介武夫，没啥用处。

☻ 师：孔子不至于这样说学生。"无所取材"也有不同的解释，有人认为做木筏，没地方取材，而不是指子路是无用之材。

☺ 生：这种解释挺勉强的。

☻ 师：就算说子路除了勇敢，不是可用之材。那至少孔子也赞扬了他比较忠心。

☺ 生：一般来说，喜欢武力的人，脑子都比较简单，脑子简单的人，都比较忠心。

☻ 师：这种分析或许有点儿道理。不过从孔子说这话的情形来看，可能他的学生有萌生离开老师的意思，孔子才会赞美子路忠心。

☺ 生：我对游说理论什么的没兴趣，对周游列国蛮感兴趣的，到海上去漂流就更好啦。

☻ 师：这是喜欢冒险，和孔子到处求职完全是两码事。

☺ 生：听说老师年轻时也到处乱跑。

☻ 师：这是考察各地的民情，与求职也是两码事。

5·7

孟武伯问:"子路仁乎?"子曰:"不知也。"又问。子曰:"由也,千乘之国,可使治其赋也,不知其仁也。"

"求也何如?"子曰:"求也,千室之邑,百乘之家,可使为之宰也,不知其仁也。"

"赤也何如?"子曰:"赤也,束带立于朝,可使与宾客言也,不知其仁也。"

- [学生名录]公西赤:姓公西,名赤,字子华。鲁国人,比孔子小四十二岁。
- [词语解释]宰:县长,大夫家的总管。
- 生:孟武伯就是孟懿子的儿子吧,他跑到孔子那儿,对孔子的学生一个个问过来,难道是搞招聘?
- 师:不会。要是招聘的条件是"仁",孔子也不会离开鲁国,到外面跑一大圈。孟武伯问子路是不是有仁德。孔子说:"不知道。"他又问。孔子才说:"仲由,千乘之国,可以使他负责征兵工作,我不知道他是不是有仁德。"
- 生:既然孔子认为子路勇敢过人,却没别的才能,就叫他去拉壮丁。
- 师:"拉壮丁"说得特难听。"冉求怎么样?"孟武伯又问。孔子说:"冉求嘛,千户人家的封邑,战车百辆的小国,可以让他当个总管,我也不知道他是不是有仁德。"再问下去,"公西赤怎么样?"孔子说:"公西赤,束好腰带,立在朝廷上,可以让他跟来访的宾客打招呼,搞搞接待工作,我也不知道他是否有仁德。"
- 生:听上去孔子回答得很不耐烦。
- 师:不是招聘,也不是领导视察工作,一个个问过去:"这个是不是好人,那个是不是好人。"能不烦吗?
- 生:看起来,冉求有些才能,能管理一个小国家。公西赤大概长得帅,谈吐也不错,孔子认为他搞前台接待比较好,说不定还能当个大堂经理什么的。要是这家伙参加"加油,好男儿"比赛,说不定能进前三。
- 师:满脑子的超男超女。在朝廷搞接待,那是国家的外交工作,要有很强的公关能力的。
- 生:孔子是真的不知道学生有没有仁德,还是不愿意回答?
- 师:我看是不知道。说实话,我也不清楚你们在座各位是不是有仁德。一方面不可能一个个了解,另一方面你们也没多少事情可供我了解的。
- 生:啥是可供了解的事情?
- 师:好人坏人是看他做的事情,而不是听表白、看面相。
- 生:老师不会认为我们是坏人吧?

- 师：我们可以建立"好人举手制度"。谁是好人请举手。
- 生：那还不都举手哇？
- 师：你们班委可以讨论一下，列出好人应该做什么，不应该做什么。然后认为自己是好人的，请举手。举了手就必须遵循列出的条例，违反条例的就不是好人。
- 生：这太残酷了。举手未必做得到，不举手成了坏人。
- 师：我没说不举手就是坏人。为了使这项制度进一步完善，还必须规定，举手后违反"好人条例"，就是没有诚信者。没有诚信者想再成为好人，必须全班同学表决同意。
- 生：好啦，老师，您一肚子坏水。

5-8 子谓子贡曰："女(汝)与回也孰愈？"对曰："赐也何敢望回！回也闻一以知十，赐也闻一以知二。"子曰："弗如也，吾与女(汝)弗如也。"

- 师：孔子问子贡："你和颜回谁更强？"这里的"愈"是更加的意思，更加什么，没有。从后面的话当中，可以看出是孔子让子贡与颜回比较。子贡回答说："我哪敢企望与颜回比！颜回听到一事，能推知十事，我听到一事，只能推知二事。"
- 生：子贡是谦虚吧，或许他不如颜回，也不至于差那么多。
- 师：有谦虚的成分，而实际情况，他真的是不如颜回。所以孔子说："是不如哇，我也认为你不如他。"这里的"与"，不是连词，表示赞同，同意。
- 生：《论语》中也没称颜回为"子"，他在学生中如此优秀，即使不是班长，也应该是学习委员了吧。
- 师：孔子喜欢颜回，那是不容置疑的，但同学们未必会喜欢他，在别人看来，他或许是个书呆子。
- 生：老师是喜欢书呆子，还是喜欢活动能力强的学生呢？
- 师：孔子的培养目标与我们不一样，孔子是素质培养，培养的是"君子"。我们培养的是有职业技能和职业道德的学生，我们的素质必须在技能的运用上体现出来，道德也必须从职业中体现出来。所以书呆子肯定是不行的，活动能力强而技能差，也不行。最好是有社会竞争力的"书呆子"。
- 生：要求太高了吧，哪有呀？
- 师：正因为没有，所以要培养嘛。

5.9　宰予昼寝。子曰："朽木不可雕也，粪土之墙不可杇也。于予与何诛？"子曰："始吾于人也，听其言而信其行；今吾于人也，听其言而观其行。于予与改是。"

- [词语解释] 杇（wū）：泥瓦匠抹墙的工具，延伸为粉刷之义。　　与：欤，句中语气词。　诛：讨伐，责备。
- 生：宰予就是前面提到的宰我吧。他大白天睡觉。孔子看了很不满，就说："烂木头不能雕刻，粪土墙不能粉刷。对于宰予呀，有啥好责备的呢？"孔子对这个学生好像不抱任何希望，觉得责备也是多余的了。作为一个教育工作者，把学生看扁成"烂木头""粪土墙"，也太过分了吧。
- 师：你别把"教育工作者"的帽子往老师头上扣，这个词现在好像被粉刷得很神圣。作为老师，嘴上不说，或许违心地说什么学生都是可以教育好的，可实际上的确有学生是被看扁的。老师也是人，不是万能的人，而是能力有限的人，对有些学生，老师知道自己教育不好，甚至知道别人也教育不好。看扁那些认为"无药可救"的学生，是很正常的。
- 生：但愿我们不要像宰予那样，被老师看扁。
- 师：扁和不扁是可以转化的，用实际行动不让自己扁下去。我读中学时，我们班就有一个成绩很烂的学生被语文老师看扁，当时语文老师当着全班的面说："像你这种货色，毕业后能考上大学，我真该叫你——老师了。"
- 生：这也太伤学生自尊了吧。
- 师：就是伤了自尊，他才真的发奋起来，不仅考上了大学，而且是重点大学。
- 生：那语文老师叫他"老师"了么？
- 师：没考上大学就叫啦，当他成绩直线上升，语文成绩升到全班前五名时，语文老师每次提问到他，都是："请李老师回答。"
- 生：真是个勇气可嘉的老师啊。
- 师：大白天睡觉，就被孔子看扁了，你们有个别学生上课时都睡觉，我会怎样看你们呢？
- 生：唉，怕是扁得像张纸哩。
- 师：孔子通过这事，还阐发了自己的观点。他说："开始时，我对人，听他的话就相信他的行为；现在我对人，听他的话，还得观察他的行为。从宰予这件事啊，我改变了对人的态度。"
- 生：老师是不是通过我们上课睡觉，也改变了对人的态度呢？
- 师：没有啦。我对人向来是观其行而听其言的。在我看来，语言是次要的，行为才是主要的。

- 生：这个我们都领略了：爱不是一种表达，而是一种行为。
- 师：所以睡觉的同学别来向我保证，以后再也不睡了。只要你自己不再睡就行了。事实胜于雄辩，生命在于行动。运动是对老年人说的，运动使身体健康，生命延续。行动是对青年人说的，青年人必须干出点事情，只说不做，等于"没命"。
- 生：又是怪论。
- 师：这不是我的观点，是法国作家马尔罗的观点，他的小说，像《王家大道》《征服者》《人的命运》等等都体现了"生命在于行动"的主题。

5-10　子曰："吾未见刚者。"或对曰："申枨。"子曰："枨也欲，焉得刚？"

- [词语解释] 申枨（chéng）：此人不可考，在《史记·仲尼弟子列传》中有申党，古音"党"与"枨"比较相近，有人认为申枨就是申党，但不能肯定，故不列入学生名录。
- 师：孔子说："我没见过刚强的人。"有人回答说："申枨是这种人。"孔子说："申枨欲望太多，哪来的刚强？"
- 生：欲望和刚强是对立的么？
- 师：看上去好像没错。欲望多的人经不住诱惑，被敌人抓住，金钱、美色一诱惑，马上成了叛徒，还谈什么刚强。生的欲望很强烈，当然不会宁死不屈。
- 生：没有欲望的人有么？恐怕只有植物人吧。
- 师：植物人也应该有求生的欲望。
- 生：那孔子当然见不到刚强的人啦。
- 师：孔子的意思是欲望太多，而不是没有欲望。
- 生：有没有可能欲望越强烈，就越刚强呢？
- 师：这才是问题的关键。不是有首诗么："生命诚可贵，爱情价更高，若为自由故，两者皆可抛。"不管是多欲还是寡欲，人是为了某种对他来说最为重要的东西，才会变得刚强，为了渴望自由，生命、爱情都可以抛弃，这就是刚强。当某种欲望超过求生的欲望时，人就会宁死不屈。实际上刚强与多欲根本不矛盾，多欲和不刚强倒是联系在一起的。一个人欲望太多，没有一个欲望可以排斥别的欲望，那么此人肯定不会刚强。
- 生：看来孔子错了。

- 师：不是全错，错了一半吧。
- 生：我倒是很想知道，孔子自己是不是个刚强的人。
- 师：应该算是刚强的人吧，他为了自己的理论东奔西跑，推广自己理论的欲望排斥了其他的欲望，至少不能说不刚强。
- 生：但肯定不会超过求生的欲望。
- 师：宁死不屈也是要有机会表现的。在老子看来，孔子是个多欲的人，这是孔子去向老子请教"礼"时，老子对他的评价。
- 生：看来欲望的多寡也是相对的，入世的儒家相对出世的道家，应该算是多欲的。
- 师：现在城市人要比农村人多欲，农村人要比山里人多欲。可不能说山里人就比城市人刚强不屈。有些城市人某个欲望很强烈，盖过了其他欲望，他也很刚强的。山里人纵然寡欲，可如果没有一个非常强烈的欲望，他也不会刚强。
- 生：山里人改变自己命运的欲望很强烈，他们读书很刻苦哩。

5-11　子贡曰："我不欲人之加诸我也，吾亦欲无加诸人。"子曰："赐也，非尔所及也！"

- [词语解释] 加：驾凌，欺侮。
- 生：子贡说："我不想别人强加于我的事，我也不想强加于人。"
- 师：这是一种解释，比较多的是把"加"解释为凌辱。这样子贡说的就是："我不想别人欺侮我，我也不想欺侮别人。"孔子说："赐啊，这不是你能做到的。"
- 生：不欺侮别人或许做得到，可不想让别人欺侮自己的确是做不到。你不想，别人不一定不想，你也没法阻止别人不想。
- 师：在封建等级制度之下，这就更难做到了。现在恐怕也是难以做到的。因为存在着许多不公平、不公正，所以一些人只有通过欺侮别人才能得到个人发展。
- 生：此话怎讲？
- 师：要是有一个就业机会，你会主动让给别人么？
- 生：那当然不会，可以公平竞争嘛。
- 师：要是一个比你差的人，通过不光彩的手段，把你排挤出局，你会怎么看？
- 生：我当然觉得被人欺侮了。要是我找不到证据，就无法揭穿他的卑劣手段，这真窝囊。
- 师：所以我们说，害人之心不可有，防人之心不可无。子贡的思考方法是很可笑的，他不想欺侮别人，根本不会成为别人不欺侮他的原因。这是情绪性思维，不是逻辑思维。

5-12

子贡曰："夫子之文章，可得而闻也；夫子之言性与天道，不可得而闻也。"

- 生：子贡说："老师关于文章，可以听到他讲；老师关于人性和天道的言论，不能听到。"孔子好像关于人性方面还是讲得蛮多的，是子贡没听进去吧。
- 师：孔子讲人，主要是讲如何做人，如何成为君子，而对人的本性的确是没讲多少。至于天道，孔子也从来不正面讲，只是有时提到而已。孔子回避人性与天道，要么是觉得太玄，讲不清楚；要么是觉得太清楚，不需要讲。前者可能性大一点。
- 生：天道是古人的迷信，那么人性应该是实际存在的，不应该是玄的东西。《三字经》中说："人之初，性本善。"这话到底对不对？
- 师：我认为不对。
- 生：那人性本恶？
- 师：不是善，就是恶，这种绝对的思维有问题。关于人的本性的善恶，和先有鸡还是先有蛋一样荒唐。
- 生：说来听听。
- 师：提出先有鸡还是先有蛋，前提是必须有一个先后，实际上恰恰互为因果的东西是没有先后的。人之初，性的善恶，已经界定了先天有善恶之别。
- 生：那就是无所谓善恶。
- 师：你们想想，善恶的观念是社会建立起来的，人刚来到社会，还没到社会上混，哪来的善恶。人如果诞生在狼群里，被狼养大，不是拥有狼的习性吗？善恶决不可能是先天的，肯定是后天养成的。
- 生：应该是这样。
- 师：善恶这种社会观念，随着社会的发展而发展，这跟社会的发展程度和生存的环境有着密切联系。就说孔子的"孝"吧。历史上在一些原始社会当中，曾经有过这样的"孝"，当父母丧失劳动能力后，子女必须把父母杀了吃掉，否则子女是很不"孝"的。
- 生：啊？太恐怖了吧。
- 师：再如现在我们实行一夫一妻制，第三者插足别人的家庭是不道德的，应该属于不善。可在对偶婚时期，如果不让第三者、第四者，甚至更多者插足两人世界，就成了不道德。对偶婚是非排他性的，两个相爱男女，要是排斥其他追求者，就是"恶"，要受到道德的谴责，甚至招致社会的惩罚。
- 生：真是闻所未闻，善恶观居然有如此大的质变。
- 师：所以凡事切不可盲目地说，这是人的本性。本性是什么，人生下来和动物是没差别的，遵循的是自然的法则，但人除了极少数者外，都是生在特定的社会里的，社会环境不同，其秉性也会不同。
- 生：人们常说，爱美之心人皆有之。爱美难道不是人的本性吗？
- 师：每个社会都有自己的美的标准，现在以瘦为美，弄得一些模特减肥减得狼见了都会哭，一不小心还患上厌食症，最后脏器功能衰竭，一命呜呼。这是人的本性吗？显然是违反自然生存法则的。有些民族或有些时代，则以胖为美，就走向另一个极端，胖得连嗓音都变细了，结果得了"三高"。
- 生：美的标准也是社会的产物，以后要说人之常情、人之本性，真该三思哩。

5·13　子路有闻，未之能行，唯恐有（又）闻。

- 师：后面一个"有"是"又"的意思。子路听说一个事，还没能去做，只怕又听说一个事。
- 生：啥意思？
- 师：好像是说，子路听孔子说一件应该做的事，他还没做，怕老师又说一件应该去做的事。说明子路这人很喜欢做事，不喜欢空谈。
- 生：我看他应该上职校。孔子是培养素质的，不是培养技能的，他投错了师门。
- 师：这样说子路不好。子路在孔子的学生中年纪算很大的，人也比较老实，属于埋头做事的一类。你们就缺少子路这种实干精神。
- 生：埋头拉车不看路，不是好现象啊。
- 师：做件事，就要做到极致。
- 生：子路不是那种人，一件事还没做，就想着下一件。他的性格肯定是：吃着碗里的，看着锅里的。
- 师：教你们一个成功的秘诀。
- 生：什么？
- 师：就是当别人都做不下去时，你还在做。
- 生：有点道理。不过也有风险，最后说不定做不成。
- 师：没有风险，就不会有成功。上世纪九十年代初，人人都在谈经商，当时的顺口溜是：十亿人民九亿商，还有一亿在开张。可真正下海的是少数，能坚持下来的更少，坚持下来能成功的，那就少之又少了。但坚持还是成功的必备条件。

5-14

子贡问曰:"孔文子何以谓之'文'也?"子曰:"敏而好学,不耻下问,是以谓之'文'也。"

- [词语解释] 孔文子:卫国的大夫孔圉,"文"是朝廷赐予的谥号。
- 师:谥号一般是帝王或贵族死后朝廷赐予的。子贡不明白为什么赐孔圉谥号"文",所以他问:"孔文子为什么叫'文'?"孔子回答:"他聪敏好学,不耻下问,因此叫作'文'。"
- 生:孔文子到底是个什么样的人呢?
- 师:据说此人是个马屁精,为人不怎么样。
- 生:怪不得子贡感到困惑,"文"一般表示很有才学的吧。
- 师:我们不能说马屁精就没有才学,也有学富五车的马屁精,或许他们马屁拍得更精,一般人还看不出来。
- 生:有才华的马屁精和有知识的巫师,都属于蛮另类的。
- 师:我看一点也不另类,难道有才华的人不拍马屁?

5-15

子谓子产,"有君子之道四焉:其行己也恭,其事上也敬,其养民也惠,其使民也义。"

- [词语解释] 子产:公孙侨,字子产。郑穆公之孙,春秋时郑国宰相,执政二十二年。当时晋、楚两个大国相争,挤在两个大国间的郑国,由于有了公孙侨的周旋,才保住国家。同时他在国内搞改革,受到国人敬重。
- 师:孔子对子产的评价还是蛮高的,他评价子产,"在四方面符合君子之道:对自己要求谦逊,侍奉君主恭敬,教养百姓讲恩惠,使用百姓符合道义。"
- 生:孔子关于君子的条件还是蛮多的。也就是说,子产只是四方面符合君子的条件,还不一定称得上君子。
- 师:归纳起来就是对己、对上、对下。再简单点,就是如何对待等级制度。
- 生:分析起来真是没错。自己处在什么等级要清楚,然后对上要恭敬,对下要仁义。
- 师:等级直接产生的就是施恩和报恩观念。上级对下级施恩,下级对上级报恩,所以君主对下面人所做的任何事,下面的人都得表示谢恩。哪怕是杀了你,也叫赐死。

- 生：引申到伦理，父母对子女施恩，子女对父母报恩。
- 师：对。这就是封建伦理的核心。
- 生：现代人难道没有施恩报恩么？
- 师：一般来说，不是你的责任，你去承担了，这就是"恩"。比如救助失学儿童，原本不是你的责任，应该是政府的责任，而你去救助了，那么就有恩于被救助者，从道义上讲，被救助者应该报恩。帮助毫不相关的人，这是施恩。所以施恩、报恩是个人的道德行为。
- 生：古人说有恩必报，或者说滴水之恩当涌泉相报。可现在某些贫困者，受人捐助却不思回报，那就是不道德。
- 师：说不道德，太重了。回不回报，作为一种道德行为，法律当然管不着，可不道德行为理应受到舆论的谴责，实际上不回报，舆论也管不着。回报是一种道德行为，不回报只是没有做这种道德行为，而不是不道德。大多数施助者并不要求回报，如果他们要求回报，那么这种道德行为就变成了交易行为，失去了其道德性。
- 生：大多数被救助者都会说："以后回报社会。"这也算是一种回报吧。
- 师：这是自我安慰的说法。社会救助算不上一种施恩，是对社会制度上漏洞的一种补救。失业率过高，实行失业救济；下岗太多，解决下岗职工就业。失业下岗这样一些事情，本身就是社会造成的，政府采取补救措施是责任所在，谈不上什么恩不恩的。道德是个人行为，不可能是政府行为。个人救助你，不要求你回报，除非救助者希望你回报社会，否则你所谓的"回报社会"，是牛头不对马嘴的说法。当然这种经不起推敲的说法，会让接受救助的人心里感到安慰，更容易接受救助。
- 生：逼着别人救助，肯定是不道德行为吧。有报道说，有个别贫困大学生向救助者要这要那，要的钱也越来越多。
- 师：这当然是不道德的，这是定向的乞讨，比马路上以乞讨为业的人更不道德。马路乞讨是不定向的，至少不会强迫别人的意志，而定向乞讨是强迫别人的意志，这是侵犯人权的。一个意志坚定的人不会为强迫所动，如果是意志不坚定者，强迫是很有作用的。

5-16

子曰："晏平仲善与人交，久而敬之。"

- [词语解释] 晏平仲：姓晏，名婴，字平仲。齐国名相，与孔子差不多同时代。

师：孔子很赞赏晏婴，所以他说："晏平仲善于和人交往，交往久了，人家都敬重他。"

生：我读过《管晏列传》，司马迁贬管仲，褒晏婴。晏婴作为大国的宰相，却很节俭，"食不重肉，妾不衣帛"。人很正直，"危言危行"，正直地说话，正直地做事，因此司马迁也很推崇他。

师：虽然孔子对晏婴的评价不错，可晏婴对孔子并没多少好感。孔子周游到齐国，齐景公很欣赏孔子，但晏婴觉得孔子的理论没什么用处，阻止齐景公重用他。

生：孔子倒不记仇。

师：连这点都记仇，孔子还能成为"圣人"吗？我想孔子这样评价晏婴，也说明晏婴具有人格魅力。《管晏列传》中记载，晏婴是个蛮谦逊的人，有一次外出，看到一个有才能的人叫越石父，正在服刑，他把这人赎出来，带回家里，奉为上宾。他外出时虚左以待，又不张扬，倒是他的司机，小人得志，很张扬，回来后被老婆一顿数落，后来司机也学会了低调，晏婴还举荐他当了官。

生：是朝廷大夫吧。

师：差不多就是这样的官。中国人对节俭谦逊的官特别赞赏，像晏婴这样"食不重肉"的宰相，还有北宋的范仲淹。

生："食不重肉"啥意思？

师：就是吃饭不允许有两个荤菜。

生：这是蛮节约的。

子曰："臧文仲居蔡，山节藻梲，何如其知（智）也？"

[词语解释] 臧文仲：臧孙辰，字文仲，鲁国大夫。　　居：使之居，动词。　　蔡：大乌龟。《淮南子·说山训》中有"大蔡神龟，出于沟壑"。　　节：柱上斗栱。　　梲（zhuō）：梁上短柱。

生：此话不太好懂。孔子说："臧文仲使大乌龟住房子，房子梁柱的斗栱上画着山水，屋梁的短柱上刻着藻草图案……"后面是啥意思？

师：后面孔子说："他的聪明怎么是这样的呀？"

生：就是说他的聪明不用在正道上，全花在怎样养宠物上了。

这可不是养宠物哩。古人把乌龟视为神灵之物，庄子的《逍遥游》中说：

"楚之南有冥灵者。""冥灵"就是海龟。把乌龟叫作"灵","灵"最早指的是女巫。屈原的诗歌中有"灵偃蹇兮姣服",说的就是女巫穿着华丽的衣服跳舞。

生:那有男巫么?

师:有。男巫叫"觋"。在母系氏族时期,女巫的地位很高,既是部落首领,又是宗教的领袖。

生:就是现在说的"政教合一",那肯定是部落里绝对的老大了。

师:因为"灵"是宗教领袖,是能与神对话的人,所以女巫管着人们的心灵、灵魂的世界,所以心灵、灵魂也启用这个"灵"字。

生:那为啥又把"灵"用在乌龟上呢?

师:因为乌龟长寿。凡是迷信的人,都有灵魂不死的观念,长寿的东西是最接近于不死的灵魂。所以大家看来,乌龟"老灵格"。在古人眼里,长寿的东西,经历了过去,就能知道未来。迷信的古人凡遇大事都得算命,即卜筮。占卜就用乌龟,而筮用的是蓍草。我们发现的甲骨文,就是把龟壳烧烤到出现裂纹,根据裂纹判断休咎……

生:休咎啥意思?

师:就是现在的吉凶,吉叫休徵,凶叫咎徵。然后把结果刻在龟壳上,就是我们看到的甲骨文。在许多人眼里,龟是神灵之物,养龟肯定不是我们今天养宠物。臧文仲弄到个大乌龟,他就在家里把它供奉起来,给它造了居住的房子,房子里刻画上山水、藻草,给它虚拟了自然环境。

生:孔子是敬鬼神而远之的,对这种把聪明才智用在供奉神灵上的事,肯定是反感的。

5-18　　子张问曰:"令尹子文三仕为令尹,无喜色;三已之,无愠色。旧令尹之政,必以告新令尹。何如?"子曰:"忠矣。"曰:"仁矣乎?"曰:"未知,焉得仁?"

"崔子弑齐君,陈文子有马十乘,弃而违之。至于他邦,则曰:'犹吾大夫崔子也。'违之。之一邦,则又曰:'犹吾大夫崔子也。'违之。何如?"子曰:"清矣。"曰:"仁矣乎?"曰:"未知,焉得仁?"

● [词语解释] 令尹子文:楚国的宰相称为令尹。子文,此人姓斗,名於(wū)菟

（tú）。　崔子：崔杼，齐国大夫，实权派人物。　　陈子文：姓陈，名须无，字子文，齐国大夫。

- 师：子张估计在读史书，所以问老师："令尹子文多次当宰相，没觉得高兴；多次被罢官，也没表现出不满。前宰相子文离任时，一定把该告诉的事都交待给新任宰相。这人怎么样？"孔子说："对国家很忠心。""是不是有仁德呢？"孔子回答："不知道。什么地方可看出有仁德？"

- 生：这就是说，虽然子文把国家利益放在个人感情之上，这只代表他对国家的忠心，并不能说明个人道德。

- 师：我们已经知道了孔子的仁，是一种个人的品德，与社会、国家没有直接关系，人不一定要为社会的发展出力才有仁德。

- 生：老师，在上面讲"回报社会"时，您不也是把个人品德与社会分开的吗？

- 师：个人的品德是与社会分开的，但我们的个人应该是社会化的个人，而不应该是孔子所说脱离社会的理想化的个人，这是有本质区别的。

- 生：孔子的仁，核心好像是报恩，忠心似乎不包括的。

- 师：下面这段子张是问另外一个事件了。"崔杼杀了齐国国君，陈文子有四十匹马的家产，他丢弃家产，离开了。跑到其他的国家，说：'这里的大臣犹如我国大夫崔杼哇。'又离开。再到一个国家，又说：'这里的大臣犹如我国大夫崔杼哇。'再次离开。这人怎么样？"孔子回答："清白的人。"子张问："有仁德吗？"孔子还是回答："不知道。什么地方可看出有仁德？"

- 生：臣子把君主杀了，这种犯上作乱的事，是孔子最讨厌的吧。崔杼为啥要弑君呢？

- 师：实际上也是齐庄公自己不好，他勾引崔杼的老婆，被崔杼发现了。崔杼老婆说我也没办法，人家是君主哇。崔杼就称病不朝，在家里埋伏了武士。齐庄公听说崔杼生病，觉得是机会，名义上是去探望病人，实际上是找机会幽会。结果进了崔家，崔杼把大门一关，武士们就把齐庄公杀了。

- 生：这么说齐庄公是咎由自取。要是别人，还可以告状，偷情的是国君，告状的地方也没有，除了弑君，还真是没别的办法。

- 师：所以，当时的宰相，就是上面提到的晏婴，到齐庄公的葬礼上掉了几滴眼泪，也没什么表示。有人说，这事可以看出晏婴是"见义不为，无勇"。但司马迁否认这种说法，他或许也认为齐庄公是咎由自取。

- 生：晏婴和孔子完全不是一路人。不要说弑君，就是鲁国国君被赶走，孔子也会跟着离开鲁国。对弑君孔子肯定"是可忍，孰不可忍"。

- 师：孔子是个很现实的人，但这种现实与晏婴是完全不同的。孔子的现实是关注现实的生活，现实的社会，而很少关注玄虚的东西。晏婴的现实是参与现实，改造现实。如果现实很黑暗，孔子会洁身自好，去当他的君子，去修炼自己的个人品德，所以他是个理想化的个人。而晏婴则会在黑暗的现实里尽量做得正直，即司马迁所说的："无道，即危行。"晏婴是个社会化的个人，他不会脱离自己的社会现实去修炼自己的品德。
- 生：如此看来，晏婴比孔子要伟大哩。
- 师：我想晏婴当时劝齐景公不要重用孔子是有道理的。或许他知道孔子的理论是很不错的，但他更知道这套理论不适合当时的社会现状。不能说晏婴没有理想，但他是个现实再糟糕、再不符合他的理想，都会努力的人。我倒觉得不是他节俭、谦逊值得敬佩，而是他的这种现实精神，令人叹服。
- 生：不过逃离黑暗现实，孔子也不认为是有仁德，只认为保住了自己的清白。
- 师：实际上子张强调的是陈文子能放弃家产，所谓"君子喻义，小人喻利"。四马拉一车为乘，四十匹马，光车就有十辆，现在拥有十辆私家车的人，财产有多少？子张认为既然无视巨额财产，那一定是君子，君子就有仁德。
- 生：没想到，孔子不同意他的看法。难道要他见义勇为？
- 师：那倒不是。我想孔子看重的是为什么放弃财产，陈文子是要保住清白，才放弃财产。如果他用财产去救助别人，进行施恩，或许孔子的看法就不一样了。

5-19 季文子三思而后行。子闻之，曰："再，斯可矣！"

- [词语解释] 季文子：季孙行父，鲁国大夫。
- 师：孔子出生时，季文子已经死了十几年了。可能季文子在鲁国一直以犹豫再三而闻名，死后还流传着：季文子每事多次思考后才做。孔子听了以后说："想两次就可以了。"
- 生：现在人们常说凡事要三思而后行，看来这种说法，孔子是不赞同的。
- 师：想一想到底考虑几次是最妥当的。
- 生：难道孔子认为思考两次不对么？
- 师：这要看什么事情，今天早点吃什么，我看就没有必要考虑两次，高考时报考什么学校、专业，恐怕考虑两次是不够的。
- 生：这谁都知道。一般情况下，思考几次为妥？
- 师：一般情况下，思考两次差不多了。从好的方面思考和从坏的方面思考。
- 生：孔子是对的。
- 师：完美的思考应该是三次，这个"三"不是古文里"多"的意思。
- 生：啥叫完美的思考？

- 师：庄子有一次和梁惠王在桥上，庄子看着河里的鱼说："鱼很快乐。"梁惠王问："你怎么知道鱼很快乐？"庄子反问："你怎么知道我不知道鱼很快乐？"这样的反问是不是可以一直问下去呢？
- 生：从理论上来说，应该是可以的吧。他坏，你怎么知道他坏，你怎么知道我不知道他坏……可以多次地问下去。
- 师：这就是黑格尔所说的"恶劣的无限"。
- 生：如何才算不"恶劣"？
- 师：你们搞辩论赛，分作正反两方。有没有第三方呢？
- 生：有第三方怎么辩呀？
- 师：思考问题也一样，正面思考和反面思考，也就是孔子说的"两次"，但还有第三种思考，就是对思考方法的思考，自己的思考方法对不对呢？
- 生：就是说，庄子认为鱼很快乐，梁惠王反问实际是表示，他认为鱼根本谈不上快乐不快乐。庄子再次反问，代表着已经不是对问题的思考，而是对思考方式的思考。到这儿，思考应该画上句号了。
- 师：对。正反两次思考，加上思考你思考这一问题的方法，这就是"三思"。至于思考方法的好坏，是另一个问题了，已经离题了。"恶劣的无限"则是跑题的诡辩，是对无知者的愚弄。
- 生：这样一说就很清楚了。不过一般人不会对自己的思考方法进行思考，所以一般就是两次。
- 师：对思考方法的思考叫作"反思"，目前社会上乱用"反思"这个概念，好像反思就是思考自己，即反过来思考，这是可笑的理解。
- 生：反思就是我们所说的"方法论"吧。
- 师：有点像，但"方法论"是哲学的范畴，要复杂得多。

5-20

子曰："宁武子，邦有道则知(智)，邦无道则愚。其知(智)可及也，其愚不可及也。"

- [词语解释] 宁武子：姓宁，名俞，卫国大夫。
- 生：一会儿聪明，一会儿愚蠢，根据环境变化？
- 师：有人是这样理解的。但我们不能这样理解，我认为是装傻。孔子说："宁武子，在政治清明时表现得聪明，在政治黑暗时就装傻。他的聪明，别人能做到，他装傻，别人做不到。"
- 生：老师，这样理解对么？"愚不可及"现在作为成语，就是愚蠢到极点，可不是装傻。

☻ 师：成语归成语，我认为这样理解比较贴切，顾不了那么多啦。

☺ 生：我认同老师的翻译，愚不可及就是蠢到别人都赶不上。为啥会赶不上？因为那是装出来的。装就要装得像，就要集合各种愚之精华，就要装到极致。

☻ 师：按孔子的个性和理论来说，孔子是选择离开的，绝对不会装傻。宁武子在卫文公时是聪明的，在卫成公时是傻的，因为卫成公是个无道昏君。

☺ 生：我读过屈原的一篇小文章《渔父》，说屈原遭到流放后很郁闷，脸色憔悴，形容枯槁，渔父就开导他说，你不要这样讲原则嘛，大家清醒时你也清醒，大家糊涂时你也装糊涂。屈原不肯，说宁死也不同流合污。渔父觉得这家伙固执得不可理喻。那个渔父，就是宁武子的观点，这叫"与世推移"。

☻ 师：从文章的内容来看，这篇文章不是屈原写的，《渔父》实际上是一篇讽刺屈原的文章，表达的是道家的观点。"与世推移"就是时代进步，你跟着进步，时代倒退，你跟着倒退，大家认真做事，你也认真做事，大家捣糨糊，你也捣捣糨糊。

☺ 生：您认为万一时代倒退，儒家和道家会怎么对待？

☻ 师：儒家一般会"独善其身"，因为他们都想成为君子，而道家则会装傻。

☺ 生：这么说，宁武子的境界还不低哩，即所谓"大隐隐于朝"。

☻ 师：我说晏婴比儒家、道家都伟大，时代进步，跟着进步，时代倒退，尽量让他倒退得慢一点、少一点，这就是社会人与纯粹的个人之间的差别。时代是什么？是大家的时代，是人人有责任的时代，不是与个人相对立的时代。马克思说得很对，人应该使自己的本质力量对象化。

☺ 生：本质力量对象化，就是成为社会人？

☻ 师：说得再好，自己修炼得再道德，都是空的。你必须使你的本质，通过你的行为和劳动，成为你能关照的对象。说得简单点，你就是你在社会中做的事情，你的本质就是你在社会上的成就。孔子说自己是君子，说自己有怎样的品德，有怎样的好恶，这都是虚的，唯一实在的，是孔子在社会上培养出一批学生，这才是他的本质。

☺ 生：明白了。就像前面说的，生命在于行动。我们也可以说，人的本质在于劳动。

5-21　子在陈，曰："归与(欤)！归与(欤)！吾党之小子狂简，斐然成章，不知所以裁之！"

● [词语解释] 党：乡党，家乡。　　裁：剪裁，节制。

- 师：这时孔子被困在陈国，鲁国季康子上台，派人来请孔子的学生冉有回去做官，于是孔子在陈国感叹道："回去吧！回去吧！我家乡的学生们心志狂妄，行事简单，写文章的文采也已斐然成章，只是还不知道如何控制自己。"
- 生：这时的孔子怕已超过六十岁了吧。自身难保，还惦记着学生，真是可怜天下老师心哪。他就此回国了么？
- 师：冉有回去了，孔子还在外面奔波了几年。
- 生：老师，您会这样老惦记我们吗？
- 师：不会。有个别学生还会惦记几年，大多数学生渐渐淡忘了。
- 生：老师真是没心没肺。
- 师：这是实话。学生比较多，记住所有的学生恐怕是不现实的，纵然是班主任、辅导员也做不到。
- 生：虽然是实话，学生听起来还是不舒服的哩。
- 师：不说老师，学生应该记得住老师的吧。
- 生：那当然，从小学到大学，总共也没几个老师，记不住还像话吗？
- 师：但我可以保证，出了校门，肯定有学生记不住老师的。
- 生：那也是个别的学生。
- 师：其实孔子说这话，惦记学生是次，想回国是真。季康子请冉有回去做官，没有请他，让他感到很失落。
- 生：年纪大了，毕竟想叶落归根哪。

5-22　子曰："伯夷、叔齐不念旧恶，怨是用希。"

- [词语解释] 伯夷、叔齐：孤竹君的两个儿子。商末，孤竹君死后，两个儿子相互让位，最后干脆都不继位，投奔了周文王，文王死后，周武王起兵伐纣，两人拦马阻止动武，周朝夺取天下后，两人不承认周朝，只愿做商朝之民，坚决不食周朝的粮食，最后饿死于首阳山。　恶：仇恨。　是用：所以。　希：稀。
- 生：这两位后代经常提到，很出名的。孔子说："伯夷、叔齐不记旧仇，人们对他们的怨恨也就很少。"孔子是赞赏他们，还是……
- 师：我们从字面上推测不出孔子的语气。孔子对周武王用武力灭商，认为是"未尽善"，所以对伯夷、叔齐可能是赞赏的。这两个人不记别人的仇，所以结仇就少，可以说以德报怨吧。这种品德孔子应该是欣赏的。
- 生：这种以德报怨和西方的"以爱化怨"有啥区别？
- 师：你所说的"以爱化怨"，就是基督教所说的，爱你的仇人。

- 生：对。就是用博爱来化解仇恨。
- 师：这是有很大差别的。记不记仇，那还是仇。你不记，是因为你宽容。但基督教的观念认为彼此是兄弟、姐妹，对兄弟姐妹仁慈的爱是教义所要求的。从这个教义上来说，不应该有仇，也就是说，仇不能视为仇，你根本就不应该记。你要是一个合格的基督徒，"仇人"不是你的看法，而是对方的看法，你得用爱去证明兄弟姐妹间的仇恨是不存在的。
- 生：听起来太抽象了。
- 师：我们都读过《史记》中的《廉颇蔺相如列传》，廉颇对蔺相如官位比自己高很不服气，放出羞辱性的话，扬言要和蔺相如PK，蔺相如躲着他。我们可以把蔺相如视为不记仇，最后这种宽容胸怀感动了廉颇，导致将相和。要是用爱来化解的话，就不是这样。
- 生：廉颇打蔺相如左脸，蔺相如右脸也转过去让他打？
- 师：应该就是这样。
- 生：一般人是做不到这点的。
- 师：信教哪有那么容易，一些人信教只是赶个时髦，做做样子而已。

5-23

子曰："孰谓微生高直？或乞醯焉，乞诸其邻而与之。"

- [词语解释] 微生高：姓微生，名高。　　醯（xī）：醋。
- 师：孔子说："谁说微生高直率？有人向他要点醋，他向邻居要了给人家。"
- 生：居然有姓微生的，名字叫"物"就有趣了。
- 师：到底是个咋样儿的人，我们还真不知道。在《庄子》和《战国策》当中记载有一个叫尾生高的人，由于古代"微"和"尾"发音比较相近，有人认定就是这个尾生高。
- 生：那尾生高是不是一个直率的人呢？
- 师：记载的是尾生高和女孩子约会，说好了在桥下等，左等右等，女孩子不来，涨潮了，尾生高不肯离开约会地点，抱着桥柱子，被水淹死了。
- 生：哇，这样忠心的男人，一定靠得住。
- 师：忠心啥呀，那叫傻，上海话就是"戆大"。这个故事体现了尾生高的诚信守约，不是什么直率，所以不能判断尾生高就是微生高。
- 生：别人讨点醋，微生高没有却不说没有，而是借了给人家。用这种事来否认这人的直率，孔子好像判断力有问题。
- 师：如何见得？

- 生：很可能微生高为人特热情，自己没有，帮人家去借。
- 师：或许微生高嘴上说有，向邻居要了后送过去。
- 生：那也是个热心人哪。
- 师：直不直率，也要看什么事。病人来看病，一检查，"得了绝症，只能再活三个月。"这医生直率吧？病人一听，精神一下子垮了，三个月变成了一个月。
- 生：对呀，直率要看对啥事儿。像借醋这种小事，肯定是不能说明问题的。

5·24

子曰："巧言、令色、足恭，左丘明耻之，丘亦耻之。匿怨而友其人，左丘明耻之，丘亦耻之。"

- [词语解释] 左丘明：据说是《左传》的作者，但也有许多研究者反对这种说法，此人生平不详，《史记》中认为姓左丘，也有人认为姓左。　足（zú）：十足。
- 生：巧言、令色前面说过的。
- 师：是啊。孔子说："花言巧语、满脸堆笑、异常恭敬，左丘明对此感到可耻，我也对此感到可耻。掩盖憎恨，而向对方表示友好，左丘明对此感到可耻，我也对此感到可耻。"
- 生：这么说，孔子是左丘明的粉丝哩，对他很崇拜的嘛。
- 师：谈不上崇拜，只是在拍马屁和虚伪问题上，价值取向非常一致。
- 生：对拍马屁，不要说圣人，一般人只要有点正义感，都会讨厌的。要辨别是不是拍马溜须，可不容易。
- 师：学生为了得到好成绩，为了毕业，就不加思考地支持老师的观点，尤其是硕士生、博士生，支持老师的观点似乎成了天经地义的事。谁知道他心里是同意还是反对，要是心里反对，不就是拍马屁嘛。
- 生：辨不清，总不能说人家拍马屁吧。

5·25

颜渊、季路侍。子曰："盍各言尔志？"子路曰："愿车马、衣轻裘与朋友共，敝之而无憾。"颜渊曰："愿无伐善，无施劳。"子路曰："愿闻子之志！"子曰："老者安之，朋友信之，少者怀之。"

- [词语解释] 盍：何不。　轻：这个字怀疑是后人加上去的。　伐：夸耀。

施：表白。

- 师：颜渊、季路（即子路）站在边上。孔子问："为什么不各自说说自己的志向呢？"
- 生：子路的志向有些哥们义气，他说："愿意把我的车马、衣服与朋友共有，用坏了也没什么遗憾的。"
- 生：子路大概挺富有，颜渊没有私家车，也没有多余的衣服，所以他说："我愿意做好事不夸耀，有功劳不表白。"
- 师：一方面子路是比颜渊有钱，前面提到，似乎子路发过财；另一方面，颜渊比子路小二十多岁，为人又低调，在老师和师兄面前不敢张扬自己。张扬的子路这时也不忘问问孔子："我们愿意听听老师的志向。"孔子回答说："老人得到安逸，朋友得到信任，少年得到关怀。"
- 生：毕竟是老师啊。学生说个人如何，孔子说的却是社会的和谐。
- 师：子路和颜渊的志向，都是可以实现的个人理想，可孔子的志向很高远，恐怕是不切当时实际的理想，把这种理想当作个人的志向，太空洞了吧。我想孔子的志向应该放低一点，可以从政，按照自己的道德标准，在职位上做出点政绩，造福一方百姓。要是不能从政，培养一些有能力有品德的学生，让他们造福百姓。实际上孔子的一生也就是为这个志向在努力。我觉得子路和颜渊的志向已经蛮高远的了。把自己的财产"共享"了，做好事不张扬，一般人很难做到。我看你们也做不到。
- 生：那老师您的志向是什么？不会很空洞吧。
- 师：我的志向就是上点课，写点书，把自己的想法和感受告诉别人。
- 生：要是别人不听您的呢？
- 师：这就跟理想有关了，我希望社会能更合理一点，愚蠢的想法少一点。别人不听我的，我也没办法，可我希望学生能听，培养学生就是为了听的人多一点。学生或许会传播老师的思想，让学生学会正确的观察与思考方法，他们以后生活可能会好一点。
- 生：还是有点高远吧。
- 师：不高远。年轻时用体力生活，年老时用智力和感受生活。当自己没有多少体力去做事时，就会用脑和心来生活。
- 生：不想把财产"共享"吗？
- 师：那要等发了财再说，只够过日子的钱，那不叫财产，叫生活保障。
- 生：做好事、有功劳不张扬呢？
- 师：不要为了做好事而找好事做，你本该做什么就做什么。在本职工作上有没有功劳，那是别人的评价，我不可能把别人的评价作为做事的标准，我有自己的标准。

生：看来，我们的老师挺狡猾，虽然不是糊弄学生，但摆出的架势滴水不漏。

5-26　子曰："已矣乎！吾未见能见其过而内自讼者也。"

- [词语解释] 讼：责备。
- 师：孔子感叹道："算了吧！我没见过能看到自己过错而内心自我责备的人。"
- 生：老师见过么？
- 师：我也没见过，一般来说，看到自己的过错，人们都会找客观原因，为自己开脱，开脱不了，也会把部分的原因归于别人。
- 生：您自己呢？
- 师：恐怕也会这样。不过自从当了股民，在股市里经过许多次挫折之后，要好了许多，至少比一般人强。
- 生：这跟股市有啥关系？
- 师：在股市里你犯个错误试试？在其他事情上，找客观原因也好，把责任推给别人也好，表面承认错误，心里不服气也好，未必会带来损失。股市上犯个错误，操作上的、判断上的，马上就是资金损失，犟是没用的，越犟损失越多。犯了错，损失10%，不肯承认，心存侥幸，那就是损失百分之二十、三十，直到百分之九十几。
- 生：不会吧，百分之九十几，一万变成几百。
- 师：就是这么残酷，经历过股市的跌落，就知道认错的重要性了，不要说自我责备，就是自我仇恨都不过分。
- 生：怎么承认错误？不就是内心悔恨吗？
- 师：有错必改，股市中能吸取教训的老股民都知道这点不是只说说就行的。立刻认错，马上"自残"，越快越好。
- 生：自残？
- 师：就是所谓的割肉断臂。一发现错了，马上壮士断臂，如果断得不快，就会被腰斩，甚至断头。所以责备是没有用的，只有马上改正错误，才是保命的关键。
- 生：这么说，人应该到股市里去锻炼。
- 师：那是个不讲情面的地方，能成就一个人完美的个性。

5·27
子曰："十室之邑，必有忠信如丘者焉，不如丘之好学也。"

- 生：孔子说："只有十户人家的小地方，一定有和我一样讲忠心和诚信的人，只是大家不像我那样好学。"孔子好像很夸耀自己的好学。
- 师：这里有一个悖论，孔子好学为了什么？不就是要做君子嘛，不就是要培养自己的忠心、诚信这类品德嘛。可人家不好学，也照样可以忠心和诚信。那好学，用学问教学生、培养学生，进行素质教育，就是为了培养那些不好学的人也能有的品德？
- 生：对呀，岂不是多此一举？
- 师：照我看，每个时代都会有这种悖论，往往一些读书人书越读得多，欲望越多，在不知不觉中丧失了许多美好的品德，其中一些人会觉悟过来，再通过读书把丢失的基本品德捡回来，而有些人则再也捡不回来啦。
- 生：这也符合辩证法的三段论：肯定、否定、否定之否定。
- 师：对，就是否定之否定。那些没读过书的有德者，是不自觉的个人品德，而读书后再捡回来的品德，则是自觉的品德。孔子以为和那些本色的忠信者的区别，只在于读没读书。
- 生：这个区别没错吧。
- 师：这是表面区别，真正的区别在于他的忠信是自觉的，是锤炼出来的。这就像陶渊明的诗："采菊东篱下，悠然见南山。"很普通，像大白话，没什么了不起嘛。可这是诗人精心锤炼出来的，锤炼到自然无痕，锤炼到近乎直白。
- 生：辩证法真的很管用哩。人生可能也是这样吧。不懂事时，想的就是自己如何过得好，懂事了，经历了许多的风风雨雨，最后还不是为了自己过得好，不过这时不再是想，而是在社会经历的基础上行事。
- 师：人就是为了生活，才经过社会的异化，最后还是回到生活，就是这样一个过程而已。读书不仅有用，而且是必不可少的。通过读书，我们才能自觉，才能把社会、历史、人类融入个人的性情、品德之中，那样我们才能自觉，当我们回到简单的生活时，生活的平淡不再是缺少内容的大白话，而是锤炼出来的大白话。
- 生：人们说，平淡是真，这个平淡不容易呀，包含了生活的种种挫折，包含了人生的丰富经历，包含了许多知识。
- 师：这就是沧桑。我想孔子也一样，在各国奔波了半辈子，再回到故乡时，说同样的话，里面包含了沧桑。

雍也第六

6-1

子曰:"雍也可使南面。"

仲弓问子桑伯子。子曰:"可也简。"仲弓曰:"居敬而行简,以临其民,不亦可乎?居简而行简,无乃大(太)简乎?"

子曰:"雍之言然。"

● [词语解释] 南面:坐北朝南为尊位,借指长官。　　大:太。

● 师:雍就是孔子的学生冉雍,字仲弓,前面提到过。

● 生:这是孔子对学生冉雍的评价吧,他说:"冉雍可以让他当一个地方的长官。"可冉雍听了后没有表示得意,反而岔开了话题,问老师对子桑伯子的看法。子桑伯子是谁?

● 师:此人不可考,有人认为是《庄子》中提到的子桑户,不过也只是猜测。从上面的"以临其民"来看,应该是个朝廷的大官。孔子对此人也不是太了解,所以他说:"还可以吧,此人做事很精简。"

● 生:前面说冉雍笨,可这里显示他是个很乖巧的人,问人是次要的,表达自己的看法是主要的。他马上接过话茬道:"内心认真,做事精简,这样来治理百姓,不也是可以的吗?内心想法很简单,做事又很精简,不是太简单了吗?"孔子表示同意说:"冉雍的话是对的。"冉雍说这话,是不是表示我做事简单,内心还是很认真的,也想得很多?

● 师:这只有他自己知道,我们没必要做这样的揣测。这里的问题是做事简单得到认可,内心想法简单没有得到认同,然而这实际上要看做什么事。事情本身有简单和复杂两类,而且简单和复杂也是相对的。

● 生:现在有简单劳动和复杂劳动之分,是不是体力劳动就是简单劳动,脑力劳动属于复杂劳动呢?

● 师:不能这样绝对地分,这要看对谁而言,以一个专业来说,外行人去做的话都是复杂劳动,内行人可能是简单劳动。比如让我上"大学语文"或"写作"之类的大学课程,就是简单劳动,若是要我上经济方面的课,就是复杂劳动了。

● 生:人不应该强迫自己做不熟悉的事。就事情本身来说,也是有简单复杂之分的,杀猪和人体解剖,其难易程度是显而易见的。

● 师:所以一个智商很高的人去做一件简单的事,他没有理由把此事想得很复杂。

● 生:老师是不是跑题啦?孔子说的应该是做事精简,而不是简单。

- 师：做事精简，要做到这点，真的很不容易。精简复杂的事不容易，精简简单的事，就更不容易。用最简捷的方法，在最短的时间里，把事情做得最有成效。
- 生：这可能确实要好好想一想该怎么做。

6-2

哀公问："弟子孰为好学？"孔子对曰："有颜回者好学，不迁怒，不贰过。不幸短命死矣！今也则亡（无），未闻好学者也。"

- [词语解释] 亡：罔，没有。
- 生：鲁哀公问孔子："你学生中谁最好学？"孔子肯定认为是颜回了，据说颜回因为好学，不到三十就满头白发了。
- 师：颜回在孔子看来的确是最好学的，所以孔子回答说："有一个叫颜回的很好学，他不迁怒别人，不会再次犯同样的过错。不幸他短命死啦！现在就没有好学的了，我也没听说有好学的人。"
- 生：孔子也太绝对了吧，难道除了颜回，就真的没有好学的人啦？
- 师：孔子的好学与我们现在的不太一样，他说颜回不怪罪别人，不犯同样的错，显然是指素质教育方面的学习，学习如何做人。勤奋地学习如何做人，这恐怕不多吧。你们当中有谁敢说自己在勤奋地学习做人？
- 生：老师，我们前面已经讨论过，把全部时间花在学习做人上，我们怎么去面对社会竞争呢。
- 师：从这个角度上看，孔子说没听说过有这样的人，是完全可能的。你们听说过有不为生计犯愁的有钱人在勤奋地学习如何做人的吗？
- 生：没有。有钱人想的是更有钱，至少在想着如何保住他们的钱。
- 师：孔子的学生中，颜回是蛮穷的，能刻苦地学习做人，是了不起的。
- 生：颜回是穷死的吗？有的说他是四十一岁死的，有的说他三十一岁就死了。
- 师：我们不知道死亡的原因，有可能是营养不良。
- 生：穷则思变，先保命再做人，命都不保，还做什么人呀？
- 师：话不能这么说。做人和致富是同步的，不该有先后之分，否则就会是"无道生财"。
- 生：如今有钱人想着更有钱，没钱的人想着为生存拼命。刻苦学习做人的人，那是濒危物种。
- 师：颜回一辈子学做人，结果也没做成人。
- 生：这什么话？难道颜回不是人？
- 师：这就是我们前面所说的本质力量对象化。孔子为社会培养了一批学生，颜回为社会做了什么？啥都没做，做了一辈子学生死了。只是在学做人，还没真正做哩。

☺ 生：好可怜噢，一辈子学做人，结果白忙一场。要是他活得长一点⋯⋯

☻ 师：那也未必做得成人。不管颜回是三十一还是四十一死的，其实也都过了学生时代，早该踏入社会了。迟迟不肯踏入社会，机遇是一方面，估计也有心理和社会能力方面的问题。一个人的社会能力光靠读书学习，是培养不出来的，得不断进行社会实践。

6-3
子华使于齐，冉子为其母请粟。子曰："与之釜。"请益。曰："与之庾。"冉子与之粟五秉。子曰："赤之适齐也，乘肥马，衣轻裘。吾闻之也，君子周急不继富。"

● [词语解释] 釜（fǔ）、庾（yǔ）、秉：古代的计量单位。釜，约合今天的一斗二升八合；庾，约合今天的四升八合；秉，十六斛。古代以十斗为一斛，南宋后改为五斗为一斛，二斛为一石。　周：赒，救济。

☻ 师：这是孔子最风光的时候，在鲁国做大司寇，有些实权。子华就是前面说过的，孔子学生中长得很帅的，可以接待外宾的公西赤。子华出使齐国，冉有替他的母亲申领小米。

☺ 生：看来是一人得道，鸡犬升天。冉有作为学生中的班长，替子华申请出差补贴吧。

☻ 师：孔子说："给他六斗四升。"冉有请求再加一点。

☺ 生：真是个好班长，替同学能多捞就多捞点。

☻ 师：孔子说："给他加二斗四升。"冉有却给了八十斛。

☺ 生：八十斛是多少斗？一斛为十斗的话，就是八百斗哟。这个冉有也太讲义气了，在后面多加了个零。

☻ 师：所以呀，孔子很不满地说："公西赤去齐国，乘的是肥壮的马拉的车，穿的是轻暖的皮袍。我听说，君子救济有急难的人，而不增加富人的财富。"

☺ 生：如果是领出差补贴，也有个规定吧，怎么能说多少就多少，可以有十倍的相差。

☻ 师：说明管理上很成问题。按照孔子的意思，富人应该少给或不给，穷人应该多给点。

☺ 生：既然没有制度规定，冉有给同学开个后门，也是可以理解的。

- 师：上世纪七八十年代时，人们普遍比较穷，还是蛮看重出差补贴的，把出差看成一种特殊的待遇。现在生活好了，人们看不上出差补贴了，甚至认为出差是件苦差事，有的还不愿去。
- 生：要是出差补贴没个定准，还是有人愿意去的吧。把管事的人搞定，本来一天补贴一百元，他给你一千元。
- 师：所以说，制度有没有漏洞比个人的品德好坏重要得多。制度的一个漏洞，造成流失的国有资产可能是几十亿、上千亿，而由个人品德败坏导致的贪污，或许会比前者少。
- 生：如果有规定，那么孔子多给穷人，少给富人，也是不对的吧。
- 师：那当然不对。要是能这样做的话，有钱人工作就可以不给工资了。

64　原思为之宰，与之粟九百，辞。子曰："毋！以与尔邻里乡党乎！"

- [学生名录]原思：姓原，名宪，字子思，也叫原思。鲁国人，比孔子小三十六岁。
- [词语解释]邻里乡党：古代计量单位。五家为邻，二十五家为里，五百家为党，一万二千五百家为乡。
- 师：原思当孔子家的总管，孔子给他小米九百，他推辞。孔子道："不要推辞啦！拿点给你的左邻右舍好啦。""九百"后面没有计量单位，所以不能确定多少。
- 生：一定很多，原思才觉得太多而推辞。
- 师：你们看，的确没有什么规定，当总管工资多少，完全根据孔子的兴趣。
- 生：像孔子这样肯多给的老板可是太少了。
- 师：要是你是有钱人，孔子就会给得很少。原思应该是蛮穷的。
- 生：孔子要是开公司，职工可能都是穷人，有钱人谁愿意来无私奉献。
- 师：每一种劳动，每一个职位，都应该是有其价值的，按价值付酬才是正常的。从这两段来看，无论是补贴还是薪酬，在那个时代，仅仅是由老板的个人意愿和个人好恶决定的。或许在封建社会都是这样。
- 生：现在不是也这样嘛。
- 师：这是不对的，一种职位的劳动价值，一方面受市场决定，另一方面还取决于这种劳动的社会价值。
- 生：老师，有社会价值，人家是不会给你钱的。
- 师：我说的是职业的社会价值。一些单位的领导不懂这个理。

☺ 生：市场决定，这好理解。现在农民工的工资涨不上去，就是人多需求少，供求关系失衡。体力劳动，只要有活干，中国永远不缺劳动力，市场的供求关系决定了他们在劳动报酬上永远是弱势群体。

● 师：这不仅仅是体力劳动，中国哪个行业不是供大于求呢？绝大多数行业都供大于求。一些行业看似人才紧缺，其实是设定了准入门槛，这些门槛未必都是合理的。比如职业经理人，必须具有工商管理硕士学历，把一般的穷人挡在了这道门槛之外。把那些教材拿来，我看自学都可以。

☺ 生：不考证不行啊，似乎各行各业都有上岗证。

● 师：这就是职业的门槛，对于穷人来说，面对考试经济，不一定在能力和学识上不够，往往是没钱去跨越门槛。

☺ 生：体力劳动价值低，是因为没有啥门槛吧。没有门槛就导致民工潮，中国十四亿人，哪个行业不设门槛，就会导致该行业人如潮涌。

● 师：在这种情况下，对于劳动的社会价值就要有一个明确的定位，不能光靠市场而定。比如当教师，你不干当然有人干，把中西部地区的骨干教师招到沿海地区来，当然可以把教师的工资降下来，教学质量未必会降低，人才是流动了，也是合法的流动，可中西部地区的教育质量就会滑坡。

☺ 生：这应该是合理竞争吧。

● 师：政府不参与市场，而是管市场的，既然给体力劳动者定一个最低工资标准，当然也应该给脑力劳动者定一个最低工资标准，甚至应该给各行各业定一个最低工资标准。对那些关起门来弄供求失衡的职业，应该限制最高工资标准。这就是一个职业的社会价值。

6-5

子谓仲弓，曰："犁牛之子骍且角，虽欲勿用，山川其舍诸？"

● [词语解释] 骍：赤色。周朝以赤色为贵，一般祭祀喜欢用赤色的牲畜。
其：岂。

● 师：仲弓就是那个孔子认为可以当地方长官的学生，他出身卑微，父亲是贱民。估计有些人看不起他，或者是他去应聘当官，因为出身太低贱，吃了闭门羹。所以孔子评价冉雍说："耕牛的儿子长着赤色的毛，有漂亮的角，虽然想不用它做祭祀，但山川之神难道会舍弃他吗？"

☺ 生：好像不是评论，是安慰他哩。

● 师：也可能是安慰。

- 生：耕牛相对于祭祀用的牲畜，地位一定很低。现在的人已经不讲出身的高低了，也没看到应聘者是因为出身而被拒绝的。
- 师：不讲出身是时代的进步。可时代还没有完全消除等级观念，所以出身对一个人的影响还是挺大的。"文革"时讲出身，表面上是否定封建的高低贵贱，抬高工农的地位，实际上是以阶级观取代等级观，以成分取代出身，是一种新的宿命。
- 生：现在虽然不在乎出身，可人们似乎开始重视贫富。我看一些中小学出现了重视有钱人家的孩子而轻视穷人家孩子的苗头。
- 师：是啊，要完全一视同仁，还有待社会进一步文明。封建时代讲等级，革命时代讲成分，经济时代讲贫富。孔子的感慨还要延续很长时间哩。

6-6　子曰："回也，其心三月不违仁；其余则日月至焉而已矣。"

- 生：好像孔子又在夸奖颜回了。
- 师：对。孔子说："颜回呀，他的心长久地不违背仁德；其他同学却每天或每月偶尔想一下罢了。"
- 生：这个颜回，老在那儿想仁德。
- 师：颜回之所以能不违背仁德，是因为仁德成了他的品行，他不像其他同学，要去想，他根本不想，是自觉遵守。
- 生：按孔子的标准，颜回才是真正合格的学生。那么多学生，合格的只有颜回的话，孔子的教育肯定属于精英教育，不属于普及教育。老师不会认为我们当中只有一二个是合格的吧？
- 师：我们属于普及教育，通过了考试只好算你们合格，还能怎么样呢？
- 生：也会有一二个精英吧。
- 师：师父领进门，修行靠自己。出几个精英，那是你们自己修行修出来的。
- 生：颜回心里不违背，孔子怎么知道的呢？难道孔子天天找颜回谈心？
- 师：仁德不仁德，那是要靠行为来检验的，光凭心里想，有啥用？
- 生：或许每次谈心颜回都对老师撒谎呢。这种事不是不可能的，为了拣老师喜欢的说，就有撒谎的学生。
- 师：瞎猜就免了。心里想什么不重要，总不能在颜回的追悼会上说，此人想了许多道德的问题，安息吧。

6-7

季康子问："仲由可使从政也与㈲？"子曰："由也果，于从政乎何有？"曰："赐也可使从政也与㈲？"曰："赐也达，于从政乎何有？"曰："求也可使从政也与㈲？"曰："求也艺，于从政乎何有？"

- 生：季康子问："仲由可以从政吗？"孔子回答："仲由果断，在从政方面有什么……"后面应该是"困难"吧？
- 师：对。仲由就是子路，下面问子贡，就是端木赐。"端木赐可以从政吗？"孔子回答："端木赐通达，在从政方面有什么困难呢？"最后问冉有："冉求可以从政吗？"孔子回答："冉求多才艺，在从政方面有什么困难呢？"
- 生：季康子是鲁国实权人物，他到孔子那儿一个个地问，是要招聘公务员吧？
- 师：不是什么公务员，而是做官。孔子此时被召回，尊为"国老"。在外面跑了十多年，弄得名气很大，当然要起用啦。

6-8

季氏使闵子骞为费宰。闵子骞曰："善为我辞焉！如有复我者，则吾必在汶上矣。"

- [学生名录] 闵子骞：姓闵，名损，字子骞，鲁国人，比孔子小十五岁。
- [词语解释] 费（bì）：地名，在今山东费县西北二十里。　汶（wèn）上：汶指山东大汶河，古人凡称水"上"，即指水的北面。
- 生：季氏让闵子骞做费地的总管。挑了半天孔子的学生，挑中了闵子骞？
- 师：这里的季氏可能是季康子的父亲季桓子。由于此人臭名昭著，加上费地的管理很混乱，所以闵子骞对前来招聘的人说："好好地替我辞掉吧。如果再来找我的话，我肯定跑到汶水之北去了。"
- 生：汶水北面是啥地方？
- 师：鲁国在汶水南面，北面是齐国。说明闵子骞坚决不肯当这个官。
- 生：孔子的学生中，清高的人不少嘛。老师，要是有人让您当一个县的县长，您会推辞么？
- 师：没人会让我当的。朱元璋建立的明朝对不肯做官的人，惩罚最为严厉，士不为君用者，是要受到诛杀的。
- 生：现在从政这行业，竞争也十分激烈，有官不做，是很少有的吧。
- 师：你们以后要是从政，千万不能有闵子骞的清高，一定要服从组织安排，否则就别从政。

6-9   伯牛有疾，子问之，自牖执其手，曰："亡之，命矣夫！斯人也而有斯疾也！斯人也而有斯疾也！"

- [学生名录] 伯牛：姓冉，名耕，字伯牛。孔子早期的学生，只比孔子小五岁。
- 师：伯牛有病，孔子去探问病情，从窗户上握着他的手……
- 生：为啥从窗户上握着他的手？是传染病？
- 师：好像是麻风病，以前人一直认为麻风病是有传染的，而且是绝症。所以孔子悲叹道："要他死吗？这是命哪！这样的人却有这样的病，这样的人却有这样的病！"
- 生：在孔子眼里伯牛一定是个好人，好人居然有恶报，才会悲叹不公平。
- 师：善有善报，恶有恶报；不是不报，时候未到。这是佛教中的观念。孔子的时代中国还没有佛教，他悲叹的是天命的不公。
- 生：孔子好像不信鬼神的，难道也相信天意？
- 师：我们不要把情绪性的话当作思想来看待，无神论者有时也会发出"上帝啊"之类的感叹。其实有些人说"报应哪"，也是情绪性的感慨，未必真相信有因果报应。我是个唯物主义者，肯定不信这套的。
- 生：我觉得也是，一个人遇上倒霉事儿，跟他为人的好坏是没关系的。
- 师：但命运是有的。
- 生：啊？老师居然相信命运，难道也相信算命的？
- 师：不是。我说的命运，是指一个人的个性。一个人的个性会对他的人生产生重大影响。比如一个喜欢冒险的人，他的人生中就会有比别人更多的曲折；一个喜欢安逸的人，就不太可能取得辉煌的成功。个性会在你们以后的生活道路上起到很大的作用。
- 生：什么样的个性最能获得成功呢？
- 师：那要看什么样的环境。在计划经济时代，争强好胜的个性，可能会导致命运多舛，而按部就班的个性，成功的可能性就大；而在市场经济的条件下，则正好倒过来。大环境如此，小环境也不能忽视。
- 生：这很复杂嘛。还真不知道自己应该培养什么样的个性？
- 师：许多个性是从小养成的，是小时候的家庭和所处的环境决定的，改变起来很不容易。

- 生：改变个啥呀，反正以后也不知道自己会落到什么环境中。
- 师：这样消极可不好。记住我的话，命运在自己的性格中。以后遇到什么困境，你得想一想，自己是怎样的性格才会陷于此困境的，不要一味去找客观原因。

6-10

子曰："贤哉，回也！一箪食，一瓢饮，在陋巷，人不堪其忧，回也不改其乐。贤哉，回也！"

- [词语解释] 箪（dān）：古代盛饭的圆形竹器。
- 生：孔子又在赞美颜回了："贤能啊，颜回！一筐饭，一瓢水，住在简陋的小巷子里，别人不能承受如此的穷愁生活，颜回却不改变他快乐的心情。贤能啊，颜回！"老师，这种越穷越光荣的看法，肯定与我们时代格格不入吧。
- 师：孔子可没说越穷越光荣，他只是说，颜回能够穷开心，了不起，别人做不到。
- 生："穷开心"是贬义词哟。
- 师：实际上就是穷开心，不是吗？
- 生：知足常乐的观念是不是从这儿来的？
- 师：或许吧。但"知足"肯定是不对的，"常乐"是应该的。
- 生：不知足怎么会常乐呢？
- 师：一个知足的人，怎么可能进步？在德国哲学家叔本华看来，知足是不道德的。
- 生：太严重了吧？颜回在贫穷中知足，在孔子眼里是仁德君子，难道在叔本华眼里成了不道德的家伙？
- 师：叔本华认为，人建立一个目标，然后追求，当达到目标后，就在新的基础上建立新的目标，再进行追求，人就应该这样一个个目标地追求，永不知足。如果一个人达到目标后，不能建立起新的目标，就陷入无聊，无聊是不道德的。言下之意，知足的人，不能建立起新的追求目标，就是不道德。
- 生：颜回不算没有目标的吧，只是不把发财作为目标。
- 师：我也没说颜回是不道德的，我也不赞同叔本华的道德观。但知足肯定是不好的，人应该不断追求，你可以追求更好的生活，也可以追求更完美的道德、更丰富的学识。
- 生：永不知足的人，会快乐吗？
- 师：应该把快乐建立在追求上，而不应该建立在满足上。有些人得到了、满足了，就快乐；得不到、没满足，就不快乐，这种快乐有些低级。过程才是最快乐的，不是吗？
- 生：照这么说，颜回在追求道德的完美，应该是快乐的。
- 师：孔子以为穷人的幸福指数很低，其实不然。
- 生：我要是很穷，肯定乐不起来。
- 师：这是正常的。作为一般的人，受穷罹贫，当然心有不甘。颜回这种能安于贫困的人有几个？不过你可以穷则思变，也没必要不快乐。
- 生：说起来容易，做起来难。穷开心毕竟有些酸溜溜的味道。

6-11　冉求曰："非不说(悦)子之道，力不足也。"子曰："力不足者，中道而废。今女(汝)画。"

- [词语解释] 画："划"，停止。
- 生：冉求说："不是我不喜欢老师的学说，是我能力不够。"冉求说这话，说不定是对孔子老是表扬颜回的反感，其他的学生也是有自尊心的嘛。
- 师：孔子没在意这些，他告诉冉求："能力不够的人，是半道上走不动。现在你是不肯走。"
- 生：好像师生间在闹情绪。
- 师：不管是不是情绪性的话，可都没切中要点。
- 生：啥要点？
- 师：一个人对某件事一直干下去，或对某一学说一直深研下去，我看不是靠什么能力。最初是靠好奇，随即靠兴趣，继而靠毅力，最后靠习惯。跟能力关系并不大。
- 生：很复杂嘛。
- 师：比如你对人是如何进化过来的，产生了好奇，就会去看这方面的书。孩子对某一方面具有特别的好奇心，是非常重要的，一个没有好奇心的人，会丧失求知欲。
- 生：我觉得随着自己年龄的增长，好奇心越来越少了，尤其是整天忙于考试，余下的时间，找些娱乐性的事做，能够放松一下。
- 师：考试好并不代表什么，有好奇心的学生才是好学生。爱因斯坦小时候成绩不好，但他好奇，好奇使他产生兴趣。他好奇的问题是：为什么地球上的人、建筑、汽车等等越来越多,地球却没有因为重量的增加而偏离它的轨道,飞到太阳系以外的地方去?

☺ 生:天哪!哪个孩子会去想这种奇怪的问题?

☻ 师:爱因斯坦就想这类奇怪的问题,对问题的兴趣,使他花了大量的时间去进行计算分析,以致没有时间花在功课上。伟大的人,年轻时功课不好的很多,大仲马、小仲马、福楼拜、福克纳,我们可以举出许多著名作家在学校时期成绩很差的例子,托尔斯泰在喀山大学读书时成绩基本上都是不及格。不要以为功课不好的孩子,也可以成为优秀人才,这是不对的。只有真正好奇,并能为好奇付出辛勤劳动的孩子才能成才。

☺ 生:我们对新鲜的事物也很好奇,可一旦熟悉了,就没啥好奇了。

☻ 师:好奇和兴趣都是短暂的,大多数人不能维持长久的兴趣,这就要靠毅力来维持了。

☺ 生:我们干一件事,似乎不靠毅力,是被逼迫的,非干完不可,不干不行。

☻ 师:这样是不会成功的,只是应付了事。孩子在刚上学时,或者刚学一门新课时,都会有兴趣,但很快就会失去兴趣。干得好的孩子兴趣长一点,因为荣誉感会导致快感,能维持住他的兴趣;干得不好的孩子,失去了兴趣,只能靠逼迫来使他干下去。

☺ 生:明白了,看起来,我们考上大学都是被逼迫出来的。要不是有张文凭才能就业,谁愿意学那些枯燥的课程。

☻ 师:可毅力也是有限的,一个人把某件事当作一生从事的事业,如果不是为了糊口的话,那光靠毅力是不够的,最终是靠习惯,也就是说,靠毅力使自己养成习惯。

☺ 生:可大多数人一辈子干某件事,都说自己喜欢这事。

☻ 师:说喜欢没错,但喜欢是因为有结果时,感到喜悦。整个过程却是枯燥的,漫长的,科学家上千次、上万次的试验,说喜欢这种老是失败的试验,我看是违心的说法,能让他一次次做下去,要不是职业的话,那肯定是靠习惯维持下来的。你要学习好,最简单的方法就是每天规定什么时候做什么事情,靠毅力把这规定变成自己的生活习惯,你肯定能成功。

☺ 生:看来老师比孔子想得复杂哩。

6-12

子谓子夏曰:"女(汝)为君子儒,无为小人儒。"

☺ 生:孔子对子夏说:"你要成为君子式的儒生,不要成为小人式的儒生。"孔子把儒生还分为君子式和小人式，怎么理解？

- 师：儒生是后代的概念，后代尊崇孔子的学说，把学习儒家学说的知识分子称为儒生，也泛指一般的读书人。孔子时代的儒，指的是掌握各方面文化知识和礼仪技艺的知识分子，与后代的儒生概念不同。孔子这里把儒分为君子小人，我想是指把文化知识当作修养和职业技能的分别。
- 生：也就是说，君子儒是把文化知识当作修养，而小人儒是把文化知识当作职业技能。照这样分，我们都该归入小人儒了。我们学文化，拿文凭，就是为了就业。学什么专业，就是有那方面的职业技能。职业教育还是需要的吧，不能把职业培养称为小人儒吧。
- 师：孔子的这种分法肯定是不对的。目前我们把职业培养纯粹当作技能教育，也是不对的，技能和素质应该结合起来才对。我看有些学者以读书来净化自己的心灵和提高自己素质的观点，是有问题的。
- 生：我不想成为历史学家，但我拼命读历史书，是因为自己感兴趣并有空闲呀。
- 师：太功利也不是好方法。如果遇到一方面的问题，去读这方面的书，这是培养解决问题的能力，这就是技能，未必真的是要成为这方面的专家才读。

6-13　子游为武城宰。子曰："女(汝)得人焉尔乎？"曰："有澹台灭明者，行不由径，非公事，未尝至于偃之室也。"

- [词语解释] 武城：鲁国城邑，今山东费县西南。　澹台灭明：字子羽。在《史记》中也被列为孔子的弟子。
- 生：子游做了武城县的长官。这个子游就是前面学生名录中的言偃吧，比孔子小四十八岁，孔子七十三岁去世时，他才二十五岁，做地方长官时恐怕只有二十岁出头，真是个年轻干部哇。
- 师：孔子真是"劳碌命"，这时也该七十岁上下了，还在到处打听人才。他问子游："你那儿得到什么人才了么？"子游说："有个叫澹台灭明的，走路不走小道，没有公事，从来不曾到我家里来。"
- 生：蛮奇怪的么，没公事不来领导家，说明不拍马屁，为人正直，符合孔子道德为上的人才标准，这可以理解。走路不走小道，也算是道德品行呀？
- 师：子游的意思好像走小路不是光明正大的事，可能是古人的一种看法吧，就像我们今天走路闯红灯一样。
- 生：跟闯红灯不一样。路都是让人走的，谁还在乎大小。要真有不走小路的人，我看他就是个做作的伪君子。

6-14　子曰："孟之反不伐，奔而殿，将入门，策其马，曰：'非敢后也，马不进也！'"

- [词语解释] 伐：夸耀。　　奔：败走。
- 师：孟之反是鲁国的一位武将，有一次与齐国打仗，鲁国溃败，孟之反主动殿后，掩护大家撤退。对此孔子说："孟之反不夸耀自己，败走时殿后，将进入城门时，鞭打他的马说：'不是我敢于殿后的，实在是马跑不动啊！'"
- 生：这个孟之反明明是主动殿后，硬说是马跑不动。这种事也撒谎，为了钓一个谦虚之名。就如同见义勇为救落水者，声明自己不是救人，是因为自己也不小心掉进水里，顺便把那家伙拽了上来。
- 师：你这个比喻有点过了。再说孔子只是说事，也没夸奖孟之反。
- 生：说这事不就是为了夸奖他的谦逊嘛。一方面要求诚信，另一方面又对善意的谎言大加赞赏，我看这个孔夫子啊，为了"善"，可以牺牲"真"和"美"。
- 师：善意的谎言不真，但却是美的。可见真善美并不一定统一。
- 生：老师，当真和善发生矛盾时，放弃真，而取善意的谎言，就一定是对的么？
- 师：那要看具体情况。医生查出病人得了绝症，马上告诉他："你只能活一个月了。"的确做到了求真务实，可病人听到说不定当场就吓死了。医生错了吗？没错。病人有知情权，医生有告知的义务。
- 生：那太残忍了，没有医德。
- 师：所以这时得取善弃真。哥白尼告诉世人，地球是围着太阳转的；达尔文告诉世人，人是进化而来的。这对人的尊严是重大的打击，人不是宇宙的中心，也不是上帝创造的，那时的人，感情上肯定受不了。但为了科学，只能弃善求真。
- 生：要区别什么时候应该求真，什么时候应该取善，还真是不容易。
- 师：没啥不容易的。善意的谎言，得看这善意是针对谁的，同时还得看看善意对其他人会不会产生不良后果。拿孟之反来说，善意是针对逃跑的对象，要是针对指挥官就不对了，指挥官必须知道部队撤退的过程。
- 生：就像医生可以对病人隐瞒不治之症，但不能对病人的家属隐瞒。在科学上不能有谎言，在道德上是可以有谎言的。
- 师：能这样说吧，这要看具体情况了。

6-15

子曰:"不有祝鲍之佞,而有宋朝之美,难乎免于今之世矣!"

- [词语解释] 祝鲍(tuó):卫国大夫,字子鱼。《左传》中记载有他的外交辞令,以能说会道而闻名。　佞(nìng):口才。　宋朝:宋国的公子朝,《左传》中记载他为一女人来到卫国,因为长得英俊,惹出了乱子。
- 师:孔子大概在卫国,听说了这两个著名人物,所以就感叹道:"就算没有祝鲍的口才,而只有宋朝的美貌,现在的社会也难免于祸乱哪!"
- 生:祝鲍口才好,就像现在的著名主持人,靠一张嘴闻名天下;宋朝是个大帅哥,如同超级好男儿决出的冠军,一夜成名。孔子到处游说,推行自己的理论,到头来还没有他们名气响。
- 师:这样说有些小看圣人了。前面我们已经知道孔子对巧言令色是很反感的,这种巧言令色不仅仅是拍马屁,也应该包括能说会道和以貌取人。孔子的意思是,社会过于看重口才和相貌,是免不了有祸患的。
- 生:现在的社会和那时似乎一样,也是很看重一张嘴和一张脸。能说会道和长得漂亮都很容易出名。
- 师:老百姓不就找个乐子嘛。悦耳悦目,不见得是什么大错,提高到社会祸乱的高度,就过分了。你们愿意当哪个明星的粉丝,没什么错,但记住,这只是生活当中找个乐子而已,把追星当作生活就不对了。
- 生:有粉丝追刘德华要死要活的,媒体还热烈地讨论谁对谁错。
- 师:我看刘德华没错,错的是媒体和粉丝。媒体过度报道明星,为了吸引眼球,丧失了培养受众高雅兴趣的社会责任;粉丝迷失自我,忘了追星只是添加一点生活的乐子,而把这当作生活甚至人生看待了。

6-16

子曰:"谁能出不由户?何莫由斯道也?"

- 生:孔子说:"谁能出去不经过房门?为何没人从我这条道行走呢?"他认为自己主张的道路,是人们的必经之路。
- 生:除了房门还有窗户,殊途还有同归,凭什么一定要走他设计的道路。
- 师:说到房门,倒让我想起卡夫卡讲的一个故事,叫"法律门前"。一个乡下人在法律的门口等了一辈子,等待领导宣他进门,可宣召一直没有下来,临死时乡下人问守门人:"为什么在我一辈子的等待过程中,没有第二个人想进这道门?"

守门人回答："这扇门就是为你而设的。"乡下人在门口死去，门就关上了。

☺ 生：哇，好绝望的一个故事。老师的意思是，孔子的那道没人经过的门，正是他为自己而设的。

☻ 师：要是真没人经过，那么即使不是为自己而设的，也是只属于自己的门。他想不通人们为什么不信他的那套理论。你们看为什么会这样？

☺ 生：他的理论不合时宜呗。

☺ 生：也可能他很前卫。像叔本华这种哲学家当时没人理解，后代不是理解了？孔子的理论后代不也奉若神明嘛。

☻ 师：后代奉若神明是另外一回事，就算他的理论很前卫，至少他自己不认为是很前卫的，否则他也不会到处去推销这种理论。比如法国作家司汤达，一生当中创作的两部最杰出的小说，当时都无人问津。《红与黑》印了一千册，只销掉七百多册，当时只有德国的歌德认为这是一部伟大的小说。《巴玛修道院》也只有巴尔扎克认定是巨著。司汤达对自己小说的前卫性很清楚，他说《红与黑》在他死后会畅销的，果然他死后，此书成了世界名著。

☺ 生：孔子想到过他的理论会被后代奉为经典么？

☻ 师：我想没有。如果他意识到自己理论的超前性，对现世无人信奉就不会发牢骚了。

☺ 生：可事实是他的学说对中国传统社会产生了巨大影响。

☻ 师：一种社会形态会为自己寻找一种理论基础，封建社会找到孔子理论作为基础，就像纳粹统治者找到尼采的唯意志论作为理论基础一样。影响的大小，并不取决于这种理论的科学性，而是取决于这种理论所代表的社会形态持续时间的长短。要是中国的封建社会像纳粹统治那么短暂，孔子的理论影响也就不大了。

☺ 生：这就意味着，孔子的影响是封建统治者给予的，而不是他的理论有多少可取的地方。

6-17

子曰："质胜文则野，文胜质则史。文质彬彬，然后君子。"

● [词语解释] 史：过于修饰。　　彬彬：恰到好处的样子。

☻ 师：孔子说："质朴胜过文采就粗野，文采胜过质朴就虚浮。文采和质朴配合得当，这样才是君子。""文质彬彬"一词就出于此，但和现在的意思已不同，现在指的是气质儒雅，而不是文采和质朴配合得恰到好处。

☺ 生：老师是不是又要说，这要看在什么情况下。

☻ 师：不是看什么情况，而是看什么本色。比如现在播放的一些军队题材的电视剧，《激情燃烧的岁月》里的石光荣、《历史的天空》里的姜大牙、《亮剑》中的李云龙，他们的本色都是"质"。一般出生在知识分子家庭的人，其本色是"文"。

- 生：如果一个人成长环境的质或文，决定了他的本色，那么对每个人来说，重要的不是把质和文怎样结合，而应该是在本色上涂一层相反的颜色。
- 师：就是这个意思，知识分子要做到质是不容易的，我看陶渊明就做到了这点，他的诗文非常质朴自然，就是花了很大的锤炼功夫。
- 生：人们都认为粗野是不文明的。
- 师：这是粗浅的理解。粗野与质朴还是有区别的。质朴是不加修饰，直来直去，而粗野则是不讲修养，甚至把自己的意志强加于人。
- 生：是孔子理解得不对。
- 师：不是理解得不对，而是理解得过于笼统，质朴和粗野是有交叉的地方，比如质朴的人中有些更喜欢把人强行灌醉，对人强行劝酒，这是粗野的举动。

6-18　子曰："人之生也直，罔之生也幸而免。"

- [词语解释] 罔（wǎng）：诬罔，不正直。
- 生：孔子说："人活着是因为正直，不正直的人也活着，是因为幸免于祸害。"这就是恶有恶报的意思吧。不正直就会招致祸害，没有祸害那是侥幸。
- 师：前面讲过了，因果报应不是孔子时代就有的，佛教要到汉朝才传入中国。孔子认为不正直会留下祸害。我也认为是这样，不正直的人肯定会得罪不少人，所谓多个仇人多堵墙。
- 生：不能这样绝对吧，不正直的人也有活得好好的，甚至善终的。
- 师：这是一般的看法。可笑的不是有无祸害，而是把正直作为活着或者说生存的理由。难道不正直就不可以活着了？人是因为正直才活着的。
- 生：孔子提倡的是君子，君子活着的理由或许就是正直。
- 师：正直是活的方式，而不是理由。活着就是活着，是不需要理由的。好人坏人都有活着的权利，活着的方式才是有好坏的。
- 生：那为啥要有死刑？不就是不让坏人活着么？
- 师：当一个人的生存方式，影响到别人的生存权利或对社会造成重大危害时，我们才执行死刑。一般使点坏，我们没理由剥夺他的生存权。
- 生：这么说，孔子这话是情绪性的。
- 师：这种情绪性的话，作为正直的理论家是不应该说的。
- 生：老师认为孔子不正直？

- 师：先别给我扣帽子。历史上的民族屠杀，都会给出一个理由，希特勒屠杀犹太人，当然就会把犹太民族的短处过分夸大。每个民族都有其长处和短处，夸大其短处的目的，就是给人一种这个民族不正直之类的坏印象，因为"坏"，所以就不应该存在，屠杀也就找到了理由。好坏、正直不正直，是存在的方式，方式是可以改变的，不能因为方式而取消其生存的权利。

6-19

子曰："知之者不如好之者，好之者不如乐之者。"

- 师：这话说得让人云里雾里。孔子说："了解它不如喜欢它，喜欢它不如以此为乐。"这里的"之"到底指什么，孔子没说。
- 生：可能是指上面的正直吧。
- 师：姑且这样理解，但总不会是坏的东西。坏的东西也要了解呀，总不能喜欢吧。
- 生：战场上了解敌人是必需的，喜欢敌人就是叛徒。
- 师：我们不管"之"是什么，就说"知""好""乐"这三种行为。我们要了解的东西很多，喜欢的就不多了，以此为乐的就更少，从这点上看，"之"一定是很重要的东西，在孔子眼里，应该是成为君子的本质性的东西。
- 生：这样一推理不就是上面的正直了嘛。
- 师：你喜欢正直么？恐怕没人会回答"不喜欢"。你以"正直"为乐么？
- 生：听来别扭，正直是一种品质，不是拿来快乐的吧。
- 师：说到点子上了。正直是我们需要的人品，而以之为乐的东西，应该是人们从事的事情。问一个人从事什么工作，回答："从事正直。"
- 生：这更别扭啦。从事仁德，从事信义，从事爱。这是哪门子的活？
- 师：回过来说，以正直为乐，以仁德为乐，以信义为乐，以爱为乐。感觉咋样？
- 生：不是可笑就是虚伪。
- 师：乐的对象往往是实体性的。

6-20

子曰："中人以上，可以语上也；中人以下，不可以语上也。"

- 生：孔子是不是把人分为了许多等级？中人就是中间等级吧。
- 师：他没告诉我们，不过把人划等级，在当今社会，在理论上说是不对的。中人我们可以理解为中等水平的人。孔子的意思就是："中等水平以上的人，可以跟他讲高深的理论；中等水平以下的人，不可以跟他讲高深的理论。"

- 生：这话不错，所谓秀才遇到兵，有理说不清。跟一些水平差的人讲高深的东西他们的确没法理解。这点老师和孔子没得一拼吧。
- 师：有得拼。理论是有高深浅显之分，但结论都是简单的，一般思维正常的人都可以明白。不明白，是因为你不会讲，讲不好。有部电视剧，表现红军解放一个落后地区，移风易俗，政府颁布政令，其中有一条："禁止买卖婚姻。"毛主席看了以后，改为"娶老婆不要钱"，通俗易懂。为什么不要钱，那是要讲很多理由的，或许可以讲得很高深。笛卡尔的哲学原理"我思故我在"，通俗说，就是"我在想，所以我这人是存在的"。
- 生：这不是废话么？
- 师：为什么是废话？因为这是大家都明白的道理，就认为是废话。道理永远是简单的，可笛卡尔的哲学推论却是复杂的、高深的。
- 生：既然推论是高深的，中等水平以下的人，还是不能明白高深的理论。
- 师：他们为什么要明白？一般只要明白简单的道理就可以了，要是一般人都能明白高深的理论，那就无所谓专家了。数学家跟我讲高深的数学，我能懂吗？思想家干吗一定要让水平低的人也能懂他的理论呢？
- 生：这倒也是，以股市为例，专家硬要普通股民明白牛市启动的种种原因，把经济分析得透透的，是没这个必要，普遍股民只要知道涨跌就可以了。
- 师：别人水平低，你跟他讲股市会涨上去就行了嘛。不讲是不对的。理论是什么？就是揭示规律的，揭示出的规律就是为社会服务的，为人民大众服务的。

6-21 樊迟问知（智）。子曰："务民之义，敬鬼神而远之，可谓知（智）矣。"问仁。曰："仁者先难而后获，可谓仁矣。"

- 生：樊迟前面提到过，就是给孔子驾车的那个学生。
- 师：对。樊迟问怎样才算得上聪明。孔子说："做人民认为有意义的事，尊敬鬼神而远离他们，这样可以说是聪明的。"
- 生：拿今天的话说是务实不务虚吧。
- 师：孔子信不信鬼神，我们不知道。因为那是个崇尚迷信的时代，纵然你不信鬼神，你也不敢说出来的。孔子远离鬼神的说法，已是够大胆的了。从这点上说，可以认为孔子是不喜欢务虚的。
- 生：从务实上说，做人民认为有意义的事，很符合现代的理念嘛。
- 师：这句话有不同的理解，有人认为是使百姓走向"义"。我倾向于把孔子理解得现代一点。

☺ 生：不过做人民认为有意义的事，和聪明似乎没啥关系。

☻ 师：这是标准的不同，孔子的标准都来自于他的"道义"。做不符合道义的事，做得再好再妙，都不是智者。

☺ 生：按照这个标准，坏人都是笨蛋。以后看到见义勇为者，我们该夸他"好聪明"哟。恐怕只有樊迟才会相信这种说法吧。

☻ 师：现在你们知道对什么人不可以讲高深的理论了吧？

☺ 生：怎么又回到上面那一条了呢？

☻ 师：真正不可理喻的人，就是建立一套自己的看法，对别的理论都视而不见的人，这叫一叶障目。

☺ 生：那么遇到这种人怎么说服他呢？

☻ 师：说服什么呀，敬而远之呗。

☺ 生：老师从来就没有想要说服一个与你看法不同的人？

☻ 师：要看那人是不是已到了特别固执的地步，对自己的观念已经迷狂。

☺ 生：怎么辨别呢？

☻ 师：看对方是不是能正确理解你的意思，对方如果不能客观地理解你的意思，最好是"遂不与言"。

☺ 生：下面是樊迟问什么是仁德。孔子说："有仁德的人把困难放在前面，把收获放在后面，这样才可以称为仁德。"这话不好理解，困难在前，收获在后，就是仁德？

☻ 师：我估计是针对樊迟这人的缺点说的。樊迟做事大概喜欢想最后的收获，而不想困难。

6-22

子曰："知（智）者乐水，仁者乐山。知（智）者动，仁者静。知（智）者乐，仁者寿。"

☺ 生：这话有些道理吧。孔子说："智者喜欢水，仁者喜欢山。智者好动，仁者爱静。智者快乐，仁者长寿。"这种说法是不是绝对了点？

☻ 师：这是相对而言的，山是固定的，水是流动的。就算我同意动和静的说法，可对于快乐和长寿的说法是很难认同的。

☺ 生：好像智者把什么都看得很清楚，要快乐不容易，仁者倒是有些傻，容易快乐，容易快乐的人会长寿。

☻ 师：我看也是。智者不容易快乐，但智者也是可以长寿的，因为动脑子，脑子动得多的人和快乐的人一样，容易长寿。

- 生：反过来说，不喜欢动脑子，又不快乐的人，短命的比较多。这样说，教师应该长寿，他们属于动脑一族，可据报道，知识分子的平均寿命不长，当老师的更短，说是全国教师平均寿命只有59岁，退休年龄都不到，远低于平均水平。
- 师：这个报道是否准确且不说，要真是这样，说明教师的劳动强度太大，生活压力较大。
- 生：老师的劳动强度不算大吧，尤其是大学老师，不用天天上班，又有两个假期。
- 师：你们要是上来站着讲上半天就知道啦。老师不仅是脑力劳动者，还是体力劳动者，劳动强度也不小。

6-23　子曰："齐一变，至于鲁；鲁一变，至于道。"

- 师：要明白这话，得知道孔子对齐、鲁两国的看法。在孔子眼里鲁国比齐国更符合周朝的礼仪制度，更加文明。实际上齐国是个远比鲁国经济和军事实力强大的国家。
- 生：正因为这样，孔子说："齐国一变革，可以达到鲁国的制度；鲁国一变革，就达到制度的规范了。"这么看，孔子还是蛮欣赏自己国家的。
- 师：我们目前很难比较齐、鲁两国的礼仪、文化制度到底哪个更好。齐国是姜太公的封地，鲁国是周公的封地，发展到孔子的时代，离周初时的制度很不一样了。或许鲁国更讲究文化，因为周公对周朝的主要贡献是治理国家，而姜太公的主要贡献是帮武王夺得天下，一文一武，两个封地在治理上应该是有区别的。
- 生：不知道孔子对以后统一天下的秦国会怎么看。
- 师：秦国是军事实力最强的国家，楚国是地盘最大的国家，而齐国应该说是最有钱的国家，因为齐国商业发达。
- 生：再好的制度，也只有这个国家强大才行，否则在春秋战国时代，很容易被灭掉。
- 师：我倒是觉得，制度好，才能使一个国家强大，秦国强大，最后能统一天下，是它的制度比别的国家好，鼓励竞争、广招人才、任人唯才，这些方面秦国都比别的国家做得好。

6-24

子曰："觚不觚，觚哉！觚哉！"

- [词语解释] 觚（gū）：古代盛酒器，腹部有四条棱角，足部也有四条棱角，容量有二三升。
- 生：孔子对觚发牢骚："觚不像觚，这是觚吗！是觚吗！"觚做得不像，才发牢骚的吧？
- 师：可能是孔子看到的觚没有了棱角，也可能是容量不对，太大了。觚的音是"孤"，就是少量的意思，容量太大当然就不符合"孤"这个意思了。到底哪儿不对，我们就不知道了。
- 生：孔子是借题发挥吧。觚做得不像觚，或许是影射那时的礼仪制度不像周初那样了。
- 师：影射什么，我们不必去猜。反正孔子觉得不符合规矩，就很不满。
- 生：要是什么都符合规矩，就没有创新了。没有创新，哪有发展？
- 师：规矩是要的，可规矩也是人定的，规矩也是要变化发展的，规矩也应该随时改变的。

6-25

宰我问曰："仁者，虽告之曰：'井有仁焉。'其从之也？"子曰："何为其然也？君子可逝也，不可陷也；可欺也，不可罔也。"

- [词语解释] 逝：往也。　　罔：惘，迷惘、糊涂。
- 师：宰我问道："有仁德的人，要是告诉他说：'有位仁者掉到井里了。'他会不会跟着下去呢？"这句话有些含糊，跟着下去干什么？应该是救人，所以有人把"井有仁"中的"仁"理解为"人"，就是有人掉到井里了。
- 生：宰我就是那个白天睡觉，被孔子视为"朽木不可雕"的学生吧？
- 师：照理说，这样的问题很简单，有人落水，当然要见义勇为地救人，可宰我问的是"落井"，而不是"落水"，又是别人告诉你的，你没亲眼见，井很深，也没法知道是不是真有人掉下去。是信还是不信？
- 生：问得倒是蛮刁钻的。
- 师：所以呀，孔子就回答说："为什么会这样呢？君子可以过去看，但不会被陷跳下去的；可以被欺骗，但不会糊涂的。"

宰我一定认为君子都是傻乎乎的，一听有人落井，也不看看是真是假，就奋不顾身跳下去。要是真的看不清井底的情况，怎么办？
- 师：这要看招呼者的诚信度了，否则就会演绎"狼来了"的故事。
- 生：目前的商业欺诈都是一次性的，某某大片上映前吹得天花乱坠，看完了才知道上当，可大家上一次当，制片商也就赚到了钱。
- 师：这是商业诚信制度不完善导致的，在这样的商业环境下，君子下海，可能就会成为商界的弱势群体。被商家欺骗一次，问题不大，吸取经验，以后不再上当。宰我问的欺骗，问题就大了，如果上当，那就没命了。

6-26 子曰："君子博学于文，约之以礼，亦可以弗畔（叛）矣夫！"

- [词语解释] 畔：同"叛"，背叛。
- 师：孔子认为："君子在文化上博学，用礼节来约束自己，也就可以不背叛正道了。"这里的"之"也有理解的不同，我们理解为"自己"，有人理解为"文"。理解为"文"的话，就不是约束自己，而应该是"用礼节来简化文化知识"。
- 生：老是有不同的解释，古人真是很麻烦的。
- 师：如果后人不麻烦，那么古人就麻烦了。当时还没有纸，一般用利器把字刻在竹片上，要刻到让后人没有歧义，那要刻多少字。
- 生：孔子学文化就是为了礼，这点领教够了。没啥好讲的。
- 师：对离经叛道怎么看呢？
- 生：孔子的时代，他的学说还没有被列为经典，所谓"正道"是他自封的吧？
- 师：不是自封，这是许多理论家都会有的自我感觉，理论家往往认为自己是正宗的，别的尤其是和自己相反的理论，都属于旁门左道。
- 生：那倒也是，要认为自己不正确，还持有这种理论干吗？
- 师：可正确不正确不是他自个儿说了算的，得由实践检验。
- 生：孔子推销的自己理论效果不理想，说明实践检验下来不正确吧。
- 师：不是不正确，而是不适用于当时的社会。后代儒家学说被列为正宗，是因为它适用，也不是说它正确。
- 生：现在也不适用吧？
- 师：当然。都二十一世纪了，一套封建社会的正统理论能适用吗？
- 生：以前的理论也有其合理的一面吧，否则全盘否定了，我们还有啥传统可以继承呢？
- 师：这要看怎么继承了，但决不能继承封建观念。

6-27

子见南子，子路不说(悦)。夫子矢之曰："予所否者，天厌之！天厌之！"

- **[词语解释]** 矢：誓。　　所：假如，如果。只在誓言中用的假设连词。
- 师：南子是卫灵公的老婆，由于得宠而对卫国政权有很大的影响力。原来她是宋国人，当时和前面提到的宋国大帅哥宋朝有私情，嫁到卫国后，宋朝也来到卫国，两人还勾勾搭搭的。
- 生：那个时代就有第三者？
- 师：第三者哪个时代没有？只是多点少点而已。由于南子在卫国口碑不好，所以孔子去见了南子，子路不开心。
- 生：子路凭啥不开心，老师和一个女人见见面，碍着他啥事儿。
- 师：老师带着一帮学生周游各国，就是为了推销自己的理论，弄些个官儿做。所以这帮人形成了一个团队，团队的领导遭受名誉损失，团队的前途就会受影响。子路属于对这个团队忠心耿耿的人。
- 生：难怪孔子发急了，发誓说："假如我有不良之举，老天厌弃我！老天厌弃我！"孔子对天赌誓还是蛮可爱的嘛。

6-28

子曰："中庸之为德也，其至矣乎！民鲜久矣。"

- **[词语解释]** 中庸：中，折中、无过、调和；庸，平常、一般、不变。
- 师：孔子说："中庸作为道德，这是最高境界了。大家缺少它已经很久了。"孔子为什么要把中庸作为道德的最高境界呢？
- 生：为了人际关系的和谐吧。
- 生：为了安定团结。
- 生：或者是为了维持秩序，保持现状。
- 师：都有一定道理。中庸是很有意思的一个词，从不好的方面说，中不溜秋很平庸；从好的方面说，中坚力量，平平常常才是真。在一个集体里，最受欢迎的是哪类人？
- 生：好像是中庸之辈，那些过于出挑的尖子，会有人嫉妒，会有人与之竞争；而那些落后分子，就会有人看不起，不愿与之为伍。心高气傲的尖子和自暴自弃的落后分子，不容易和大家打成一片。

- 师：从个人来说，你们对自己在集体中是个很平常的人满意么？
- 生：人总是想成为佼佼者的，如果没能耐，也没办法。
- 师：作为教师，我对学生的要求，是希望他在班级里成为中级生，不要冒尖。这对差生可以理解，对尖子生能理解吗？
- 生：不能理解。希望成为中庸不应该是对个人的要求，可中庸者多了，集体就团结稳定，人际关系就比较好。
- 师：对了。孔子要中庸的目的，不是为了个人，而是为了集体，为了集体的关系，为了集体的秩序，最后自然就是为了集体的等级制度。

6-29

子贡曰："如有博施于民而能济众，何如？可谓仁乎？"子曰："何事于仁，必也圣乎！尧舜其犹病诸！夫仁者，己欲立而立人，己欲达而达人。能近取譬，可谓仁之方也已。"

- 师：子贡问："如果有人对百姓能广泛地施舍，并且也能帮助大家，怎么样？可以说是仁德吧？"
- 生：是不是子贡发了财，准备搞慈善事业？
- 师：子贡在孔子的学生里算得上有钱，可能是做生意赚的。但孔子对子贡的豪言壮语泼了盆凉水，他说："何止是仁德，肯定是圣德啦！尧舜或许都担心做不到这样。仁的意思是，自己想立足，也帮别人立足，自己想发达，也帮别人发达。能够拿眼前的事情做起，可以叫作行仁德的方法了。"
- 生：孔子认为子贡在说大话，要他从小事做起。
- 师：我们不知道子贡到底有多少钱，要真是很有钱，搞慈善事业，把钱捐出去，造福百姓，也没啥不好。不一定要从帮别人立足、帮别人发达这类的事做起。
- 生："博施于民而能济众"，连尧舜都做不到的事，现在有么？
- 师：不能说没有，但很少。现在有些人搞慈善捐助，都有其自身目的的，为避税、图名誉之类的不少。最难的是帮助大家，帮一次二次可以，一直帮下去就难了。实际上，以此来衡量一个人的仁德也是有问题的。
- 生：给别人钱、帮别人，还有问题？
- 师：罗马帝国时期，发了财的商人捐款的热情，远远高于现代社会。
- 生：不会吧。
- 师：去读读罗马的史书你就知道了，其中不乏有捐款捐到倾家荡产的。有商人发了财，请全城人吃饭，修建城市道路、神庙、图书馆，建立穷人粮食基金。罗马帝国的许多城市中的公共设施都是有钱人捐钱建造的，城市的长官甚至不拿工资，市政建设经费不足，财政收入不够，还得自己掏腰包。

☺ 生：那岂不是人人皆有圣德嘛，简直是天堂啊。为了啥目的？

● 师：目的是爱国主义。

☺ 生：不可思议，爱大家舍小家，如此崇高的境界，居然发生在奴隶制之下。

● 师：我不觉得是什么仁德，我认为是一种对强大帝国的狂热。所以不要认为捐款、帮助大家就是仁德，要看什么目的，在什么情形之下，什么社会环境之中。

☺ 生：这样看，孔子是对的，应该从身边的事做起，默默无闻地做，那些搞得轰轰烈烈的，说不定就有其他的目的。

● 师：毛主席说："一个人做点好事并不难，难的是一辈子做好事，不做坏事。"我们反过来说，就是："一个人做点坏事也不难，难的是一辈子做坏事，不做好事。"

☺ 生：一辈子做坏事倒是蛮难的。

● 师：一个人一辈子会遇到各种境况，如果他能不根据各种具体环境，始终做好事，这就是个人品德特别崇高了。

述而第七

[7-1] 子曰："述而不作，信而好古，窃比于我老彭。"

- 师：孔子说："只阐述而不创作，相信并喜欢古代的文化，私下里我把自己比作老彭。"这个"老彭"我们不知道是谁。传说在殷商时代有个叫彭祖的贤人，以长寿著名，据说活了七百岁。
- 生：七百岁？那时人还真能传说。
- 师：那时是不可能的。如果人类哪天能控制基因，就有可能。
- 生：那么这个老彭到底是不是长寿者呢？
- 师：有人说，孔子这里说的"老彭"指的就是殷商时的彭祖，也有人说是指老子和彭祖两个人，甚至也有人认为可能是孔子的一个朋友、邻居之类的人。
- 生：不过从孔子的口气来看，老彭是孔子的榜样哩。孔子把自己的一个朋友或邻居作榜样，可能性不大。
- 师：一般人会认为孔子"述而不作"是谦逊的说法，孔子也创作。我不这样看，孔子真的谈不上创作。创作的概念与写作是完全不同的，写一本书，那只是写作。凡是阐述自然、社会规律，包括自己对社会看法的思想，都只能是写作。创作是创造出来的东西，在自然界、社会中不存在的东西，只有独创的东西才叫作创作，所以我们把文学艺术才叫作创作，凡是创作出来的东西，我们才叫"作品"。
- 生：有点道理。《论语》我们只能叫著作，不能叫作品。文学著作又可以叫作品。
- 师：孔子的时代，文学、历史、哲学是不分的，统称为"文学"，从这个意义上说，孔子可能有些谦虚。
- 生：至于孔子相信、喜欢古代的文化，我们已经领悟了，他是个复古主义者。
- 师：在这点上，孔子不具有哲学思想，远不如庄子。庄子知道万物都有一个从生长、发展到死亡的循环过程，孔子比较相信古代的东西。
- 生：老师认为我们的传统文化会死亡么？不是现在人们都在提倡传承传统文化吗？
- 师：会死亡的。古埃及的文明比我们古老，从诞生后，花了三千年发展，又花了三千年走向没落和死亡。中国传统文化也不会例外，我认为从宋朝以后，中国文化就在走向没落了，什么时候死亡还不清楚，或许还要花上一千年甚至更长时间才会寿终正寝。

☺ 生：既然正在走向衰落，那为啥还要这么起劲地振兴和传承呢？

● 师：死亡并不是不要传承里面好的东西，用一个哲学术语就是"扬弃"，而不是抛弃。

☺ 生：扬弃和抛弃有啥区别？

● 师：扬弃就是在吸取精华之后才废弃。要是把一种文明全部抛弃掉，那人类的文明还怎么发展？

☺ 生：古埃及文明是抛弃还是扬弃了呢？

● 师：很遗憾，我认为是抛弃了。埃及接受了西方的文明，或者说在与西方文明的对垒中失败了，被彻底西方化，他们的文明成了被考证的历史。中国应该吸取这种教训，目前中华文明也正在与西方文明对垒。

☺ 生：中华古老文明会赢吗？我看有难度，现在部分年轻人了解西方比了解古典多，如此一代代下去，怎么可能赢呢？

● 师：用传统对垒西方现代文明当然赢不了。但中国在这场对垒中会赢的，不是用传统文明来赢，而是靠在传统上诞生新的完全不同于西方的文明来赢。

☺ 生：为什么？

● 师：这问题比较复杂，我们有机会再讲。

7-2　子曰："默而识㊉之：学而不厌，诲人不倦，何有于我哉？"

● [词语解释] 识（zhì）：记住。

☺ 生：这句话人们经常说。孔子道："默默地记住，不知满足地学习，不知疲倦地教导别人，对我来说，除此之外，还有什么呢？"

● 师：这话似乎对老师特别适合，不断学习，记住所学的东西，然后教给学生。

☺ 生：老师您是不是符合这种要求呢？

● 师：我呀，肯定不符合。我的记忆力很一般，虽然默而识之，可旋即忘之。我也达不到学而不厌，学一种东西不能持久，常常得变换学的内容，从古典文学到哲学，再到社会学、人类学、历史学、伦理学、美学，以至经济、政治，最后沦为无专业人士。诲人不倦更是做不到啦，可诲则诲，不可诲则"不与言"，诲你们是因为这份职业，不得不诲。

☺ 生：天哪，您的教师得分是不及格。

● 师：当然，从专业敬业的角度是不及格，从胡言乱语、扯东扯西、天方夜谭的角度，应该得个高分吧。

☺ 生：从朋友聊天的角度，分数不会低。

- 师：你们准备给我打几分呢？
- 生：中等偏上吧，免得您太骄傲。

7-3 子曰："德之不修，学之不讲，闻义不能徙，不善不能改，是吾忧也。"

- 师：孔子说："品德不培养，学问不讲习，听到道义之事不能跑去做，不好的地方不能改正，这是我担忧的。"
- 生：这是孔子对学生的要求还是对自己的要求？
- 师：当然是对学生的啦。要是孔子连这点都做不到，还敢办学校？
- 生：老师您未必做得到吧？做不到还敢出来混！
- 师：做是在做，做得好还是不好，这才是"吾忧也"。
- 生：现在有个别教师的品德的确有问题，打骂学生、折磨学生的事时有报道，与这样的老师相比，您可算得上大大的善人了。
- 师：不比上而往下比，真是不给我面子。说来说去，怎么变成对老师的要求啦？
- 生：这些对学生的要求说起来都对，可做起来不容易。培养品德，看什么标准，拿那些典型人物的标准来衡量，那就离培养目标太遥远了。讲习学问也不容易做到，讲习好像有点研究的意思，我们目前只要能通过考试就行了。
- 师：下面不用说了，听到道义之事，像狗见到骨头那样扑过去，肯定是不会的啦。
- 生：说得这么难听。不过对缺点还是能改的。
- 师：当然改得掉改不掉就难说了，是不是？
- 生：老师真是很了解我们哩。

7-4 子之燕居，申申如也，夭夭如也。

- [词语解释] 燕：通"宴"，安闲，安逸；燕居即闲居。　　申申：申即"伸"，舒展的样子。　　夭夭：和悦的样子。
- 生：这是说，孔子在家闲居时，样子很舒展，很和悦。大概是学生去偷看老师的私生活，发现老师在家的样子和课堂上严肃正经的样子完全不同。

- 师：再一本正经的人在家也是很休闲的啦，否则累不累呀。
- 生：老师您在家是不是也很休闲？看傅彪在《居家男人》里演的那个大学教授，整天穿着背心短裤，老师恐怕也是这副模样吧？
- 师：差不多。我最好上课也能这样休闲，只是这副形象影响不好。
- 生：我们不在乎。
- 师：但领导和同事们在乎。在这方面还是中庸点好，让那些靠形象吃饭的人去在乎这点吧。

7-5

子曰："甚矣，吾衰也！久矣，吾不复梦见周公。"

- 师：孔子悲叹："我衰老得很厉害呀！很长时间我没有梦见周公了。"
- 生：周公显然是孔子的偶像。
- 师：周公我们前面说过，叫姬旦，周文王的儿子，周武王的弟弟，鲁国就是他的封地。孔子崇拜他，是因为他帮周武王建立了礼仪制度。
- 生：在梦里梦见自己的偶像，那属于铁杆粉丝。
- 师：孔子说自己老了，或许还有心理上老化的意思，很难说老年人就不做梦。心理上老了，对于恢复周公的那套制度，也就不太执着了，有些心灰意冷的感觉。
- 生：这倒也是，爷爷奶奶级的粉丝毕竟很少。
- 师：你们怎么老是粉丝，烦不烦哪！
- 生：看来老师心理上也老了，老得像根黄瓜快被摘掉了。

7-6

子曰："志于道，据于德，依于仁，游于艺。"

- [词语解释] 艺：六艺，包括礼、乐、射、御、书、数六种技艺，这是西周学校教育的一般内容。
- 师：孔子说："目标在于道，根据在于德，依靠的是仁，游乐在六艺之中。"这大概就是孔子的教育方针。
- 生：说得蛮玄的。
- 师：我们来对它一步步地解析。目标是"道"，这个"道"与道家的"道"显然不同，如果道家的道指的是事物自身的运行规律的话，那么孔子的道就是人的行为规范、社会的等级规范和制度规范，他办教育的目标就是培养遵守这些规范的学生。我们现在的教育目标是什么？

- 生：培养德智体美全面发展的社会主义建设者。
- 师：和孔子的目标有很大的差别吧。建设者和遵守者，主动和被动的区别是明显的。遵守者不需要创新精神，只要老实就行；建设者不同，要维护好的、废除不好的，发展先进的、改革落后的。
- 生：现在有些家长和老师还施行听话式教育，不就是遵循了孔子的教育目标嘛。
- 师：的确是这样，孔子的理论对中国影响很深，一些人不自觉地就会施行听话式教育，目的就是要培养学生遵守的秉性。
- 生：第二条是说，这个教育目标的根据是道德。
- 师：理解得没错。在孔子看来，道德高尚的人就是遵守个人行为和社会等级规范的人，所以要达到遵守的目标，必须培养有道德的学生，就必须进行以素质为主的教育。
- 生：那么第三条，所谓道德，就是依靠内心的仁。这就是说，道德不仅仅是外在的行为，应该是由内心的仁而导致的行为，是吧？
- 师：这是主要的意思，但我觉得还有另一层意思，就是等级制度中的"仁"，上级对下级的仁，领导对员工的仁，父母对子女的仁。光要下面人守规矩，上面的领导无法无天，总说不过去吧，前面讲的"居上不宽"也是这个意思。
- 生：最后一条就是这种教育的最后实施，就是学习六艺。
- 师：孔子说"游于艺"，就是教育的方式是快乐教育。礼仪的学习是最重要的，相当于我们今天的政治教育。乐是音乐，有点像美育。射是射箭，这在当时是贵族的娱乐活动。
- 生：就像今天的高尔夫球。
- 师：大概是吧。御是驾车。这两项相当于体育课。书就是写字和学习文化，属于文科；数相当于数学，属于理科。这两项是培养智的。总括起来，也包括德智体美。
- 生：没想到，二千多年前的教学内容与今天还很相像哩。
- 师：是啊，万变不离其宗，教育的形式是一样的，可内容和目标完全不同了。

7-7

子曰："自行束脩以上，吾未尝无诲焉。"

- [词语解释] 束脩（xiū）：脩是干肉，又叫脯。十条脯为一束。古代常以此作为初次见面的见面礼。

- 师：孔子说："只要自己主动给我十条以上的干肉脯，我从来没有不教诲的。"
- 生：就是说，只要给他十条以上的干肉脯，就能成为他的学生？那十条以下不行么？
- 师：十条干肉脯在那时属于很微薄的见面礼了。
- 生：像颜回这样的穷学生，送十条干肉还是有一定困难的吧？
- 师：不管怎么说，孔子办私塾，在当时收费属于偏低的。现在政府一直阻止教育乱收费，可在一些教育者的观念里，教育产业化了，教育产业化就会使出各种手段、设立各种名目收费。
- 生：这些收去的钱都落到教师的腰包里了么？
- 师：哪里呀，一小部分成了教师的奖金，主要是投在了教育的建设扩张上。教育既然是产业，当然就会追求加大投资，扩大产能。教育这种产业还是硬性消费的产业。
- 生：啥是硬性消费产业？
- 师：也就是属于不可能不消费的领域，没钱可以不买空调之类的家电，但不能不读书哇。这是每个家庭必须支出的。教育产业的赚钱效应使得越来越多的人想投资教育，教委当然要保证教育质量，阻止一些没有资质的投资者进入教育产业，就设定教育硬件的门槛。门槛提高，需要提升硬件，产业的赚钱效应又催生教育继续扩张的欲望，以便赚更多的钱。
- 生：那么中小学属于义务教育，总不该乱收费吧？
- 师：规定不准乱收费，可个别学校还是暗地里收。
- 生：这倒也是。

7-8

子曰："不愤不启，不悱不发；举一隅不以三隅反，则不复也。"

- [词语解释] 愤：求通而未通。　悱（fěi）：欲言而未言。
- 师：这是孔子的教学方法，他说："不到想不通时不开导，不到想说说不出时不启发；举一个角为例，不能反过来推论出其他三个角，便不用再教了。"
- 生：孔子很注重独立思考，很注重能力培养嘛。
- 师：要是用孔子的教学方法，你们考试能及格么？
- 生：不能。
- 师：回答得倒是很干脆。你们什么都不想，什么都不说，什么都不推论！
- 生：这样说也太过分了。
- 师：虽然有些夸张，却是事实。看看你们的考试，既要复习提纲，还要标准答案，考试时把这些东西背出来还给老师。你们根本不是想不通，而是不想。没东西想，当然就没东西要说，更谈不上说不出了，至于举一反三，到你们这儿全成了脑筋急转弯。面对如此悲惨的情况，我还不能像孔子那样不教。孔子教不教是自愿的，我们这些职业型教师，可是被迫的。

☺ 生：听老师这样说，我们真是一无是处，教师的神圣性也受到质疑。
● 师：不是我说得难听，教师的神圣性和学生的努力是分不开的。
☺ 生：我们以后就努力想一些怪问题问老师。
● 师：这太好了。考试中我也出一些怪问题考你们。
☺ 生：不要啦。

7-9 子食于有丧者之侧，未尝饱也。子于是日哭，则不歌。

☺ 生：这是说，孔子在有丧事的人边上吃饭，从没吃饱过。孔子这天哭了，就不再唱歌。到底谁死了，孔子这么悲伤？
● 师：从句子上看，不是指谁死了，而是指凡有丧事的时候，孔子都这样。
☺ 生：没想到那时中国人就吃豆腐饭了，吃豆腐饭真是一个很古老的传统。
● 师：不能断定这是吃豆腐饭。无论如何，这点应该向孔子学习，在死人边上大吃大喝肯定属于没心没肺，我看现在流行的吃豆腐饭，就属于这种恶俗。
☺ 生：可死了人，亲戚朋友来追悼，连顿饭也不给人家吃，过意不去吧？
● 师：有啥过意不去的？悲恸之人还管这些，亲朋好友连这点也计较，还算亲朋好友吗？
☺ 生：倒也是。不过孔子不唱歌倒是可以理解，别人家死了人，你却在边上放声歌唱，不说幸灾乐祸，也实属过分。我看哭就没必要了，要是朋友或者认识的人死了，哭几声也就算了，不认识的也哭，有些假慈悲吧？
● 师：到底为谁哭，为什么哭，句子中没说，我们不要妄加评论。歌倒是可以唱的，孔子也教音乐，他应该懂得唱歌是表达悲伤的好手段，以前人们办丧事，也是唱歌的。
☺ 生：这种哭丧的歌，我们可没听过，老师是不是唱一首听听。
● 师：我也不会唱。不过不仅死了人唱歌，人们在很悲伤时也是唱歌的。我就看到过云南怒江的傈僳族人，在遇到悲伤事时聚在一起放声歌唱，歌声非常忧伤，在横断山脉中飘荡。
☺ 生：效果一定很好，像现在人们悲伤时去"发泄吧"。

- 师：是啊，我们现在缺少让人抒发悲伤的歌，孔子大概也不会唱这类歌，所以就不唱。

7-10

子谓颜渊曰："用之则行，舍之则藏，惟我与尔有是夫！"子路曰："子行三军则谁与？"子曰："暴虎冯(凭)河，死而无悔者，吾不与也。必也临事而惧，好谋而成者也。"

- [词语解释] 暴虎：空手搏虎。　　冯（píng）河：徒足涉河。
- 生：孔子对颜渊说："用咱就干，不用，咱就把本事藏起来，只有我和你才能这样啊！"孔子好像和颜回很亲近，说得有些掏心掏肺。
- 师：正因为这样，在一旁的子路就不乐意了。他问："老师要是带领三军出征，选择和谁一起共事呢？"古代"行"字用得很活，有"行师"的说法，意思是行军，我们依此把"行三军"理解为率三军出征。
- 生：显然颜回只是个文弱书生，而子路觉得自己与颜回相比，属于尚武有力型的，要是去打仗，老师总不会带颜回吧。
- 师：可孔子说："徒手和猛虎搏斗，赤脚过河，死都不后悔的人，我不与他共事。一定要遇事感到惧怕，喜欢用谋略来完成事情的人，我才与他共事。"明摆着，孔子没给子路好脸色看，认为他有勇无谋，打仗也带颜回，不带他。
- 生："赤脚过河"就是没想办法去弄船的意思吧？
- 师：对，也是不动脑筋，遇到河，鞋一脱，过。
- 生：唉，自古老师就喜欢好学生哪。
- 师：孔子的确太偏爱颜回了。偏向好学生是难免的，但不能过分偏向。这里我们可以看出，孔子偏爱颜回，不仅是因为他爱读书，更在于他完全接受了孔子的处世哲学。
- 生：就是"用则行，舍则藏"。我看颜回是被孔子害死的。灌输这样消极的思想，使得颜回不去拼命找机会工作，最后穷得满头白发，英年早逝。
- 师：说害死颜回，过分了。这种不积极参与社会实践的消极态度，的确对颜回产生了很坏的影响。前面孔子说"君子不器"，这里说统治者要用就用，不用就藏，不正是把自己变成了器物吗？
- 生：可他们社会实践的路太窄了，除了做官，就没其他途径了。
- 师：孔子只进行素质教育，不进行职业教育，你们说他的学生就业的路能不窄吗？

7-11
　　子曰："富而可求也，虽执鞭之士，吾亦为之。如不可求，从吾所好。"

- **[词语解释]** 而：假设连词。　　执鞭之士：执鞭者以两类人为多，一是王侯出入时的喝道者，二是市场的守门人。
- 师：孔子说："财富如果可以求得的话，即使做守门人，我也干。如果求不到，那就从事我所喜欢的事情。"此话说明孔子还是很想要钱的，只是求不到。
- 生：想要钱，求怎么求得到，难道天上会掉馅饼吗？
- 师：求也是求得到的，否则就没有丐帮了。
- 生：要孔子做丐帮帮主，恐怕他是不会干的，他宁可当守门人，毕竟守门人是正当职业，而乞丐是非正当职业。
- 师：撇开乞丐求钱的方式，现代社会里，钱的确是求不到的，是要靠赚的。西南方言里，把赚钱称为"找钱"，恐怕是语言中最容易弄到钱的方法了。
- 生："找"只是形象化的说法，到哪去找呀？
- 师：赚钱恐怕不是孔子的目的，包括办教育，恐怕也不是为了发财，最多只是图个生计。可我们的时代与孔子时代是不同的。
- 生：主要的不同就是一个是以政治为中心，一个是以经济为中心吧。
- 师：不能那么说。任何一个社会都是以经济为基础的，农业经济与现代经济不同的是，农业经济的发财是靠占有土地的多少，皇帝占有最多，而贵族诸侯们都有自己的封邑，也占有不少，随后是大地主、小地主，即所谓的世族地主和庶族地主，最穷的是那些没有土地的雇农。
- 生：就是以前称为贫下中农的那批人吧？
- 师：对。从这个意义上说，孔子时代财富的确有求来的可能，就是求官做，做了大官，或许就能得到封地，就有了财富。工业社会产生财富的主要是工业化的劳动价值，资本家通过购买劳动力，剥削劳动者的剩余价值，地主通过地租剥削农民的劳动价值，商人通过物流赚取商业差价。土地只是资源，再多的土地，只有种出来的东西成为商品，才算是财富。从理论上说，工业社会是求不到财富的，财富必须来自于商业流通。
- 生：封建社会也有商业，也有经商发财的哩。
- 师：有是有，却不保险，因为农业社会重农轻商，再说学校也没什么学习经商的课。所以在古代，商人就算有钱，社会地位也不高。
- 生：古代还真没见过国家领导人常常出来接见商界精英。
- 师：古代手艺人的地位也不高，所以不培养专业人才，只培养做官的。

7-12

子之所慎：齐(斋)，战，疾。

- [词语解释] 齐：同"斋"，斋戒。
- 师：孔子慎重的是：斋戒、战争、疾病。这三件事，斋戒面对的是鬼神，古人祭祀前都要斋戒；战争是对社会而言的，当时社会动乱，战争时常发生；疾病是对自己而言的，既然求不到钱，做不到官，那么健康就是最重要的。
- 生：孔子不是不信鬼神嘛，怎么如此看重斋戒？
- 师：不信鬼神，不代表他不看重祭祀，祭祀是当时最重要的礼仪活动，孔子当然很在乎。现在你们最在乎什么？
- 生：鬼神是没有的，斋戒也不需要。至于社会，我们看重就业机会多多，个人方面看重找个好工作。
- 师：真是太实际了。
- 生：不实际不行啊，现在大学生就业压力那么大，还能怎么样？社会处于和平时期，战争离我们很远，自己还很年轻，健康问题还没提到议事日程上来。
- 师：从宏观、长远的角度出发来看问题，你们觉得看重什么呢？
- 生：社会嘛，希望经济能持续繁荣；个人嘛，希望事业有成。
- 师：说到底还是钱的问题。经济繁荣使大家都有钱，事业有成是自己能有钱。
- 生：不对吗？孔圣人都想钱，我们不应该想吗？
- 师：当然应该。希望大家不是想钱，而是把赚钱作为一种理想。
- 生：人生的理想就是赚钱，这也太露骨了吧。
- 师：赚钱是没错的，而完全为了个人的享受去赚钱，那是错误的。既然改革开放到了国民共享其成果的时候，那么参与经济发展繁荣，是每个人的社会责任，更重要的是不仅自己赚钱，还能帮助别人脱贫致富。
- 生：帮助别人致富，很难吧。
- 师：所以要学本事。你要是去西部支边，光干本职工作是不够的，应该带去现代的经济意识和金融观念，改变当地人的落后观念是最重要的。
- 生：现在学校没有专门教人赚钱的课。
- 师：学校不注重学生的财商培养是不对的。套用孔子的话，我们今天慎重的应该是：齐，就是全民一齐富有；战，就是市场如战场，参与经济竞争；疾，就是贫疾，必须与贫疾作斗争，使自己发达起来。

7·13

> 子在齐闻《韶》，三月不知肉味。曰："不图为乐之至于斯也！"

- 生：孔子在齐国听到《韶》的曲子，很长时间不知道肉的滋味，并且感叹："没想到作为音乐能达到如此的境界！"孔子对《韶》大为欣赏，前面称赞过这曲子是"尽善尽美"。
- 师：我们今天无法听到这曲子，无法判断到底境界高到啥程度。你们听到过什么曲子，能让你们神魂颠倒到食不知味的地步么？
- 生：绝对没有，虽然我们大都是歌迷，可也不至于达到这个地步。
- 师：那么我们可以设想，孔子崇拜这部曲子，并非音乐本身，而是音乐的内容符合他的思想理论。
- 生：老师真觉得一部音乐作品，能反映一种思想么？
- 师：我看是很难的。按照黑格尔的说法，艺术当中，雕塑占有的是空间，音乐占有的是时间，而作为文字的作品，则克服了空间和时间的局限性。可我们从另一个角度看，艺术作品中，文字性的东西是最具有明确性的，音乐是最不确定、最模糊的东西。第一次听《黄河颂》的人，你告诉他描写的是怒江，他就会想象怒江。
- 生：这倒是的，一部《红楼梦》，仁者见仁，智者见智。一部音乐作品更是见解不一了，尤其像有些交响乐，取个"E 小调""F 大调"之类的名称，就更抽象了。恐怕孔子在《韶》当中听出自己的理念，也是他一厢情愿的。
- 师：这句话还可以让我们知道，肉在当时是高档食品。
- 生：孔子时代说不定穷人几年甚至一辈子都不知肉味哩。让孔子几年不吃肉，看他觉得是肉重要还是《韶》重要。
- 师：有你这么恶毒的吗？古代，吃肉的确是件不容易的事儿。有人做过统计，说古代平均每人每年的食肉量大概在一斤左右。我不知道这个统计是怎么得出的，要是基本准确的话，老百姓还得被平均。
- 生：被平均？
- 师：王公贵族有钱人每天花天酒地，平均到老百姓头上，老百姓还能是每年每人一斤吗？
- 生：那倒是，说不定一年才几两。我好像一天都不止几两。活在古代，真是太悲惨了。难怪孟子的理想，七十能够有肉吃。
- 师：蒲松龄"久绝肥甘想"，古人过屠门而大嚼的心理，你们肯定是理解不了的。
- 生：我们真有点身在福中不知福的味道了。

> 7-14
>
> 冉有曰:"夫子为卫君乎?"子贡曰:"诺,吾将问之。"入,曰:"伯夷、叔齐何人也?"曰:"古之贤人也。"曰:"怨乎?"曰:"求仁而得仁,又何怨!"出,曰:"夫子不为也。"

- 师:冉有问:"老师会帮助卫君吗?"子贡道:"好,我去问问他。"这里的卫君是指卫出公辄。事情是这样的,在卫灵公的时候,卫灵公的老婆南子,前面讲过,不是和大帅哥宋朝有不正当关系嘛,南子的儿子蒯聩受不了父亲戴绿帽子,所以密谋想杀死自己的母亲,可事情败露了,蒯聩只好逃到晋国去了。不久卫灵公去世了。卫灵公的孙子,蒯聩的儿子蒯辄即位,就是这里指的卫君。可出逃在晋国的他老爸不干啦,我还没死呢,我儿子就即位了,晋国当然不会放弃这种侵略卫国的机会啦,借送蒯聩回国即位之名,发兵卫国,儿子蒯辄自然不想把位子让给老爸,所以起兵御敌。
- 生:人家父子争位,有孔子啥事儿?
- 师:卫灵公时,孔子在卫国待过,还见过南子,后来孔子去了陈、蔡等国,这时正准备返回卫国。
- 生:卫晋两国打仗,孔子一介书生,能帮卫君啥忙?
- 师:"为"在这里原意是帮助,或许转了一个意思,就是赞成,孔子是不是赞成卫君和他老爸争王位。
- 生:子贡进屋问孔子:"伯夷、叔齐是什么人?"子贡也问得很妙,用前面提到过的伯夷、叔齐兄弟相互谦让孤竹君位的典故。孔子回答:"他们是古代的贤人。"子贡问:"怨悔过吗?"孔子回答:"追求仁而得到了仁,又会有什么怨悔呢。"所以子贡出来说:"老师是不会帮助卫君的。"
- 师:子贡是个聪明的学生。拐了个弯问,实际上是提醒孔子不要蹚这浑水,这种父子相争的不仁之事,您作为仁者不该搅和。
- 生:或许孔子是另一种意思吧,就是不帮助卫出公辄,毕竟儿子是与父亲争位,从孔子孝的观念看来,儿子肯定是不对的。
- 师:也有这种可能,反正就算孔子想帮,也帮不上什么忙。

7-15

子曰："饭疏食饮水，曲肱而枕之，乐亦在其中矣。不义而富且贵，于我如浮云。"

● [词语解释] 疏食：糙米，粗粮。　　水：古代热水曰"汤"，冷水曰"水"。肱（gōng）：胳膊。

☺ 生：孔子看来是吃得了苦的人。他说："吃粗粮喝冷水，弯着胳膊当枕头，其中也有很多的乐趣。靠不正当得来的富贵，对我来说就像浮云。"

● 师：人落魄到这地步，不吃苦又能咋样？只不过孔子不愿意用不正当的手段摆脱这种贫困的境地，是令人钦佩的。

☺ 生：现在有些人用不正当手段发财还引为自豪，觉得自己路子多，有关系。

● 师：每个时代都有用不正当手段发财的人，只是多少而已。如果一个时代只有靠不正当才能发达，那么这个时代是够黑暗的。《红与黑》的悲剧就会重演。

☺ 生：这和司汤达的《红与黑》有关系么？

● 师：《红与黑》中的索黑尔·于连就处在这样一个黑暗时代，一个有才华的年轻人要有前途，就必须用不正当的手段挤进上流社会，为了能得心应手地运用不正当手段，于连必须去除自己身上的美好品德，最后他即将成功时，爱情阻碍了他，他向自己的爱情开了一枪。

☺ 生：照这么说，孔子的时代比于连的时代要好，鲁国政治黑暗，他至少可以跑到别的国家去。

● 师：在一个黑暗时代，人必须选择，是用不正当手段造就自己的前途，还是保持美好品德在贫困中老死。孔子选择了后者，而于连选择了前者。我们现在处于好时光，虽然有些人的确用不正当手段发财、发达了，但用正当的手段也可以发财，也可以拥有锦绣前程。

☺ 生：说是这么说，可发财还是挺难的。

● 师：当然难，得做好长期吃粗粮喝冷水的准备。

☺ 生：要是处在黑暗时代，老师是选择孔子还是选择于连？

● 师：两者都不选，我选择晏婴，在黑暗时代尽可能正直地做事。当老师是一种很好的出路，这个职业应该是黑暗时代的最后一盏灯。

7-16

子曰："加我数年，五十以学《易》，可以无大过矣。"

● [词语解释]《易》：《周易》，古代占筮之书，包括"经"和"传"两部分。"经"

讲的是八八六十四卦，"传"是后人对此书的解释。此书后来被儒家列为"四书五经"中的一经，故又叫《易经》。

- 师：孔子说："让我再多活几年，到五十岁学习《周易》，就可以不犯大的过错了。"孔子说这话时大概还不满五十，希望能活到五十来学习《易经》。
- 生：也就是说，这部书很高深，没有一定的经历看不懂。
- 师：不是高深，而是神秘，占卜的书，如果不神秘，还有谁会相信。凡是迷信的东西都把自身弄得很神秘，不让人搞懂，才会有"算"的玄机。
- 生：研究《周易》的人不少，据说这部书对阴阳两极的关系是讲得很有道理的。
- 师：天地、男女、正反……事物都有阴阳两面，古代的人不懂科学，用一部书来阐述如此简单的道理，是情有可原的，现代科学那么发达，连这么简单的道理都不懂，就十分可笑了。
- 生：老师的意思是，《周易》对我们现代人没啥价值。
- 师：我看除了历史价值外，肯定不会有科学价值的。一部占卜的书，只有对迷信的人才有价值，唯物主义者还信这个，真是不知羞耻！
- 生：那么研究《周易》就没必要啰？
- 师：研究历史文献，不是学科学。从学科学的角度，不是五十岁学《易经》，而是五岁，阴阳之理，五岁孩子就该懂了。
- 生：那孔子说学了《周易》不犯大错是啥意思？
- 师：说到底孔子还是相信天命的，命运是上天安排的，能算出自己的命运，不会走错人生路。

7-17 子所雅言，《诗》、《书》、执礼，皆雅言也。

- 师：孔子所讲的是通用语，在讲诗、读书、主持礼仪时，都是用通用语。春秋战国时，虽然国家众多，但周王朝毕竟还在，所以在官场上，讲的是"官话"，就是"雅言"，也叫"通言"。否则大家都讲各地的方言，岂不乱套？实际上周宣王进行过许多改革，还统一了文字，统一的文字就是"大篆"。
- 生：雅言相当于今天的普通话吧？
- 师：作用是一样的。国内叫普通话，海外叫华语，这是汉民族的通用语，从古至今都有。
- 生：孔子时代的通用语和现在的普通话差别大不大？
- 师：应该是蛮大的。现在的普通话是以北京语音为标准音的，而孔子时北京只是北方的一个小国家燕的都城，叫蓟城，那时恐怕是不会把蓟城的语音作为标准

- 生：肯定也不是把山东语音作为标准音，否则孔子上课和平时都说山东方言了，不用特别提孔子讲课时用雅言。
- 师：要是我们今天能听到当时的话，未必能听懂。
- 生：为啥？不都是汉族人么？
- 师：古代语音与现在有较大的变化，据说唐朝以后，汉语的元音有高化的倾向，唐朝"A"这个元音，今天我们差不多接近"O"了。
- 生：就是说，我们今天说"啰唆"，唐朝说"啦唆"。
- 师：差不多吧。元音一变，就很难听懂了。有些方言区的人普通话说不好，主要是辅音说不准，虽然听起来别扭，但还能听懂，要是元音说不准就听不懂了。
- 生：上海人说普通话卷舌音和后鼻音说不准。
- 师：说不准是因为在上海话中没有这样的音位。
- 生：啥是音位？
- 师：语言当中最小的单位是音素，但每种语言中使用的音素是各不相同的，一种语言里能区别意义的最小单位叫音位，有时还经常把不能区别意义的几个音素归到一个音位里。比如俄语有42个音位，英语有45个，德语是36个。比较多的语言学家认为，北京语音当中有71个音位，包括辅音19个，元音52个。
- 生：是不是上海话当中没有"zh""ch""sh""ing""eng"这样的音位？
- 师：对。所以地道的上海人学普通话，发这些音就比较困难。

7-18　叶公问孔子于子路，子路不对。子曰："女奚不曰：'其为人也，发愤忘食，乐以忘忧，不知老之将至云尔。'"

- [词语解释] 叶（shè）公：叶是地名，今在河南叶县南三十里的古叶城，当时这里是楚国的地盘。公是楚国对县长的称呼。叶公就是叶县县长，这里的叶县县长叫沈诸梁，字子高，就是好龙的那位。　　云尔：云，如此；尔，同"耳"，而已。
- 师：这位叶公还有恩于孔子，孔子和学生在陈、蔡两国奔波时，一度陷于危境，是叶公派人救了他们，叶公对孔子还是蛮好的。
- 生：叶公向子路打听孔子的情况，子路没有回答。为啥子路不回答？
- 师：到底是问孔子的情况，还是他的为人，这里挺含糊的，或许是没完全搞清楚。孔子听说了这事后就对子路说："你干吗不跟他说：'他的为人呀，发奋时忘记吃饭，快乐时忘记忧愁，不知道衰老即将到来，如此而已。'"

- 生：这话有点开玩笑的意思嘛。
- 师：这说明孔子和叶公的关系不错。据说叶公在当时也算个贤人。
- 生：老师是不是也发愤忘食，乐以忘忧？
- 师：我嘛，当然是食而发愤，忧而发乐。
- 生：吃饱了发愤尚可理解，忧而发乐怎讲？
- 师：就是与其忧愁，不如快乐。人生到此，何以为忧！把生老病死看淡了，就很难有忧愁的心情了。有什么好忧愁的，一不怕老婆，二不怕犯错，三不怕死。
- 生：有此"三不怕"，倒真是没啥好忧的。

7-19 子曰："我非生而知之者，好古，敏以求之者也。"

- 生：孔子说："我不是天生就有知识的人，只是喜欢古代文化，靠敏捷去追求古代文化的人。"为啥靠敏捷，而不是靠勤奋呢？
- 师：人们总说成功是靠一份天才加九十九份勤奋。这话是值得怀疑的。
- 生：难道老师也相信有天才。
- 师：所谓的"天才"，实际上是对某一方面特别感兴趣。一个人总是喜欢做自己感兴趣的事，而越做越有兴趣，最后在别人眼里，他在这方面就有了天赋。
- 生：不管怎么说，有的人就是聪明，有的人就是笨。
- 师：二十世纪初，德国科学家瓦格涅尔对天才的大脑进行深入研究，希望找到与其他人不同的地方。
- 生：有不同么？
- 师：没有任何与常人不同的地方。实际上人脑有将近一百亿个神经细胞，每个细胞通过特殊的联系向其他细胞发射脉冲，每秒钟多达几百万个脉冲在脑细胞间发射。所谓聪明无非是脑细胞发射脉冲的频率高而已，当一个人对某一事物感兴趣，他的脑细胞对此就比常人活跃，发射脉冲比别人起劲而已。
- 生：脑袋大是不是脑细胞就多，就更聪明？常见一些大人摸着孩子的头说："哟，这孩子脑袋特大，一定特聪明。"
- 师：那是胡说八道。论脑袋大，身高体胖的人一定不吃亏。瓦格涅尔对俄国作家屠格涅夫和法国作家法朗士的脑重量进行过研究，结果惊人地发现，同样是知名作家，屠格涅夫的脑重量是两千克，而法朗士却只有一千克。
- 生：这样看来，聪明与脑袋的大小轻重没关系。
- 师：所以脑细胞的活跃才是聪明的关键，人死就是脑死亡，天才一死，其脑子与常人当然就没什么不同啦。从这点上看，孔子说的是对的，他喜欢古代文化，遇到古代文化，他的脑细胞就特活跃，这就是敏捷。
- 生：这样解释敏捷呀，恐怕连孔子自己都想不到吧。

7-20　子不语怪、力、乱、神。

- 师：孔子不讲怪异、武力、混乱和鬼神的事情。这里有不同的理解，比如"力"可以理解为"勇力""暴力"，"乱"可以理解为"悖乱""叛乱"等等。
- 生：一句话，孔子总是讲正经的东西，不讲怪异、不懂的东西。
- 师：既然这些东西存在着，不讲也不是办法，少讲就是了。
- 生：现在有些媒体就是求奇求怪，以此来吸引眼球，一点社会责任感都没有。
- 师：媒体是有些过分，可既然有奇怪的事物，不报道也是不对的。老师在课堂上少讲，如果要靠求奇求怪来使学生集中注意力，那肯定是学生的学习兴趣有问题。
- 生：有些课是没兴趣，上课铃一响，脑细胞便死滞起来。
- 师：学习还是要靠敏捷呀，兴趣是要靠培养的。从小生活的环境可能会导致一个人的兴趣，人类学家惊奇地发现，生长在丛林中的原始部落的孩子，才十几岁，对植物的了解，甚至超过植物学家。这就是环境培养起来的兴趣，兴趣导致的敏捷好学。
- 生：看来是我们成长的环境出了问题，才使我们对某些课没兴趣。
- 师：在电视机前长大的孩子，兴趣可能是有问题的。当我们选择电视频道时，往往选择娱乐频道，久而久之，对娱乐节目特感兴趣，电视又根据收视率，拼命扩大娱乐节目。这就像孩子喜欢奶嘴，就拼命塞给他奶嘴，可孩子是要长大的，大人必须改变他热衷于奶嘴的兴趣，总不能上学了还含着奶嘴吧。最糟糕的是，上学了，大家都叼着奶嘴，你不叼的话，大家都觉得你是另类。
- 生：老师的意思是，大家都喜欢娱乐，不娱乐的人是另类了。
- 师：就是这个意思。培养兴趣，在诱惑太多的都市中，只能靠强制手段。

7-21　子曰："三人行，必有我师焉。择其善者而从之，其不善者而改之。"

- 生：这是人们经常挂在嘴边的话。孔子说："几个人在那儿走，其中一定有我的老师。选择他们好的方面学习，对照他们不好的方面改正自己的错误。"

- 师：其实问题远没有那么简单。一般意义上的好坏，并不需要通过别人来了解的，否则岂不成了是非不分善恶不明的浑球？余下的大多是个人的特点、个性，对别人的特点、个性要不要学习，那是要考虑考虑的。
- 生：老师主张不要向人学习？
- 师：话怎么说得这样绝对呢？看到你们班长读书很用功，上课很认真，你向他学习，这没错。可如果没有班长，你也该知道读书用功、上课认真是学生的优点吧？这个一般的道理，是不需要通过班长才能认识到的。可如果你们班长做事稳妥，这算优点还是特点呢？
- 生：做事稳妥当然是优点啦。
- 师：我认为是个人的特点，有的人做事稳妥，有的人做事毛糙，我们不能要求所有人都做事稳妥吧？
- 生：难道做事毛糙是优点？
- 师：我没说优点，这也是特点。大凡特点都有两面性，稳妥的人往往缺乏冒险精神，毛糙的人，遇事不会考虑太多，比较敢于冒险。说冒险好还是不好，那要看这人从事什么工作，在风险投资型公司里的人，就需要冒险精神，而在稳健投资型公司干事，冒险就是缺点啦。
- 生：这就是说，不要盲目地学别人，先要认识清楚自己是谁。
- 师：就是这个意思。

7-22　子曰："天生德于予，桓魋其如予何？"

- [词语解释] 桓魋（tuí）：宋国的司马，叫向魋，由于是宋桓公的后代，人们也叫他桓魋。
- 师：这件事在《史记·孔子世家》中有记载，孔子带着学生去宋国，半道上在一棵大树下与学生学习礼仪，桓魋派人来杀孔子，学生催老师快点儿逃，孔子说："上天赋予我品德，桓魋能拿我咋样？"
- 生：桓魋为啥要杀孔子？
- 师：孔子对宋国的政治和桓魋的为人进行过抨击，桓魋怀恨在心。
- 生：孔子不逃，难道要感化凶手？
- 师：孔子嘴上强硬，可看到那帮人冲过来，把那棵大树都拔掉了，他赶紧在学生的保护下逃跑了。
- 生：拔那棵大树，我看是威胁，否则孔子早没命了。

- 师：人总是要面子的，尤其在学生面前，一看有人来杀自己，一溜烟地逃跑，说出去就是胆小鬼一个，所以孔子嘴上当然要强硬一下的。
- 生：这和老天赋予他品德有啥相干？
- 师：我想孔子觉得自己是根据道德对桓魋的为人进行抨击的，认为自己说的话都是正确的，问心无愧。
- 生：不管正确与否，人家真要杀你，不会因为你是好人就不下手。
- 师：的确，这和人品的好坏没关系。孔子嘴上这么说，心里估计也是怕。难道好人就不怕坏人么？好像有部电影叫《我是流氓我怕谁》，在动乱的年代，坏人还真是有些天不怕地不怕的。

7·23

子曰："二三子以我为隐乎？吾无隐乎尔！吾无行而不与二三子者，是丘也。"

- 生：大概是有学生认为孔子在学问上有所保留，所以孔子说："你们几个学生认为我有所隐瞒吗？我对你们没有隐瞒！我没有事情不是和你们几个在一起做的，这就是孔丘哇。"
- 师：这里也有一个歧义，"行"在这里可以理解为"行为"，也可以理解为"做"，就是可以作名词，也可以作动词。
- 生：要是当作动词的话，应该是："我没有做不教给你们的事情。"
- 师：我认为这种解释可能更贴切一些。
- 生：这几个学生或许觉得自己付了钱，孔子教给他们的东西太少，不划算吧。
- 师：或许会有这样的学生。那时和现在不一样，现在有个限定的学习时间。那时一些学生没有就业前往往跟着老师，也许有些学生学完了想离开老师，可又不好意思说，才提出孔子有所保留没教他们。
- 生：既然孔子说没保留，学完了就让学生毕业离开呗。
- 师：要是真这样，孔子就有点儿拎不清了。
- 生：个人教养的培养似乎也没个尽头，当然有些学生会厌倦的。
- 生：老师会不会对我们有所保留呢？
- 师：不是保留，而是选择性地教给你们某些东西，因为你们才学几年，我可不希望你们成为恋校一族。
- 生：老师会怎么选择呢？选择你认为最重要的，还是认为对我们最有用的？
- 师：最有用的，不是最好的。有些东西你们理解不了，纵然理解了，或许也感受不了。

- 生：啥叫感受不了？
- 师：比如读文学作品，不是靠理解，而是靠感受。比如李清照的作品，分析起来很容易，可你们这个年龄，恐怕是很难感受"中老年女性"的哀乐的。
- 生：老师也不是女性，也不能感受。
- 师：这不是性别问题，而是年龄问题，生活经历的问题。年轻人喜欢莎士比亚，不喜欢托尔斯泰，喜欢雨果，不喜欢巴尔扎克。为什么？因为没有生活经历，朴质无华的东西就没有吸引力。
- 生：我们还读点小说，而上了年纪的人喜欢读小说的不多。
- 师：不喜欢读小说的人素质一定很差。
- 生：为啥？
- 师：一个人可以不知道著名的科学家，但不知道著名作家，那是可怕的，素质差到了极点。
- 生：难道作家比科学家地位高？
- 师：不是地位高。你不懂微积分，照样生活，可你不懂生活，你的生活肯定有问题。
- 生：懂了。文学是研究生活的，不懂文学就是不懂生活，不懂生活的人，素质当然差。
- 师：所以梅兰芳不会解二次方程不算什么，不知道《红楼梦》恐怕就是素质差了。
- 生：可人家不懂文学，不也生活得好好的？
- 师：绝大多数人的生活是跟风，而不是经过自己思考的。别人考大学，自己也考大学；别人结婚，自己也结婚；别人生孩子，自己也生孩子。一切都是跟风。要是问个为什么，他会觉得很奇怪，纵然给出理由，也不是自己思考的结果，而是一些为大家所公认的理由。
- 生：难道生活不是这样么？
- 师：读读真正的文学作品，而不是那些流行小说，想一想，我们为什么这样生活。

7-24

子以四教：文，行，忠，信。

- 生：孔子进行四方面教学：文化、行为、忠心、诚信。这就是孔子素质教育的四门主课吧？
- 师：应该是这样。文化属于知识课，行为属于实践课。上面提到的在大树下进行礼仪演习，就是实践。忠心和诚信属于品德教育课。忠心就是对等级制度的忠

心，对上级的忠心，不犯上作乱；诚信是对朋友、他人讲信誉。

生：文化和实践现在也是要学的，诚信作为道德教育，有些学校虽然不太重视，但也应该学。至于那个"忠"，是不是相当于我们今天的政治课？

师：形式上是这样，内容却完全不同了。这个"忠"对中国历代的影响是很深的，忠君、忠于朝廷、忠于主人、忠于丈夫，所谓好男不事二主，好女不嫁二夫。

生：不看忠的对象到底怎样，这就是古代的"愚忠"啊。

师：愚忠不如孟子的"民为贵，君为轻"的思想。我们现在如果还要提"忠"的话，就要忠于人类的文明，忠于人类的进步，其他的所谓忠，都是次一级的。

生：爱国主义也算是一种忠吧。

师：这也是需要辨别的，希特勒在台上时，德国的一些无知青年，不也是因为爱国而走上战场的嘛。在国家之上，还有更高的东西，那就是人的尊严。有一部片子叫《纽伦堡审判》，国际法庭审判二战时期德国的一位世界著名法学家，他没参加过战争，也没参与过屠杀犹太人，只是为纳粹时期德国宪法的制定出过力。最后法院判了他一个极刑：终身监禁。为什么？给他的罪名就是践踏了人的尊严。

生：就是说，纳粹时期的宪法践踏了人的尊严，而他参与了这部宪法的制定。

师：对。这是高于爱国主义的原则。法国片《老枪》其实也反映了这个思想。

生：《老枪》好像也没有什么爱国主义的宣传。

师：那个叫索里安的医生并不是因为爱国而拿起枪的，他一直恪守着自己作为医生治病救人的准则，并不想介入战争，但德国鬼子屠杀他的亲人，践踏了人的尊严。可以说他是为更高的原则才拿起枪的。

生：国内抗战的片子，似乎还没有反映这个思想的。

师：我认为中国人受孔子"忠"的影响，尤其是后来"愚忠"思想的影响还是蛮大的，使得我们的战争片还不能站到更高的高度。

生：爱国好像已成为绝对的理念。

师：我觉得法国作家马尔罗的小说《人的命运》是一部好书，虽然马尔罗没到过上海，但这部小说写的是上海的"五卅"运动，里面的革命者抱着各种目的参加革命其中就有为了人的尊严参加革命的，蒋介石政府践踏人的尊严，就会有人起来反抗，起来革命。

生：这倒是比较新鲜的说法。有空得找来看看。

7-25

子曰:"圣人,吾不得而见之矣!得见君子者,斯可矣。"子曰:"善人,吾不得而见之矣!得见有恒者,斯可矣。亡(无)而为有,虚而为盈,约而为泰,难乎有恒矣。"

- **[词语解释]** 约:简约,贫穷。　　泰:豪华,不吝啬。
- 生:孔子在发今不如昔的感慨:"圣人,我不能看见了,能够看见君子,就可以了。"孔子所谓的圣人,就是指尧、舜之类的圣君吧。
- 师:我想是的。如果从道德的角度来看,原始社会圣人可就多了。没有私有财产,没有阶级剥削、阶级压迫,什么都平均分配,那时的人肯定比阶级社会、封建社会都要善良。其实这不叫善良,这叫蒙昧。这如同孩子,没有受到社会环境污染的心灵,说善良是因为没有善恶之别。一个人在我们看来是完美的,往往是因为我们衡量的标准与其所处的社会不一样,原始社会有原始社会的道德标准。所以孔子用他所处时代的道德标准去衡量尧、舜,就会得出圣人的结论。古人云,人非圣贤,孰能无过。有些人品德好,有些人品德差,有些人品德恶劣,但要记住,我们不能用当今的标准去衡量过去。
- 生:按照今天的标准,古代的君主都是品德恶劣的人吧,至少他们不是平等待人,而是践踏人的尊严。圣人没有,善人总是有的吧。孔子说:"善人,我不能看见了,能够看见有表里如一的人,就可以了。没有装作有,空虚装作充实,贫穷装作富有,难道这是表里如一吗?"我把"恒"翻译成"表里如一"是不是妥当?否则这句话连不起来。
- 师:"恒"原来是指有恒心,可以理解为保持一致,转一下意思,就是表里如一,也只能这样理解。孔子觉得在他那个时代,连善人也见不到,见到的都是表里不一的伪君子。
- 生:孔子是不是要求太苛刻啦,善良的人应该还是有的吧?
- 师:善人在每个时代都有。以前我们常说,中国人民是勤劳善良的,此话没错,在社会底层,善良的人总是不缺的。或许孔子所处的士大夫阶层,善良的人找不到,那是有可能的。

7-26

子钓而不纲,弋不射宿。

- **[词语解释]** 纲:渔网上的大绳子。　　弋(yì):用带生丝的箭来射。　　宿:

栖于巢中的鸟。

- 师：孔子钓鱼，不用渔网捕鱼，射鸟，不射栖息在巢中的鸟。
- 生：这是说，孔子钓鱼而不捕鱼；是不愿多杀生，射鸟不射巢中鸟，是不愿杀死雏鸟。以此来说明他的心地善良。不过钓鱼如果算是休闲爱好的话，射鸟总是不对的，这是破坏生态平衡哪。
- 师：前面已经说了，不要用现在的标准去衡量古人，孔子的时代扯得上生态平衡吗？照现在的标准，武松打死老虎，应该判刑。法国作家圣·埃克絮佩里有一部小说叫《夜航》，一个飞行员由于飞机失事而落荒于沙漠之中，他研究沙漠狐狸是如何生存的，发现沙漠狐狸靠吃沙漠枯树上的蜗牛生存，可有趣的是，沙漠狐狸吃蜗牛时，每次只在一棵树上吃一只，绝对不多吃。
- 生：很聪明呀，要是在一棵树上多吃，那棵树上的蜗牛就会绝种。
- 师：对。当你将一种动物作为生存食物时，绝对不能影响这种动物的繁殖速度，否则最终影响的将是你自己的生存。这个是沙漠狐狸都明白的道理，我们人类很晚才明白。黑格尔在他的《精神现象学》里说："自然由于它的被利用，亦即提供被吃掉被喝掉的材料而达到它的最高的完满性。"以前人们认为吃掉一种动物，还有另外一种，一种动物的消亡，并不影响我们的生存。
- 生：现在我们明白了，物种一个个地消亡，影响了地球的生态，最终影响我们的生存环境。
- 师：动物和人类还是不对等关系，保护动物是为了我们自己，不会是为了动物本身。为了我们能生存并生存得更好，我们才需要维护生态，保护动物。

7-27　子曰："盖有不知而作之者，我无是也。多闻，择其善者而从之，多见而识（志）之，知之次也。"

- 师：孔子说："大概有不知道而凭空说知道的人，我没有这个毛病。多听，选择好的方面吸收，多看并且记住，这是求知的第二种方法。"
- 生：那么第一种方法是什么？
- 师：就是所谓的"生而知之"。孔子似乎并不相信"生而知之"的说法。
- 生：实事求是，多听多看，应该不会有错吧。
- 师：是没有错，但面对信息社会，得小心哩。信息爆炸，一天产生的信息，你一辈子都听不完，看不完。所以这种求知的方法，今天是不适用的。
- 生：那我们适合用啥方法呢？

- 师：先系统地学习某些知识，建立起自身的辨别和思考能力，这样才能不被信息的海洋淹没。

7-28

互乡难与言，童子见，门人惑。子曰："与其进也，不与其退也，唯何甚！人洁己以进，与其洁也，不保其往也。"

- 师：互乡这地方的人很难与他们交流，孔子接见了这地方来的一个孩子，弟子们感到很困惑。
- 生：互乡是啥地方，很闭塞的么？
- 师：这地方现在无法考证了。
- 生：既然很难交流，孔子接见他们的孩子，所以学生困惑老师是怎么与之交流的，是吧？
- 师：从孔子的话来看，学生不是困惑他怎么与孩子交流，而是困惑为什么接见不可理喻的孩子。孔子说："我赞成他们进步，不赞成他们倒退。你们是太过分了！人家洁身自好地来求教，就应该赞成他洁身自好的行为，不应该记住他们的过去。"
- 生：不就见一个孩子么，也要弄出这么多道理。
- 师：一个地方的人如果普遍不可理喻，或者难以沟通，想一想，什么样的地方会这样？
- 生：这地方一定很落后，交通不便，与外界缺少联系，才会有这种情况。
- 师：还有一种可能就是这个地方遭遇过伤害，或许是战争，或许别的方面的伤害，这个地方的人与其他地方的人相比，属于弱势群体。

7-29

子曰："仁远乎哉？我欲仁，斯仁至矣。"

- 生：孔子说："仁很遥远吗？我想仁，仁就到了。"意思是只要你想要，仁德就在你身边。
- 师：估计没人肯说，不想要仁爱、仁德之类的品德，说不要的人，是要冒天下之大不韪的。
- 生：老师也不敢说不要吧。
- 师：我说："仁者请举手。"你们都会举手。但你们就不问问什么是仁者的标准吗?
- 生:孔子的仁,也是很抽象的吧。
- 师:其实并不抽象,孔子经常挂在嘴边,会一条条地说。所以关键不在于要不要仁,而在于要什么样的仁。比如爱别人,是关爱还是仁爱?
- 生:有区别吗?
- 师:区别在于你如何解释。一般来说,关心地爱别人,可以认为是平等的人与人之间的爱;而仁爱,则可以认为是宽容地爱别人,是上级对下级的爱。
- 生:把一个概念抽象化,是很难回答的吧。
- 师:可以抽象地回答,保留解释权。

7-30 陈司败问:"昭公知礼乎?"孔子曰:"知礼。"孔子退,揖巫马期而进之,曰:"吾闻君子不党,君子亦党乎?君取于吴,为同姓,谓之吴孟子。君而知礼,孰不知礼?"巫马期以告。子曰:"丘也幸,苟有过,人必知之。"

- [学生名录] 巫马期:姓巫马,名施,字子期,也叫巫马期,比孔子小三十岁。
- [词语解释] 陈司败:陈国人,有人认为司败是人名,也有人认为是官名,此人无法考证。   昭公:鲁昭公,名裯,"昭"为谥号。他是襄公的庶子,襄公死后继位。   取:娶。   吴孟子:春秋时国君夫人的称呼是在其所生地的国名后加上姓,鲁昭公的夫人是吴国人,姓姬,理应叫吴姬,但鲁昭公称之为吴孟子,孟子可能是夫人的字。
- 师:陈司败问:"鲁昭公懂礼吗?"孔子回答:"懂礼。"陈司败我们不知道是什么人,可提的问题很刁钻,孔子是鲁国人,问鲁国的国君懂不懂礼,虽说鲁昭公已死,可对孔子这种竭力维护等级制的人来说,他当然不会说自己国君的坏话,只能说懂。
- 生:看来陈司败是下了个套。孔子走后,他向巫马期作了个揖,让他靠近些,估计是耳语地对他说:"我听说君子不会偏袒,难道君子也偏袒吗?鲁昭公从吴国娶了老婆,吴鲁两国是同姓,所以叫老婆为吴孟子。鲁昭公懂礼,还有谁不懂礼?"这话还有一层意思就是,既然孔子偏袒自己的国君,他算是君子吗?
- 师:是啊。陈司败提了个很考验孔子人格的问题,孔子没有经受住这个考验。所以巫马期把此话告诉孔子。孔子感叹道:"我真是幸运,如果有过失,人家一定知道。"
- 生:春秋时同姓不婚的习俗我听说过,可为啥会有这个习俗呢?

- 师：实际上这是个落后的习俗。同姓不婚的习俗源自于两合氏族婚，也就是普那路亚婚。
- 生：请老师解释一下，没听说过。
- 师：两合氏族婚是母系社会的群体性婚姻，就是本氏族内的男女绝对禁止发生性关系，只能与联盟氏族的异性发生性关系，比如我们祖先黄帝是轩辕部落，黄帝老婆嫘母的部落是西陵部落，这两个部落是婚姻联盟部落。这样，轩辕氏族的男人把西陵氏族的同辈女性全部视为自己的妻子，而女性则把西陵部落的同辈男性全部视为自己的丈夫，反过来也一样。
- 生：所谓"全部"，就是一夫多妻和一妻多夫制？
- 师：不是的。一夫多妻或一妻多夫，是个体婚姻下产生的概念。集体性婚姻，其视角不是我，而是"我们"。
- 生：更不明白了，为何视角是"我们"？
- 师：比如我们目前的称谓，是以"我"作为视角的，我的父亲母亲、我的爷爷奶奶、我的兄弟姐妹、我的老师、我的上司等等，但母系社会时期，其称谓是以"我们"为视角的，我们的母亲们和舅舅们（当时还没有父亲这个概念），我们的妻子们，我们的丈夫们，如此等等，都是复数。"我"的视角是叙述式称谓，而母系社会是类别式称谓。
- 生：天哪，真是混乱。
- 师：不混乱，只是与我们的概念不相同，我们一时不习惯而已。
- 生：也就是说在轩辕氏族的一个男人眼里，西陵氏族的同辈女性，是我的妻子们。
- 师：不，是我们的妻子们。婚姻对他们来说，不是个人的事，而是整个氏族同辈男性或女性的事。
- 生：我明白了。这样就禁止本氏族的男女有性关系，这种禁止后来就演变为同姓不婚。
- 师：基本是这样。随着氏族发展成国家，甚至发展成几个国家，可氏族内部禁止男女性关系的习俗保留了下来。
- 生：前面说过，鲁国是周公的后代，周公姓姬，那么吴国难道也是周公的后代？
- 师：吴国是太伯之后，也姓姬。照说，已经到了国家时代，也早已是父系社会了，远祖或许是同一氏族，可已很难说有什么血缘关系了，把这种制度作为礼仪本就是可笑的。
- 生：孔子时代不知道有什么母系社会吧？
- 师：当然要孔子这么科学地看问题，是不对的，但把古老的制度都认为是应该遵守的，这就是孔子的落后性、保守性。

7-31　子与人歌而善，必使反之，而后和之。

- 生：孔子和人唱歌，唱得好，一定请那人再唱一遍，然后自己跟着唱。没想到孔子也是个歌迷，不知道他喜欢唱什么歌。
- 师：估计那时流行歌曲不多，因为当时的传媒不发达，歌曲流行起来不容易。
- 生：前面说过我国是唐朝才有乐谱的，孔子时代的歌，我们肯定不知道是怎么唱的。
- 师：不过我们可以设想，中国古代的书籍可以卷起来躺着看，这意味着中国人比较喜欢这种休闲式的阅读，那么估计在音乐上也比较喜欢休闲式的、娱乐性的。
- 生：这说明中国的音乐比较简单？
- 师：音乐在德国搞得很复杂，无论是交响乐还是歌剧，在这点上别的国家很难超越德国。这和德意志民族喜欢复杂的东西有关，庞大的哲学体系大多都是德国哲学家建立的，这和民族性格不无关系。
- 生：这样看，孔子时代的音乐也不会很复杂。那么孔子创作过歌曲没有？
- 师：不清楚，就算创作了许多歌曲，也无法传下来。

7-32　子曰："文，莫吾犹人也。躬行君子，则吾未之有得。"

- [词语解释] 莫：大概。　　躬：亲自，亲身。
- 师：孔子说自己："文化知识，大概与别人差不多。亲身实践做一个君子，那我还没做到。"
- 生：是不是孔子对自己的评价还算客观？
- 师：进行做君子的实践，你们认为这是什么实践？
- 生：老师教我们如何做一个好人，然后让我们去实习。
- 师：不是实习，是实践。
- 生：差不多吧，做君子实践，算个啥事？
- 师：这是不是太抽象啦。如果你是好人，必须通过实际的事情来体现，比如你去经商，在经商过程中体现你的商业道德。
- 生：职业道德教育比纯粹的道德教育更重要吧？
- 师：不是更重要，而是更管用、更直接、更实际。一个人的道德是在参与社会活动的过程中体现的，不是规定做一些什么事情来完成的。

> 7-33
> 子曰："若圣与仁，则吾岂敢？抑为之不厌，诲人不倦，则可谓云尔已矣。"公西华曰："正唯弟子不能学也。"

- **[词语解释]** 抑：只不过，只是。
- 师：估计孔子当时名气很大，学生们把他奉为圣贤，孔子才说了这番谦虚的话。他说："假如说圣和仁，那我怎么敢当？我只是不知满足地进行道德实践，不知疲倦地教诲别人，也就如此而已啦。"
- 生：学生公西华马上说："这正是弟子不能够学到的呀。"这个公西华，是个很会拍老师马屁的学生。
- 师：孔子还当真了，嘴上说得客气，心里美滋滋的。
- 生：在老师眼里，圣人肯定是没有的。不过说仁德，孔子应该够得上的吧？
- 师：孔子做了什么啦，够得上仁德？赈济了灾民？见义勇为救了别人？带左邻右舍发财致富了？
- 生：老师也太可笑了吧，用现代的标准去衡量孔子呀？
- 师：不是用现代的标准，而是要表明，仁德不是说出来的，而是做出来的，孔子除非做了在当时看来很有仁德的事，我们才能认为他拥有仁德。
- 生：好像也没记载孔子做过什么惊天动地的仁德之事，只不过他老是在那儿说，要别人如何如何做，如何如何做人，如何如何成为君子。
- 师：光靠说肯定是成不了君子的。孔子是个教师，教导学生是他的本职工作，教导别人是他的职业习惯。如果做好自己的本职工作，就认为是有仁德的话，那么成功的商人，因为把企业做强做大，也该算是有仁德了，甚至都可视为圣人了，这显然是说不过去的。
- 生：照这个标准，我们还真找不出孔子做过的大好事。
- 师：比如唐朝散文家柳宗元在柳州做官时，把穷人质押给有钱人家的孩子赎出来；明朝戏剧家汤显祖在做浙江遂昌知县时，放囚犯出去看花灯，让他们回家过年，五年知县任期内没让一名囚犯死亡。这些都是大好事，深得老百姓的拥护。孔子要是有一些这样的事，那么我们可以说他具有仁德了。
- 生：教导别人难道不是行仁德之事？
- 师：我看很难，因为教导别人的人太多了，尤其是教师，似乎每天都在教导别人，这事过于平常了。

7-34

子疾病，子路请祷。子曰："有诸？"子路对曰："有之。《诔》曰：'祷尔于上下神祇。'"子曰："丘之祷久矣。"

- [词语解释] 疾病：古代生一般的病称"病"，生重病才称"疾病"。　　诔（lěi）：祈祷文。　　祇（qí）：地神。
- 师：孔子生了重病，子路想替他祈祷。孔子问："有这回事吗？"
- 生：就是说孔子不相信替人祈祷有啥作用。
- 师：估计孔子的学生中也没有什么有能耐的医生，病急乱投医，至少也是学生的心愿。所以子路说："有这回事。祈祷文说：'替你向天地之神祈祷。'"孔子说："我早就祈祷过了。"
- 生：孔子说早就祈祷过了，说明他并不相信向鬼神祈祷有什么用。
- 师：一般书上是这么说的。我们说孔子是敬鬼神而远之的，对鬼神的真实性不置可否，他参加鬼神的祭祀，也只是热衷于祭祀的礼仪。从这个意义上来理解，可以说是祈祷没什么用。可从这句话的语气上看，我不这样理解。
- 生：那老师的意思是？
- 师：这是孔子安慰学生的话，既然学生急得要替他向鬼神祈祷，孔子的意思是，你们不用太着急，我已祈祷过了。
- 生：好像这样理解更人性化一点。
- 师：孔子在重病时还在教导别人不信鬼神？我看不是。当人处于无奈时，纵然不信鬼神，可除了祈祷还能怎么样呢？

7-35

子曰："奢则不孙（逊），俭则固。与其不孙（逊）也，宁固。"

- [词语解释] 孙：逊，谦虚。　　固：固陋，寒酸。
- 师：孔子认为"奢侈就会不谦逊，节俭就会寒酸。与其不谦逊，宁可寒酸"。一个有钱人，要是过很奢侈的生活，在别人眼里一定很傲慢，要是过节俭的生活，在别人眼里显得很寒酸。要是你们有钱，是喜欢奢侈还是喜欢寒酸呢？
- 生：老师，这里好像前面指有钱人，后面指穷人吧？
- 师：有些人就是这样理解的。可我觉得，孔子指的仅仅是有钱人。穷人有什么可节俭的呢？他本来就无钱可乱花，有钱人不肯花钱，才叫节俭。"富而骄"在前面讲过了，你们对"富而俭"如何看？

☺ 生：这的确很寒酸，不仅显得寒酸，心里也很寒酸吧，有钱不愿用，守财奴的寒酸。

☺ 生：不是守财奴，而是不露富，故意显得寒酸，中国人自古就有不露富的观念。

☻ 师：寒酸有相对也有绝对。在富翁们的圈子里，大家的坐骑都是宝马，有个富翁开的却是普桑，就很寒酸。而在自行车王国里，开普桑就是奢侈了。这是相对而言的。从绝对来说，一个拥有上亿资财的人，如果开一辆小QQ，那肯定是寒酸；而一个只有几万资产的人，开辆小QQ肯定是奢侈。

☺ 生：孔子认为宁可寒酸，也不要奢侈。老师说了半天，您到底是支持寒酸，还是支持奢侈？

☻ 师：既不支持寒酸，也不支持奢侈。

☺ 生：孔子的中庸之道吧？

☻ 师：不是中庸。所谓寒酸和奢侈都是别人的看法。孔子比较在乎别人的看法，在乎别人对自己的评价。在这方面完全可以不在乎别人怎么看，而取决于实用主义，钱是拿来用的，有钱并不是非得要用，有钱又需要用，干吗不用呢？

☺ 生：老师的意思是，路远骑自行车不行，自己又有钱买车养车，那就买车。

☻ 师：对。如果经常开车，又没时间经常去修车，在钱允许的情况下，就买质量好一点的车。要是自己怎么消费，都要看别人的眼色，那也太没个性了。其实奢侈浪费的人，都是在乎别人眼光的人。

☺ 生：节俭的人不一定在乎别人的眼光吧？有些人节俭是喜欢存钱，钱再多还是节俭的，在别人眼里简直是抠门，可他不在乎别人的眼光。

☻ 师：那是被金钱异化了。据说巴菲特一件出客穿的外套，穿了三十年，显得很旧，他女儿替他买了件新的，他要女儿退掉，理由是他的外套没有破。你们说，这是吝啬还是节俭？

☺ 生：吝啬吧，他是大富翁呀，一般人也不至于一件衣服穿三十年。

☻ 师：这是节俭。吝啬和节俭是有本质差别的，吝啬是该用不用，节俭是"能用不换"。以金钱为目的节俭，才是吝啬，以实用为目的节俭，那不是吝啬。

7-36　子曰："君子坦荡荡，小人长戚戚。"

☺ 生："君子心地平坦宽广，小人老是忧虑不安。"这话平时常听人家用。

☻ 师：我看君子很难不忧虑吧，尤其是生逢乱世，忧国忧民，君子不得不"长戚戚"，而坏人当道的时代，小人反而活得有滋有味。

- 生：孔子对时代社会历史根本不顾及，老是说一些空洞抽象的话，我们已领教多次了。
- 生：孔子似乎是个还未涉世的小孩子，老是盯着自己鼻子下的一个"我"，我是不是君子，是不是仁，是不是懂礼。而社会不符合他的要求就一味地悲叹，一味地用原始社会教育别人。
- 师：是啊，一个固执、怀旧、目光短浅的孩子。像这样的人，一心想的是社会用不用他，根本就不关心社会的现状、社会的发展，不关心老百姓的生活、国家的状况，这样的人，当然可以坦荡荡啦。
- 生：对呀，我们可不行，要关心就业指数、物价指数、房产指数、股票指数……光指数就有一大堆。不仅中国，世界的经济也得关心，2008年美国次级债风波，导致全球金融动荡，难道不忧虑吗？
- 师：你们要真这么关心、忧虑，倒是件好事，恐怕你们只是说说而已。对于一个真正有社会责任感的人来说，可能与孔子的说法相反。
- 生：君子长戚戚，小人坦荡荡。
- 师：君子的确长戚戚，说小人坦荡也是不对的。应该说，君子为社会戚，小人为自己戚。
- 生：那么我们师生同戚吧。

7-37 子温而厉，威而不猛，恭而安。

- 生：这说的是个人风格吧。孔子温和而严厉，有威仪却不凶猛，待人恭敬，并且平和安详。
- 师：每个人都有自己的行为处世的风格，这很难说什么好，什么不好。不过孔子的这种风格，非常符合他的中庸之道。
- 生：作为教师，有些个人风格是好的，有些风格当然是不好的，像凶猛，作为武将的风格，可能是优点，可一个凶猛的教师，就算是武术教师，也是不好的风格吧。
- 师：随着时代的变化，凶猛的风格怕是越来越多地不能为人接受。以前讲究师道尊严，严厉、威仪自然是教师应该具备的风格，如今讲究老师和学生打成一片，那威仪、严厉的风格，学生就比较讨厌这种老师了。
- 生：这样的老师，让我们觉得是假正经。
- 师：老师总有自己的个性，严厉有严厉的好处，不是吗？

- 生：对学生来说，严厉就是压抑。
- 师：孔子如果还活着，你们在他面前会感到压抑吗？
- 生：虽然他温和、安详，可还是有点压抑的，总体上说，他过于严肃。

泰伯第八

8-1　　子曰："泰伯，其可谓至德也已矣，三以天下让，民无得而称焉。"

- [词语解释] 泰伯：周文王的祖父叫古公亶父，古公有三子，长子太伯，即泰伯。
- 师：孔子认为："泰伯，可以说有极高的品德，多次让位天下，老百姓找不到词语来赞美他。"
- 生：这个泰伯是怎样的人，得到孔子如此的推崇？
- 师：追溯周朝的祖先，可以追溯到古公亶父。还在殷商时代，当时古公亶父的地盘很小，只是一个部落，根本谈不上"天下"。他有三个儿子，长子泰伯，次子仲雍，小儿子季历。照理说古公应该把部落首领的位置传给长子泰伯，可季历有个儿子叫姬昌，聪明好学，品行又好，古公很喜欢这个小孙子，所以想把部落酋长的位子传给小儿子季历，最终能让孙子姬昌来领导部落。泰伯看出父亲的这个意愿，所以说服弟弟仲雍，两个人一起离开了部落，跑到勾吴，就是今天的无锡一带，后来成为吴国的始祖。前些年有报道，在无锡的丹阳山发现有古遗，有学者认为是泰伯留下的。
- 生：我也看到过这个报道，但是还不能确定是不是泰伯生活的地方。
- 师：我们上面说的鲁昭公娶了吴国的女子，吴国也姓姬，所以他不敢叫吴姬，只好叫吴孟子。这就是为什么吴国和周王朝同一个姓的缘故。孔子这里说的"泰伯让天下"，就是指泰伯和二弟仲雍把酋长位子让给三弟季历的故事。不过那时还谈不上天下，只是让了部落首领的位子。
- 生：后来这个部落得到了天下？
- 师：是。后来古公传位给季历，季历传位给姬昌，姬昌就是周文王，把地盘扩张到全国的三分之二，到他的儿子姬发，就是周武王，终于灭掉商朝，统一天下。
- 生：后来取得天下是谁也料不到的，泰伯只不过让一个部落酋长的位子，至于得到孔子这样追捧么？
- 师：在孔子眼里什么东西最重要？
- 生：当然是道德。
- 师：不对啦，道德是为等级制度服务的，等级是最重要的，而等级中王的位子当然是重中之重。凡是能把等级阶梯上的至尊王位让给别人的人，在孔子眼里都是圣人。

- 生：怪不得孔子对尧舜崇拜得不得了。
- 师：孔子还不好意思说自己如何崇拜泰伯，而说老百姓简直无法赞美他的高尚道德。
- 生：我想老百姓并不在乎谁让位给谁，而在乎当官的能爱民如子，能把生产搞上去，能改善他们的生活。
- 师：实际上老百姓自古对权力的更替并不关心，他们关心了也没用，在封建社会他们根本没有什么政治参与权。

8-2　子曰："恭而无礼则劳，慎而无礼则葸，勇而无礼则乱，直而无礼则绞。君子笃于亲，则民兴于仁；故旧不遗，则民不偷。"

- [词语解释] 葸（xǐ）：害怕，胆怯。　　绞：急切，尖刻。　　偷：感情的淡薄。
- 师：孔子说："恭敬而不懂礼，就会疲劳；谨慎而不懂礼，就会怯懦；勇敢而不懂礼，就会闹出乱子；直爽而不懂礼，就会对人刻薄。"总之，在孔子看来，不管你是什么性格，不懂礼就是不行。
- 生：要真这样，教礼仪课的老师很吃香哟，这如同现在的英语老师，不管你从事什么工作，也都得弄个四级六级的。
- 师：我们来看看他说得有没有道理。恭敬而不懂礼，有点像商场或饭店等商业场所的接待员，整天点头哈腰，心里很讨厌，却必须满脸堆笑，累不累？
- 生：当然累啦。表面恭敬，心里恨不得把顾客骂得狗血喷头。
- 师：懂得礼节就不累吗？有一次我去接待一个外国青年访问团，一百多号人，每个人都向我点头致意，我也必须回敬别人，所以一口气点了一百多下头。
- 生：在这种情况下，就是因为懂礼，才使恭敬变得很累吧？要不懂礼，还会哈腰哈下去吗？可怜的老师，恭而知礼则劳。
- 师：俗话说，秀才遇到兵，有理说不清。要是秀才遇到强盗，那会怎么样？
- 生：不是有理说不清，而是有理也不让你说。我记得鲁迅先生写过一篇小说，说庄子遭人打劫，结果衣服裤子都被人抢走了。遇到强盗说啥理呀。
- 师：是有这样一篇小说，收在《小说新编》里。庄子怯懦了么？
- 生：好像没写庄子内心是不是怯懦。孔子难道不会怯懦吗？
- 师：我看也会怯懦的吧。他不至于幼稚地认为，自己品德高尚，强盗就对他下不了手，强盗真的下手，他也会害怕的。

- 生：这说明怯懦和懂不懂礼没关系，和面对的对象有关系，是吧？
- 师：谨慎的人未必是胆小的，谨慎是一个人的行事风格，与胆子有一些关系，却不是绝对的。胆子大小，与懂不懂礼，没什么关系。勇敢与鲁莽不能说是一回事吧。鲁莽的人容易闹出乱子，李逵是鲁莽的人，但武松却不鲁莽，可他们都很勇敢。
- 生：一个不懂礼节的勇敢者，不就是鲁莽么？
- 师：表面上看是这样，可假如他是讨厌礼教的人呢？
- 生：直爽有时的确让人很尴尬，这种人会不分场合、不看对象地直爽，叫人受不了，在别人看来就是刻薄。
- 师：童言无忌，最直爽的怕是孩子吧，谁能说一个孩子很刻薄呢？

曾子有疾，召门弟子曰："启予足！启予手！《诗》云：'战战兢兢，如临深渊，如履薄冰。'而今而后，吾知免夫！小子！"

- [词语解释] 启：视也。　　免：免于刑戮。
- 生：曾子有病，这里不用疾病，说明不是重病。曾子此刻好像也已成了老师，所以他召集门下的弟子说："看看我的脚，看看我的手。《诗经》里说：'战战兢兢，如同面临深渊，如同走在薄冰上。'从今往后，我知道可以免于刑法了，小的们！"翻出来不难，可意思似乎不太清楚。
- 师："小子"最好别翻成"小的们"，那是黑道上的叫法，可以翻作"学生们"或"年轻人"之类的。这句话不好理解，是因为我们现在已没有不能损伤自己身体的观念。在古人看来，身体甚至包括毛发，都是父母给的，不能随便受到损伤，否则就是对父母的不孝。
- 生：我摔了一跤，骨折，难道也是不孝？
- 师：没那么绝对。父母总是担心孩子会有什么意外，不让父母担心，保护好自己的身体，是一种孝心。从这种观念来看，自残甚至自杀，肯定是大逆不道的大不孝。
- 生：这样一说就明白了，曾子让弟子们看看他的手脚是否完整，用《诗经》里的句子来比喻，是要非常小心谨慎地保护好自己的身体。生了这场病，他更看重身体，并使他认识到人不能犯罪，犯罪受到刑戮，身体就不完整了。
- 师：我们当然不会再持有这种孝的观念，可曾子的这种"自恋"式的孝，倒是启发我们，一个人的自我不可能是纯粹的，人是社会动物，你长大成熟，父母是费了辛勤劳动的，尊重他们的劳动是应该的。

8-4　　曾子有疾，孟敬子问之。曾子言曰："鸟之将死，其鸣也哀；人之将死，其言也善。君子所贵乎道者三：动容貌，斯远暴慢矣；正颜色，斯近信矣；出辞气，斯远鄙倍(背)矣。笾豆之事，则有司存。"

- [词语解释] 孟敬子：鲁国大夫，姓仲孙，名捷。　　倍：同"背"，不合理，错乱。　　笾(biān)豆：笾，祭祀时用以盛果实的竹器；豆，祭祀时用以盛有汁食物的木制器皿。　　有司：主管具体事情的小官吏。
- 师：曾子生病时，孟敬子来探问病情。这个孟敬子，有可能是孟懿子的孙子，孟武伯的儿子。
- 生：祖父和父亲都被孔子教诲过，现在他来接受孔子学生的教诲。曾子教诲道："鸟将死时，它的叫声是悲哀的；人将死时，他的话是善意的。"以前我一直认为这话是孔子说的，原来是曾子的话。曾子还没病到快死的份上吧，若只是为了表明自己是善意的，没必要这样夸张嘛。
- 师：大概一代不如一代，孟敬子的祖父和父亲至少是来向孔子请教的，孟敬子是来探病的，这人根本不想学习什么，为了让他听进去，曾子或许夸张自己的病情。他告诫孟敬子："君子所看重的有三条原则：注意外表容貌，就能远离粗暴和怠慢；端正脸色，就能接近诚信；讲究言辞谈吐，就能远离粗野和错乱。对于礼仪方面具体的小事，自有一般工作人员在那儿管着。"从曾子的告诫中，你们看出孟敬子是个什么样的人了吧？
- 生：是个站没站相，坐没坐相，满嘴污言秽语，大事不管也管不了，对细枝末节的小事管得起劲，时常为此大吵大闹的家伙。

8-5　　曾子曰："以能问于不能，以多问于寡；有若无，实若虚，犯而不校，昔者吾友尝从事于斯矣。"

- [词语解释] 校：计较。
- 师：曾子说："有才能的却向没有才能的人请教，知识丰富的却向知识贫乏的人

请教；有像是没有，充实像是空虚，被人欺侮却不计较，以前我有个朋友曾经做这种事情。"

- 生：这个朋友是谁呀，既虚伪又傻帽。
- 师：以前研究者认为指的是颜回。
- 生：有可能，颜回就是这种傻帽。
- 师：我看不是傻，而是对谦虚拥有偏执狂的变态心理。
- 生：如果经济学家去向民工请教中国宏观经济发展，数学家去向梅兰芳请教哥特巴赫猜想，明明有钱说很穷，吃饱了说饿得背贴心，别人打他还说没关系，人谦虚到这份上，是不是该进精神病院啦？
- 师：要真是颜回，那岂不成了孔子教育的最大败笔？
- 生：曾子也不愿说出这人是谁，说明有所顾忌。

8-6　曾子曰："可以托六尺之孤，可以寄百里之命，临大节而不可夺也。君子人与欤？君子人也。"

- **[词语解释]** 六尺：古代的尺比现在短，六尺算下来差不多是今天的1.38米，这里指未成年人。　百里：指诸侯国。
- 生：孔子说的君子往往都是从个人道德方面说的，曾子说的君子好像有点男子气概。他说："可以托付未成年的遗孤，可以托付国家的命运，在生死关头不屈服。君子是人吗？君子是人哪。"
- 师：刘备把阿斗和蜀国的命运托付给诸葛亮，诸葛亮为此鞠躬尽瘁，死而后已。按这个标准，诸葛亮就是君子。曾子的意思就是说，君子是值得信赖的人，是一诺千金的人，他可以为自己的承诺付出生命。
- 生：这样的人现在的确难找，尤其是为承诺能置生死于不顾的人。
- 师：从个人的角度，诸葛亮的确做到了自己的承诺，但从社会的角度，我可不想赞美这种人。
- 生：诸葛亮难道做了见不得人的勾当？
- 师：一个人应该对自己的承诺负责，但不管怎样，承诺不应该是一个人最高的行为准则。在承诺之上，还有人的尊严；在国家命运之上，还有百姓的命运。诸葛亮为了兑现对刘备的承诺，一意要恢复汉室，连年发动对魏国的战争，弄得蜀国百姓民不聊生，十分困苦。三国时连年征战，经济大滑坡，三国鼎立之后，三国皆铸小钱，魏、吴的五铢明显缩水，轻去三成，而蜀汉铜钱标准五铢只有汉五铢的五分之一，如果魏、吴货币贬值 30% 的话，那么蜀国的货币贬值至少在 60% 以上，这就是诸葛亮"穷兵黩武"的结果。什么是国家的命运？国家的命运就是人民生活过得好，不能因为某个人的理想而使百姓遭殃。

生：问题还是出在君子的这种道德准则太抽象了，是不是？要是一个暴君把国家命运托付给一个君子，这个君子也是会愚忠的吧？

师：要记住，在个人抽象的道德之上，还有人类的文明原则，不能因为个人的承诺，把人类的文明也出卖了。

生：有历史学家分析说，诸葛亮"受托"是假，独揽蜀国大权是真。

师：的确刘阿斗只是个傀儡，诸葛亮也确实独揽大权，甚至有篡位之嫌。可历史毕竟以事实说话，人也必须以所做的事情定论。诸葛亮终究没有篡位，蜀国大权也是刘备交给他的，历史也就这么盖棺论定了。现在历史学家们讲故事还不够，还从细枝末节中把历史人物的心理、性格分析得透透的，这是历史还是文学？

生：历史文学化不是说起来更好听吗？

师：不对的，历史就是历史，历史的目的是寻找社会发展的规律，不是让人进行文学欣赏的。讲故事是文学的功能，不管是历史故事还是虚构的故事。文学讲故事，也不是为了故事本身，而是为了培养情商的。

生：那现在电视里的"讲坛"，那些历史学家讲的历史，是文学吗？

师：与其说是学术讲坛，不如说已变成了历史长篇评书。这没什么不好，老百姓没事，听个长篇评书，找找乐子，但抬高到"学术"就过分了。

8-7 曾子曰："士不可以不弘毅，任重而道远。仁以为己任，不亦重乎？死而后已，不亦远乎？"

● [词语解释] 弘：强。

生：曾子说："读书人不可以不坚强而有毅力，因为责任重大，路途遥远。把'仁'作为自己的责任，不是很重大吗？至死方休，不是很遥远吗？"原来任重道远指的是实现仁德呀。

师：曾子认为读书人的人生目标是为了实现仁德，那么我们现在的读书人是为了什么？

生：没那么高尚，不过太俗的话，说起来也没劲吧。什么就业，成为专家，功成名就之类的。与曾子的目标相比，似乎也太自私了点儿？
- 师：曾子的这个目标就不自私了？
- 生：这还自私，那啥才算高尚呢？
- 师：一心想成为有道德的君子，把百姓、国家、民族置于脑后，我看还不如晏婴，不管是时代开明还是时代黑暗，尽自己的能力做一些有利于国家和百姓的事。你们说，在纳粹德国时期，逃离德国，远离是非之地，保持自己的纯洁性，算是君子呢？还是像《辛德勒的名单》中的辛德勒算是君子呢？
- 生：当然辛德勒更了不起。
- 师：所以不应该老是把所谓的"仁"挂在嘴边，而应该具有孟子"君轻民贵"的思想，把百姓的利益放在第一位。
- 生：仁德要在做事中体现出来，做事是重要的，高尚点说，就是要为国为民做一番事业。老百姓才是第一位的，现在有些人就是打着国家利益的名号，来损害老百姓的利益。国家是百姓的国家。
- 生：那么个人与集体呢？总不能把个人利益置于集体之上吧。
- 师：个人服从集体是有条件的，就是说，这个集体必须是尊重个人的集体。在集体之上有一个"人的尊严"的原则，一个践踏人的尊严、不尊重个人的集体，肯定是个坏集体。有些老板，为了公司的利益，剥夺个人的权利，无偿加班，不交"三金"，甚至员工上厕所的权利都受到限制，这样的集体，你们会服从吗？
- 生：不会。若在这样的公司，趁早辞职。

8-8 子曰："兴于《诗》，立于礼，成于乐。"

- 师：孔子的这句话理解起来很灵活，照我看，孔子讲的是一个学习过程。他说："学习开始于《诗经》，建立根本在于礼仪，最后完成在于音乐。"你们认为这样理解对还是不对？
- 生：年轻人比较喜欢诗歌，容易激起兴趣。既然是素质培养，学习的主要内容应该是礼仪，这都好理解，可为啥说最终完成在于音乐呢？
- 师：孔子把音乐地位抬得很高，前面讲过，他是用道德的理念来评价音乐的。诗歌是文学作品，是培养学生感性的；礼仪学的是具体知识，是培养学生理性的。感性与理性最终在音乐中得到完美结合，所谓尽善尽美的音乐就是这种结合的产物，善代表着理性知识，美代表着感性知识。

生：音乐真有那么重要么？现在除了音乐学院学音乐的学生外，学生完全不懂音乐也是可以毕业的。

师：学生完全不懂音乐，那是太轻视了，美国某些理工学院要求学生必须会演奏一门乐器，才能毕业。像孔子那样在音乐里看出道德，从而抬高音乐地位的做法当然也是不可取的。音乐就是一门重要的艺术，毕竟不是什么政治思想课。

8-9

子曰："民可使由之，不可使知之。"

师：孔子说："老百姓可以使他们照着你指导的路走，不可以使他们知道为什么。"对于这句话，后代一些具有"民贵君轻"思想的人受不了，圣人怎么会这样貌视百姓，于是就胡乱解释，说"民"指的是"学生"，不是"百姓"。

生：就像有些人受不了孔圣人是私生子这个事实，把"野合而生孔子"解释为孔子是在野外生的。

师：是啊，在野外生的，古汉语应该说成"生于野"。其实从前面讲的孔子的思想，我们很清楚，作为一种封建等级理论的奠基者，他可能给老百姓民主吗？可能让他们有参与政治的权利吗？

生：孔子大概不会给老百姓参与权。

生：不过完全讲民主，什么都来个全民公决，也不是好办法吧，各人有各人的想法，很难统一的。既要有民主，又要有集中不是嘛。

师：国民素质是要培养的，只有让国民不断参与和知悉国家的重大决策，国民的素质才能提高，至于如何在民主之上集中，那是另外的问题了。

生：老师，要是鲁国的统治阶级把孔子这样的知识分子也看成"民"，领着他们朝前走，不告诉他们到哪里去，孔子会怎么样呢？

师：我想孔子一定不肯朝前走，并且大叫："你们要把我带到哪里去呀！"

生：这让我想起孔子自己说的："己所不欲，勿施于人。"

师：人往往会不自觉地把自己凌驾于别人之上。你跟别人说："百分之九十九的人是傻瓜。"那些人听了都会乐哈哈地表示赞同，因为他们会无一例外地把自己归入百分之一之中，并起劲地列举出那百分之九十九的倒霉蛋愚蠢的证据。

生：要是说百分之百都是傻瓜，那听的人会跳起来吧。

- 师：也有不跳的，他会把自己归入百分百之外的特例，更加起劲地证明别人的愚蠢。

8-10

子曰："好勇疾贫，乱也。人而不仁，疾之已甚，乱也。"

- 生：孔子这里讲的意思是："爱好勇敢又讨厌贫穷，是要出乱子的。对不仁的人，厌恶得太过分，也会出乱子的。"这种说法有点道理吧。一个勇敢的人讨厌贫穷，为改变命运，就会铤而走险。对不道德的人太痛恨，觉得他们是不可改造的，最后这些人自暴自弃，干脆造反。
- 师：对贫穷，不管是勇敢的人还是懦弱的人，都是厌恶的吧。一个人"乐贫"，肯定是无奈的选择。我不知道孔子什么意思，要人家不"好勇"还是不"疾贫"。
- 生：好不好勇，这是一个人的性格，要社会上人人都不喜欢勇敢，那这个国家还有谁去当兵，谁去保卫国家？我们不能要求人人勇敢，可要求人人都不喜欢勇敢，也是不对的吧？
- 师：把"好勇"排除的话，那么孔子就是希望大家能"安贫"。
- 生：他要大家安于贫困，不去改善生活？
- 师：孔子也不是经济学家，不知道如何改善国家经济，不知道如何让老百姓生活得好一点、早日脱贫，所以我说，"乐贫"是无奈的选择。

8-11

子曰："如有周公之才之美，使骄且吝，其余不足观也已。"

- 师：孔子说："如果有周公那样美妙的才能，假使他既骄傲又吝啬，其他的方面就不值得一顾了。"在孔子看来，德比才重要，这点我们前面已经讨论过了。
- 生：周公，就是鲁国的祖先，真的如孔子推崇的那么有才能么？
- 师：怕是有才的，否则凭啥成为周王朝的开国功臣。不过要是一个国家都要德才兼备的人才方可使用，那这个国家要富强恐怕很困难，要是在各国纷争的乱世，这样的国家肯定会被别国灭掉的。
- 生：用有才的坏人，不危险么？
- 师：无德并不见得是坏人，孔子前面也说了，对不仁的人，不要过分仇视，也得让人家有条生路吧。所以用人还得学曹操般大度，品德不好的人，只要有才都得用。
- 生：品德不好，当财务主管，不危险么？
- 师：一切都得靠制度监管，我们不能靠品德来维护社会秩序，而要靠制度。
- 生：有骄傲和吝啬这两种不好的品德，还算不上坏人，孔子却连看都不看人家一眼。

8-12　子曰："三年学，不至于谷，不易得也。"

- [词语解释] 谷：古代以谷米为俸禄，所以"谷"有"禄"的意思，引申为做官。
- 生：孔子说："学习多年，还没想到做官，很难得呀。"这是评价某个学生吧，这人不像子张，一心想"学干禄"。
- 师：现在读书，毕业后找不到工作，有些人会觉得书白读了。古代读书是为了做官，做不了官，自然也觉得书白读了。但读书不仅仅是找工作或做官，现在要找个不为找工作而读书的学生，也比较难吧。
- 生：这也不是我们的错呀，现在是文凭的时代，做什么都要文凭、资格证、上岗证等等，再说，人口那么多，总要有个筛选的标准吧。

8-13　子曰："笃信好学，守死善道。危邦不入，乱邦不居。天下有道则见（现），无道则隐。邦有道，贫且贱焉，耻也；邦无道，富且贵焉，耻也。"

- [词语解释] 见：同"现"。
- 师：这段话，孔子把自己的处世观讲得很清楚。他说："坚定信念，热爱学习，誓死守卫善良的原则。危险的国家不去，混乱的国家不居住。天下清明，就出来做事；天下黑暗，就隐居。国家清明，以贫贱为耻；国家黑暗，以富贵为耻。"
- 生：那时国家多，跑来跑去，也不用签证、护照，甚至也不管你是啥国籍，所以可以挑挑拣拣。
- 师：当然这是客观原因，不过孔子这番话让我想到"天下兴亡，匹夫有责"。匹夫都知道，对天下拥有一份责任，而孔子只想保住自己的清白和道德。

- 生：孔子是不会当汉奸的，这符合他的道德。
- 师：所以一个人要有社会责任感，要勇敢地承担起社会责任，倘若有道德的人为保住自己的清白，保住自己的道德，面对黑暗都隐居起来，社会能不黑暗吗？天下清白是靠人们创造出来的。
- 生：老师是不是应该这样说，善良是靠做事做出来的，守是守不住的。
- 师：对。隐居于世外，什么都不做，何谓善良？人的品德是通过做事情建立起来的，不是靠说就会善良的。

8-14

子曰："不在其位，不谋其政。"

- 生：此话经常被人引用。孔子说："不在那个职位上，便不考虑那份事务。"
- 师：听上去蛮有道理的，但这很难做到，我认为也没必要这样做。
- 生：为啥难以做到？
- 师：你们想想，职位是孤立的吗？不是孤立的，任何职位都是社会或者单位的一部分，别人在一个职位上干得好不好，会多多少少地影响你，你不谋也难。
- 生：这倒是。公司经理职务，好像和你没关系，可经理干得很差，公司的效益就下降，你的奖金说不定就没了，你一急，就会想方设法给经理提一些合理化建议。
- 师：从一个国家来说也是，教育部长、教委主任的工作和你们没关系吗？总理、市长的工作和你们没关系吗？任何职位都是社会的有机部分，当然这些职务，你谋了别人也不会听你的，可要是不在其位的人都不谋，那社会会成什么样，会有人献计献策吗？孔子这话同样来自于社会等级观念，上级对下级，不叫"谋"叫管，要是下级对上级，那就是僭越，僭越是犯上作乱的表现。丞相上朝遇到刺客，白居易上书表示愤怒，建议严查凶手，人家就告他"僭越"，你又不是公安部长，你管啥闲事，白居易为此被贬到江州当司马去了，最后落得个"江州司马青衫湿"。
- 生：现在有些领导也有这样的观念，下级给他提意见，他想着法儿让你穿小鞋，心里一定痛恨你的僭越行为。
- 师：一个好的团队，应该是人人谋自己的"政"，也谋别人的"政"，互相帮助才对。

8-15

子曰:"师挚之始,《关雎》之乱,洋洋乎盈耳哉。"

- [词语解释] 师挚:鲁国太师,名挚,掌管音乐。古代奏乐,开始一般都由太师演奏。 乱:音乐结束。
- 生:孔子说:"从师挚演奏开始,到《关雎》之曲结束,洋洋洒洒,满耳都是音乐哪。"孔子说得如此得意,大概这音乐是孔子自己写的吧。
- 师:我们不清楚孔子是否整理过《诗经》里的音乐,或许整理过,或许还为里面的歌词谱过曲,但孔子对音乐的偏好,在前面已讲过多次了。
- 生:要是那时的音乐还能复原,那听《诗经》音乐要比看文字有趣多了。

8-16

子曰:"狂而不直,侗而不愿,悾悾而不信,吾不知之矣。"

- [词语解释] 侗(tóng):无知,幼稚。 愿:忠厚老实。 悾悾(kóng):愚笨的样子。
- 师:孔子说:"狂妄却不直率……"这样的人你们当中会不会有呢?
- 生:也就是狂妄的虚伪者,目前好像还没发现。
- 师:那么反过来问,有没有谦虚而直率的人呢?
- 生:谦虚的人一般都不太直率,既直率又谦虚,恐怕也不多吧。
- 师:谦虚而直率,狂妄而不直率,这两类人好像不太多,其实是蛮多的。中国人好面子,自己分明没有却说有,自己做不到谎称自己完全做得到,明明自己成绩上不去,却说没什么了不起,只是自己不太感兴趣而已,诸如此类,难道不是狂妄而不直率么?
- 生:如此一说,倒还真是比比皆是哩。那孔子说的"无知却不老实,无能而不讲信用"恐怕就更多了吧。
- 师:无知的人掉进一个复杂险恶的环境里,吃了许多亏,却不好学,就很容易变成无知而不老实的人。
- 生:从山沟沟来城市打工的,有些人就成这样了,上当受骗多了,最后自己也去骗人。无能而不讲信用,倒是蛮可怜的,说不定他很想讲信用,可他没能力做到。
- 师:没能力干吗要承诺呢?这不就是狂妄而不直率吗?把胸脯拍得啪啪响,一口一个包在我身上，结果什么事也办不成。
- 生：这种人还真是到处都有。
- 师：孔子对这种人感叹道："我不知道他们为什么要这样啊！"
- 生：大概孔子请人办事，那人答应得好好的，结果却没办，很是生气。
- 师：这种人的确让人讨厌。

8-17

子曰："学如不及，犹恐失之。"

- 师：你们是不是有这种感觉，像孔子说的："学习仿佛有赶不上的紧迫，还好像生怕遗漏了什么。"
- 生：没有，或者基本上没有。只是在考试时才会有这种感觉。
- 师：如果没有，你们的人生将会很松散。
- 生：老师，拜托，别拔得这么高好不好，动不动就提到人生的高度。
- 师：不是我拔高，实际情形就是这样。一个人学习很急切，做事也会很急切，在急切的同时，又力求全面，生怕遗漏什么，说明这人还很细致。这样的人会抓紧时间，珍惜每一分钟。要是你们不是这种性格的人，会不知不觉地浪费时间。不管贫穷还是富有、有才还是无能，时间都是有限的。
- 生：珍惜时间当然每个人都知道，可总不能把时间都用于学习吧。
- 师：把时间用于学习，就能在考试上节约时间。依我看，考试是一种简单劳动，只是让你表达一下学到的东西，所以真正努力学习的人，考试前是不用为考试而复习的。
- 生：我们学习的目的就是为了考试好，这也是社会和父母所希望的，不为考试而学习，我们真的还没学会。

8-18

子曰："巍巍乎！舜禹之有天下也，而不与焉。"

- [词语解释] 与（yù）：参与，转义为"私有"。
- 生：孔子赞美三皇五帝。他说："崇高哇！舜、禹拥有天下，却没有当作私有财产。"孔子赞美他们没有把王位传给自己的子孙，而是禅让给了外人。

- 师：也就是尧把王位传给了舜，舜传给了禹，这是指能者居其位。
- 生：这相对于孔子时代，传位于自己的子孙，应该是很有气度的吧。
- 师：私有制的产生和发展是有一个过程的，母系社会没有私有财产，私有财产产生以后，为了传承私有财产，才开始产生父亲这个概念。
- 生：父亲概念的产生难道不是因为血缘关系？不是因为这个孩子是自己生的？
- 师：不是。开始时人们或许并没有认识到孩子与男人有直接的关系，当一个姑娘生产时，男人要想成为出生孩子的父亲就必须参加竞争，各个民族竞争的方式各有不同，比如看哪个男人在这位妇女的屋子前种树种得多，哪个男人就能成为这个孩子的父亲。最初父亲的概念与血缘绝对没有关系，而是养育的概念，就是养育孩子，不是生育孩子。
- 生：就是说，后来人们发现孩子的出生与父亲是有关系的，父亲的概念才转向了血缘概念？
- 师：恐怕不是这样。主要是父亲的经济地位超越母亲，他要保证自己的私有财产传给真正意义上的自己的孩子，是财产的继承权才使血缘关系变得重要起来，这是父系社会的本质。
- 生：看来父系社会和私有财产都是一步步发展起来的，因此在舜、禹时代，还没有把王位当作私有财产，并不是尧、舜的道德如何高尚。
- 师：应该是这样，当然孔子是不可能明白这一点的，那时的科学还不足以达到这样的认识水平。

8-19

　　子曰："大哉！尧之为君也。巍巍乎！唯天为大，唯尧则之。荡荡乎！民无能名焉。巍巍乎！其有成功也；焕乎！其有文章。"

- [词语解释] 则：效法。
- 师：不管我们怎么认为孔子尚古的可笑，但并不妨碍他对上古的赞美。他赞美道："伟大呀！尧作为君主。何等崇高哇！只有天是伟大的，也只有尧能效法天。何等宽广啊！百姓无法表达对他的赞美。何等崇高啊，他建立的功绩；何等灿烂啊，他创造的文化制度。"
- 生：赞美每个时代都有，要是孔子赞美的是他那个时代，肯定被人认为是御用文人。
- 师：要是真有哪个历史上的君主像孔子赞美的那样完美，那么时代只有倒退的份了，哪儿会有什么发展哪。

- 生：这样看倒是蛮有意思的。从中我们可以看出孔子的思维方式，或许庄子的思维要比孔子辩证一些吧。
- 师：庄子至少对万物有一种发展的观点。

8-20　舜有臣五人而天下治。武王曰："予有乱臣十人。"孔子曰："才难，不其然乎？唐虞之际，于斯为盛。有妇人焉，九人而已。三分天下有其二，以服事殷。周之德，其可谓至德也已矣。"

- [词语解释] 乱：治理。　　唐虞：尧在位时代称唐，舜在位时代称虞。
- 生：舜有五位贤臣而治理好了天下。周武王说："我有治理天下的贤臣十个人。"孔子还是要赞美那个时代吧。
- 师：我们看孔子怎么说。他说："人才难得，不是这样吗？唐虞时代，在人才方面很丰盛。周武王的十人，其中有个女人，只有九人而已。周武王拥有天下的三分之二，可他还是服从侍奉殷纣王。周朝的道德，可以说是最高的道德了。"
- 生：不把女人当人才，这太过分了。
- 师：要求孔子有男女平等的思想，那才是过分的。古代最早明确提出男女平等观念的，好像是明朝的哲学家李贽。
- 生：《天下无贼》中说："二十一世纪最贵的是人才。"看来每个时代人才都是最贵的，二千多年前的孔子就在感叹人才难得了。
- 师：人才每个时代都有，或者说都不缺，就看能不能发现，更看能不能尊重人才。所谓尊重人才，就是正视人才的劳动价值，这就是所谓的"贵"。
- 生：现在我们有高薪养廉的说法，是不是该提出"高薪养才"呢？
- 师：这种提法是不对的。人才因为自身的价值而高薪，不是因为廉洁之类的道德而高薪，这不是"养"的问题。
- 生：孔子对周王朝的道德一直赞不绝口，周王朝真要那么好，也不至于弄得诸侯并起，春秋战乱吧。
- 师：实际上每个王朝都有一个兴衰的过程，古人一直把殷商的灭亡归咎于纣的荒淫暴虐。其实主要原因并不在此，纣去征服东方的许多部落时，忽略了西方的周，使得周武王把地盘扩张至了九州当中的六州，这就注定了殷王朝的灭亡，这是一个军事竞争的过程，与道德关系是不大的。
- 生：还是有点关系的吧，一个王朝到了末期，君主和官吏的道德都败坏了，得不到百姓的支持。一个王朝新建时，君臣在道德上还是相对好一点的。

- 师：道德是个人问题，用道德来衡量一个王朝或政府，是很勉强的。王朝初建时，制度比较清明，政治风气也比较开明，道德好的人容易做官、居官，这些人行事也比较有道德。王朝没落时，制度黑暗，政治腐败，道德高尚的人很难为官了，道德败坏的人把持着朝政，所行之事也大都令人发指。
- 生：关键是制度呀，制度的清明决定道德者的进退。

子曰："禹，吾无间然矣。菲饮食而致孝乎鬼神，恶衣服而致美乎黻冕，卑宫室而尽力乎沟洫。禹，吾无间然矣。"

- [词语解释] 间：缝隙，缺点，批评。　菲：微薄。　黻（fú）冕：黻是祭祀时穿的礼服，冕是祭祀时戴的帽子。　沟洫：沟渠，这里指农田水利。
- 师：对于那个为了治水而三过家门不入的大禹，孔子的评价显然没有尧、舜高。他说："禹，我没有可指责的地方。自己吃得简单，却把祭鬼神的祭品搞得很丰盛；自己穿得很朴素，却把祭服祭帽置办得很精美；自己住的宫殿很简陋，却尽力治理农田水利。禹，我没什么可指责的。"
- 生：对禹孔子没有竭力赞美，只是没有提出批评。孔子对道德的要求很高嘛，禹这种大公无私的品德，只落个没啥好指责的。
- 师：孔子对古代社会，尤其是古代的帝王赞美了那么多，目的是什么？
- 生：他是向往古代淳朴的道德、民风，想恢复古代这种他认为的道德社会，尤其希望能有一位道德高尚，连王位都可以禅让的明君。

子罕第九

9.1 子罕言利,与命,与仁。

- [词语解释] 与:赞成。
- 师:这句话中的两个","是有争议的。有人认为不应该有逗号,这句的意思就是孔子很少谈功利、命运和仁德。但从实际情况来看,孔子谈"仁"是很多的,为此持这种观点的人认为,孔子谈人,不是主动说的。我认为这种说法比较勉强,所以认为加逗号比较妥当。
- 生:加了逗号应该这样理解吧:孔子很少讲利益,但赞成命、赞成仁。我想这个"利"也可以指功利吧。
- 师:应该可以。不过不言利,很难称为君子。
- 生:老是把利益挂在嘴边,能是君子吗?朋友间在讲利益时,也会声明,先小人后君子。在传统的观念里,人们就是把利益与小人相提并论的。
- 师:国家以经济建设为中心,什么意思?不就是把利益放在第一位嘛。个人呢?你去找工作,面对一个岗位,你最想知道什么?
- 生:当然是待遇啰。
- 师:还是把利益放在第一位,岂不是小人?
- 生:天下总是小人众多,君子稀少,否则就成了理想社会。
- 师:我们的时代与孔子的时代完全不同,孔子时代是自给自足的小农经济,我们目前是高度工业化时代。孔子时代可以不言利,可以吃粗粮喝冷水。所以我们得经常讲利益,尤其是经济利益。社会以经济为中心,家庭以利益为基础,个人以赚钱为目标,这是工业社会决定的。对于绝大多数人来说,是很难不言利的。
- 生:在工业社会中,不言利是很虚伪的吧?
- 师:有些是虚伪,有些是因为生老病死有了保证,基本生活有了保障,他可以不言利,可以淡泊利益。
- 生:怎样区别虚伪和淡泊呢?
- 师:很容易区别。干工作不讲钱多少,加班不提加班费,喜欢无偿劳动,并以此为荣,如此不言利的人就是虚伪。
- 生:那干事都讲钱多少,锱铢必较加班费,这样的人是淡泊利益吗?

- 师：真的淡泊利益不是做给别人看的，不是以此为荣的。劳动是有价值的，无偿劳动或少付劳动报酬，是对劳动价值的践踏，容忍或赞许这种行为的人，肯定是要表现自己，把名放在利之上。对劳动报酬锱铢必较，大多数人真的是看重钱，但其中会有真的淡泊者，淡泊钱的人可以毫不张扬地把自己的劳动所得捐给困难者，何必要表现自己看淡钱呢？表现自己不在乎钱多少者，其中肯定有诈。
- 生：说得也是，处处表现自己劳动可以少拿钱，甚至不拿钱的人，是破坏了社会主义多劳多得的计酬原则，这种虚伪造成的影响很恶劣嘛。

9-2

达巷党人曰："大哉孔子！博学而无所成名。"子闻之，谓门弟子曰："吾何执？执御乎？执射乎？吾执御矣。"

- 师：达巷党到底是什么意思，前人说法很多，也没说清楚。"巷党"的意思大概是"里巷"，"达"可能是这条街道的名称。
- 生：有可能是孔子当时居住的街道或者胡同吧。达街上的人说："孔子好伟大！学识广博却没有让他成名的专长。"这是夸他还是损他？
- 师：我看有嘲讽的意思。听孔子话，可以知道这点。孔子听了后，对门下的弟子说："我干什么职业？是当司机？是当射手？我还是当司机吧。"老百姓学一门专业是为了就业的，孔子学问那么广博，却没有靠一门专业来就业。
- 生：是不是普通百姓觉得孔子教学生不属于正当职业，或者他们不理解这个职业？
- 师：应该不会。现在有些人对大学老师整天待在家里不坐班不理解，他们看不到大学老师在家是独自工作的。孔子不一样，有那么多学生进进出出，在家教书大家是看得到的。我想大家是笑他学问那么大，却没捞到官做。
- 生：怪不得孔子说去当地位比较低贱的司机，有点自嘲的意味。

9-3

子曰："麻冕，礼也；今也纯，俭，吾从众。拜下，礼也；今拜乎上，泰也。虽违众，吾从下。"

- [词语解释] 纯：黑色的丝。　　泰：傲慢。

师：孔子道："用麻织的礼帽，合乎礼仪；现在用丝来织，为了节俭，我遵从大家的做法。觐见君主时，在堂下磕头，合乎礼仪；现在只在堂上磕头，这太傲慢了。即使违背大家的习惯，我还是遵从在堂下磕头的礼仪。"这是孔子对礼仪的细节问题发表自己的意见。

生：礼帽用啥来织，关系不大。堂下堂上磕头，会减弱等级的尊严，孔子当然不干啦。

师：磕头是封建等级的外在形式，堂下堂上威严的程度是不同的。现在下跪、磕头这种封建形式表面上是取消了，可在中国人的观念中未必消除。

生：现在恐怕给父母下跪磕头农村也没了吧？可有时我们还会看到对自己有恩的人下跪磕头，这算不算封建的残余呢？

师：我看是封建残余。遇上一个主持公道，为百姓伸张正义的父母官，老百姓感恩，也会出现下跪磕头的场面，有些电影里不是可以见到这种场面嘛。

生：这种场面是蛮感人的嘛。

师：见到这种场面，我不是感动，心里总不是滋味。当官就是为民做主、为民服务的，这是他的职责呀。我不知道那些父母官面对这种下跪，心里是什么感受。

生：老师，要是别人向您下跪，您是什么感受？

师：应该是被别人羞辱的感受吧，人格上遭到不平等的羞辱。

生：没这么过分吧。下跪只是感激别人的一种方式，不用想那么多的啦。

师：感激的方式很多，为什么要那么封建？

生：老师跟孔子一样，对礼仪形式还是很在乎的嘛。

师：还有一种更要不得的下跪，就是哀求别人。

生：人们常说，男儿膝下有黄金，再怎么求人，也不能下跪。

师：没办法，人们的封建观念还很浓重，有人就是喜欢别人这样求自己。

子绝四：毋意，毋必，毋固，毋我。

生：这是说，孔子杜绝四种倾向：不凭空猜测，不绝对肯定，不固执己见，不以自我为中心。老师认为这"四不"是不是应该遵守？

师：只有思维机械的人才定出什么"几要几不"的规定，凡事都应放在具体环境中做出决定。

生：可我认为，凭空猜测，老是七想八想，这人就是有很猜疑的性格。

师：没事乱猜固然不好，但有些事就是要猜测的。为什么人们要进行猜谜游戏？就是要锻炼猜测的能力，猜测应该是创造能力的一部分。对于自己认定是对的道

- 生：对于不能绝对肯定的事，应该不固执己见吧？
- 师：那当然。至于不以自我为中心，这点你们是应该学学的。
- 生：我们知道，我们都是独生子女，或多或少都有点自我中心主义，考虑问题都从自我出发。
- 师：知道就行。

理，就要坚持，怎么能做墙头草呢！

9-5

子畏于匡，曰："文王既没，文不在兹乎？天之将丧斯文也，后死者不得与于斯文也；天之未丧斯文也，匡人其如予何？"

- [词语解释] 畏：拘囚。　　后死者：孔子自称。
- 师：孔子在匡被拘禁了，大概关押了五天。事情是这样的，鲁国有个叫阳货的人，曾经到匡这个地方杀戮掠夺，匡地的百姓深受其害。巧的是孔子长得与阳货很像，当时孔子带着学生离开卫国，去陈国，路过匡这个地方。仇人相见，分外眼红，匡地百姓立刻把孔子抓了起来，后来才知道闹了个误会。
- 生：生死关头，孔子很镇定嘛。他说："周文王已经死了，周朝的文化不都在我这儿吗？天如果要废弃这种文化，我也不会被授予这种文化；天如果不想废弃这种文化，匡人能拿我怎么样？"

9-6

大(太)宰问于子贡曰："夫子圣者与(欤)？何其多能也！"子贡曰："固天纵之将圣，又多能也。"

子闻之，曰："大(太)宰知我乎！吾少也贱，故多能鄙事。君子多乎哉？不多也。"

- [词语解释] 纵：使，听任，放纵。
- 师：太宰这个官，这里不知道指谁。太宰问子贡："你的老师是圣人吗？为什么会有那么多才能啊！"子贡回答说："一定是老天使他成为圣人，又让他拥有许多才能。"
- 生：这话孔子爱听。大概是孔子不好意思说自己是多才多艺的圣人，才通过别人的口说。要真这样，孔子客气一番，也在情理之中。孔子听了这话说："太宰真是了解我哇！我自小也是贫贱出生，所以能够学会许多卑贱的技能。君子有这么多技能吗？没有那么多技能。"
- 师："君子多乎哉？不多也"这句有不同的理解。有人理解为："君子要那么多技能么？不需要那么多技能。"
- 生：这倒是符合孔子的想法，君子是道德好，不是能力强。别人夸他技能多，他还自我夸耀了一番"穷人的孩子早当家"。
- 师：未必是夸耀，在孔子眼里，这些都是下三烂的功夫，所以称为"鄙事"。

9-7

牢曰："子云，'吾不试，故艺'。"

- [词语解释] 试：试用，任用，做官。
- 生：牢说："孔子说过，'我不做官，所以学习技艺'。"这个牢是孔子的学生么？
- 师：有人认为是，但没根据，我们不清楚此人是谁。
- 生：孔子的想法挺怪的，不做官，就学技艺，反过来说，做官就不需要什么专业喽。
- 师：现在做官需要专业么？
- 生：有些要，有些好像是不需要。
- 师：其实现代社会做官是需要专业的，尤其是专管哪方面的官，肯定是需要这方面的专业知识，纵然是统管各方面的官，至少也应有个公共管理专业的文凭。
- 生：古代做官不需要专业，以前的科举，文章诗歌写得好，就能中进士，进入仕途，只要是文学青年，都可以科举做官。

9-8

子曰："吾有知乎哉？无知也。有鄙夫问于我，空空如也。我叩其两端而竭焉。"

- 生：得意了一番，孔子又谦虚了。他说："我有知识么？没有知识啊。有个乡巴佬问我问题，我脑子一片空白。我扣问这个问题的起因和结果，最后才弄清楚。""鄙夫"是不是指的乡巴佬？
- 师：这是孔子对下层百姓的蔑称。当然古代知识分子对下层百姓都喜欢用蔑称，像李白的诗句"我辈岂是蓬蒿人"，"蓬蒿人"就是"鄙夫"，就是乡下人。

☺ 生：不要说古代，就是现代，也有城里人看不起乡下人。"乡下人""乡巴佬""阿乡"等等，不都是蔑称嘛。班上有农村来的学生，恐怕城市里的学生就会小瞧他们，就是郊区的学生，市区的学生也会小瞧他们。

☻ 师：这种倾向恐怕难以改变。有个别修养达到一定程度的人，可以超越地域歧视，但大多数人，也就是大众是无法超越的。经济发达地区小瞧经济落后地区的人，人的优越感是一种普遍现象，如果这种优越感不存在了，那么就真的实现了人人平等。

☺ 生：人人平等的观念，要深入人心大概要经过很漫长的过程吧。

☻ 师：除了地域观念，还有职业、职位的高低。说所有的劳动都是一样的，劳动者都值得尊重，那是人们提倡的观念，而不是现实的观念。经济和权力决定了职业有贵贱、职位有高低，大众的价值标准就是如此，这也就是社会竞争，没有这种高低之分，就没有竞争，没有竞争就没有发展。

☺ 生：看来现实很残酷哇！

9.9

子曰："凤鸟不至，河不出图，吾已矣夫！"

● [词语解释] 凤鸟：凤凰，传说中的神鸟。　　河图：传说黄河出现图画，就会有圣人出现。

☻ 师：关于凤凰，历来争论颇多，因为古书上说凤鸟是玄鸟，有人就认为是黑色的鸟，所以有人推测是乌鸦，有人推测是燕子，也有人说是雉，即锦鸡，甚至有说是丹顶鹤或孔雀的，诸如此类，不一而足。至于凤凰是什么部落的图腾，比较多的认为是炎帝部落的。据说商的祖先是因为凤鸟降临而出生的。

☺ 生：传说中凤鸟降临，黄河出现图画，总是好事吧？

☻ 师：是啊。为此孔子悲叹："凤鸟不再降临，黄河不再出现图画，我完蛋啦！"

☺ 生：老师翻译成"完蛋啦"，太俗气了吧？

☻ 师：反正就是这个意思，孔子觉得自己生不逢时。有些人的才能和思想观念的确与时代格格不入，可如果他对时代认识得很清楚的话，应该可以接受这样的事实，最终他会寻求如何去适应这个时代。

☺ 生：那些超前的人，也应该是一种先进吧。

☻ 师：把孔子视为圣人未免可笑，不过他也算是超人了，毕竟超越了他的时代，大多不是往前超，而是往后超。

☺ 生：向古代超越，而不是向未来超越？

☻ 师：我想是吧。

9-10

子见齐衰(缞)者、冕衣裳者与瞽者，见之，虽少，必作；过之，必趋。

- [词语解释] 齐（zī）衰（cuī）：古代用麻布做的丧服。　　作：起，站起。
- 生：孔子看见穿丧服、穿礼服的和瞎子，相见时，就算再年纪轻，也一定起身；走过他们身边时，一定快步而过。这是学生们讲老师很注意礼节吧。
- 师：基本的礼节还是要的，不管人与人讲平等还是讲等级，在公共场合礼节性的东西必不可少。
- 生：为啥要快步走过他们身边？
- 师：迎面走来一个瞎子或穿丧服的人，难道你盯着他看，慢慢端详？
- 生：这有些残酷哩，盯着残疾人看，是很不礼貌。
- 师：我们民族号称礼仪之邦，可你到公共场所看一下，马上会意识到有些人的礼仪意识很淡薄。就拿打电话来说，有的人在公共场所大声呐喊，唯恐别人听不到他在打电话。
- 生：声音低了听不清吧？
- 师：大家都在喧哗，只好比嗓门了。饭店、机场等等公共场所也一样，从国外回来，从候机厅的噪音分贝的大小，就能知道是国内还是国外。
- 生：这和经济的发达程度有关吧？
- 师：有一定关系，但不是全部。一些中国人的伦理约束力很强，而个人约束力很差。
- 生：伦理约束力，就是亲戚朋友对自己的约束吧？
- 师：对。很在乎亲戚朋友对自己的看法，所以很少做出与众不同的事。而在公共场所，显然关系不到伦理约束，关系的是个人的约束，所以礼仪素质就会大打折扣。

9-11

颜渊喟然叹曰："仰之弥高，钻之弥坚，瞻之在前，忽焉在后。夫子循循然善诱人，博我以文，约我以礼，欲罢不能。既竭吾才，如有所立卓尔。虽欲从之，末由也已。"

- [词语解释] 卓尔：高超，超过别人。

☺ 生：这是赞美孔子，颜渊感慨地赞叹道："越仰望老师越高大，越钻研老师的学问越坚实，看看在前面，忽然又在后面了……"好像颜回对孔子崇拜得五体投地哩。

☻ 师：当然他崇拜有他的理由，他接着说："……老师善于一步步地诱导别人。"这是总结孔子的教学方法。"用文化开阔我的眼界，用礼仪约束我的行为，使我想停止下来都不可能了。"这是总结教育内容。"我已经竭尽了自己的才能，好像超越了别人，有了自己独立的看法。可即使想跟随老师，又不知从哪儿起步了。"这是总结教学效果。通过对教学方法、教学内容和教学效果三方面的总结，颜回对孔子彻底佩服了。

☺ 生：老师，您就没有一点佩服吗？

☻ 师：佩服不佩服要看孔子教学的那套东西与方法，是不是适合于当今时代。他教学的那套东西肯定有不适合当今时代的部分。我们学习以前的文化，不能用它作为典范和楷模来批判当今，而是继承其中一些被公认的文明原则，以便更好地创造新的文化和文明。

☺ 生：用礼仪来约束自己的行为，就是素质培养，总应该接受的吧？

☻ 师：宴会上怎么倒酒，遇到别人怎么打招呼，参加典礼穿什么衣服，诸如此类的礼仪真的那么重要么？

☺ 生：细节决定成败，有时候是蛮重要的。

☻ 师：一个人只要心地善良、行事公正、待人平等就行了，对细节的讲究。在某些场合只要适当注意一下就行了，把精力耗在这上面，只能磨掉自己的个性。有些专业的学生，以后较多地从事接待工作，那就让他们作为专业去学习注意礼仪细节，一般学生不应该把时间浪费在这些外在的形式上。

☺ 生：那么教学方法，循循善诱总不会错吧？

☻ 师：孔子时代是对的，可现在还用这种方法，我认为是错的。

☺ 生：这也有错呀？

☻ 师：循循善诱就是根据学生现有的知识基础，一点点地引入新的知识，诱导学生理解新的东西，这是启发式的教育。可我们遇到了信息爆炸、知识更新疾速的时代，这种教学方法就很成问题了。因为旧的知识随时有被新的发现推翻的可能。

☺ 生：那怎样的教学方法是合适的呢？

☻ 师：我认为最重要的是让学生掌握自学的方法，让学生学会思考。自学能力与思维能力在当今就格外重要，只要有了这两种能力，大学也可以毕业了。

☺ 生：啊？那大学还要分什么专业？

☻ 师：目前知识传播的方法很多，又没有时间和空间的障碍，喜欢什么专业，完全可以自学的。

☺ 生：老师真是另类。

9-12

子疾病，子路使门人为臣。病间，曰："久矣哉，由之行诈也！无臣而为有臣。吾谁欺？欺天乎？且予与其死于臣之手也，无宁死于二三子之手乎！且予纵不得大葬，予死于道路乎？"

- [词语解释] 臣：这里指家臣。古代诸侯临终时，由家臣组织治丧委员会，办理丧事。　　无宁：无，没有意义；宁，宁可。
- 生："疾"和"病"连用，说明病得不轻。孔子病危，子路让学生们担当家臣。就是说，他们组织了治丧委员会，开始准备丧事了。
- 师：是这样。可没想到孔子的病渐渐好转了，于是他说："仲由搞这种欺诈行为已经很久了。本不该有治丧委员会，却搞了治丧委员会。我欺骗谁？我欺骗老天吗？我与其死在治丧委员会手里，还不如死在你们这些学生手里。我就算没有高规格的葬礼，我难道会死在道路上吗？"
- 生：子路真是拎不清，孔子明明对僭越的事特反感，子路还弄出个诸侯规格的葬礼。
- 师：我看子路是好心，虽然从规定上说，治丧委员会是诸侯才有的，可当时恐怕很少有人守这个规矩，有钱有势的人都喜欢把葬礼搞得隆重些，规格高点，这方面的僭越已成习俗。
- 生：子路应该想到老师是个恪守规矩的人。
- 师：现在所谓高规格的葬礼要数国葬了。一般国家，死后能举行国葬的，大都为政治家，法国是个特别注重艺术的国家，对德高望重的艺术家，也举行国葬，像作家雨果、诗人瓦莱里，死后都举行了国葬。
- 生：据说法郎上也印着艺术家的头像。
- 师：是啊。这在别的国家恐怕不可能。我们是唯物主义者，不应该把葬礼看得很重，《圣经》里说："尘归尘，土归土。"肉体本来就是物质，保存它是可笑的。叔本华认为，人每天都在排泄身体里的废弃物质，当一个人死后，他的整个身体都成了废弃物，说得难听点，就是排泄物。
- 生：可葬礼是为了纪念死者，这个仪式应该要有的，否则活着的人也太无情无义了。
- 师：不是说要取消葬礼，而是说应该简单化，纪念的方式是多种多样的。

9-13
　　子贡曰:"有美玉于斯,韫椟而藏诸?求善贾而沽诸?"子曰:"沽之哉!沽之哉!我待贾者也。"

- [词语解释] 韫(yùn):收藏。　　椟(dú):柜子。　　贾(gǔ):商人。
- 生:子贡问:"有一块美玉在此,我是放进柜子收藏起来呢?还是找个识货的商人卖掉呢?"子贡不会真有美玉吧,他是不是认为自己是美玉,应该找个好单位?
- 师:是这个意思。子贡不好意思对老师说,我学得差不多了,应该找工作了,所以用这样一个比喻。
- 生:这有什么不好意思的,学完了总要就业的,读到博士也有个尽头的。
- 师:孔子也没规定学几年毕业,听了这话,他当然心知肚明,所以说:"卖了吧!卖了吧!我是在等待识货的商人呢。"孔子说"我在等待",言下之意,我也想找个好工作。

9-14
　　子欲居九夷。或曰:"陋,如之何!"子曰:"君子居之,何陋之有!"

- 师:九夷这个地方,说法不一,有人说是属于楚国,有人说在鲁国境内,也有人说是齐鲁交界地。孔子想住到九夷去。有人说:"那地方很落后,你咋办!"孔子道:"君子住在那里,有什么落后的?"
- 生:那是个很落后的地方吧?
- 师:这里的"陋"有可能是生活条件落后,也可能是文化落后,更可能是两者都落后。
- 生:孔子想住到那种地方去,怕是对当时的政治很失望,想退隐山林了吧?
- 师:大概是对时政蛮失望的,不过对一个"知不可为而为之"的人来说,未必真会住到边远地区去,只是说说丧气话罢了。
- 生:那时候住到落后地方比较容易,反正大家都没电没电视,只是交通差点。现在就不同啦,没电没电视没网络,吃水得自个挑,烧饭得砍柴,文明社会的人能受得了吗?有媒体报道说,真有这样的人,拒绝城市生活,去体验原始生活。
- 师:体验是一回事,真的放弃城市生活是另一回事。都市生活的确有让人厌倦的地方,换一种生活,体验一下没啥坏处。但人得接受物质文明带来的进步,回到构木为巢、钻木取火的时代毕竟是可笑的。

9-15 子曰："吾自卫反(返)鲁，然后乐正,《雅》、《颂》各得其所。"

- 师：孔子在外周游了十四年，回到鲁国是鲁哀公十一年的冬天，这时孔子名声在外，是被鲁国召回尊为"国老"的。这时孔子快七十了，虽然"国老"没什么实权，可养老还是有保障的，所以孔子回国，整理整理文化方面的东西。
- 生：他是说："我从卫国返回鲁国，然后把音乐的规范制定好，把《雅》、《颂》编到各自合适的章节里。"看来孔子真的老了，话说得很无奈。
- 师：搞一些音乐、文化上的整理编撰工作，这本来应该是孔子最值得去做的事，但他却到处游说他的理论。
- 生：固然没人用他，可游说还是赢得了名声。
- 师：我看到处游说自己理论的人，都有一些宗教情怀。
- 生：可时代不同啦，现在不需要游说，只在网上发发帖子，发表自己的理论见解就行了。
- 师：这可不同，当面说服一个人，和发帖子表示自己的看法完全不同。说服是要有宗教式的狂热精神的，比如像英国诗人雪莱，在学校读书时，就把自己的无神论思想灌输给同学、老师，以至校长，他就是具有宗教狂热精神的人。
- 生：老师会不会把自己的思想狂热地灌输给我们呢？
- 师：我没这种狂热精神，年轻时就没有，人到中老年就更没有了。就是游说自己的想法，我也不会到处说，别人问我，我才会说。
- 生：看来老师未老先衰呀。
- 师：现在的各种理论太多了，有我不多，没我不少。社会的规律是客观存在的，真理是客观存在的，没有人可以说自己拥有真理，只能说自己对客观存在有看法。我看对了，别人也可能看对，这毕竟不是文学创作，没有曹霑，谁把贾府的故事写一遍，都不会是《红楼梦》。
- 生：想得蛮开的嘛。

9-16 子曰："出则事公卿，入则事父兄，丧事不敢不勉，不为酒困，何有于我哉？"

- 生：孔子说："外出待奉公卿，进家门待奉父兄，有丧事不敢不尽力，不沉湎于酒，对我来说还有什么呢？"孔子怎么一下子把对自己的要求放得这么低呢？

- 师：可能是以自己为例子，教导新入学的学生。也许这时他觉得自己一事无成，心灰地感悟到，这样一些最基本的为人品行，才是最重要的。
- 生：这话有点像"在外听领导，在家听父母，不喝酒不抽烟"，典型的上海乖小囡嘛。
- 师：从反面来说，不是"乖小囡"，而是"坏小子"。不讲是非，不讲原则，没有主见，没有个性。
- 生：不喝酒不抽烟总不见得是坏吧？
- 师：烟酒对生理的确有害无益，可对心理却难说了。想过没有，烟和酒是每个民族各自发明的，并非通过传播而遍及世界的，中国有白酒，西方有洋酒，西方的烟斗、纸烟传入之前，中国就有水烟。古巴有闻名世界的雪茄，可在非洲一些与外界隔绝的原始部落，也有用架子架起来抽的巨大雪茄。说各民族都有毒害自己身体的需要，有点讲不通吧？
- 生：人在心理上真的需要这种东西么？用生理的付出，得到心理的平衡？
- 师：人是有精神的，有丰富的内心世界，现实世界与内心世界总会有差距，这种差距会导致心理上或多或少的不平衡，生活中不会没有痛苦，幸福指数不可能达到满分。我想酒和烟都有麻醉的作用，这种作用能对痛苦有所缓解。
- 生：那抽烟酗酒不是坏事啰。
- 师：抽烟酗酒肯定不是好事。我们不应该付出生理健康的代价来慰藉心理上的困境，现代社会应该提供更好的解愁方法，应该有对身心都健康的缓解痛苦的方法，这就是社会学家和心理学家的问题。至于酒，还是可以喝一点的，酒除了麻醉作用外，还有陶醉作用。人们在喜悦欢庆时，也需要酒。

9-17

子在川上，曰："逝者如斯夫！不舍昼夜。"

- [词语解释] 舍：居住，停留。
- 生：孔子站在河边感叹："流逝的一切如同这河水，昼夜不停！"这是孔子晚年说的吧，很悲观的情绪。
- 师：有人认为是感叹时间的流逝，我看是感叹过去的一切。
- 生：只有老人，才会发如此的感叹吧？
- 师：可这话对你们年轻人来说才是重要的。你们兜里有一千块钱，往往会计划着用，省着点用，对时间就没计划和节省的概念了。每个人的时间都是有限的，纵然你们能长命百岁，从现在算起也只有八十年。
- 生：要是一天算一分钱的话，一年三块六毛五分，这辈子也就只有二百九十二块了。我看多数人只能活到八十岁，还有六十年，那只有二百九十一块。要是再去掉六十岁以后的二十年，身体不行了，该退休养老了，那就只有四十年，只有一百四十六块了。这样一算时间真是很宝贵哩。

- 师：时间对每个人都是公平的，有限并且只减不增。我现在是"奔六"的人，有体力的话，工作也就几年，充其量也就几块钱，只是你们的一个零头哟。
- 生：我决心以后用好每一分钱。
- 师：有决心是好的，能不能做到呢？有人做过一个统计，一个人从出生到去世，要是不算睡觉时间的话，大概说废话要说掉二三十年。
- 生：啊？有那么多？那可是一百多块哩。
- 师：一半的钱没了。现在除了说废话，还要玩电脑游戏、网聊、看电视等等，剩下学习和工作的时间还有多少呢？
- 生：说不定又是三十年，人生只剩下个零头了。
- 师：如此一算，能感觉到孔子感叹的重要了吧？
- 生：我在班上曰："时间如金钱，开销很大。"

9-18

子曰："吾未见好德如好色者也。"

- 生：孔子说："我没见过喜爱道德像好色一样的人。"这是大实话，我也没见过谁色迷迷地盯着道德高尚的人。
- 师：好色与好德其实并不矛盾。人们常把"美"和"色"视为一个东西，称为美色。
- 生：爱美之心人皆有之。
- 师：司马迁说："好色而不淫，与日月争光可也。"说明好色和淫荡完全是两回事。
- 生：但好色之徒和爱美之人，总不能相提并论吧？
- 师：好色之徒作为贬义词，实际指的是淫荡。把好色与淫荡视为同一，恐怕是封建礼教十分严酷的时代形成的。
- 生：中国的封建礼教最严重时，是在宋朝和明朝吧，这个时候形成了宋明理学，使封建礼教进一步升级。
- 师：礼教过于沉重，使得好色滑向了淫荡。宋明时期是最淫荡的，出了许多像《金瓶梅》《肉蒲团》之类黄色的书，甚至连皇帝也逛起了妓院。美和丑、善和恶，最极端的东西往往仅一步之遥，原本"好色而不淫"的崇高境界，滑落到"好色且淫"的堕落地步。
- 生：是不是过于正经的人，可能就是最不正经的？

- 师：有此可能。过分讲究男女授受不亲，这很让人怀疑。

9-19

　　子曰："譬如为山，未成一篑，止，吾止也。譬如平地，虽覆一篑，进，吾往也。"

- [词语解释] 篑（kuì）：土筐。
- 生：这是功亏一篑的意思。孔子说："比如堆一座山，没有成功，就差一筐土了，不干了，是我自己不想干了。"下面好像不太好理解。
- 师：下面的意思是："比如在平地上堆座山，虽然只倒了一筐土，如果继续进行下去，是我自己想往下做的。"孔子的意思是事情功亏一篑或者开个头并执着做下去，结果都在于自己。
- 生：这就是说，不管是开头还是结尾，事情能不能做成，都是由自己意志决定的。
- 师：是这个意思。压死骆驼的最后一根稻草，吃饱撑死的最后一张饼，并不具有特殊性。同样，树林中第一棵种下的树，大厦下第一铲土，也没什么特殊意义。你想不想把事情做到底才是重要的。
- 生：这个道理好像大家都明白，当然要做到还是有些难的。孔子说得没错，万事都得靠坚持。
- 师：坚持只是其一，最重要的是，事情该不该干，这得考虑清楚。"北山愚公，年且九十。"都快九十岁的人了，还要把门前的山铲掉这太难了。
- 生：愚公移山，这是一种坚持不懈的精神呀。儿子死了还有孙子，子子孙孙干下去。
- 师：你会干吗？
- 生：不会。我宁可搬家。
- 师：所以嘛，做事得讲究实际的效果。用现在的观点来看，愚公比较偏执，没有换个思路想问题。
- 生：从反面说，为了自己一个小家，要铲掉一座山，这对自然的破坏也太大了吧？
- 师：用环保意识要求他，当然过分。做事要讲究实效，面对现实，不能做不顾现实的事，这是一个最起码的认识，愚公却没认清这个道理。孔子也是有点愚公精神的。在变化缓慢的农业时代，这种精神或许能得到认可，而在如今市场经济的时代，做事必须要讲投入与产出，回报率是很重要的。

9-20

子曰:"语之而不惰者,其回也与!"

- 生:孔子认为:"讲了之后始终不懈怠的,恐怕只有颜回了吧!"看来颜回就是老师眼里的愚公,宝贝疙瘩。
- 师:这个世上,能独创一种理论的,是极少数,而追随者总是绝大多数。像颜回这样不折不扣的追随着,倒是不太多的。
- 生:前面我们讨论过,颜回是不折不扣地按孔子的教导去做的学生,这样的学生容易没有主见,我看也没多大出息。
- 师:可大多数老师都喜欢这样的学生,人都喜欢追随者。
- 生:要是老师也有一批追随者,自我感觉是不是会好许多?
- 师:有些事情只有等你有了以后,才会知道的。在没有的情况下,自己胡诌,像话吗?

9-21

子谓颜渊,曰:"惜乎!吾见其进也,未见其止也。"

- 师:这话是孔子评价颜渊,他说:"可惜啊!我看到他进步,没看到他有停止的一天。"这里可惜的是颜回死得太早了。
- 生:颜回要是不早死,能做出大的成绩来么?
- 师:我们前面已说过了。一些读书很好,又很听话的学生,能成就大事的不多,只是他的性格很执着,做事能坚持,这样的性格却是做事的性格。
- 生:孔子说这话,大概是对活着的学生不满意,很怀念颜回。
- 师:也可能是教导新生,要向颜回学习。

9-22

子曰:"苗而不秀者有矣夫!秀而不实者有矣夫!"

- [词语解释] 秀:庄稼吐穗开花。
- 生:这是对做事不能坚持到底的比喻吧。孔子说:"庄稼出苗后却不吐穗开花是有的吧!吐穗开花了却不结果也是有的吧!"接下去孔子应该说,因此学习做事要有结果,就必须坚持到底。
- 师:你这也太直白了,把《红楼梦》叫作"在红色的小楼上做了一个梦",这还有什么味道呢！
- 生：俗是俗了点，意思没错吧？
- 师：俗也是一种风格，往往倒是雅俗共赏不好处理。
- 生：孔子的这个意思，换成当代人的说法就是："坚持！加油哇！"
- 师：这是一种民族风格。一句话放在不同的环境中来说，效果完全不一样。要是在一个人人浮于事，大家都在混日子的环境里说"坚持！加油哇"，那就成了幽默了。

9-23

子曰："后生可畏，焉知来者之不如今也？四十、五十而无闻焉，斯亦不足畏也已。"

- 师：孔子大概年且七十时招了一批新学生，他的第一批学生像子路、子贡、颜回，都四五十岁了，所以他说："年轻人蛮可怕的，怎么知道他们未来不如现在的人呢？到四五十岁还默默无闻，这就不值得害怕了。"
- 生：为啥孔子用"害怕"这个词呢？一个人出名了，也没什么好害怕的嘛。
- 师：孔子所谓的有名望，就是社会地位高，等级地位高，而恪守等级制的人，对于等级比自己高的人，自然是要敬畏的。

9-24

子曰："法语之言，能无从乎？改之为贵。巽与之言，能无说(悦)乎？绎之为贵。说(悦)而不绎，从而不改，吾末如之何也已矣。"

- [词语解释] 法语：合乎法则的话。 巽(xùn)与：巽，通"逊"，谦逊，恭顺；与，赞许。 绎：演绎，分析。
- 师：孔子说："合理的话，能不听从吗？改正错误是可贵的。恭维的话，能不高兴吗？分析分析才是可贵的。只高兴却不分析，只听从却不改正，我对这种人也没法子了。"
- 生：现在的人好像也差不多，虚心接受，坚决不改，对拍马溜须的话，不分对错，一并接纳。
- 师：你们也这样啦。一批评就郁闷，一表扬就乐呵，也不分析分析批评表扬得有没有道理。

- 生：老师，难道您不是这样吗？
- 师：我是会分析分析的，尤其对表扬我的人，我得想想他有什么企图。
- 生：老师把别人想得太险恶了。
- 师：只有一种恭维话，是不需要分析的。
- 生：是啥？
- 师：爱情。照我的看法，爱情就是两相情愿的拍马溜须。
- 生：想想真是这回事。明明情人很一般，总说成天仙似的；明明知道这是撒谎，总觉得爱听。不过给爱情下这样的定义，也太难听了。
- 师：不下这样的定义，"吾末如之何也已矣"。

9-25 子曰："主忠信，毋友不如己者，过则勿惮改。"

- 师：这句在《学而第一》中有过，还记得么？
- 生：记得。

9-26 子曰："三军可夺帅也，匹夫不可夺志也。"

- 生：孔子是说："三军可以夺取它的主帅，普通人却不可以夺取他的志向。"这话似乎不太好解呀。是"没法夺取"还是"不可以夺取"呢？
- 师：应该是"没法夺取"，因为要杀入三军，攻占对方的指挥部，俘获对方主帅，这是很难的。孔子的意思是要夺取"匹夫之志"比这更难。
- 生：这里的"志"到底是指志向，还是指意志呢？
- 师：这倒是个难点，有人认为是志向，有人认为是意志，也有人认为是志气。古汉语的词大都是单音节的，会带来理解上的偏差。
- 生：老师的意思呢？
- 师：我也吃不准。在我看来，要使一个人失去志向、意志、志气，比"斩首行动"还难，这能叫普通人么？
- 生：是啊要矢志不移有多难，一般人能行吗？
- 师：或许孔子认为在普通人当中有这样的坚强者吧。
- 生：噢，我明白了，孔子所谓的普通人，就是没有官职的人，是等级最低的人。
- 师：可能是这样。

9-27

子曰："衣敝缊袍，与衣狐貉者立，而不耻者，其由也与？'不忮不求，何用不臧？'"子路终身诵之。子曰："是道也，何足以臧？"

- [词语解释] 缊（yùn）：旧絮。　　忮（zhì）：嫉恨，嫉妒。　　臧：善，好，赞美。
- 师：孔子说："穿着破旧的袍子，和穿狐貉皮裘的人站一块儿，却不感到羞耻的，大概只有仲由吧？《诗经》上说：'不嫉妒不贪求，有什么不好呢？'"这点你们应该学学，校园里攀比之风很盛哩，动不动都穿名牌，穿得差点就觉得没面子。
- 生：老师该不会让我们学习七十年代，穿打补丁的衣服吧？
- 师：不要绝对化。要是真没钱买衣服，穿打补丁的衣服也不是不可以。
- 生：不管怎么说，要真穿这样的衣服，总免不了有羞耻感的。
- 师：这是人之常情。不过因为贫穷而羞愧是不对的。学生穿得再好，钱大都不是自己亲手挣的。好坏、名牌不名牌都不是自己挣的，有什么区别？我看穿不是自己亲手挣来的名牌，倒应该感到羞耻。以后踏上社会，在挣钱方面总有成功者和失败者，失败者也没必要感到羞愧嘛。
- 生：看来仲由还真有些了不起。不过他骨头还真轻，一听老师表扬，这个子路便老是哼着《诗经》里的这两句。孔子不得不数落他："就这德行，怎么好得起来？"子路只比孔子小九岁，老大不小的人，咋这么好玩？
- 师：看上去像个幼稚的老顽童。不过孔子这样批评一大把年纪的学生，教育方法有问题。这个年纪的人自尊心应该很强吧。孔子不太注意对待学生的方式方法。
- 生：现代教育特别注意学生的自尊心，以鼓励为主，批评为次，孔子不明白这点。
- 师：老是鼓励，不批评，也是不对的。不过对子路这种高龄学生，自尊心还是要照顾的。

9-28

子曰："岁寒，然后知松柏之后彫也。"

- 生：孔子说："天气寒冷，然后才知道松柏是最后凋零的。"这种意思表达的句子很多，像什么"路遥知马力""危难见真情"之类，都有这个意思吧。
- 师：古人把松柏视为等级很高的树。
- 生：这还有等级呀？

- 师：当然有。在天子的墓地上才能种松树，诸侯的墓地种柏树，朝廷官员种槐树。
- 生：那一般老百姓呢？
- 师：只能种杨柳。
- 生：杨柳的地位很低哦！
- 师：植物并没什么贵贱之分，贵贱是人的主观看法。从客观的角度说，松柏挺拔，杨柳轻柔，是两种不同的美。从维持等级制度的观念出发，上司要刚毅，下级最好柔弱，所以褒松柏而贬杨柳。

9-29 子曰："知(智)者不惑，仁者不忧，勇者不惧。"

- 生：孔子说："智者不迷惑，仁者不忧虑，勇者不畏惧。"智、仁、勇是孔子的"三好"标准吧，和我们现在的德、智、体有些相同哩。
- 师：我看差别蛮大的。先来看"智"，我不知道孔子的"智"是指聪明还是指智慧？
- 生：这有差别吗？
- 师：差别大着呢。现在的学校基本上都把"智"理解为理性思维能力，培养学生的智力，这种思维是以形式逻辑为基础的。"天上下雨地下湿。"前因后果很明确，再加上大前提、小前提进行限定，就成了完美的推理。学校大搞特搞辩论赛，就是为了培养这种理性思维，这是典型的聪明。
- 生：我看孔子的智大概也是这种能力。
- 师：这种聪明是不可能不迷惑的。因为社会是发展的，而且各个地区的发展不平衡，在这个地区是合理的现象，在另一个地区可能就不合理。任何事都不是前因后果这样简单的推理决定的，而是各种社会力量综合作用的结果。
- 生：那么所谓的智慧，就是能看透这些综合作用么？
- 师：智慧属于辩证逻辑，不是独立平面化地进行理性推理，而是在综合因素构成的立体里来看问题，并且加入发展的相对眼光。庄子的齐物论和相对主义，就属于智慧，属于辩证逻辑，当然他的看法是不是对，属于另外的问题。
- 生：孔子是聪明，庄子就是智慧。这也是思想家与哲学家的区别吧。
- 师：是这样。所以遇到具体问题，智者是很难做到不迷惑的，要是不迷惑，你们为什么这么起劲地搞一届届的辩论赛？一个人对问题能够反应很快伶牙俐齿地回答，大多是理性推理的结果，这只是小聪明；而一个智者肯定得经过非常慎重的考虑，才能对一个问题进行回答，在辩论赛上，智慧者可能成为口拙的人。
- 生：仁者不忧虑，大概只有关心自己的"仁者"才会不忧虑的吧，要是对社会有责任心，关心社会的"仁者"，要忧虑的事情实在太多了。

● 比如现在社会经济发展受疫情冲击严重，我就感到很忧虑。

☺ 生：忧虑也没用，你又不能左右经济。

● 师：不能因为你无法打击坏人，就只管自己做好人，成为脱离社会的"仁者"，成为自私的"仁者"。

☺ 生：勇者不畏惧，会有错么？

● 师：畏惧的意思不清楚。美国作家福克纳把害怕与恐惧分开来，害怕是生理性的，恐惧是心理性的。

☺ 生：不太明白。

● 师：别人装神弄鬼突然吓唬一下你，你当然会害怕，在没有防备的情况下的生理反应是很正常的。恐惧是对一件事思考后产生的心理反应，你觉得这事产生的后果很严重，所以会恐惧。比如个别地方为了推动经济快速发展，使生态环境遭到不可恢复的破坏，这让你非常恐惧。

☺ 生：这种恐惧，智者和仁者都会有的吧？

● 师：匹夫之勇就是不怕吓唬的勇敢，有没有胆量做某件危险的事？有！那是匹夫之勇。真正的勇敢是能克服恐惧，勇敢地面对事情，并且使事情尽可能向好的方面发展。

☺ 生：发生车祸了，能马上镇定，尽快救助伤者，就是这种勇敢吧？

● 师：是属于这种勇敢。所以真正的勇敢属于智者。愚者不怕鬼魂，是因为胆子大；智者不怕鬼魂，是因为根本不信。

9-30　　子曰："可与共学，未可与适道；可与适道，未可与立；可与立，未可与权。"

● [词语解释] 适：往也。　　权：权衡。

☺ 生：这倒是在每个社会时期都是一样的，就是孔子认为的："可以和他共同学习的，未必可以和他走同一条道路；可以和他走同一条道路的，未必可以和他一起有所成就……"把"立"解释成建立事业、有所成就，该不会错吧？后面的"权"好像不容易懂。

● 师：应该是这样："可以和他一起有所成就的，未必可以和他一起权衡得失。""权"是权衡，权衡什么省略了，从有所成就来说，就是总结这个成就，这就要权衡得失了。事情做成了，合算不合算，付出和得到的要权衡一下。

☺ 生：古汉语中，"朋"指的是同学，"友"指的是同志。共学就是朋，朋未必是友，对吧?
- 师:是这样。在一条道上走,当然是同志。但同志未必可以共事,性格合不来,脾气不对,所以"未可与立",在一起干不成事情。
- 生:志向相同,又在一起做共同的事情,"未可与权",就是各自的期望值不一样吧?
- 师:做事情是要有回报的,回报多少,当然会有各自的期望。比如几个人共同搞一个网站,都想把网站做好,能赢利。有的赢利百万满足了,有的赢利千万还觉得太少,有的甚至想进入五百强。最后网站搞成了,赢利了,最终却使创建者们分道扬镳。
- 生:多替别人想想,进行换位思考,会好一点,大家毕竟在一起共事嘛。
- 师:但那种为了自己的理想,为了自己的道德修养,固执己见,原则性很强的人,能替别人想吗?
- 生:原则问题当然不能让步。
- 师:各人有各人的原则,你们的原则要是与别人的原则冲突呢?
- 生:那也只好散伙。

9·31 "唐棣之华(花),偏其反而。岂不尔思?室是远而。"子曰:"未之思也,夫何远之有?"

- [词语解释]唐棣:李时珍的《本草纲目》中说是一种叫枎栘的落叶乔木。 偏:翩。 反:翻,引申为摇动。
- 师:"唐棣的花呀,翩翩地摇动。难道我不想你吗?只是因为我住得太遥远了。"这是一首古诗,估计是民歌中的爱情歌曲,当时应该有曲子,可以唱的。
- 生:就是把意中人比喻成唐棣之花,虽然思念,但相距遥远而不得相见。
- 师:为此孔子说:"没怎么想,要真想的话,有什么远的呢?"
- 生:只要爱得深,距离不是问题。
- 师:是不是下面该说,距离产生美啦?距离怎么不是问题?
- 生:俗话说,有缘千里来相会。
- 师:我可不会高呼"理想主义万岁"的。只有柏拉图式的精神恋爱,才会无视距离的存在。现代社会有飞机、电话、网络视频之类的,距离真的不是什么问题了。可农业社会,距离还真是问题。
- 生:可距离真是在历史上制造了许多感人的爱情故事哩。

- 师：那就这样说，距离是问题又不是问题。
- 生：老师的观点如何解读？
- 师：实际上距离是问题，分居两地的爱情真的美好的话，有情人不应该相会，而应该"东飞伯劳西飞燕"，有距离是没办法。但距离是可以克服的，分居两地，调到一起不就行啦，这就不是问题了。
- 生：说得容易，现实中有些人是难以调到一起的。
- 师：为什么难？城里的不愿调到农村，大都市不愿调到小城市。人往高处走，为了爱情而不愿往低处流，说爱得深恐怕是要打个问号的。
- 生：孔子引用这句爱情诗，大概不是专指爱情吧？
- 师：孔子是个典型的理想主义者，他前面不是说："仁远乎哉，我欲仁，斯仁至矣。"只要想着它，它就在身边了。
- 生：心灵感应术哇，这也太夸大精神作用了吧？想着哪个姑娘，哪个姑娘就在身边，这真叫精神恋爱。
- 师：道德和爱情一样，都是要去做的，不是靠空想。前面我说过，爱情是一种行为，道德也是一种行为。想，距离是问题；做，距离不是问题。

乡党第十

10-1　孔子于乡党，恂恂如也，似不能言者。其在宗庙朝廷，便便言，唯谨尔。

- [词语解释]乡党：乡里，乡亲。　恂恂（xún）：恭顺的样子。　便便（pián）：同"宜"，适合的样子。
- 师：要是前面主要是孔子的"言传"，那么这一章主要是"身教"，就是讲孔子的行为。首先孔子在乡里，非常恭顺，似乎不太会说话。他在宗庙和朝廷里，说合乎规矩的话，只是非常谨慎。
- 生：这样看，孔子是个处处注意礼节、谨小慎微的人，有点像德国哲学家康德。
- 师：康德是个矮子，只有一米五七的个儿，这样的个子在日耳曼民族当中，只有别人身高的一半，坐在椅子上，两脚够不着地，晃来晃去的。
- 生：孔子在康德面前算得上帅哥了，据说孔子蛮高大的。
- 师：康德的思想要比孔子深刻。康德考虑的核心问题是：人的思维能力的极限在哪里？
- 生：很怪的问题耶。对于这样的问题，孔子怕是从来没想过。孔子只是说明性地告诉人家，一个人应该怎样，君子应该怎样，而从来不解释为啥要这样。
- 师：康德的思想要超前许多，也开明许多。比如有一次康德开玩笑说：亚当和夏娃偷吃禁果后需要排泄，上帝怕排泄物弄脏伊甸园，就对他们说，喏，那里有个地球，你们就到地球上去排泄吧。等他们排泄完了，上帝却不让他们再回伊甸园，于是他们就在地球上繁殖人类。
- 生：很有意思的玩笑，看得出康德对上帝的不敬和对地球中心说的否定。在他那个时代能有这种思想，真是很超前。
- 师：但在行为上，康德比孔子更加谨小慎微，他每天只吃一顿饭，生活机械到准确得人家都用他来对钟表。
- 生：这是人么？简直就是思想机器。
- 师：无论是孔子，还是康德，纵然不太说话，并不是不会说话，不会说话还当什么老师呀，只是他们说话很慎重，样子很恭顺。
- 生：一个人处处恭顺、慎重，会不会感觉很不自由呀？
- 师：一个把等级制度奉为最高原则的人，是不需要什么自由的，尤其是言论自由。在宗庙和朝廷这些正规场合，孔子说话谨慎无可厚非，在乡里也不敢说话，就太过小心了。

- 生：这样活着很不畅快吧？
- 师：要是他认为这符合他的理想，反而会觉得很畅快哩。
- 生：人还是直爽一点好，就算不是想说就说，也得做到该说就说，规矩太多，活个什么劲。

10-2 朝，与下大夫言，侃侃如也；与上大夫言，訚訚如也。君在，踧踖如也，与与如也。

- [词语解释] 侃侃：从容不迫的样子。　訚訚(yín)：和悦的样子。　踧(cù)踖(jí)：恭敬不安的样子。
- 生：这是讲孔子在朝廷上的样子。上朝时，和下大夫说话，从容不迫；和上大夫说话，和颜悦色。君主在的时候，恭敬不安的样子……老师"与与"咋翻译？一般书都说是"安详严肃"，可"与"有这个意思么？
- 师：我看用这个意思去解释"与与"有些牵强。"与"实际是赞许的意思，不用语言而用表情赞许是什么意思？
- 生：讨好呗。
- 师：对呀，实际上就是："……一脸赞赏的样子。"

10-3 君召使摈，色勃如也，足躩如也。揖所与立，左右手，衣前后，襜如也。趋进，翼如也。宾退，必复命曰："宾不顾矣。"

- [词语解释] 摈：即傧，傧相，负责在朝廷中接待外宾。　躩(jué)：快速。　襜(chān)：整齐。
- 生：君主招呼他去接待外宾……老师"勃"怎么翻？
- 师：原本有"旺盛"的意思，我们现在有成语"生机勃勃"。
- 生：应该是脸色，也就是表情很兴奋吧。脚步也加快了。向所立在两旁的人作揖，向左边拱手，向右边拱手，衣服前仰后合得非常整齐。小跑着向前，衣服又像鸟儿的翅膀舒展开来。客人告辞后，一定回来报告道："客人已经不再回头了。"老师，为啥要报告客人不再回头？

- 师：客人离去时，主人是要目送的，客人要是回头挥别，送客的主人已经走了，像什么话！接待任务以客人不再回头作为完成的标志。这点是你们应该学的，以后送客，客人还没走远，自己就打道回府了，这很不礼貌。
- 生：原本以为孔子是个只会唠叨的老夫子，看他接待外宾，好像一只飞来飞去的蝴蝶嘛。
- 师：他工作起来蛮有热情的，也蛮有风度的。

10.4

入公门，鞠躬如也，如不容。立不中门，行不履阈。过位，色勃如也，足躩如也，其言似不足者。摄齐升堂，鞠躬如也，屏气似不息者。出，降一等，逞颜色，怡怡如也。没阶，趋进，翼如也。复其位，踧踖如也。

- [词语解释] 摄齐（zī）：摄，提起；齐，衣服缝了边的下摆。
- 师：这段是描写孔子上朝时的样子。进入朝廷公门时，鞠躬的样子，好像不能容身。不在门的当中站立，行走时不踩到门槛。这种进门的方式你们倒是应该学学的，上课迟到，我看有些同学打声招呼，大摇大摆地进来。这么多同学都坐在那儿，好歹也该在门口欠欠身，表示影响别人有点歉意吧。在门当中站立也很不好，影响别人出入。
- 生：教室没有门槛，这点就免了。
- 师：一般古代的建筑都有门槛，以后去参观也得注意。
- 生：知道啦。后面是经过君主的位子时，脸色很严肃，脚步也加快了，他说话的声音也仿佛中气不足了。
- 师：这儿的"色勃"翻成脸色严肃是对的，原意是高昂，这种高昂当然不是前面的兴奋，而是肃然起敬，表示对君权的极度敬畏。
- 生：提起衣摆向堂上走，欠着身子，屏住呼吸如同没有气息的人。出公堂，下一台阶，放松脸色，怡然自得起来。走完台阶，向前急走，像鸟儿展翅一般。回到自己的位子上，再次恢复恭敬不安的样子。

10-5

执圭，鞠躬如也，如不胜。上如揖，下如授，勃如战色，足蹜蹜如有循。享礼，有容色。私觌，愉愉如也。

- [词语解释] 圭（guī）：一种举行典礼时君臣都拿着的玉器，上圆下方。　胜（shēng）：胜任，承担得起。　蹜蹜（sù）：步子紧密的样子。　享礼：出使外国的使臣把带的礼物陈列出来，叫作享礼。　觌（dí）：相见。
- 师：这是讲孔子当使臣时的样子。拿着圭，恭敬地欠着身子，好像拿不动似的。向上举像是作揖，向下放像是交给别人，严肃到战战兢兢的表情，脚步紧凑像沿着设计好的路线走。献上礼物时，脸上是从容的脸色。私人会见时，轻松愉快的样子。
- 生：我看孔子应该专门教授礼仪课，要是每个动作都有严格的规定，还让不让人活啦！
- 师：历史上有哪个哲学家和思想家是如此苛求礼仪的呢？没有吧。一个如此注重细节的人，拥有高瞻远瞩的眼光和大气恢宏的思想，恐怕是匪夷所思的。
- 生：老师的意思是孔子这个想法不妥？
- 师：这点你们自己去想了。我想起英国的唯美主义作家王尔德，外出时手里总是拿着一朵百合花，去巴黎时，为了表示对巴尔扎克的崇敬，总算把百合花换成了象牙手杖。这个"快乐王子"为人装腔作势，让人不得不想起欧洲古代的宫廷礼节。可以看出，无论是欧洲还是中国，封建时代总是礼节烦琐的。

10-6

君子不以绀緅饰，红紫不以为亵服。

当暑，袗絺绤，必表而出之。

缁衣，羔裘；素衣，麑裘；黄衣，狐裘。亵裘长，短右袂。

必有寝衣，长一身有又半。

狐貉之厚以居。

去丧，无所不佩。

非帷裳，必杀之。

羔裘玄冠不以吊。

吉月，必朝服而朝。

- [词语解释] 绀（gàn）緅（zōu）饰：绀，深青透红的颜色；緅，深红透青的颜色；饰，衣服的镶边。　　亵：内衣。　　袗(zhěn)绨(chī)绤(xì)：袗，单衣，这里用作动词；绨，细葛布；绤，粗葛布。　　袂(mèi)：袖子。　　寝衣：被子。古代大被叫"衾"，小被才叫"被"。　　帷裳：上朝和祭祀时穿的礼服，一般用整幅布做，不加裁剪。　　杀(shài)：裁去。　　玄冠：黑色礼帽，一般穿吉服时戴。

- 师：君子不穿用天青色和暗红色来镶边的衣服，红色和紫色不能作为内衣的颜色。夏天穿细葛布或粗葛布织的单衣，一定得穿在内衣之外，使它露在外面。黑色的外衣配羊皮袄，白色的外衣配鹿皮袄，黄色的外衣配狐皮袄。家里穿的皮袄长一点，右袖可以短一点。一定要有睡觉的小被子，长度是身高的一点五倍。要用狐貉的厚毛做坐垫。服丧满了之后，什么都可以佩戴。不是做礼服的话，一定要裁去一些布。去吊丧时，不要戴羊皮礼帽。正月初一，一定要穿上朝服去上朝。
- 生：天哪，有那么多衣服，而且大多还是皮衣服，孔子很有钱嘛。
- 师：在那时候，有这么多皮衣服，至少也属于中产阶级。
- 生：前面说子路穿着破旧的衣服不感到羞耻，子路这样的穷人怎么能达到君子的穿着标准呢？
- 师：当然喽，子路要是当了官，买衣服的钱是不成问题的。现在的人上班去公司，大多也西装革履。

10-7
齐(斋)，必有明衣，布。齐(斋)必变食，居必迁坐。

- [词语解释] 齐：斋，斋戒。　　迁坐：改变卧室。与妻同室叫"燕寝"，斋戒时和妻子不同室，叫"外寝"，也叫"正寝"。
- 师：这是讲孔子斋戒。斋戒沐浴时，一定要有浴衣，用布制成。斋戒期间一定要改变饮食，居住一定要换个地方。这里"变食"有许多种说法，有人说是吃剩菜，有人则说是不吃剩菜，也有人说是不吃荤菜。我看没必要追究到底是怎么变的，只要知道改变饮食就行了。
- 生：真是讲究，个人的私生活，有必要公之于众吗？
- 师：大凡把一个人的生活细节拿来崇拜的，那肯定是被神化了。饭前洗手、饭后刷牙之类的也拿来写出来，着实可笑。
- 生：不过斋戒在古代还是很隆重的吧，讲究是一定的，这也属于礼仪呀。
- 师：我看心诚则灵，表面的繁文缛节越少越好。现在有些人唯恐别人不知道自己的饮食起居，在微信上晒呀晒，求取别人的关心。

- 生：啥叫求取别人关心，那是彼此交流，联络感情。
- 师：你不觉得用自己的私生活去打搅别人，是很没素质的表现？
- 生：不觉得。

10-8

食不厌精，脍不厌细。食饐而餲，鱼馁而肉败，不食。色恶，不食。臭恶，不食。失饪，不食。不时，不食。割不正，不食。不得其酱，不食。肉虽多，不使胜食气。唯酒无量，不及乱。沽酒市脯，不食。不撤姜食，不多食。

- [词语解释] 饐（yì）而餲（ài）：饮食经久而腐臭。　　馁：鱼腐烂叫"馁"，肉腐烂叫"败"。　　食（shí）气：饭料。
- 师：现在来看看孔子的饮食习惯。饮食不嫌做得精细，鱼和肉不嫌切得细。食物放久变味的，鱼肉腐烂的，不吃。颜色变了，不吃。气味不好，不吃。烹调不好，不吃。不到该吃的时候，不吃。不按一定方法切割的肉，不吃。没有调味品，不吃。肉虽多，不让它超过主食。只有酒不限量，但不喝醉。买来的酒和肉干，不吃。吃完了，不撤去姜，但不多吃。
- 生：这么多吃的规矩，一般人怎么伺候得了？
- 师：我们可以与和他同时的齐国宰相晏婴比较，晏婴官做得比孔子大多了，但他的确节俭，所谓"食不重肉，妾不衣帛"，吃饭没有两个荤菜，衣服都是自己做的。
- 生：口口声声喊节俭的人，对吃穿如此讲究。
- 师：老百姓行吗？不要说那时不行，就是现在，肉价一涨，一些收入微薄的家庭都"久绝肥甘想"。统治阶级中也有不在乎穿着饮食的，比如宋朝的王安石。他吃饭时菜再多，看也不看，只吃离他最近的那个菜。洗澡时要是老婆不把他脱下来的衣服换掉，他是不会换衣服的。有一次他一个朋友，故意把他洗澡时换下来的衣服换成自己的衣服放在那儿，王安石洗完澡换上朋友的衣服，穿了一整天也没发现自己穿的是别人的衣服。
- 生：居然还有这种人？王安石两次出任过宰相，文人中官做到了绝顶，竟然对生活这样马虎。

10-9

祭于公，不宿肉。祭肉不出三日，出三日，不食之矣。

食不语，寝不言。

虽疏食菜羹瓜祭，必齐(斋)如也。

席不正，不坐。

- 师：当时国家的公祭，完了之后，把祭肉分给参加祭祀的官员。所以孔子参加国家的祭祀，不把祭肉放到第二天。自己家的祭肉，存放不超过三天，超过三天的，就不吃了。
- 生：一般人家只要没坏掉，是舍不得扔掉的。如果是穷人，恐怕连饭都吃不上，每每"过屠门而大嚼"，有点肉，眼睛都放光。
- 师：我们再看他，吃饭时不交谈，睡觉时不说话。即使是吃粗饭菜汤，也一定要先祭一祭，必须像斋戒一样恭敬。这里的"瓜"字，在有些刻本上是"必"字，"瓜"可能是错字。
- 生：不管"瓜"不"瓜"了，他不是"敬鬼神而远之"嘛，就是喜欢鬼神，完全相信鬼神的人，也不会每餐必祭吧。只有西方真正的教徒，才每餐前都要祷告。
- 师：或许对他来说，这是一种规矩。他是坐席摆的方向不对，就不坐。

10-10

乡人饮酒，杖者出，斯出矣。

乡人傩，朝服而立于阼阶。

- [词语解释] 傩（nuó）：迎神驱鬼的民俗。   阼（zuò）阶：东面的台阶，一般是主人站立的地方。
- 师：在乡里人举行会饮时，要等拄杖的老者离席后，他才出去。在乡里人举行迎神驱鬼仪式时，他就穿上朝服，站在东边的台阶上。一句是表示他在乡里对老人的尊重，另一句是说他在乡里举行重要仪式时，充老大。
- 生：要是上了年纪的"杖者"站到东边的台阶，那么孔子是要坚持自己是"老大"呢，还是要尊重老人？
- 师：恐怕自己当老大重要。在乡里孔子怕是最大的官了，所以他要穿上朝服站在主人站的地方，这表示我是官方的人，这地方是我站的。
- 生：要是乡里有比孔子更大的官，孔子只好把位子让出来了。

10-11

问人于他邦，再拜而送之。
康子馈药，拜而受之，曰："丘未达，不敢尝。"

- [词语解释] 问：问好。　　达：达到，明了。
- 生：孔子托人向在异国的熟人问好，拜了再拜，才送别受托的人。当时一般人大概只拜一次吧，孔子多拜一次，表示特别客气。
- 师：是这样。拱手并且弯腰叫"拜"，这个拜并不下跪磕头。
- 生：季康子送药给他，孔子拜后接受了，并说："我不了解药性，不敢试服。"也就是说，当时别人送药，都要试服的？
- 师：不是指药。当时一般别人送你吃的东西，你得当面尝一尝，表示喜欢。可药就不行了。
- 生：季康子能给孔子送药，很关心孔子的身体嘛。
- 师：孔子已是名人，季康子把他招回国内，自然要表示关心。

10-12

厩焚。子退朝，曰："伤人乎？"不问马。

- 生：马厩失火。孔子从朝廷归来，问："伤人了吗？"不问马的情况。到底是自家的马厩失火，还是人家的马厩失火，从字面的意思似乎难以判断。
- 师：不管是自家还是人家，"不问马"肯定是很过分的，马也是生命嘛。
- 生：按照常理应该是，先问人后问马。再有钱，一辆宝马或大奔被烧掉，也有些心疼的吧，问也不问，那是故意做给别人看的虚伪。
- 师：的确是这样，一般灾难发生后，先问有没有人员伤亡，然后得过问经济损失的情况。

10-13

君赐食，必正席先尝之。君赐腥，必熟而荐之。君赐生，必畜之。侍食于君，君祭，先饭。疾，君视之，东首，加朝服，拖绅。君命召，不俟驾行矣。

- [词语解释] 荐：进奉。　　绅：束在腰间的大带。

- 师：君主赐给熟食，一定要摆正座位先尝一尝。君主赐给生肉，一定要煮熟后供奉祖先。君主赐给活的牲口，一定要养起来。
- 生：要是马厩里养的马是君主赐的，那一旦失火，恐怕不会只问人不问马了吧。
- 师：我想也是，"君君臣臣"对孔子来说，那是规矩中的规矩。要是侍候君主吃饭，君主在饭前祭祀时，自己先吃饭。
- 生：这好像不太有礼貌嘛，君主还没吃，自己就一个劲地猛吃。
- 师：大概是没规定吃时的先后吧。有人认为，这里所谓的"先饭"，是指只吃饭不吃菜。
- 生：这倒是有可能的，在君主面前战战兢兢的孔子，是有不敢吃菜的可能。
- 师：生病了，君主来探望，孔子就头朝东，把朝服披在身上，拖着束腰的大带。
- 生：披朝服迎接君主可以理解。为什么要头朝东？
- 师：前面讲过阼阶，就是东面的台阶。东面的台阶是最尊贵的，君主当然是从这个台阶上来的，所以头必须朝东迎接。
- 生：那倒是，大脚丫子伸给君主看，是不太雅观。
- 师：君主命令召唤他，不等马车备好，先步行走了。
- 生：老板有这样的员工倒是蛮不错的，随叫随到，一点也不会耽搁。
- 师：现在明白大一统之后，封建统治者是多么喜欢孔子的理论了吧。
- 生：对君主很恭敬，能不喜欢吗？

10-14

　　入太庙，每事问。

- 师：这句在《八佾篇》里讲过了。

10-15

　　朋友死，无所归，曰："于我殡。"朋友之馈，虽车马，非祭肉，不拜。

- 师：朋友死了，没有收殓的人，孔子说："我来料理丧葬。"
- 生：这事算不上啥道德吧，一般人也做得到。朋友死后没人料理，总不会看着不管，否则怎么算得上朋友呢。
- 师：朋友送的东西，即使是车马，只要不是祭肉，就不拜谢。
- 生：现在谁要是送别人一辆轿车，肯定有行贿之嫌。

- 师：要是你的朋友送你一辆轿车，又不是行贿，你会感谢么？
- 生：这样的朋友肯定是钱多得已经没有概念了，不是感谢不感谢的问题，而是考虑是不是要接受。

10-16

寝不尸，居不客。

- ● [词语解释] 居：坐。
- 生：就是说，孔子睡觉的样子不像死尸般直躺着，平时坐的样子不像接待客人那样正规。老师，古代正规的坐姿是咋样的？
- 师：双膝跪着，屁股放在脚后跟。现在日本人或韩国人在向父母行礼时，就采取这样的坐姿。古代最不恭敬的坐姿是屁股坐在地上，两腿平放伸直叉开，这种姿势叫"箕踞"。
- 生：那么孔子平时的坐姿是怎样的呢？
- 师：在许慎的《说文解字》里说："居，蹲也。"所以有人就把"居不客"的意思解释为：蹲着不接待客人。于是就认为孔子平时的坐姿是蹲。
- 生：啊？蹲着。就像现在的一些北方农村的人，喜欢蹲着吃饭，蹲着聊天。
- 师：大概就是这样子。
- 生：现在如果一个坐着豪华轿车的家伙，喜欢蹲着跟人说话，那太搞笑了。
- 师：如果大家都这样，就没什么可笑了。
- 生：公司开会，大伙儿围一圈蹲着。桌椅可以省下来，行政经费节约不少。

10-17

见齐衰(cuī)者，虽狎，必变。

见冕者与瞽者，虽亵，必以貌。

凶服者式之。

式负版者。

有盛馔，必变色而作。

迅雷风烈，必变。

● [词语解释] 狎(xiá)：亲近而不庄重，形容极亲密。　　亵：亲近，熟悉。

式："轼"，车上的横木。　　版：国家国籍。

- 师：孔子看见穿孝服的人，即使关系再亲密，也一定改变平时的态度。
- 生：那是自然的，再好的朋友，家里亲人去世，见了面总不见得和平时一样嘻嘻哈哈，否则不成没心没肺了嘛。这总不能算什么优点吧。
- 师：看见戴礼帽的和盲人，即使再熟悉，也一定表示礼貌。
- 生：要是这人一年四季都戴礼帽呢？
- 师：你这是挑刺。古代怕是参加重要活动才戴礼帽。
- 生：车上看见穿丧服的人，孔子就手把车杆，表示同情。老师，那时人口少，要是现在的大城市，穿丧服出去，人人都表示同情，那接受都接受不过来。
- 师：不管怎么说，人家死了人，表示一下同情是应该的。接下来是：在车上看见拿着国籍的人，也手把车杆表示敬意。
- 生：国籍怎么拿呀？
- 师：应该是象征国家的东西吧，诸如国旗之类的。
- 生：看见什么都要表示一下，这人真喜欢"七搭八搭"。
- 师：还有呢。看见丰富的菜肴，一定改变态度站立起来。
- 生：变成啥态度呢？
- 师：我看各版本的书都说态度变得严肃，难道觉得丰富就是浪费？
- 生：不会吧？前面都说了他"食不厌精，脍不厌细"。
- 师：我看也是，觉得浪费，很生气，站起来离开。可孔子没有离开呀？说明他看到精美的菜肴，态度变得狂喜，兴奋地站了起来。
- 生：哇——这么多好吃的！让我怎么办好呢？他兴奋地在屋子里走来走去。
- 师：没那么夸张，但我觉的确态度是向亢奋变化的。
- 生：那他看见打雷刮大风，态度改变，肯定是惊跳起来。
- 师：那倒不见得，孔子把勇敢常挂在嘴边上。这次应该是变严肃吧。孔子虽说"远鬼神"，但不是不信。刮狂风打响雷这种极端的自然现象，恐怕被他视为鬼神有什么意思要表达，所以严肃对待是正常的反应。

10-18
升车，必正立，执绥。车中，不内顾，不疾言，不亲指。

- [词语解释] 绥（suí）：车上的绳子，用作登车时的拉手。
- 师：孔子上车时，一定先站直了，拉着车上的绳子上车。在车里，不向车内环顾，不快速说话，不用手指指点点。

- 生：现在一些有地位有权力有名望的人，都显得一本正经高深莫测的样子。
- 师：按现在的说法就是：玩深沉。
- 生：有些老师也喜欢玩深沉，其实只要一上课，肚子里有多少东西，学生一听就听出来啦，再深沉也没用。
- 师：其实规矩都是人制定出来的，有好的，有不好的，旧的规矩被不断打破，新的规矩不断建立。任何规矩都是为了人与人的关系更加和谐，把自己变得一本正经，那不是什么和谐，而是为了等级更加森严。

10-19　色斯举矣，翔而后集。曰："山梁雌雉，时哉时哉！"子路共(拱)之，三嗅(狊)而作。

- [词语解释] 共：拱，拱手。　嗅：应为"狊"(jù)，张开翅膀。
- 师：这一段有些莫名其妙，与前面的也没什么必然联系，后人解释多多，莫衷一是。
- 生：老师怎么看呢？
- 师：好像是孔子和子路在山里看见一群野鸡。他们脸色变得兴奋起来，野鸡飞翔着聚集在一起。孔子道："山梁上的野鸡，飞得很及时，飞得很及时啊！"子路向它们拱拱手，野鸡扑腾了几下翅膀，飞走了。
- 生：的确不好理解，像是游记哩，放在这章的结尾，真不知啥意思。
- 师：是啊。这章主要是讲孔子在生活中的各种行为的。通过孔子的所作所为，你们怎么看孔子呢？
- 生：一个人听他说还真是不行，看了孔子各方面的行为，我的结论是，这是个伪君子！
- 师：我觉得不算是伪君子，他不是想掩饰什么，他真是把守各种规矩发挥到了极致。

先进第十一

[11-1]
　　子曰："先进于礼乐，野人也。后进于礼乐，君子也。如用之，则吾从先进。"

- 师：孔子这里的"先进"和"后进"，有不同的理解，我的看法是指先进来和后进来。在孔子那里的学生，年龄相差有几十岁，同在一个屋檐下接受孔子的教育，因此有先后之分。
- 生：对这种情况，孔子认为："先进来的对于礼乐，像未开化的野人一样质朴。后进来的对于礼乐，像君子那样优雅。如果用人的话，那么我就从先进来的用起。"老师，干吗他主张用质朴的，而不用优雅的呢？
- 师：他认为质朴的比较重视内容，而优雅的过分讲究形式了。一般来说，上了年纪的人比较注重内容，而年轻人看重形式。比如老年人喜欢巴尔扎克，而年轻人喜欢莎士比亚，巴尔扎克没有文采，莎士比亚用词华丽。
- 生：这倒也是。描写日出，华丽的作家写了一大堆景色。托尔斯泰会觉得这全是废话，就用一句"太阳出来了"完事。
- 师：你们认为用人应该用实在的还是浮华的？
- 生：当然实在的好。
- 师：所以喜欢华丽没多少好处。当然也是从这层意思，有人把"先进"理解为先学习后做官，把后进理解为做了官再来学习。
- 生：就像现在先进就是全日制研究生，后进就是在职研究生。
- 师：是这个意思。

[11-2]
　　子曰："从我于陈、蔡者，皆不及门也。"德行：颜渊，闵子骞，冉伯牛，仲弓。言语：宰我，子贡。政事：冉有，季路。文学：子游，子夏。

- 师：这应该是孔子老年回到鲁国后的感慨："跟随我到陈国和蔡国去的学生，都不在门下了。""及门"原意是登门求学，转个意思就是门下弟子。孔子在陈国、蔡国都遇到过危难，所以对于在危难当中追随他的弟子特别怀念。

生：怀念别人的时候往往都想到别人的优点，所以孔子列出他们的优点。德行好的：颜渊，闵子骞，冉伯牛，仲弓。语言能力强的：宰我，子贡。行政能力强的：冉有，季路。文献知识丰富的：子游，子夏。这里因为大白天睡觉，被孔子视为"朽木不可雕"的宰我，也让孔子想起他的优点来哩。老师以后老了，会不会也这样怀念我们呢？

师：会有些怀念的，但不会像孔子那么深切，毕竟这些学生和孔子有过患难与共的经历呀。

生：真是令人失望。我们可希望以后老师能常常想起我们的优点。

师：孔子教过的学生年龄相差很大。像同样跟随孔子的冉伯牛，只比孔子小六岁，而颜回要比孔子小三十岁。年龄悬殊，大大小小的，在外流浪，像是一大家子，挺有趣的。

生：老师教过的学生，年龄不会有如此的悬殊吧，大学生都是一个年龄段的。

师：我教过的学生，年龄要比孔子的学生悬殊得多。

生：啊？不会吧？

师：我从教三十五年。二十多岁当老师时，在市委党校，那时年龄大的学生有六十多岁，都可以做我爷爷了。我在边疆支教过，教过中学，最小的班才初一，也就十岁出头。

生：真没看出来，老师毛头小伙子时居然教过老头子。十岁出头到六十多岁，孔子的学生恐怕也没有五十多岁的悬殊。

师：不过没有给学生讲过孔子。记得在三十多年前，给五六十岁的学生讲过庄子。

生：天哪，一个小孩子给老头子们讲庄子，这一定很酷！

11-3

子曰："回也非助我者也，于吾言无所不说（悦）。"

师：孔子说："颜回不是能帮助我的人，对我的话没有不喜欢的。"孔子虽然喜欢颜回，这里也不得不承认，颜回能力很差，属于言听计从类的学生。

生：就是说，在外面流浪，颜回没能力帮助孔子，真正做事的，还是其他的学生。

师：照我看，过于听话的学生，能力都不会太强；而过于喜欢听话学生的老师，创造力和想象力也不会太强。

生：老师以后需要我们帮助，我们肯定不会像颜回。

- 师：那也得看你们的能力。毕业后首先得自己能在社会上站住脚，然后求得发展，这样才有能力帮助别人。
- 生：说回来经济还是第一位的，有钱，就是没能力，也能救助别人。
- 师：知道这点，你们就得在这上面花时间。最简单的方法，就是培养自己的财商，平时看电视把娱乐频道换成财经频道。
- 生：这有用么？自己又不当老板。这么关心国家的经济，到头来还不是拿一份工资。
- 师：抱着这样的观念，说明你们的财商大有问题哩。现代社会是市场经济，在市场经济之下，人们的收入分为两部分。一部分是劳动所得，另一部分是资本利得。
- 生：我们又不是资本家，哪来的资本？
- 师：除非贫困家庭，一般人总会有一点积蓄的，这就是资本。
- 生：这有多少钱，像我们毕业后，每个月能存下几百块钱就了不起了，这算得上资本么？
- 师：你们不要小看这点钱。爱因斯坦说过："复利的威力大过原子弹。"
- 生：啥意思？复利就是利滚利吧。
- 师：曾经有人算过一笔账。每个月存一百多块钱，每年存二千元，三十年存入六万元，但存一月期的，即每月把本利拿出来，重新存一次，以保证最短的时间，使利息变为本金，这样按美国当时的银行月利息，三十年后就将近五十万。
- 生：有那么多哇。真是威力巨大。
- 师：如果你投资一万，以后不再投入，但每年能保证百分之二十六的利润，三十年后就是一千万。
- 生：哇，太恐怖了。毕业后就这样投资了。百分之二十六不是很难哩，现在股市一牛，股民们动不动就赚百分之百。
- 师：不容易的。不关心经济，我看是做不到的。

11·4

子曰："孝哉，闵子骞！人不间于其父母昆弟之言。"

- [词语解释] 间：矛盾，非议。
- 师：孔子说："孝顺哪，闵子骞！人家不非议他的父母兄弟对他的赞美。"
- 生：俗话说，老王卖瓜，自卖自夸。自家人赞美自家人，使别人不觉得是"癞痢头儿子自家好"，倒真是不容易。

- 师：我看没有异议，未必说明闵子骞如何孝顺，自家的事，别人不一定清楚。闵子骞大概人缘好，大家都喜欢他，所以自家人一夸，大家真觉得是这样。
- 生：至少他家里人也喜欢他。

11-5 南容三复白圭，孔子以其兄之子妻之。

- 师：南容就是南宫适。
- 生：好像在"公冶长第五"中出现过。
- 师：对，前面已说过孔子把侄女嫁给他了。南宫适把《白圭》这首诗读了又读，孔子就把哥哥的女儿嫁给了他。
- 生：一个人喜欢一首诗，就能得一老婆，这桩买卖划得来。到底是首怎样的诗呢？
- 师：这是《诗经·大雅·抑》中的诗："白圭之玷，尚可磨也。斯言之玷，不可为也。"圭就是璧玉。
- 生：意思是：白玉上的污点，还可以磨掉。语言上的污点，就不能去除了。这诗很浅嘛，没啥深刻的道理，按现在的话说，就是"祸从口出"的意思。
- 师：前面说南宫适"邦无道，免于刑戮"，说明他是个说话非常谨小慎微的人。
- 生：这样的男人比较安全，所以孔子把侄女嫁给他。
- 师：孔子是挺欣赏这种人的。
- 生：倒霉的是他的侄女呀，一朵鲜花扔进了闷包里。

11-6 季康子问："弟子孰为好学？"孔子对曰："有颜回者好学，不幸短命死矣！今也则亡（无）。"

- 生：这个问题前面不是问过了吗？
- 师：对。不过那是鲁君问的，这里是季康子问："你学生中谁好学？"孔子这次回答得比较简单："有个叫颜回的学生很好学，不幸短命死了！现在就没有如此好学的学生了。"
- 生：季康子是不是想用人，到孔子那里招聘学生，孔子又不想推荐学生给他，所以这样说。

师：有这种可能。我想孔子这儿也应该有好学的，可能孔子有"颜回情结"，觉得再也没有比颜回更好学的学生了。

11-7　颜渊死，颜路请子之车以为之椁。子曰："才不才，亦各言其子也。鲤也死，有棺而无椁。吾不徒行以为之椁，以吾从大夫之后，不可徒行也。"

- [学生名录] 颜路：颜无繇，字路，颜回的父亲，也是孔子的学生。
- [词语解释] 椁（guó）：古代高官的棺木有两层，里面的一层叫棺，外面的一层叫椁。　鲤：孔子的儿子孔鲤，字伯鱼。孔子十九岁结婚，二十岁生下儿子，当时鲁昭公派人送一条鲤鱼以示祝贺，所以孔子给儿子起名叫"鲤"。孔鲤去世时孔子将近七十岁。
- 师：颜回死了，颜路请求孔子把车卖掉替儿子打造一个棺木的外椁。
- 生：颜回是啥时候死的？
- 师：颜回死时孔子七十一岁。当时他已不做官了，在家编辑《春秋》。
- 生：颜回父亲的要求似乎很过分哪。儿子死了，要老师把车子卖掉，替自己儿子做棺材。
- 师：好像是有些过分，其实也情有可原。父子都是孔子的学生，儿子又跟随老师东奔西走了一辈子，鞍前马后地侍候了老师一生，也没捞着什么好。白发人送黑发人，于情于理，这样的要求也说得过去。
- 生：想想也是，颜回本来应该在家对父亲尽孝，却把毕生的精力奉献给了老师。
- 师：可孔子不干了，他说："不管有才能还是没才能，但说起来都是自己的儿子。孔鲤也死了，他的棺材也只有内棺而没有外椁……"
- 生：明白了，孔子是说虽然颜回比自己儿子有才能，可孔鲤毕竟是我儿子，我儿子都没外椁，让我把车卖掉给你儿子打造外椁，异想天开，门儿都没有！
- 师：他还有另外的意思，他说："……我不能为了你儿子的外椁，以后就走路吧。以我大夫的身份，是不可能徒步外出的。"这里的"从大夫之后"是谦逊的说法。孔子在鲁国做过最大的官是司寇，位列于大夫。此刻孔子已退休，不能算是大夫了，因此说"跟随在大夫的后面"，意思是说，曾经的大夫。
- 生：这倒算个理由，只是连私家车也没有，太没面子了。
- 师：颜回家挺穷的，要是这车是颜路的，他会卖掉给儿子做外椁吗？

生：我想应该会的吧。在颜路看来，为一个把一生都献给老师的学生卖掉一辆车，是理所应当的。要是这车是他自己的，肯定会卖掉的。

师：是啊，不管孔子的理由多么充分，在颜路听来，都是一瓢凉水，真是寒心哪。

11-8　颜渊死，子曰："噫！天丧予！天丧予！"

师：颜回死的时候，孔子哭道："哎呀！老天不让我活啦！老天不让我活啦！"

生：颜回还没有他的一辆私家车重要。真是要死要活的话，孔子自己的命也不如那辆私家车重要。这样一看，孔子的这种踏地唤天的悲恸，有些假惺惺的味道了。

师：或许还真不是假惺惺，他还真是把私家车看得比自己的命重要哩。

生：不会吧，命都不要了，还要车干吗？

师：要是车象征着等级，那么在孔子眼里车当然比命重要了。

生：要这样，颜路白当了一回孔子的学生。他还真是没学到对等级的崇拜哩。

11-9　颜渊死，子哭之恸。从者曰："子恸矣！"曰："有恸乎？非夫人之为恸而谁为！"

生：颜渊死时，孔子哭得死去活来。跟随他的学生说："老师太悲痛啦！"孔子道："真有这么悲痛吗？不为这样的人悲痛，为谁悲痛呢？"是不是"恸"是最悲痛的词？

师：应该是这样。一般的悲痛叫"戚"，程度再深一点叫"悲"，再进一步就是"悼"，死人的悲痛才能用"悼"。至于"恸"，从字面上看好像是"心动"，其实是指因悲痛导致脸形都变了。从这点上，"恸"比"悼"程度更深。

生：一个学生死了，哭到这份上，实属少见。

师：我想可能孔子一直把颜回视为自己理论的最好继承者，颜回这一死，他自己的那套学说后继无人了。

生：这里面应该还有对颜回的感情吧。

师：那当然有。

11-10

颜渊死，门人欲厚葬之。子曰："不可。"门人厚葬之。子曰："回也视予犹父也，予不得视犹子也。非我也，夫二三子也。"

- 师：颜渊死后，同学们想厚葬他。孔子说："不可以。"
- 生：为啥不可以，既然孔子哭得那么悲痛？
- 师：葬礼的规格对于中国人来说一向是很重要的，只有等级高的人死后才能厚葬。孔子对他感情再好，触犯等级这条底线，孔子当然是不能允许的。
- 生：但不管允许不允许。可学生们还是把他厚葬了。孔子叹道："颜回啊把我看作父亲，我却不能把你看作儿子。并非我要这样，是这几个同学做的呀。"
- 师：估计同学们因此很不满意孔子，你管什么管，又不是你的儿子。
- 生：同学间的感情也是很深的吧。孔子不肯卖掉车，并把自己的儿子没有外椁作为理由。学生们可能就有不满，这时就会说，既然不是你儿子，你管得着吗？
- 师：谁也不知道颜回是不是真的像孔子一样，看待这事。不管怎么说，当感情与礼仪上的等级发生冲突时，同学们纵然对颜回的感情没有孔子那么深，却毅然置感情于等级礼仪之上，这就是人性的光芒。我们说，制度是死的，人是活的；风俗习惯是僵硬的，人是有情感的。要是在印度的种姓制度之下，孔子肯定也会不顾男女之间的爱情，竭力反对贵族与平民之间通婚的。
- 生：人间自有真情在。像任长霞这样的好公仆，死后老百姓自然会万人空巷地为她送葬，其葬礼之隆重，可与国葬相比。

11-11

季路问事鬼神。子曰："未能事人，焉能事鬼？"曰："敢问死？"曰："未知生，焉知死？"

- 师：子路来问怎么侍奉鬼神。孔子回答："不能侍奉好人，怎么能侍奉好鬼呢？"子路又问："斗胆请教关于死的问题。"孔子道："未能了解生，怎么去了解死呢？"
- 生：孔子既不否认鬼神，也不议论鬼神，但很在乎祭祀鬼神的仪式。他到底是怎么看鬼神的呢？
- 师：这个问题引起许多学者的兴趣。有人甚至断言孔子是个无神论者，说是因为在那个绝大多数人都信鬼神的世界里，孔子只是不敢提出异议而已。至于说祭祀鬼神的仪式，那是现实的事，尤其是关系到地位等级的事，孔子当然很在乎。
- 生：那老师认为孔子信不信鬼神呢？

- 师：我认为孔子信鬼神。但鬼神概念是超出孔子的思想范围的。鬼神的概念实际上是一种宇宙观，是超出一般世界观的。孔子不是哲学家，不是哲学家的人是没有宇宙观的。庄子有他的宇宙观。有人问庄子："上下四方有极乎？"庄子回答说："无极之外复无极也。"也就是说，鬼神的概念是未知世界的概念。思想家关心的是现实世界，对于未知世界不会深入探究。
- 生：可一些老百姓也拥有鬼神概念，甚至有些人对鬼神还挺起劲，他们都有自己的宇宙观么？
- 师：现代有些人对鬼神感兴趣，这主要是来源于宗教。原始社会的老百姓对鬼神也很感兴趣，有人认为是科学不发达，这可能只是其一。任何一个时代，一般的百姓都会对未知世界产生兴趣，原始宗教也由此而兴起。但百姓的鬼神概念是构不成什么体系的，除非他接受了宗教的整套体系。
- 生：所以百姓的鬼神观念不能称为宇宙观，对吗？
- 师：对。最简单的例子，如果说人死后灵魂不死，那么灵魂占不占有宇宙空间，灵魂有没有寿命，宇宙空间到底有多大，鬼神的世界与人的世界是一种怎样的关系，等等，诸如此类的问题，作为一种系统性的观念，都应该得到明确解释。简单地把有没有鬼神观念跟宇宙观挂钩，是不妥当的。
- 生：庄子有这种系统性观念吗？
- 师：我们讲庄子时再具体讲。孔子的鬼神观念和老百姓一样，是非常简单的有无观念。说孔子是无神论者实在过分。既然大家都认为鬼神存在，孔子与大家的想法一样，自然没必要强调鬼神的存在。
- 生：这么说子路想问孔子更加高深的哲学问题，孔子不懂。
- 师：是这样。子路想知道鬼神的世界，所谓侍奉鬼神，牵扯到更深的意思，就是人世与鬼神世界的关系是怎样的。这叫孔子咋回答？
- 生：哈，孔子让他管好现实的事，别想这个。
- 师：不过要是人们把现实的事都做好，才能去想未知世界，那么也不会有什么宇宙观了。
- 生：的确是这样。太阳系之外还有许多星球，宇宙是无限的，跟我们有啥关系，知道这些干吗？还是把手头的事干好。孔子就是这种态度。

11-12

　　闵子侍侧，訚訚如也；子路，行行如也；冉有、子贡，侃侃如也。子乐。"若由也，不得其死然。"

- [词语解释] 行行（hàng）：刚强。

- 师：闵子骞站在孔子边上，恭敬正直的样子；子路很刚强的样子；冉有、子贡则是温和快乐的样子。孔子很高兴。"像子路这样，怕是不得好死的样子。""得死"的意思是善终，"不得死"则是不得善终。
- 生：为什么很开心的时候，孔子要说这种话？
- 师：可能是子路站的样子太威武了，孔子是半开玩笑说的。不幸此话真的说中了。
- 生：子路真的不得善终了？
- 师：我们前面讲过卫灵公的儿子，那个谋杀南子没成功而逃往晋国的蒯聩，后来潜回卫国，攻城略地，挟持卫国大夫孔悝，当时子路在孔悝手下担任地方官，他前去救孔悝，结果在搏斗中被蒯聩手下的武士剁成了肉酱。
- 生：没想到孔子手下有如此勇敢的斗士。
- 师：所以子路想知道未知世界是有道理的。
- 生：啥道理？
- 师：凡是勇敢的斗士，必须面对死亡。死后的世界会怎样，对于他们来说是迫切想要了解的。
- 生："二十年后又是一条好汉"就是这个意思吧？知道来世还会成为一条好汉，这会使他们更加勇敢。
- 师：是啊。所以当唯物主义者是需要极大的勇气的。现在人们说自己都是唯物主义者，可他们具有当唯物主义者的勇气么？
- 生：想起死后，生命归于尘土，不会有什么灵魂和鬼魂的东西，肯定会对死亡充满恐惧的吧？
- 师：反过来说，唯物主义者应该更加珍惜生命，热爱生命。

11-13

鲁人为长府。闵子骞曰："仍旧贯，如之何？何必改作！"子曰："夫人不言，言必有中。"

- [词语解释] 长府：国家的金库。　　贯：贯彻，继续。
- 师：鲁国人改造鲁国的金库。这里的"为"是翻修改造的意思。
- 生：国家的金库是不是有点像中央银行的金库。
- 师：差不多吧。闵子骞说："仍然继续用旧的，又怎么样呢？何必要改造。"
- 生：闵子骞是鲁国的财政部长么？恐怕不是吧？他干吗这么起劲？
- 师：这话就不对了，国家大事人人有责，重在参与嘛。网上发个帖子，让大家跟一跟，对政府决策是有参考作用的，至少也会引起政府的重视。

☺ 生：老师说得有道理。

● 师：孔子对闵子骞的话很欣赏，他说："这人平时不太说话，说出话来能一语中的。"估计当时鲁国的治安还没有糟糕到有敢打劫金库的，或许金库还没有破旧到不安全的地步，所以孔子才赞同他的观点。

11-14 子曰："由之瑟，奚为于丘之门？"门人不敬子路。子曰："由也升堂矣，未入于室也。"

● [词语解释] 瑟：古乐器，与琴归为一类。

● 师：孔子道："仲由弹瑟，为什么在我门口弹呢？"

☺ 生：我也不明白，如果想弹给老师听，干脆进屋当面弹，为啥要在门口弹呢？

● 师：或许子路觉得自己弹得不好，不好意思，可又想让老师听一听，所以在门口弹。后面说，学生们都小瞧子路。说明他弹得的确不怎么样。

☺ 生：孔子也没说子路弹得不好，凭什么小瞧他。

● 师：可能是说话的语气和说话时的表情，让学生们觉得孔子好像听到了噪音，很讨厌。所以孔子后来评价了一句，以杜绝学生们的误解，他说："仲由已经升堂了，还未入室罢了。"

☺ 生：现在也用升堂入室这个成语，在这里是啥意思？

● 师：堂是正厅，室是内室。做学问先入门，再升堂，最终是入室，这是三个不同的阶段。

☺ 生：孔子的意思就是，你们的音乐水平只是入门，仲由已经升堂了，只是没有达到最高阶段。你们没有资格瞧不起他。

● 师：子路在孔子的学生中属于猛男型的，估计弹出的音乐也是金戈铁马、铿锵有力。在孔子眼里，这样的音乐"尽美未尽善"，所以是达不到最高境界的。

11-15 子贡问："师与商也孰贤？"子曰："师也过，商也不及。"曰："然则师愈与㉞？"子曰："过犹不及。"

● 师：子贡问孔子："颛孙师和卜商，哪个更贤能？"颛孙师就是子张，卜商就是

子夏，这两个人都比子贡小十几岁。

- 生：子贡好像扮演班长的角色哩。孔子的意思是："颛孙师贤能得有些过头，而卜商还显不足。"子贡问："这样的话，那么颛孙师强一点？"孔子道："过头和达不到是一样的。"
- 师：这就是孔子的中庸思想，适度才是最好的。
- 生：一般来说，过头似乎有些做作。
- 师：这要看情况的。有时"枉"得很厉害，就应该矫枉过正，所谓乱世用重典。以后大家进入社会，遇事得适当激进，也就是适当过头，因为我们面对的是激烈竞争的市场经济，只要不把事情做绝就是了。
- 生：知道啦，学习颛孙师。

11-16　季氏富于周公，而求也为之聚敛而附益之。子曰："非吾徒也。小子鸣鼓而攻之，可也。"

- 师：季氏比周公还富有，而冉求又替他搜刮，增加了更多财富。这里的周公，有人认为是指周公旦，也有人认为是指周天子的近臣周公黑肩、周公阅之流。
- 生：季氏富可敌国。孔子一定很愤怒，财富超过君主，这是对等级的极大挑战哩。
- 师：对季氏不敢表示什么，就把气出到冉求头上。孔子说："他不是我的学生。小子们，你们大张旗鼓地攻击他，完全可以这样做。
- 生：季氏敛财是不是合法呢？
- 师：季氏势力比君主还大，对法律的影响可想而知，所谓"诸侯之门，仁义存焉"，你说合不合法？
- 生：那孔子反对得有道理。

11-17　柴也愚，参也鲁，师也辟，由也喭。

- [学生名录] 高柴：字子羔，卫国人。比孔子小三十岁。据说此人长相丑陋，五短身材。
- [词语解释] 鲁：笨，愚钝。　　辟：偏也。　　喭（yàn）：粗鲁，鲁莽。

- 师：这是孔子指出四个学生各自的缺点：高柴有些蠢，曾参有些笨，子张有些偏激，子路有些鲁莽。
- 生：是当面这样说他们，还是给他们写评语？
- 师：不太清楚。估计写评语的可能性大一点。
- 生：我想也是，当面这样说学生不好。"你咋这么笨？""你咋这么蠢？"学生咋受得了。
- 师：不要以为现在是鼓励式教育，只说优点不说缺点。这是不对的，缺点还是要指出来的。
- 生：说是缺点，有时却是特点。这是老师您说的。
- 师：当然是这样。蠢和笨可能是环境或基因造成的，说缺点，人家也没办法。偏激和鲁莽是人的性格，也难说是缺点。不管怎么样，这些都是可以改变的。

11-18
子曰："回也其庶乎，屡空。赐不受命而货殖焉，亿则屡中。"

- [词语解释] 庶：差不多。　　空：穷得没办法。　　亿：臆，猜测。
- 师：孔子说："颜回各方面都修炼得差不多了，就是经常穷得没办法。端木赐不接受贫穷的命运，下海经商，经常测准行情。"这里的"命"有各种说法，有人认为是孔子的教诲，有人说是天命，从下文看，我觉得是贫穷的命运。
- 生："货殖"就是买卖货物吧，照现在的说法就是投机倒把。
- 师：现在不说投机倒把啦，这叫商业流通、物流。
- 生：还不是一样，就是褒贬色彩不同而已。
- 师：孔子对于子贡的这种经商，也没表示异议。而对季氏的敛财，就表示了不满。说明孔子对致富，也有是非规则的。
- 生：子贡生意是不是做得很大？
- 师：据说做到中原首富。孔子四处游荡，没有子贡的经济资助，大概是不行的。
- 生：哇——，春秋时代的比尔·盖茨啊。
- 师：我想子贡经商的本领不是从孔子那儿学的，孔子没开什么理财课，也没有对学生进行财商培养。
- 生：现在大多数学校也没有财商培养的课程。理财能力真那么重要么？
- 师：当然重要。我们古代的教育一直教人如何安于贫困，仿佛能安于清贫是一种美德，从来就不教学生怎样摆脱贫困，如何致富。古代的读书人除了做官，就没有摆脱贫困的办法了，而且重农轻商的观念使他们鄙视商业。
- 生：怪不得古人说"无商不奸"哩。
- 师：现在是市场经济的社会，没有理财能力，就很难适应这样的社会，甚至生存都会出现问题。所以理财能力就成了基本的生存能力，你们说重要不重要？
- 生：生存先于本质，看来理财能力的培养很重要。

11-19
子张问善人之道。子曰："不践迹，亦不入于室。"

- 生：子张问做善人的原则。孔子说："不踩着别人的脚印走，也不会登堂入室。"老师，孔子的这个回答很含糊哇。
- 师：是有些含糊，这里"登堂入室"不知是指学问还是指道德，或许指其他。至于说不踩着别人的脚印走，就是不从众。这点可以理解。要是从众都能成为善人，那善人也太多了。
- 生：子张为啥要问这样的问题呢？
- 师：对子张这人孔子给的评语是偏激，偏激的人不招人喜欢，也容易得罪人，估计子张感觉到别人对他有看法，他很想做老好人。

11-20
子曰："论笃是与，君子者乎？色庄者乎？"

- [词语解释] 笃：笃厚，老实。　　与：许也，赞许。
- 师：孔子说："讲到老实人，人们就很赞赏，到底这个老实人是真君子呢？还是表面上看来庄重老实呢？"
- 生：有些人的确只是表面老实，内心里未必是老实的。
- 师：那个内心不老实的人，做了什么不老实的事了吗？
- 生：那倒未必，要真做不老实的事，还能说是表面老实吗？
- 师：那么凭什么说别人不老实，就凭他说话？要是老实人说一些不老实的话，那表面上能说老实吗？
- 生：难道没有表面老实、内心不老实的人么？
- 师：我看是没有。评价一个人就得看他的行为，而不是什么内心世界，一个人的行为老实就是老实，你知道他的内心世界是怎样的？
- 生：可眼睛是心灵的窗户，总看得出来吧？

- 师：纵然你看出他内心不老实，又能怎么样呢？要知道法制社会与农业社会的评判标准是不一样的。你说这人内心是多么善良老实，你说那人是多么的有道德有品行，可这些对法制社会来说不重要，重要的是善良和道德的行为。一个人内心再不老实，可他从不做坏事，做的事情都是好事，那就是好人，你能说他是坏人么？
- 生：法制社会就是以行为为基准的吧？
- 师：还是柏拉图说过的话，纵然内心多么邪恶，"止于梦者便为善人"。不要老是去揣摸别人内心在想什么，揣摸别人这本身就是不老实的行为。
- 生：从行为上看，孔子一生除了教学生外，也没啥惊天动地的善举。
- 师：善人是做出来的，不是靠说出来的，也不是靠别人捧出来的。

[11-21]
　　子路问："闻斯行诸？"子曰："有父兄在，如之何其闻斯行之？"冉有问："闻斯行诸？"子曰："闻斯行之。"公西华曰："由也问'闻斯行诸'，子曰'有父兄在'。求也问'闻斯行诸'，子曰'闻斯行之'。赤也惑，敢问。"子曰："求也退，故进之；由也兼人，故退之。"

- 师：子路问："听说了就干么？"孔子回答："有父亲和兄长在，怎么能听说了就干呢？"
- 生：也就是说要征询一下长辈的意见，不能说干就干。
- 师：冉有问："听说了就干么？"孔子回答："听说了就干。"
- 生：是不是冉有的父兄都不健在了？
- 师：不是这样。所以公西华就疑惑地问："仲由问'听说了就干么'，先生说'有父兄在'。冉求问'听说了就干么'，先生却说'听说了就干'。我公西赤很疑惑，敢问为什么有不同的回答。"
- 生：看来孔子这是因人施教，他说："冉求生性退缩，所以让他前进；仲由做事都想胜人一等，所以我让他缓一缓。"
- 师：这里的"兼人"有不同的理解，有人认为是胜过别人，有人则认为是敢作敢为。反正差别也不太大。

|11·22|

　　　子畏于匡，颜渊后。子曰：“吾以女(汝)为死矣。”曰：“子在，回何敢死？”

- 师：我们前面讲过孔子长得像阳货，被匡人囚禁。这句讲的就是那事。
- 生：畏就是害怕，孔子在匡感到很害怕？
- 师：我们尽量不要把孔子说成是胆小如鼠的人。孔子在匡受到了惊吓，颜回后来才赶来。孔子道：“我还以为你已经死了呢。”颜回道："老师还健在，我颜回怎么敢死呢？"
- 生：孔子听了这话一定很感动吧，真是贴心贴肺呀。
- 师：从这点可以看出，颜回的确是把孔子当父亲看待的。
- 生：想到颜回死后，孔子连自己的车都舍不得卖掉，真是替颜回难过。
- 生：不过危难之际，孔子没想到别的学生，唯独想到颜回，说明孔子对颜回是特别关心的。
- 师：孔子或许的确是把颜回视为自己理论的接班人哩。

|11·23|

　　　季子然问："仲由、冉求可谓大臣与(欤)？"子曰："吾以子为异之问，曾由与求之问。所谓大臣者，以道事君，不可则止。今由与求也，可谓具臣矣。"曰："然则从之者与(欤)？"子曰："弑父与君，亦不从也。"

- 师：这个季子然，我们不清楚他的身份，估计是季氏家族的人，因为此时仲由和冉求都在季氏家当差。季子然问："仲由、冉求可以说是大臣么？"
- 生：季子然这样问，是因为他们俩干得不错，还是不放心？
- 师：很难说，也许是对手下人进行一番调查。孔子回答说："我还以为你会问什么奇怪的问题哩，只不过问的是仲由和冉求哇……"
- 生：是不是季子然经常来问孔子奇怪的问题？
- 师：这也不清楚。我们还是看孔子怎么回答吧，他说："……所谓大臣，用道义侍奉君主，要是道义不能推行，就辞职不干。现在仲由和冉求，可以说具备了为臣的才能。"
- 生：孔子好像没回答仲由和冉求是不是大臣。

师：你听出来了，季子然可能没听出来。所谓大臣，那是侍奉君主，季氏不算是君主，仲由和冉求最多只能算家臣，加上孔子也不认为季氏是个有道的主儿，所以他把大臣和自己的学生分开来说。

生：季子然大概最关心的是忠诚，因为他问："那么他们是顺从主子的人么？"

师：从孔子的回答里，可以看出他对季氏家族的不满。他回答说："要让他们杀父亲和君主，他们是不会听从的。"

生：要是孔子对季氏如此不满，他干吗还让学生去替季氏工作？

师：这也不是孔子选择的。学生总得就业吧，而这时季氏实际上已取代了国家，要在鲁国找份工作，大概没有太多的选择。

11-24

子路使子羔为费宰。子曰："贼夫人之子！"子路曰："有民人焉，有社稷焉，何必读书，然后为学？"子曰："是故恶夫佞者。"

- [词语解释] 社：土地神。　　稷：谷物神。　　佞（nìng）：能言善辩。

生：前面讲过季氏要闵子骞去做费地的长官，闵子骞宁可逃亡国外，也不愿去。这里子路让子羔去当了费地的长官。子路在季氏那里还有些实权嘛。

师：这是乱用实权。闵子骞不肯去，是因为那是个是非之地，而子羔就是被孔子评为很笨的高柴，这人当然不知深浅，只要有官当就好。所以孔子说："这是害了人家的儿子！"

生：高柴这时是不是很年轻？

师：对，才二十多岁，学业也没完成。子路为此狡辩说："那里有老百姓，有社稷，干吗一定要读完书，然后做完学问呢？"他的意思是让子羔在实践中去学习，不一定要做完学问再去做官。

生：为此孔子表示："所以我特讨厌那些诡辩的人。"

师：这事孔子是对的，这么年轻，学业也没完成，弄到一个是非之地去做官，当然凶多吉少，这会害了那小子。

生：子路不是使坏吗？

师：子路是使坏，不过更重要的原因恐怕是显示自己的能耐，他要让同学们看看自己混得不错，有权力让别人去做官了。

生：应该是这样，他想在同学们面前显摆一下自己：我现在是实权人物。可能他又担心像闵子骞这样的聪明人会拒绝，所以找了高柴。

师：那么我们就要问了，子路也算是孔子的优秀学生，接受了那么多道德教育，结果为了显示自己的能耐，去害别人的孩子，这是不对的啊。

[11-25]　子路、曾皙、冉有、公西华侍坐。

子曰："以吾一日长乎尔，毋吾以也。居则曰：'不吾知也。'如或知尔，则何以哉？"

子路率尔而对曰："千乘之国，摄乎大国之间，加之以师旅，因之以饥馑。由也为之，比及三年，可使有勇，且知方也。"夫子哂之。

"求！尔何如？"对曰："方六七十，如五六十，求也为之，比及三年，可使足民。如其礼乐，以俟君子。"

"赤！尔何如？"对曰："非曰能之，愿学焉。宗庙之事，如会同，端章甫，愿为小相焉。"

"点！尔何如？"鼓瑟希（稀），铿尔，舍瑟而作，对曰："异乎三子者之撰。"子曰："何伤乎？亦各言其志也。"曰："莫（暮）春者，春服既成，冠者五六人，童子六七人，浴乎沂，风乎舞雩，咏而归。"夫子喟然叹曰："吾与点也！"

三子者出，曾皙后。曾皙曰："夫三子者之言何如？"子曰："亦各言其志也已矣。"曰："夫子何哂由也？"曰："为国以礼，其言不让，是故哂之。""唯求则非邦也与？""安见方六七十，如五六十，而非邦也者？""唯赤则非邦也与？""宗庙会同，非诸侯而何？赤也为之小，孰能为之大？"

- [学生名录] 曾皙：曾点，字子皙。曾参的父亲，也是孔子的学生。
- [词语解释] 居：平居，平日，平常。　摄：收敛，夹击。　比（bì）：等待。　哂（shěn）：微笑，讥笑。　如：或者。　端：礼服。　章甫：礼帽。　相：助理。　撰：通"选"，选择。　莫：暮。　沂（yí）：水名，源于山东邹县东北，西流经曲阜与洙水汇合后，流入泗水。　舞雩（yú）：《水经注》中记载，在沂水边有雩坛，高三丈。
- 师：子路、曾皙、冉有、公西华侍候孔子坐着。孔子道："因为我比你们年长一点，不要这样有顾虑……"

☺ 生：老师，我看有的书上把"毋吾以也"，翻译成"因此没人用我了"。

☻ 师：是有这样的理解，否定的倒装句"毋以吾"，"以"到底是"因为"还是"用"，只有孔子自己知道了。我们不必那么较真。接下来是："……平日里常说：'别人不了解我。'如果有人了解你，那么你怎么办呢？"

☺ 生：子路到底是轻率地回答，还是率直地回答呢？

☻ 师：两者可能都有，可以认为子路毫不犹豫地回答说："只有千辆战车的小国，夹在大国之间，加上外国军队侵略它，继而又遭受饥荒。我仲由去治理它的话，等几年之后，可使百姓有勇气面对强敌，并且懂得大道理。"

☺ 生：子路的口气不小。

☻ 师：孔子听后只是笑笑。他问冉求："求，你怎么样？"

☺ 生：看上去冉求的口气小许多嘛，他认为："方圆六七十里或五六十里的小国，我去治理，等到几年之后，可以让老百姓富足，至于它的礼乐制度，只有等君子来建立了。"

☻ 师：冉求也算是个会做生意的人，能帮季氏大肆敛财，对搞好经济蛮有信心的。接下来轮到公西华了，在这几个学生中，公西华是最年轻的，那会儿可能二十都不到。"赤，你怎么样？"

☺ 生：公西华不敢说啥大话，蛮老实的，他说："不敢说能做到什么，只是我愿意学习着做。像鬼神祭祀方面的工作，或者外交接待方面的工作，穿上礼服戴上礼帽，我愿意做一个小小的助理。"

☻ 师：一方面是年龄小，另一方面大概对于前面两位师兄，老师面有讥笑之色，公西华变得很低调。

☺ 生：再低调，他也表示了自己外交方面的才能。最后一位是曾皙。孔子问："点，你怎么样？"

☻ 师：曾参的父亲曾点是第一次亮相，他的出场很特别。只听得鼓瑟的声音稀落下去，他吭的一声扔掉瑟站起来回答："我和他们三个人的选择不同。"孔子说："有什么妨碍么？也就是各自说说自己的志向罢了。"曾皙说："暮春时节，春服做好了，和五六个大人，六七个小孩，在沂水里洗洗澡，在舞雩台上吹吹风，然后唱着歌回家。"孔子感慨地叹道："我赞赏点的做法呀！"

☺ 生：曾点的志向好像是退休以后的理想，孔子为啥会赞同他呢？

☻ 师：孔子前面说自己年纪大，曾点在这几个学生中年纪也是最大的，不是"奔五"也已"奔四"，这个年纪的人，按孔子的看法就没什么可怕的，前途是有限的，所以向往的是退休以后的闲散生活。

☺ 生：这样一来，曾皙觉得与老师有更多的共同语言吧，所以三个学生出去了，曾皙留在后面，想跟孔子进一步聊聊。他问："那三个学生的话怎么样？"孔子说：

"也就是各自讲讲自己的志向罢了。"他又问:"老师为什么讥笑仲由呢?"孔子道:"治国要用礼仪,他说话这么不谦让,因此笑话他。""冉求讲的不是什么国家吧?""怎么见得方圆六七十里或者五六十里就不是国家呢?""那公西赤讲的不是什么国家吧?""祭祀和外交,不是诸侯国的事是什么?只是公西赤想做的官小了点,可谁能做大的官呢?"

☺ 师:从对话中,曾皙想套套近乎,也没套着。实际上,从孔子赞同曾点的志向看,孔子不也想过得快活一点嘛。整天规矩长规矩短地活着,也是很累的,他也希望过无拘无束的生活。

☺ 生:那孔子对子路、冉有、公西华的志向,到底是认可还是不认可?作为老师,总要给学生的人生理想做个指导吧。

☺ 师:估计未必赞同。因为孔子认为让百姓有勇气,让百姓富有,搞好国家的外交之类的,都和个人道德关系不大。在孔子的思想里,国家用我,我就干,不用,我就自我修行。可对年轻人来说,总想做点什么,所以孔子也不便反对。

颜渊第十二

[12-1]

　　颜渊问仁。子曰："克己复礼为仁。一日克己复礼，天下归仁焉。为仁由己，而由人乎哉？"颜渊曰："请问其目。"子曰："非礼勿视，非礼勿听，非礼勿言，非礼勿动。"颜渊曰："回虽不敏，请事斯语矣。"

- [词语解释] 复：符合。
- 师：颜渊问啥是仁。孔子道："约束自己使达到礼仪的标准，这就是仁。有一天你约束自己符合了礼仪，天下人就把你归于仁者。做到仁是因为自己，难道还能靠别人吗？"
- 生：为啥"克己复礼"的"复"，不是恢复的意思呢？周朝的礼制不是毁坏了嘛，孔子希望恢复周朝的礼制哩。
- 师：记得我小的时候，社会上掀起"批林批孔"运动，"克己复礼"是批判的重点，说孔子搞复辟，搞倒退。当时就是把"复"理解成恢复或者复辟。不过现在的书大多不用这种解释了，大多解释为"符合"。
- 生：符合是不是有些勉强？
- 师：根据我们上面读到的孔子形象，我采用目前多数人的理解，把仁理解为自己的行为符合礼仪的标准。
- 生：颜回问："请问具体的条款。"这真是个死板的人，还非问个仔细不可。孔子教导说："不符合礼的不看，不符合礼的不听，不符合礼的不说，不符合礼的不做。"颜渊道："我颜回虽然迟钝，愿意奉行您的教诲。"这样看，颜回的确是把孔子奉若神明的学生。
- 师：我看要是选这样的学生作为接班人，孔子也不是很高明。
- 生：此话怎讲？
- 师：颜回这样的学生能青出于蓝而胜于蓝么？不会吧。一个有魄力的老师，应该选一个以后能超过自己的学生作为接班人，把老师奉为神明的学生，是不可能超越老师的。现在有些人，一旦被别人捧为某个专业的专家权威，就开始排斥不同观点，尤其是来自学生或非权威的不同声音。这种排他性使他们的眼光越来越短浅。
- 生：老师是说权威都是些目光短浅的人？

- 师：话不能说得太绝了，我认为权威是眼光容易受到限制的人。最糟糕的是，他们还特别喜欢把自己奉为权威的追随者。
- 生：就像孔子特喜欢颜回一样？
- 师：我看孔子应该开除像颜回这种学生的学籍。
- 生：开除学籍也太过分了。
- 师：尼采说："如果有上帝而不是你，难道你不痛苦吗？"要是我们把这话换一种说法……
- 生："要是有上帝而就是你，难道你不痛苦吗？"是不是换成这样？
- 师：对。要真有学生把我奉为神明，纵然谈不上痛苦，至少也会很惶恐的。这样的学生最好让他回家去先认识认识自我，树立起独立的人格。

12-2　仲弓问仁。子曰："出门如见大宾，使民如承大祭。己所不欲，勿施于人。在邦无怨，在家无怨。"仲弓曰："雍虽不敏，请事斯语矣。"

- 生：仲弓问什么是仁。这个仲弓就是前面提到过的冉雍吧？
- 师：就是此人，估计这时他做了官，所以孔子的回答与告诉颜回的不一样。孔子说："出门时要像去接见重要的宾客，使唤百姓时要像承接重大的祭典。自己不愿意的，不要强加给别人。在政府里不要抱怨，在家里也不要抱怨。"
- 生：仲弓的回答却和颜回一样："我冉雍虽然迟钝，愿意奉行您的教诲。"仲弓也把孔子奉为神明，也应该开除。
- 师：我看没有奉为神明。对颜回的要求是从看、听到说、做，人的一切行为都限制了，这都一一照办，那还不是奉若神明？但对仲弓，只是一种关照，像孩子出远门时，父母提示他注意点什么。
- 生：就像我上大学第一天，父母也会这样关照我。"进新的学校，要和同学搞好关系，要听班主任的话，读书要用功，要注意身体……"
- 师：对做官的仲弓，孔子关照的是三方面：庄重、宽厚、不抱怨。
- 生：庄重和不抱怨与仁好像关系不大吧？
- 师：孔子认为只要是符合礼仪的，都是仁。
- 生：遵守礼仪就是遵守等级制度，所以不抱怨也属于遵守等级，不对上司有怨言也算是仁了。跟我们现在的仁爱、仁慈很不相同哩。
- 师：有抱怨才会有改革，有改变才会有发展，一个社会如果连抱怨之声都没了，那就只有等待革命了。
- 生：可仲弓是当官的，当官的不该有抱怨吧？
- 师：当官的也是人，在家里适度抱怨抱怨是可以的，过度压抑会导致心理疾病。

12-3

司马牛问仁。子曰："仁者，其言也讱。"曰："其言也讱，斯谓之仁已乎？"子曰："为之难，言之得无讱乎？"

- [学生名录] 司马牛：姓司马，名耕，字子牛，也叫司马牛。《史记·仲尼弟子列传》中记载："牛多言而躁。"据说是宋国人，有学者认为他是桓魋的弟弟。
- [词语解释] 讱（rèn）：语言迟钝。
- 师：司马牛问仁是什么。《史记》上说这个学生话多，脾气暴躁。所以孔子针对他的缺点回答说："仁者，就是说话很迟钝。"
- 生：针对每个学生的特点回答是可以的，可说仁者说话迟钝，这也太不顾客观事实了吧？
- 师：孔子一直把能言善辩的人，归入道德有问题的一类。
- 生：听了这种回答，司马牛肯定不服气，他反问："说话很迟钝，就能称作仁吗？"孔子答道："做起来很难的，说起话来难道很容易不迟钝吗？"
- 师：做起来困难的事，说起来也就困难，这是不是符合逻辑？
- 生：肯定不符合啦。

12-4

司马牛问君子。子曰："君子不忧不惧。"曰："不忧不惧，斯谓之君子已乎？"子曰："内省不疚，夫何忧何惧？"

- 生：这次司马牛问君子是什么。孔子说："君子就是不担忧不恐惧的人。"司马牛不明白地问："不担忧不恐惧，这就称为君子了吗？"孔子说："问心无愧，那还有什么好担忧和恐惧的呢？"老师，我也不明白，问心无愧就能不担忧不恐惧了么？
- 师：问心无愧或许就是没有做过对不起别人和社会的事，即使是这样，一般人也很难做到不担忧和不恐惧，除非他有很多钱，并且对社会没有责任感。

- 生：您说对社会没有责任感的有钱人，才会不担忧不恐惧？
- 师：是的，但这样的人，往往不会问心无愧的。一个遵纪守法，并且不剥削别人的人，要有很多钱，怕是不容易的。让有钱人去读读马克思的《资本论》，他们中能有几个人敢站出来说，自己的钱来得是问心无愧的！
- 生：不过一般工薪阶层，又没做过亏心事，他们应该"内省不疚"吧。
- 师：一个人只要有社会责任感，就很难做到不做亏心事。
- 生：这话怎么讲？
- 师：就拿把等级视为最高原则的孔子来说，季氏把鲁国国君赶走了，他敢站出来抗议吗？
- 生：他自己不也逃到国外去了吗？
- 师：绝大多数人在权势面前都会明哲保身，孔子也不例外。古代如此，现代社会也是如此。不要说权势，就说商业垄断导致的不合理，不合理收费很多，有几个人能挺身而出，大声疾呼，与这种不合理作斗争呢？
- 生：有是有，只是太少了。
- 师：要是这种人很多，那么我们社会的不合理就会很少。处处容忍不合理的人，能问心无愧吗？
- 生：许多人问心无愧是与其他人相比较的吧，比别人做得好，就能问心无愧。
- 师：是啊。纳粹在台上时，没有参与屠杀犹太人，也能做到问心无愧。可与"人的尊严"相比，他能问心无愧吗？
- 生：这要求太高了吧，所有人都做不到问心无愧。
- 师：我们必须时刻感到有愧，时刻问心而愧，因为生活中总有一些让我们感到担忧和恐惧的事情。难道你们没有担忧和恐惧的事么？
- 生：当然有。对毕业时的就业就很担心，父母万一下岗，也是很担忧的。
- 师：老师也有许多担忧的事，比如说北极融化后，水平面抬高，上海会不会沉没？冰融化后，史前时期的细菌复活怎么办？
- 生：老师真是杞人忧天。

12-5　　司马牛忧曰："人皆有兄弟，我独亡（无）。"子夏曰："商闻之矣：死生有命，富贵在天。君子敬而无失，与人恭而有礼，四海之内皆兄弟也。君子何患乎无兄弟也？"

- [词语解释] 亡（wú）：通"无"，没有。

生：司马牛忧心忡忡地说："人家都有兄弟，唯独我没有。"前面注释中说他是宋国人，是桓魋的弟弟，怎么说他没兄弟呢？

师：据说桓魋为人很糟糕，曾与几个兄弟谋反，阴谋败露后逃亡国外，最后死于逃亡途中。谋反时，唯独这个司马牛反对，所以司马牛不承认自己有这样的哥哥，自认为没兄弟。还有一种说法认为，这里的司马牛和桓魋的弟弟完全是两个人，这里的司马牛就是个独生子。不过不管是哪一个，其实并不重要。宋朝的苏轼与司马光吵架时，一个劲地骂对方"司马牛、司马牛"，不知道是指的哪个司马牛。

生：这话是对着同学子夏说的，所以子夏安慰他："我卜商听说：生死由命运安排，富贵是老天安排的。君子敬畏天意而不犯错误，对人恭敬而有礼貌，这样四海之内都将是你的兄弟。君子何必担心没有兄弟呢？"没想到，"生死有命，富贵在天"和"四海之内皆兄弟"都不是孔子说的。

师：现在你们都是独生子女，对有没有兄弟姐妹没什么感觉吧？

生：有感觉的。对有兄弟姐妹的，还是有些羡慕的哩。不过子夏的安慰好像不着边际，对人家恭敬有礼貌，人家就把你当兄弟啦。

师：这种既成的事实，叫子夏怎么安慰呀！还不就是没话找话嘛。

生：真是无心插柳柳成荫。这么不着边际的话，居然成了千古名言。

师：生死有命，富贵在天。这种宿命论思想，在中国肯定能成名言的，因为中国长达几千年的封建社会，在等级制度里，人们生活得很苦很累，对命运和人生的无奈，最终都会转化为宿命论的悲叹。后来佛教传进来，加入了轮回转世、因果报应的思想，从而进一步强化了宿命观念。

生：可现代社会还是有许多人认同这种宿命论。

师：只要还有等级存在，只要社会还有无法改变的不合理现象存在，就会有人生的无奈，也就会有宿命的观念。

生：是啊，出生地、出生的家庭，对一个人太重要了，这不就是命运嘛。

师：不管出生在什么地方、什么家庭，人都有同等的机会和机遇，社会要达到这样的文明程度，还有很长的路要走。

生："四海之内皆兄弟"，也是一种理想化的社会状况吧。

师：那是封建时代的社会理想，可以说是封建时代提出的"和谐社会"的理想。

生：老师干吗要这么强调封建？难道天下一家，大家亲如兄弟不好么？

师：且不说"手足情"是好是坏，我们前面说过，血缘关系是什么关系？

生：生理关系。生理关系在现代社会中应该被放到精神和情感关系之下，所以"六亲"之中，夫妻关系跃居首位，而父母、兄弟姐妹关系居于其下了。

师：你和某人感情上和精神交流上很好，为什么你要与他称兄道弟或者视为小姐妹呢？这不是把精神和感情关系降低为生理关系嘛。

生：老师不是也说过，生理血缘关系是物质关系，物质关系是固定牢靠的关系，而精神和感情关系是不牢固的。即使精神上和感情上交流不多，甚至完全合不到一块儿，可血缘关系毕竟否定不了，父母还是父母，兄弟还是兄弟。称兄道弟是为了使彼此的关系更加牢靠。

师：实际上真正牢靠的关系是精神关系，也就是所谓的"志同道合"。血缘关系代表着你有某种责任，对父母、兄弟姐妹，你是有责任的，而与没有血缘关系的人称兄道弟，你会有责任么？没有吧。你承担责任，也是道义和感情上的，而不是伦理上的。

生：明白了，封建时代把家庭的伦理看得很重要，所以要构建社会和谐，就会把人与人的关系理想化为"手足"之情。现代社会个人的道德超越了家庭的伦理，所以人与人之间的关系不应该理想化为"手足情"，而应该理想化为人与人之间感情上的关爱。老师，我这样说是不是对呢？

师：应该是这样，所以现代社会把朋友关系称兄道弟地"手足化"，肯定是一种倒退。

12-6 子张问明。子曰："浸润之谮，肤受之愬，不行焉，可谓明也已矣。浸润之谮，肤受之愬，不行焉，可谓远也已矣。"

[词语解释] 谮（zèn）：说别人坏话，谗言。　　愬（sù）：进谗言，诽谤。

师：子张问怎样才能做到心明眼亮。这里的"明"，可以解释为明智、明白之类的，不过从后面的孔子回答来看，解释成心明眼亮更贴切。

生：孔子的意思是说："不管是不知不觉的谗言，还是切身体会到的谗言，在你那儿都行不通，可以说你是明白人了。不管是不知不觉的谗言，还是切身体会到的谗言，在你那儿都行不通，可以说你是个看得远的人了。"我不明白，前面是同样的话，孔子为啥要重复，这岂不太啰唆啦？

师：同样的话重复，那是为了强调。

生：子张大概在外做官，而且有不小的权力，孔子才这么对他说的吧。

师：估计是这样，谁会对无权无势的人进谗言呢。或许子张还是组织部、人事处之类的干部，这就更容易受谗言的侵扰。

12-7

> 子贡问政。子曰："足食，足兵，民信之矣。"子贡曰："必不得已而去，于斯三者何先？"曰："去兵。"子贡曰："必不得已而去，于斯二者何先？"曰："去食。自古皆有死，民无信不立。"

☻ 师：子贡问怎样为政。孔子道："充足粮食，充足军备，老百姓对政府就有信心了。"

☺ 生：这个子贡是蛮较真的人，他一定要弄清楚什么最重要，所以他问："不得已一定要去掉一项，在这三项中哪项先去掉？"孔子道："去掉军备。"子贡还问："不得已一定还得去掉一项，在这二项中哪项先去掉？"孔子道："去掉粮食。自古以来，人都有一死，要是老百姓不信任，那么政府就建立不起来。"

☻ 师：你们觉得孔子的话对不对？

☺ 生：应该是对的吧。有了民众的信任，粮食可以再生产，军备可以再置办，以人为本嘛。人能创造一切，赢得民心就是赢得一切。

☻ 师：看来是这个理。可怎么知道老百姓信任政府呢？俗话说，人心隔肚皮。外表怎能看得清？

☺ 生：对于老百姓来说，就是生活过得好，过得安定。

☻ 师：对呀，要老百姓信任，必须丰衣足食，在战乱频仍的年代，只有军力强盛，免受别国的侵略，老百姓才能过得安定。所以粮食和军备是老百姓信任的基础。

☺ 生：老师把我们绕进去了，老百姓的信任是建立在"足食，足兵"之上的。

☻ 师：不是我把你们绕进去，是孔子说话自相矛盾。他不是说"足食，足兵，民信"，而是说"民信之矣"，也就是说，粮食丰富，兵力强，老百姓才信任。这已告诉我们，信任是建立在前两项基础上的。

☺ 生：那就是子贡太愚蠢了，把连成一体的三项，硬要去掉两项。

☻ 师：反过来说，也没错。粮食和军备，不也都是老百姓创造的嘛。

☺ 生：老师绕来绕去玩我们哪！

☻ 师：是你们没有坚定的立场。既然粮食、军备都是老百姓创造的，那么赢得百姓信任，应该是政府本身，政府就是制度的制定者、推行者与维护者。让老百姓能在安定的环境下，靠自己的劳动丰衣足食的制度，才是好的制度，才能得到老百姓的信任。

12-8

　　棘子成曰："君子质而已矣，何以文为？"子贡曰："惜乎，夫子之说君子也！驷不及舌。文犹质也，质犹文也。虎豹之鞟，犹犬羊之鞟。"

- [词语解释]棘子成：卫国人，从后面称为"夫子"看，应该是卫国的大夫。
  鞟（kuò）：去掉毛的兽皮。
- 师：棘子成问："君子在于本质罢了，要那么讲究文采干什么？"
- 生：好像子贡是孔子学生中很讲究文采的，棘子成这种问话带有挑衅性。
- 师：子贡不买账了，他说："可惜呀，先生对于君子的说法！真是一言既出，驷马难追……"
- 生：这个子贡说话还真有艺术性，不直言对方错了，只表示悲叹。
- 师：下面的比喻也是让对方去领会的："……文采如同本质，本质也如同文采。真是这样，虎豹的皮如同狗羊的皮，去掉毛之后，也就没区别了。"
- 生：皮是外表，代表文采，虎豹皮与狗羊皮价值完全不同。这个子贡说话很刻薄哩。

12-9

　　哀公问于有若曰："年饥，用不足，如之何？"有若对曰："盍彻乎？"曰："二，吾犹不足，如之何其彻也？"对曰："百姓足，君孰与不足？百姓不足，君孰与足？"

- [词语解释]彻：收取十分之一的田税。
- 师：有若就是比孔子小三十三岁的学生子有，前面出现过，长得有些像孔子，这会儿估计他在鲁哀公手下当官。
- 生：怪不得找他拿主意。鲁哀公问有若道："今年闹饥荒，国库不够用，怎么办？"有若回答道："为什么不收取十分之一的田税呢？"鲁哀公说："现在收取十分之二，我还不够用，怎么能收取十分之一呢？"这叫啥主意呀，国家没钱，政府能再减少个人所得税吗？
- 师：我们且听听有若是怎么回答的，他认为："百姓够用了，君主怎么会不够用呢？百姓不够用，君主怎么会够用？"
- 生：老师，有若是在偷换概念吧？鲁哀公说的是国库够不够用，而有若却说成百姓够不够用，所以提出相反的建议。
- 师：是偷换概念。想表现自己如何爱百姓，也不需要这样答非所问。要是都把国库等同于老百姓口袋里的钱，那政府每年还搞什么财政预算呀。

12-10

　　子张问崇德、辨惑。子曰："主忠信，徙义，崇德也。爱之欲其生，恶之欲其死。既欲其生，又欲其死，是惑也。""诚不以富，亦祇以异。"

- [词语解释] 徙：迁徙，靠近。
- 师：子张问怎样才能崇尚道德、识别困惑。孔子说："主要是忠诚和诚信，做合乎道义的事，这就是崇尚道德……"
- 生：这话很抽象。
- 师：我们看识别困惑时孔子怎么讲："……爱他时希望他活着，恨他时希望他死掉。既希望他活，又希望他死，这就是困惑。"
- 生：一点也不困惑，这就是爱恨交加的感情哪。
- 师：什么爱恨交加，孔子的感情没那么复杂。最后一句是《诗经·小雅·我行其野》里的句子，有人认为与孔子的话没关系，是排印时排错了。有人认为还是有点关系的，意思就是："的确不会有什么好处，也只是让人觉得奇怪。"
- 生：似乎是有些关系，指这种希望他活又希望他死的内心困惑，没啥好处，只能让人好奇。
- 师：不管有没有关系，孔子认为解除困惑的关键是中庸，不要走极端。
- 生：子张提的困惑也很模糊啊。人有各种各样的困惑，不知道是哪方面的，再说，中庸与困惑似乎没有直接的关系。
- 师：抽象和模糊实际上是一种高明，让后代的人可以有许多解释。

12-11

　　齐景公问政于孔子。孔子对曰："君君，臣臣，父父，子子。"公曰："善哉！信如君不君，臣不臣，父不父，子不子，虽有粟，吾得而食诸？"

- 生：齐景公怎么会跑来问孔子？

- 师：这是鲁昭公被三家大夫赶出鲁国，逃到齐国的时候，孔子也到了齐国。当时齐景公也实权旁落，被姓陈的大夫把执朝政，只好整天声色犬马，挺郁闷的。所以齐景公向孔子请教政治方面的事情。孔子回答说："君主要像君主，大臣要像大臣，父亲要像父亲，儿子要像儿子。"
- 生："君君、臣臣"原来出自这里，当时孔子还挺年轻，只有三十多岁吧。这时他已经确立了安分守己的理念啦。
- 师：是啊。齐景公听了这话开心得不得了，真是说到他心坎上了。他赞赏道："对呀！要真是君主不像君主，大臣不像大臣，父亲不像父亲，儿子不像儿子，即使有粮食，我能吃得到么？"
- 生：看样子齐景公真的落难哩，他马上想到大臣不像大臣，夺了他的实权，担心最后会饿死。
- 师：人都有这种缺点的，首先想到的是别人的过错，而不是自己的。他就不想想君主不像君主，也不想想，对于周天子来说，他自己也只是大臣而已。
- 生：在孔子的眼里，"王侯将相，宁有种乎？""彼可取而代之"之类的言论，肯定是大逆不道的了。
- 师：那当然，这叫犯上作乱。对于既得利益者来说，谁愿意被犯上作乱者重新洗牌呢？
- 生：可对于底层的无产者来说，这种理论就很可恶了，不是吗？接下去不就是"盗盗，贼贼，贱贱，贫贫"之类的。说"富人要像个富人"不要紧，说"穷人要像个穷人，乡下人要像个乡下人"，这就很刺耳了。
- 师：但往往有钱人和城里人听起来并不刺耳。"己所不欲，勿施于人。"设想一下，孔子的时代还有奴隶，要是孔子身为奴隶，那么他会对自己说"我做奴隶要像个奴隶"吗？
- 生：那不成了天生贱骨头了嘛。

12-12

子曰："片言可以折狱者，其由也与？"

子路无宿诺。

- [词语解释] 折狱：断案。
- 师：孔子说："根据单方面的言论可以断案的人，难道只有仲由了吗？"在断案中，一般都要听原告和被告两方面的陈词，只有单方面的陈词，就叫"片面"。
- 生：就像现在缺席审判吧，法官面对的只有原告。仲由这样子会不会武断哪？

- 师：孔子大概是赞美子路有洞察力，做事果断。接着他认为，子路从不把诺言拖到第二天。
- 生：要是这个诺言需要很长时间才能完成呢？
- 师：或许子路从不做这样的承诺。
- 生：那他的承诺也太小儿科了。一般难度大一点、复杂一点的事，他都不承诺。要是别人让他明天帮忙办件事怎么办，他今天不答应，到明天才答应？
- 师：你这是故意找碴儿。

12-13 子曰："听讼，吾犹人也。必也使无讼乎！"

- 师：孔子在鲁定公时，做过鲁国的大司寇，这是专门管刑事的官，所以经常涉及打官司。孔子因此说："审理诉讼，我和别人一样。一定想让事情不要闹到打官司。"
- 生：那时也没啥辩护律师，打官司的成本很低吧。
- 师：法律是维持公正的，即使是封建社会，也有个律法，表面上也得维持个公正。我在想，法律的公正和等级发生冲突时，孔子到底会站在哪一边呢？
- 生：古代不是有"王子犯法与庶民同罪"的说法嘛，孔子执法能公正无私么？
- 师：孔子执法，无私做得到，公正恐怕是很难的。在古代法律的精神与等级本身是相冲突的。

12-14 子张问政。子曰："居之无倦，行之以忠。"

- 生：子张问如何从政。孔子说："在位子上不要懈怠，做事要忠心耿耿。"不懈怠我们应该学习，忠心要看对谁忠心了，是不是？
- 师：做官在孔子的时代，应该是对君主忠心，当然也有不同意见，有个别人会对百姓忠心，也就是做事从百姓的利益出发，不从君主的利益出发。这就是"民贵君轻"的思想。
- 生：这种思想倒是很现代，现在做官就应该对百姓忠心。

12-15
子曰："博学于文，约之以礼，亦可以弗畔(叛)矣夫。"

- 师：这句在"雍也第六"里说过了。

12-16
子曰："君子成人之美，不成人之恶。小人反是。"

- 生：孔子这话听起来仿佛很熟悉，就是："君子成全人家的好事，不促成人家的坏事。小人与此相反。"老师，这要看这个"人家"是君子还是小人。要是这个别人是盗贼，他的好事就是偷到东西，成全这种好事，就是从犯。
- 师：这样说是故意找碴儿了。
- 生：那三角恋爱，两人同时爱上一个姑娘，成人之美就是自己放弃。别人的"美"就是自己的"恶"，现在一些电视剧不是老来这套么，俗得很。
- 师：恋爱这种事，我看就难说了。成人之美，这个"人"除了情敌外，还有那姑娘呢。要是姑娘不喜欢那个情敌，喜欢你，你成人之美，也就是成"姑娘"之恶了嘛。我看这种两相情愿的事，不必客气。
- 生：不过孔子说的这种君子小人，还是存在的。有些人就是不喜欢别人发达，因为朋友们或周围人都发达了，他会觉得自己很无能。持这种心态的人还是有的吧。
- 师：当然有，我看还不少哩。这种心态都是源于攀比，生活没有主见，以周围作为参照系，所以不愿意别人太超越他，不愿意成人之美。
- 生：这就是小人吧。
- 师：先别说小人，难道你们就没有这种攀比的心态吗？没有把周围的同龄人作为自己的参照系吗？别人谈恋爱，自己也得找个对象；别人都追星，自己也去追……这种把周围的同龄人作为参照系，最终就是攀比，攀比的结果……当你周围的朋友都很发达，你会怎么样呢？
- 生：即便成人之美，心里也会很失落的呀。

12-17
季康子问政于孔子。孔子对曰："政者，正也。子帅以正，孰敢不正！"

- 生：季康子问孔子为政的事。这个季康子就是鲁国实权人物吧？

- 师：鲁国的大权实际上就掌控在他手上。所以孔子回答说："为政，就是端正。你带头行为端正，谁还敢不端正！"孔子的意思，暗指季康子行为不端。
- 生：季康子听了肯定很讨厌孔子。
- 师：讨厌归讨厌，孔子这会儿跟以前不一样了。他在社会上名气很大，季康子不得不把他请回国内，尊为国老。在这种情况下，孔子说话也理直气壮，所以他敢这么说。
- 生：为政就是行为端正，真是这样么？
- 师：我们应该把"为政"与"执政"分开。"为政"就是搞政治，搞政治就是怎么把权力弄到手，所以"为政"者当中，不少人属于政客。政客是政治嗅觉特灵敏的那种人，其行为的目的就是揽权，要说"为政"者行为端正，那肯定更好，但确实也存在一些行为不端正的人！
- 生：那"执政"就是弄到权的人。
- 师：为政是弄到权力，执政就是运用权力，运用权力当然要求行为端正，否则就属于滥用权力。
- 生：要不择手段地弄到权力的人，行为端正地运用权力，这不是很难吗？
- 师：所以我们明确说，权力是人民给予的。
- 生：这种观点要实现是不是有点难度？
- 师：这就要靠完善健康的用人机制了，好的机制应该可以杜绝不正当地获得权力。俗话说，君子爱财，取之有道。在政治上也应该有这样的机制：君子爱权，得之有道。

12-18　季康子患盗，问于孔子。孔子对曰："苟子之不欲，虽赏之不窃。"

- 生：季康子因为盗贼太多而苦恼，向孔子求教。鲁国算是礼仪之邦，要是盗贼很多的话，那么其他国家盗贼更是多得不得了。
- 师：我看不见得，盗贼当然要偷季康子这样的有钱人，所以对于季康子来说，盗贼永远是很多的。
- 生：怪不得孔子对他说："假如你不那么贪财的话，即使奖励别人偷盗，别人也不干。"这一方面说他搜刮了太多的不义之财，另一方面说他作为国家领导人，一切向钱看，所以大家也都贪财。
- 师：是有这两方面的意思，但这和盗贼多少实际上是没关系的。孔子这是情绪性的话。

- 生：那老师认为盗贼多是因为啥呢？
- 师：我问你们，什么地方盗贼比较少？
- 生：那些民风淳朴的地方吧。
- 师：八十年代时，我到过怒江横断山脉，那里是我见过的民风最淳朴的地方，像傈僳族、怒族，尤其是只有马帮才能进入的独龙族地区。你把背包挂在山道边的树枝上，第二天去看，准保原封不动地还在那里，没人会偷走它。
- 生：那真可以说是夜不闭户了呀。
- 师：照这么看，似乎那些交通闭塞、民风淳朴的地方盗贼少。可前些年有报道说，在农民工回乡期间，广州的盗窃率骤降了许多。
- 生：对呀，前些年在农民工年底回乡前，上海的盗窃率是最高的，因此有些人认为农民工是盗贼的主力军。
- 师：难道农民工不比我们城里人更纯朴么？难道他们不是来自于交通闭塞、民风淳朴的地方么？
- 生：这么一说，似乎盗贼少和民风淳朴没关系啦。
- 师：我看没直接关系。盗贼的多少真正直接的原因是贫富差距的大小。落后地区，贫富差距小，甚至没有什么差距，所以盗贼就少。六七十年代，大家收入都差不多，盗贼就很少。
- 生：和治安的好坏也有关系吧？
- 师：我看也没直接关系，难道落后地区有许多治安警察么？
- 生：想想也是，现在一些盗贼也太猖狂了。有报道说，有小偷还专门在人家门上贴纸条，要求住户把钱准备好。
- 师：说农民工当中小偷多，不如说赤贫者当中小偷多。不能说CEO当中没有小偷，但比例可能很低。在城市当中，农民工是最底层的一类人，生活比较困难，有人就会用偷盗来"均贫富"。
- 生：一些有钱人也偷，那不是太贪婪了嘛。
- 师：贫富差距有时还是心理上的，那些有钱人，看到的是自己与世界首富之间的"贫富差距"，这就是贪婪了。所以缩小贫富差距，构建和谐社会，才是真正减少盗贼的办法。
- 生：能不能杜绝盗贼，达到夜不闭户的和谐呢？
- 师：目前是不可能的。只要有私有财产，就会有盗贼。就算再落后、再没有贫富差距的地方，也会有盗贼的。把背包放在山道边，第二天还在，但第三、第四天呢？

12-19

季康子问政于孔子曰:"如杀无道,以就有道,何如?"孔子对曰:"子为政,焉用杀?子欲善,而民善矣。君子之德风,小人之德草。草上之风,必偃。"

- 师:季康子向孔子请教如何执政,问道:"如果杀掉无道的恶人,亲近有道的好人,怎么样?"
- 生:是不是季康子抓住了一些盗贼,想杀掉他们?
- 师:不能说季康子想动用死刑来惩治犯罪就没有道理,但孔子不这么看。孔子回答说:"你执政,为什么要用死刑呢?你想做善事,老百姓就会变得善良起来。君子的道德如同风,小人的道德如同草。风在草上吹,草就会倒伏。"
- 生:孔子又怪季康子不好。他成了罪恶之源,这个季康子,听了肯定很郁闷。
- 师:或许季康子各方面的品德的确令孔子很反感,问一次说他一次。行为不正,太贪财,没有道德。
- 生:我看季康子对孔子够宽容、够恭敬的。
- 师:先不管季康子怎样对待孔子。季康子和孔子的执政观念完全不同,季康子要求运用刑法来治国,而孔子则主张以德治国。孔子很想要季康子为老百姓树立道德的榜样,似乎这样国家就治理好了。其实治国就得用法律。
- 生:为啥以德治国不如以法治国?
- 师:孔子把统治者称为君子,把被统治者称为小人,你们觉得统治者有道德还是被统治者有道德?
- 生:我看一般百姓的道德更好一点,普通百姓中感人的故事比做官的多。
- 师:自古至今,道德并没有作为做官的必备条件,再说道德的好坏也没有量化的指标。要是以道德来衡量一个人是君子还是小人,你们认为做官者中君子多,还是老百姓中君子多呢?
- 生:不说绝对人数,就说比率的话,或许差不多吧。
- 师:建立健全法律法规,在法律面前官民平等,这才是治国之道。

12-20

子张问："士何如斯可谓之达矣？"子曰："何哉，尔所谓达者？"子张对曰："在邦必闻，在家必闻。"子曰："是闻也，非达也。夫达也者，质直而好义，察言而观色，虑以下人。在邦必达，在家必达。夫闻也者，色取仁而行违，居之不疑。在邦必闻，在家必闻。"

- 生：子张问："读书人怎样才能叫作达呢？"孔子道："你所说的达是指什么？"子张回答说："在政府里做官一定要闻名，在大夫家做事也要闻名。"看来子张很想出名，各个时代都一样吧，做名人好处多多。
- 师：孔子给他区别了"闻达"与"通达"的不同。孔子说："你说的这是闻达，不是通达。那通达，是本质正直并且热衷道义，观察别人的语言和脸色，考虑怎样谦逊待人。在政府里做官要通达，在大夫家做事也要通达。而闻达则是，表面上显得很仁义，行为却与仁义相违背，以仁义自居心安理得。在政府里做官很出名，在大夫家做事也很出名。"
- 生：老师，现在的人也都想闻达，很少想通达。
- 师：想出名是因为名人能得到许多利益。要是法律规定名人不得做广告，不得拿出场费，不得……
- 生：那还叫啥名人哪？
- 师：怎么不叫名人？名人就是在某一领域里做出成就的人。糟糕的是有了名就有商业价值，因为追星族的存在而有了名人效应，于是出名和成就开始脱离关系，名气和荣誉也渐行渐远。现在娱乐圈的明星就是纯粹商业名气发展的结果。这和子张所说的闻达是一样的，不管做事做得怎样，只要出名就行。子张至少还提倡做事做出名气。
- 生：不能怪子张虚荣，出名带来的好处，孔子不也尝到了嘛。孔子周游各国，虽然没有捞到很大的官做，可实际效果有点像今天的媒体传播，靠奔波把自己的理论和名气传播了出去，最后季康子不得不把他请回去，尊为国老。这就是名气的好处哇。
- 师：毕竟孔子是在传播自己的理论，和现代纯商业炒作不同。昨天美国的一匹矮马世界闻名，今天德国的一头小熊世界闻名，明天会是什么呢？重要的不是出名，而是靠什么出名。臭名远扬也是出名，但这样的出名肯定不是一种荣誉。

12-21

　　樊迟从游于舞雩之下，曰："敢问崇德、修慝、辨惑。"子曰："善哉问！先事后得，非崇德与㦤？攻其恶，无攻人之恶，非修慝与㦤？一朝之忿，忘其身，以及其亲，非惑与㦤？"

- [词语解释] 修：治理。　　慝（tè）：邪恶，邪念。
- 师：估计孔子经常带学生到舞雩台下游玩，这个舞雩台就是前面曾皙讲志向时，站在上面吹吹风的舞雩台。
- 生：是春游或者秋游吧。
- 师：这次是樊迟跟着孔子在舞雩台下郊游，他问老师："请教老师，怎样才能提高品德、根治邪念、辨别困惑呢？"
- 生：我来翻译一下孔子的回答。孔子道："问得好哇！先做事，然后收获，不是提高品德了么？批判自己坏的地方，不要攻击别人坏的地方，不就根除邪念了么？一旦遇上愤怒的事情，就忘记自己的生命，甚至忘记自己的家人，不是很困惑么？"
- 师：翻得不错。这三条你们看如何？
- 生：我看都不对吧。提高品德就是先做事后讲收获，现在是讲经济效益的时代，得看收获有多少才会去做的，投入和产出总要有个预算吧。
- 师：现在不是提倡多讲奉献少讲回报的精神么？这在孔子看来就是品德高尚的表现。
- 生：我们前面讨论过多劳多得的社会制度，要是只讲奉献不讲回报，不就是破坏这种制度吗？
- 师：问题清楚了：提高道德不是多做少拿，不是去破坏按劳取酬的制度，而是拿了以后怎么用。可以用作个人享受，也可以用来帮助别人。帮助别人也有讲究，这种帮助同样不能破坏社会合理的制度。比如施舍给乞丐，不说这个乞丐是真是假，这种做法就是无视社会救助体系的存在。有些方面社会制度尚未建立健全，给予帮助才是道德的。
- 生：我认为"先事后得"还会纵容剥削现象的存在。在单位里加班不讲报酬，不是纵容老板剥削吗？这可是践踏劳动价值的行为呀！
- 生：要是在国家单位，比如公务员，就不应该"先事后得"么？
- 师：前面讲过，公务员和做官不是因为道德好，而是因为有管理才能。我看国家工作人员更不应该"先事后得"，他们不仅应该讲劳动的价值，还应该讲廉洁的价值。
- 生：这就是高薪养廉吧？
- 师：我不认为有什么高薪养廉。在按劳分配的社会体制之下，仅仅靠道德自觉来维持廉洁,那是做不到的,所以廉洁应该有价值衡量标准,就像某些劳动有很高的附加值一样,使用权力这种劳动也应该有很高的附加值。

生:不能再说了,再说下去,孔子一定会觉得"先事后得"是不道德行为啦。

师:"先事后得"就是建立在不平等的基础上的,是上级对下级讲的,是老板对员工讲的。试想一下,对奴隶孔子就该说"先事不得"了吧。

生:第二条,只批评自己不批评别人,这是老好人的做法,我认为跟邪念没有关系。难道批评别人的坏处就是邪念啦?或许是想帮助别人哩。

师:这当然是不客观的。是非不分你我,好坏不讲彼此,这样才能尊重客观。为了做老好人,不讲是非,肯定是错的。

生:第三条也不对呀,愤怒之事要看啥事。鬼子进村,烧杀抢掠,有什么好困惑的,遇上这种愤怒,匹夫见辱,拔刀而起。

12-22　樊迟问仁。子曰:"爱人。"问知(智)。子曰:"知人。"樊迟未达。子曰:"举直错诸枉,能使枉者直。"樊迟退,见子夏,曰:"乡(向)也吾见于夫子而问知(智),子曰,'举直错诸枉,能使枉者直。'何谓也?"子夏曰:"富哉言乎!舜有天下,选于众,举皋陶,不仁者远矣。汤有天下,选于众,举伊尹,不仁者远矣。"

[词语解释] 乡:向,刚才。　皋(gāo)陶(yáo):舜的大臣。　汤:商朝的开国之君,名履,灭夏桀而得天下。　伊尹:汤的辅相。

生:樊迟看来是个很笨的学生,前面他已问过孔子"仁"和"智",现在又来问了。樊迟问什么是仁。孔子告诉他:"爱别人。"问什么是智。孔子告诉他:"了解别人。"樊迟还是不明白。孔子解释说:"把正直的人放在不正直的人之上,能使不正直的人正直起来。"我想孔子这种看似毫无关系的解释,更是把樊迟弄得云里雾里了。

师:为什么说这种解释看似毫无关系?

生:爱别人、了解别人,和正直不正直有啥直接关系呢?或许孔子的意思是,了解别人,就能知道这人正直不正直;爱人就是让正直的人去爱不正直的人,感化他们,这样使他们也变得正直起来。

师:看来你比樊迟聪明多了。

生:我再聪明,也聪明不过孔子。难道这就是孔子以人为本的思想?

师:这不是以人为本,而是以人为对象,琢磨人。在孔子的等级观念里,正直的人处在等级的顶峰，不正直的人处在下面。

☺ 生：樊迟脑子里显然没有这种理想观念，不能领悟孔子的思想。樊迟从孔子那里退出来以后，去见子夏，问他："刚才我见了老师并且请教了智的问题，老师说：'把正直的人放在不正直的人之上，能使不正直的人正直起来。'这怎么讲？"子夏说："此话可丰富啦！舜拥有天下，在众人中选举出皋陶，没有仁德的人纷纷远离。汤拥有天下，在众人中选举出伊尹，没有仁德的人也都纷纷远离。"

☻ 师：并不是任用了好人，坏人统统销声匿迹了。

☺ 生：也没看到哪个朝代宰相是好人，朝廷中就没有坏人。

☻ 师：我看舜、汤时代并不见得没有坏人，只是子夏了解得太少，他和孔子一样，把远古时代"乌托邦"了。

12-23　子贡问友。子曰："忠告而善道㊀之，不可则止，毋自辱焉。"

☺ 生：子贡问对待朋友之道。孔子说："忠心地劝告，善意地引导，不听就算了，不要自取其辱。"子贡大概性格比较耿直，对于朋友不对的地方严厉批评，弄得朋友关系很紧张。

☻ 师：估计是这样，孔子才给他这种建议。你们遇到与好朋友闹矛盾，会怎么处理呢？

☺ 生：孔子的方法还是对的吧。说是要说的，不听就算了，毕竟不是自己的事，没必要弄得朋友翻脸。

☻ 师：我看关键不是你看对不对。我们往往站在自己的角度看问题，如果真是朋友，必须站在对方的角度、对方的立场，通过对方的思维和性格来看问题。

☺ 生：那还能产生啥矛盾和对立呢？不完全一样了嘛。

☻ 师：不太一样的。比如你的朋友自由恋爱，却遭到家里人竭力反对。你是一个从小独立的人，父母很少管你，遇到这种事，你当然可以不顾父母的意见。你的朋友却从小父母管教很严，是个在家一直听父母的乖孩子，你要是完全站在自己的角度，要他彻底不顾父母的反对，显然是不行的。而你的朋友是个性格懦弱的乖孩子，面对父母的反对，只能放弃爱情。

☺ 生：老师的意思就是要走中间路线，讲究策略地反抗父母之命。

☻ 师：事情都有个是非好坏，怎么做是个人决定的。站在别人的角度想问题，这才是上策。恋爱者是审美的，父母是站在利益的角度看问题的，怎么用审美去战胜功利，那就是策略。

- 生：这难度很高。怪不得电视剧都喜欢用这个情节。

曾子曰："君子以文会友，以友辅仁。"

- 生：曾子说："君子以文章学问结交朋友，以朋友来帮助培养仁德。"是不是这里的"文"还可以解释成"文化礼仪"？
- 师：是这样，这个"文"意义很宽泛。
- 生：要是文化层次很低的人，就没有朋友啦？也不容易培养道德啦？
- 师：没文化的人，在孔子看来根本不会成为君子。按现在的说法，就是酒肉朋友。
- 生：现在大多数人不就是酒肉朋友嘛。还所谓的"感情深一口闷，感情浅舔一舔"。
- 师：朋友有各式各样的，君子和小人就不能做朋友了？
- 生：在孔子眼里肯定不能成为朋友的吧。
- 师：只要拥有平等观念，并且能够换位思考，各阶层的人都是能成为朋友的。
- 生：再说也不是有文化的人才有道德的。把广大劳动人民排斥在道德之外，那是不对的。

子路第十三

13-1

> 子路问政。子曰:"先之,劳之。"请益。曰:"无倦。"

☺ 生:子路来问怎样执政。孔子说:"事事带头,勤劳地工作。"子路请求多讲点。孔子又说:"毫不懈怠地工作。"一句话,孔子要求他带头干,勤奋地干,不知疲倦地干。如此看来,子路也是个懒惰的家伙。

☻ 师:这倒未必。只是孔子把领导干部带头干,作为一条道德标准罢了。

☺ 生:领导干部是应该带头,领导不带头,群众当然不会跟随,现在单位里也是这样。

☻ 师:这条道德标准历来被视为正确,其实是有问题的。

☺ 生:这还有问题?

☻ 师:事事带头还不累死呀。所谓领导和员工,各人都有各人的工作,干不属于自己分内的工作,这是管理体制上的漏洞。校长去干教务处的工作,干系里的工作,校领导去带头干,这样的学校搞得好吗?

☺ 生:孔子也没说干啥,只说是带头、勤劳地干哪。

☻ 师:既然各司其职每个人干好自己岗位上的事,干不好炒鱿鱼,不就行啦?勤奋不勤奋,要看各人的做事能力,能力差的人当然要勤奋一点,否则完不成工作;能力强的人,我看就不必那么勤奋,早早把活干完了,让他接下来怎么办?

☺ 生:那就多干点。

☻ 师:干不是自己分内的事,有钱么?钱是按岗位来分配的,不是按人来分配的,更不是计件工资。

☺ 生:老师的思想真是落后,在单位一点都不肯吃亏的。

☻ 师:我上完了自己的课,积极性很高,把别的老师的课也拿过来上。这像话吗?工作中我们应该讲究负责精神,而不是越位做事。

13-2

> 仲弓为季氏宰,问政。子曰:"先有司,赦小过,举贤才。"曰:"焉知贤才而举之?"曰:"举尔所知。尔所不知,人其舍诸?"

☻ 师:仲弓做了季氏家的总管,来问孔子如何执政。

- 生：仲弓也就是那个冉雍吧。季氏家的总管恐怕不好做，记得前面提到过，子路和冉有都坐过这个位子。
- 师：所以他有些担心，来问怎么干好这份工作。孔子教导他："给下面的工作人员带个头，要原谅别人的小过失，提拔有才能的人。"仲弓问："怎样发现有才能的人并且提拔他呢？"孔子说："提拔你所知道的。你所不知道的，难道别人会对他们弃之不顾吗？"
- 生：仲弓这个人很老实的吧，他可能怕提拔了了解的人，不了解的人会有意见，所以孔子说"你还怕别人会埋没他们的才能吗"。
- 师：因此我们不能轻易说，这个人任人唯亲。一般人都会任用自己熟悉的人，不熟悉的人，再有才能，当然不放心。
- 生：也可以这样说，一个有才能的人必须推销自己，让别人熟悉你，为自己做广告是很重要的。
- 师：记得大诗人李白不愿意参加科举，可他也想做官，怎么办呢？只好写信给当地的最高长官，要求得到推举。
- 生：李白性格傲慢，也会写这样的求官信？
- 师：信写得很傲慢，意思就是像我这样有才华的人，你要是不推荐，以后再也不会有这种推荐的机会了。没人理睬李白的这种自荐信。可见推销自己也得有机会，也得寻找机会。

13-3

子路曰："卫君待子而为政，子将奚先？"子曰："必也正名乎！"子路曰："有是哉，子之迂也！奚其正？"子曰："野哉，由也！君子于其所不知，盖阙如也。名不正，则言不顺；言不顺，则事不成；事不成，则礼乐不兴；礼乐不兴，则刑罚不中；刑罚不中，则民无所措手足。故君子名之必可言也，言之必可行也。君子于其言，无所苟而已矣。"

- [词语解释] 卫君：卫出公辄。　　阙：缺口，保留。
- 生：子路问："卫国国君等待你去执政，你将先干什么呢？"孔子说："一定要先正名！"老师，孔子这里说的"正名"到底是啥意思？
- 师：这事前面讲过了，卫灵公的老婆南子有外遇，卫灵公的儿子蒯聩谋杀南子未遂，逃往晋国，后来卫灵公死，孙子蒯辄即位，他的父亲蒯聩在晋国的支持下，又打回来争王位，当时刚刚即位的卫出公想请孔子去帮助他，当然孔子没有去搅这个糨糊。

☺ 生：明白了，孔子的这个"正名"，就是要把卫国国君的位子应该归谁，这个名分搞清楚。

☻ 师：孔子是很看重这个名分的，在《左传》里记载孔子说过这样的话："唯器与名不可假人。"这个"名"就是名分，而"器"则是象征名分的器物，这两样东西是不可以借人的，因为这是表示自己等级的东西。

☺ 生：子路好像对老师的"正名"很不满。子路说："有这种人哟，老师真是迂腐哇！为什么要正名？"

☻ 师：从子路的话中，我们可以看出，孔子所谓的"正名"，就是认为卫出公应该把王位让给自己的父亲，父亲还没死，儿子占着王位不肯让，这在名义上是有违父子之道的。正因为这样，孔子没有去卫国帮助卫出公。可在子路看来，这是老师一次绝好的执政机会，自己跟随老师东奔西跑了那么多年，不就图个这样的机会嘛。面对这样的好机会，老师居然苛求名分对不对，子路肯定一肚子的不满。

☺ 生：看来孔子也生气了。孔子道："仲由真粗鲁！君子对于他不知道的事，就该持保留意见……"说仲由粗鲁，可能是指他说老师迂腐吧。

☻ 师：估计子路说"有这种人"时，表情很是瞧不起，孔子被激怒了。所谓不知道的事，就是下面孔子认为"正名"的重要性，他说："……名分不正，话就是说不通；话说不通，事情就做不成；事情做不成，礼乐制度就无法实施；礼乐制度无法实施，刑罚就没有标准；刑罚没有标准，百姓就手足无措。所以君子定个名分必须可以说得通，说得通必须可以施行。君子对于自己说的话，不能有所苟且马虎的。"

☺ 生：言不顺，事情就做不成了么？改革开放以来，许多事情都是在还没有正名的情况下做成的。比如设立股票市场，当时理论界发起了股票姓"社"还是姓"资"的大讨论，在以前的观念里，这是资本主义"大鱼吃小鱼"的残酷游戏。实践证明，股票市场对经济的作用巨大。这不就是"言不顺，而事已成"？

☻ 师：这就是实践是检验真理的唯一标准。言顺只是符合我们现有的观念，但事业要创新，社会要发展，如果一切都要符合现有的观念，就不会有突破，不会有新的事业。对于求创新求发展的人来说，事成则言顺，言顺则名正。实践才是第一位的。

13-4

　　樊迟请学稼。子曰："吾不如老农。"请学为圃。曰："吾不如老圃。"

　　樊迟出。子曰："小人哉，樊须也！上好礼，则民莫敢不敬；上好义，则民莫敢不服；上好信，则民莫敢不用情。夫如是，则四方之民襁负其子而至矣，焉用稼？"

- [词语解释] 襁：襁褓。
- ☺ 生：樊迟请求学种庄稼。孔子说："我不如老农民。"请求学种菜。孔子说："我不如老菜农。"这个樊迟问仁问智，问了半天也没弄明白，虽然人笨，但实在，虚的东西搞不懂，就学点手艺吧。按照现在的标准，这种学生学理论肯定不行，应该上高等职业学校，他的兴趣是实干，说不定哪天成为高级技师哩。
- ● 师：孔子和现在的许多家长一样，看不上职业学校的学生。所以樊迟退出后，孔子道："樊须啊，真是个小人！统治者热衷礼节，百姓就不敢不尊敬他；统治者热衷道义，百姓就不敢不服从他；统治者热衷诚信，百姓就不敢不表真心。要是做到这些，四方的百姓就会背负着子女来投奔，还用种什么庄稼？"这里孔子把上下分得很清楚，"上"就是统治者，就是君子；"下"就是百姓，被统治者，就是小人。孔子对于樊迟不学君子的东西，学小人的东西，非常鄙视。
- ☺ 生：不管怎样，学点手艺，也不能算是小人吧。
- ● 师：孔子已经把人和民、上和下、君子和小人，分得清清楚楚了。关键不是孔子对不对，而是我们现在有些人还抱着这种偏见。都二十一世纪了，着实令人担忧。
- ☺ 生：那也是现实造成的。比如家长不喜欢孩子上职业学校，毕竟是因为职业学校的层次太低，学生就业后比一般大学生的工资低，这是经济原因决定的。现在要是有孩子说自己不想读书，想学种庄稼、种蔬菜，家长还不给他一顿胖揍哇。

13-5

　　子曰："诵《诗》三百，授之以政，不达；使于四方，不能专对。虽多，亦奚以为？"

- [词语解释] 专对：古代出使外国，不像现在一切都安排好的，必须独立行事，这种外交酬酢叫"专对"。　　为：句末表疑问的语气词。

- 师：春秋时的外交应酬和谈判，很多场合都要背诵《诗经》来代替直接表白，所以《诗经》就成了外交官的必读书。
- 生：难怪孔子说："能背诵《诗经》，交给他政治任务，不能完成；派他出使各国，不能独立行事。即使书读得再多，有啥用呢？"孔子也不得不承认，书读得再多也没用吧，还必须注重实践能力，要是外交也是一门手艺，孔子是不会鄙视的吧。
- 师：说实话，孔子鄙视的是等级地位低的工作，而不是手艺本身。要是当时统治者把种地作为个人的休闲修养，孔子能鄙视种地么？
- 生：当时的休闲修养好像是射箭之类的，有点像今天的打高尔夫。不过用《诗经》里的歌词来代替外交辞令，倒是蛮有意思的。结成永久性战略伙伴关系，叫"执子之手，白头偕老"。

13-6

子曰："其身正，不令而行；其身不正，虽令不从。"

- 师：又是理想化的道德。孔子说："他自己行事端正，不发命令，事情也能推行；他自己行事不端正，即使发命令，人们也不听从。"
- 生：要真这样，一个单位推举一位老好人当领导，肯定把单位管理得好好的，也不需要什么管理才能了。一个行事端正、道德高尚的领导人，的确能获得老百姓很好的口碑。
- 师：这就是孔子这套理论对国民的深远影响。领导者的管理才能，远比其行事端正来得重要。就像目前如何平抑物价指数的过快上涨，怎样挤出房产泡沫而不使经济衰退，能不能使高耗能、高污染企业停产而失业率不上升，诸如此类的社会问题，都是考验各地领导者智慧和才能的事情。
- 生：我认为现在有些老师也是如此。与学生打成一片，很有亲和力，课讲得非常生动，一个故事接着一个故事。可下课后真的想一想，他教给我们多少东西呢？以后工作，有多少东西是实用的。知识就是知识，决不是那些靠表面的精彩、个人的风格能代替的。
- 师：现代社会做好事也是要有才能的，要是没有什么专长，帮助别人，也属于层次很低的。

13-7 子曰："鲁卫之政，兄弟也。"

☺ 生：孔子说："鲁国和卫国的政治，像兄弟一样。"孔子为啥这样说呢？是因为鲁国和卫国的君权都一样旁落了么？
● 师：大概不是指此。我们知道鲁国的祖先是周公，周文王的儿子，周武王的弟弟，而卫国的祖先是康叔，也是周文王的儿子，周武王的弟弟。可能孔子觉得这两个国家都秉承了周朝的礼制吧。
☺ 生：两国的祖先是兄弟，所以政治上也如兄弟般相同。
● 师：每个国家都有自己的国情和历史，有些相同是可能的，但不可能是一样的。我们国家的社会主义和越南就有不同，我们的改革开放，与印度等周边国家的改革开放也不一样。

13-8 子谓卫公子荆，"善居室。始有，曰：'苟合矣。'少有，曰：'苟完矣。'富有，曰：'苟美矣。'"

● [词语解释] 居室：有人认为是居住房舍，有人认为是夫妻同居。这里的"居"应该是奇货可居的"居"，室是指家业。居室指积累家业。　苟：将就，凑合，差不多。　合：给，足也。
● 师：卫国的公子荆，是位卿大夫。孔子对他进行了评价："善于积累家产。开始有些家产，就说：'差不多够用了。'稍微有些节余，就说：'差不多完备了。'有更多节余，就说：'差不多完美啦。'"
☺ 生：孔子是赞美他这种知足常乐的心态的。
● 师：是这样。这种心态在老百姓当中非常普遍，你们觉得怎样？
☺ 生：现在父母就这点工资，以后自己工作工资也有限，不知足常乐，心态就容易出问题。
● 师：我觉得心态出问题不是因为知足常乐，而是因为攀比。攀比是无止境的，有钱人还在与比尔·盖茨相比呢。更糟糕的是，攀比之后，有些人就不乐了。
☺ 生：不攀比未必知足，不知足不是就不乐了嘛。
● 师：为什么要把乐建立在知足上呢？我很不满足，因为不满足而很高兴自己奋斗不息。把乐趣建立在满足上，那是懒汉的乐趣。快乐应该在奋斗中得到，达到奋斗的目标，是最大的快乐。

☺ 生：达不到不是很痛苦吗？

☻ 师：那就不奋斗，有一点点成绩就躺在上面知足地乐得北都找不着？

☺ 生：怎么这些很平常的看法，在老师嘴里说出来就那么邪乎！

☻ 师：脱贫就知足，怎么奔小康？奔到小康就乐，怎么致富？不满足是人的普遍而正常的心理，不正常的是因为不满足而痛苦，因为知足而快乐。

☺ 生：满足了难道不快乐吗？

☻ 师：我是说知足，人应该永远不知足，才能一直奋斗不息。奋斗过程中克服一个个目标是满足的，是快乐的。但不要知足。

☺ 生：老师好像混淆了概念。工作上有点成绩，领导说不要知足；可金钱上不知足，不是贪婪吗？老师是故意混淆工作和金钱。

☻ 师：毕业后找工作，不是为了钱的请举手！把事业做大，不是为了更多钱的请举手！

☺ 生：……好像没有。

☻ 师：大多数人为了利，少数人可能为了名。而为了名的少数人中的大多数，是为了名所能带来的利。纯粹为了名的就成珍稀物种了。在这些极少的珍稀物种中，大多数人又是为了现实的名气，只留下更少的人是为了扬名后世，留下个历史上的美名。在为了扬名后世的人中，又有几个是为了人类的文明，而不是个人的美名呢？

☺ 生：天哪，这样一说，还真所谓"人为财死，鸟为食亡"哩。

☻ 师：不要说得那么物质化。对老百姓来说，工作是为了生存，但生存不仅仅为了工作。人有感情，有爱，有让别人感动、让自己感到了不起的一面。可在财富上知足是不对的，通过知足来让自己"乐"，就更不对了。

☺ 生：那么贪婪呢？就没有贪婪了吗？

☻ 师：有贪婪。君子爱财，取之无道，这就是贪婪。钻空子，用不正当的手段敛财，就是贪婪；剥削别人的劳动，尽量贬低别人的劳动价值来增加自己的财富，这就是贪婪。不知足不是贪婪，不知用正当的手段来足，才是贪婪。

13-9

子适卫，冉有仆。子曰："庶矣哉！"冉有曰："既庶矣，又何加焉？"曰："富之。"曰："既富矣，又何加焉？"曰："教之。"

● [词语解释] 仆：驾驭马车。　　庶：众多。

☻ 师：孔子去卫国，冉有替他驾马车。孔子道："人真多呀！"

- 生：卫国很繁华，人口很多？
- 师：再多也不可能与现在相比，春秋时期总人口还没现在上海多，估计在一千万多点。到汉朝的鼎盛时期，人口才五千多万。
- 生：冉有这人蛮好学的，乘机问："人口很多了，接下来怎么办呢？"孔子道："让他们富起来。"冉有又问："已经富有了，接下来怎么办？"孔子道："教育他们。"孔子认为先富后教。
- 师：两手抓，两手都要硬。先富后教显然是不行的，因为我们前面说过，不能用不正当的手段致富。不教的话，人们就会用不正当的手段致富。光教还不行，主要还是靠法律。
- 生：古代人口多是一种繁荣吧，现在就惨啦。你看大城市这么拥挤，还有大量人口往城市里涌入，人口成为一种实实在在的压力。
- 师：拥挤是因为我们的管理水平差，人口的城市化率在中国还不高，目前还有一多半的人口待在农村，如果工业化的程度高，应该超过90%的人口成为城市居民，绝大多数人都居住在大城市。
- 生：那城市如何负担得了这么多人口？
- 师：这就考验城市管理者的水平了，像上海这种规模的城市至少应该容纳三千多万人，而不是现在的二千四百多万人。
- 生：啊？三千多万，那交通堵得无法出行啦。

13-10 子曰："苟有用我者，期㊟月而已可也，三年有成。"

- [词语解释] 期（jī）月：一年。
- 生：看来孔子很想找份工作，私人办学赚不了多少钱，所以他如此急切地说："假如有用我的，一年就会有所成效，三年能有大成绩。"
- 师：恐怕不仅仅是找份工作，主要是想能执政一国，推行一下他的理论。
- 生：说起来也蛮可怜的，跑了那么多国家，没有一个国家能用他的那套学说来治理国家。
- 师：这往往给人一种错觉，要是哪个政府用他的那套理论，那么国家面貌就会大不一样。不用他，反而给孔子更多的自信。
- 生：实际上并不一定是这样，对吧。像李白这种狂傲的文人，老觉得自己的治国才能像文学才能一样，真要让这种文人执政，我看够呛。
- 师：治国能力毕竟和学术能力、文学能力是完全不同的，孔子说得头头是道，要真有一个国家让他当政，我看不要说大有成效，有所成效也是很成问题的。治理一个国家，最关键的是要把经济搞上去，尤其是春秋时代，要在各国纷争中立于不败之地，必须有强烈的竞争意识。

☺ 生：我看也是。秦国在孔子眼里肯定属于没有文明的野蛮国家，可最终却能强大，吞并六国统一天下，靠的就是竞争。

● 师：这个被人们称为"虎狼之国"的秦国，不仅在别的国家眼里好斗，就是在自身内部也实行竞争机制。奴隶只要杀敌多，就能变成平民，地位低的可以升到地位高的，一切都论功行赏，这样就变成了以功劳论等级。要是按孔子必须安分守己的思想，肯定不能使国家强大。

☺ 生：孔子也会让百姓"富之"的吧，他也会注重经济建设的。

● 师：我们不知道他怎么搞经济，靠领导行事端正，要把经济搞上去，恐怕是很难的。

13-11

子曰："'善人为邦百年，亦可以胜残去杀矣。'诚哉是言也！"

● [词语解释] 胜：克服。

● 师：孔子说："'善良的人治理国家百年，也就可以克服残暴消除杀戮了。'此语讲得真是对呀！"一句话，好人当家，天下太平。

☺ 生：这话是当时的俗语还是俚语？

● 师：谁知道呢，也可能是孔子自己编出来的。

☺ 生：我认为有一点孔子是说对了，善人治国总比恶人治国要好。

● 师：为邦者是善人，当然是好事。可笑的是，并不因为你善良而国内就没有了残暴和杀戮。消除暴力的办法显然是法律和公正。

13-12

子曰："如有王者，必世而后仁。"

● [词语解释] 世：古代一般以三十年为一世。

☺ 生：孔子一下子情绪又悲观起来了，他说："如果有王者兴起，一定也要三十年然后才能推行仁义。"前面他拍胸脯说三年大有成就，现在又说也要三十年才能推行仁义，是不是一下子又觉得天下太乱啦，没了信心？此刻孔子说三十年后才能看到仁义之世，是不是他认为自己这辈子没希望了？

- 师：估计也是情绪低落时说的话，我们不必当真。
- 生：后代接受了孔子的理论，是不是说明他超前呢？
- 师：不是的，孔子的理论不是超前，而是适合天下统一后的统治者口味。他那安分守己、知足常乐的等级理论，在各国纷争时，哪个国家用了，哪个国家就会被别国吃掉。但天下统一了，统治者难道不需要被统治者安分守己吗？不需要把等级制度奉若神明吗？
- 生：那还不是说明孔子超前吗？
- 师：实际上孔子希望的是原始时代的等级道德，而不是封建专制发达时期的等级道德。
- 生：明白啦，儿童的天真与老人的返璞归真是不一样的。

13-13

子曰："苟正其身矣，于从政乎何有？不能正其身，如正人何？"

- 生：还在唠叨这个意思。孔子说："假如端正自身的行为，对于治理国家有什么困难呢？要是不能端正自身的行为，怎么去纠正别人的行为呢？"
- 师：你们别觉得孔子唠叨。唠叨是因为当时统治者的不端行为太多了，实在叫人看不下去。
- 生：唠叨有啥用？要有根治的良策才对。孔子似乎也没提出什么根治的办法。
- 生：怎么没有？"举直错诸枉。"这就是孔子的良策。
- 生：说得容易，首先要"举"的人正直，要是"举"的人不正直，这个方法根本就不妥。
- 师：我看关键还不在此，而在于正直的人在官位上，没有使"枉"的人变直，而是自己变"枉"了。

13-14

冉子退朝。子曰："何晏也？"对曰："有政。"子曰："其事也。如有政，虽不吾以，吾其与闻之。"

- 师：冉有退朝归来。冉有当季氏家的总管，这里的"退朝"，实质上是从办公室回来。孔子问："怎么回来这么晚？"冉有回答："有政事。"孔子道："那是事务

如果有政事，虽然我不被朝廷所用，我也该有所知晓的。"
- 生：难道冉有住在孔子家里么？好像是父亲对儿子的关心嘛。
- 师：有可能孔子的学生是寄宿制的吧。
- 生：可工作了也不该再寄宿了呀。
- 师：他们愿意住在一起，也没什么。孔子把政事和家事分得很清楚，季氏家的事只能是家事，不能说是政事。
- 生：也就是说，冉有最多就是个顶级的家政服务员。
- 师：孔子认为要是有国家大事，季氏也会来跟他商量。

13-15　定公问："一言而可以兴邦，有诸？"孔子对曰："言不可以若是其几也。人之言曰：'为君难，为臣不易。'如知为君之难也，不几乎一言而兴邦乎？"曰："一言而丧邦，有诸？"孔子对曰："言不可以若是其几也。人之言曰：'予无乐乎为君，唯其言而莫予违也。'如其善而莫之违也，不亦善乎？如不善而莫之违也，不几乎一言而丧邦乎？"

- [词语解释] 几：期望。
- 师：鲁定公问："一句话可以使国家兴盛，有吗？"孔子回答说："语言不可以寄予这样期望的。人们说：'做君主难，做大臣也不容易。'假如知道做君主难，不是差不多一句话使国家兴盛了吗？"
- 生：这个鲁定公幼稚得蛮可爱的嘛，偷懒到想用一句话兴国。
- 师：一句话固然不能兴国，但治国什么最重要，什么最关键，是可以用一句话来概括的，或许是孔子没有领会鲁定公的意思吧。
- 生：老师用一句话总结一下治国最关键的是什么。
- 师：各个时期各个国家的具体情况不同，但一个国家兴盛最重要的就是经济，就像我们现在以经济建设为中心。古今中外都一样，经济是一切的基础。
- 生：要是鲁定公来问老师的话，肯定比问孔子有收获。
- 师：那倒不一定，当时鲁国到底怎样，我们不是很清楚的。不过有一点是清楚的，季氏之所以能独揽鲁国大权，主要是他搞活了经济，他的封地完全解放了奴隶，成了完全的封建制。要是鲁定公抢在季氏之前，像美国的林肯一样，宣布解放奴隶，也不会落到这地步。

- ☺ 生：在当时解放奴隶，就是解放生产力吧。
- ☻ 师：这就像计划经济和市场经济，哪个能适应当时的发展，哪个就好。接下来是鲁定公问："一句话可以使国家灭亡，有吗？"孔子回答说："语言不可以寄予这样期望的。人们说：'我对做国君没感到什么快乐，只是我说的话没人敢反对罢了。'如果他的话是对的，没人敢违抗，不是很好么？要是他的话不对，也没人敢违抗，不是差不多一句话让国家灭亡了吗？"
- ☺ 生：照此说法，一句话亡国也是蛮清楚的，使经济倒退的决定，会使国家灭亡。

13-16

叶公问政。子曰："近者说（悦），远者来。"

- ☻ 师：这次叶公问政治时，估计孔子刚带领弟子周游到楚、蔡边境的负函小城。这个小城是楚国修建收留蔡国流亡百姓的，派那个"好龙"的叶公去当长官。所以针对这种具体情况，孔子回答说："使境内的人高兴，使境外的人来投奔。"
- ☺ 生：孔子在给他制定吸引移民的政策。
- ☻ 师：孔子也没说用什么方法来使百姓高兴，估计是用道德感召力。
- ☺ 生：道德有感召力吗？
- ☻ 师：在和平年代或许感召力更强点，战乱年代有些难。像处于兵家必争之地的小城，老百姓考虑的首先是安全问题，而不是什么道德问题。
- ☺ 生：就像现在的叙利亚，领导人道德再好有什么用？几乎每天都有自杀式袭击，谁愿意到叙利亚去过担惊受怕的生活呢？

13-17

子夏为莒父宰，问政。子曰："无欲速，无见小利。欲速则不达，见小利则大事不成。"

- ● [词语解释] 莒父：鲁国的一个小地方，有人认为在今天山东高密县东南。
- ☺ 生：子夏做了莒父的地方长官，来问如何执政。子夏恐怕是第一次做官，心里很没底。孔子对他说："不要追求速度，不要盯着小利不放。追求速度反而达不到目的，盯着小利反而干不成大事。"从孔子的话里可看出，子夏初次做官，很想马上做出成绩，尤其是在经济上有起色。
- ☻ 师：谁初次为官都会急于求成的，这样的心态很正常，干了一段时间之后，才知道要干成一件事是多么的不容易。

生：老师您教了那么多学生，尤其是教过许多做官的学生，有没有问政于老师的学生呢？

师：没一个。

生：大概在学生眼里，老师根本就不是为官的料，根本就不懂得为政。

师：那也不至于一个都没有吧。

13-18

叶公语孔子曰："吾党有直躬者，其父攘羊，而子证之。"孔子曰："吾党之直者异于是。父为子隐，子为父隐，直在其中矣。"

● [词语解释] 攘：偷窃。　证：告发。

师：叶公告诉孔子说："我们那里有很正直的人，他的父亲偷了羊，儿子就告发了他。"

生：叶公说这话似乎是在夸耀自己，他治理的负函小城成了法治社会，按现在的说法就是为维护法律，人们做到了大义灭亲。

师：但法治对孔子重要么？不重要。孔子要的不是法治，而是等级。所以孔子说："我们那里正直的人和你那里完全不同。父亲替儿子隐瞒，儿子替父亲隐瞒，正直就在这里面了。"

生：孔子昏了头啦。父子相互包庇犯罪，这还叫正直？

师：孔子一点也没昏头，他清醒得很。在孔子的观念里，等级才是最重要的，等级间的感情关系是什么呢？

生：下级对上级的敬畏，上级对下级的仁爱吧。

师：等级关系在家里就是父子关系，儿子对父亲孝顺听话，父亲对儿子仁爱慈祥。干坏事损害的是别人、社会，告发损害的是等级关系。所以在孔子看来，维持等级关系才是正直的，告发父亲，那等于犯上作乱，是要不得的。

生：即使在封建时代，这种为了伦理关系互相包庇也是不对的呀。

师：对于社会的公正来说，这种行为哪个时代都是不对的，即便是封建时代，也有其律法，也要维护表面的公正性。

13-19

樊迟问仁。子曰:"居处恭,执事敬,与人忠。虽之夷狄,不可弃也。"

- 生:这个樊迟还真是笨,又来问仁的问题,他已经问了好几次了。
- 师:可能正是因为笨,所以孔子对他的要求也一次次地降低。孔子说:"平时日常起居要庄重,做事要认真严肃,和人交往要忠心诚意。即使到了落后地区,也不能放弃这些要求。"
- 生:是不是樊迟要到落后地区去工作?
- 师:没有这样的记载,我们不得而知。或许樊迟不够聪明,在发达地区竞争不过人家,自我感觉也不太好,干脆去支边,也不失为一种很好的选择。
- 生:老师是不是觉得笨的学生就应该去支边呀?
- 师:我没那么说,不过总得有人去支边哪。在发达地区显得迟钝,到落后地区可能就显得敏捷了。人应该找到自己合适的位子。

13-20

子贡问曰:"何如斯可谓之士矣?"子曰:"行己有耻,使于四方,不辱君命,可谓士矣。"曰:"敢问其次?"曰:"宗族称孝焉,乡党称弟(悌)焉。"曰:"敢问其次?"曰:"言必信,行必果,硁硁然小人哉!抑亦可以为次矣。"曰:"今之从政者何如?"子曰:"噫!斗筲之人,何足算也。"

- [词语解释] 硁硁(kēng):浅陋固执的样子。 斗筲(shāo):斗为量名,筲为饭筐,约五升。这里形容度量小。
- 师:子贡问道:"怎样才可以称之为士呢?"这里的士估计不是指一般的读书人,而是指完美的知识分子。
- 生:和樊迟相比,孔子显然觉得子贡更有希望,提出的要求不同啊。孔子说:"自己的行为要有廉耻,出使四方各国,不辱没君主交待的使命,可以称为士了。"
- 师:子贡想当外交官,孔子才这样对他要求。子贡接着问:"请问次一等的呢?"孔子道:"宗族里大家称赞他孝顺长辈,乡里的人们称赞他尊敬兄长。"前面是对国家,这里是对伦理,最后是对别人。子贡又问:"请问再次一等的呢?"孔子道："说话一定讲信用，做事一定要果断，固执得如同一般的小人那样啊！或许这也可以作为次一等的士吧。"

☺ 生：为啥"言必信，行必果"就像小人？

● 师：在孔子看来对待别人远没有像对待君主和对待父母、长辈重要，再说"言必信，行必果"，一般没有多少文化的人也能做到，这种人往往是因为性格固执才做到这点的。

13-21
子曰："不得中行而与之，必也狂狷乎！狂者进取，狷者有所不为也。"

● [词语解释] 狷（juàn）：洁身自好。

● 师：孔子说："不能和中庸的人交往，也一定和狂妄的人、洁身自好的人交往。狂妄的人有进取心，洁身自好的人有所不为。"

☺ 生："中行"就是中庸么？

● 师："中行"就是"中道而行"，专门走中间道路，和中庸差不多。

☺ 生：这就是说，孔子认为交朋友最好是交中庸之辈。如果交不到这样的朋友，再去交两头的。

● 师：一般来说，中庸之辈总是最多的，不知道为什么交不到这样的朋友。

☺ 生：老师交友首选狂者吧。

● 师：为什么这样说？难道我是个愤世嫉俗的人吗？

☺ 生：老师喜欢用批评的眼光看待一切，本身就有些狂妄。

● 师：眼光不是自己可以选择的，它代表着自己的思想观念和洞察力。如果是个洁身自好的狷者，可以不把自己的想法说出来；如果是个有社会责任感的人，就会说出来。说，并不意味着狂妄，狂妄是自视其高，藐视一切。

13-22
子曰："南人有言曰：'人而无恒，不可以作巫医。'善夫！'不恒其德，或承之羞。'"子曰："不占而已矣。"

☺ 生：孔子说："南方人有这样的说法：'人没有恒心，就不可以当巫医。'这话说得好哇！……"老师，我不明白当巫医为啥要有恒心？

- 师：我们前面讲过巫在原始社会是部落里地位最高的，相当于政教合一的首领，除统管现实外，更重要的是管人们的灵魂和心灵世界，因为巫是人与神沟通的桥梁。可要让人们相信自己与神的世界相通，就必须有点过人的技术，所以巫师往往需要学习医术，把治好别人的病作为神灵的显现。
- 生：治不好则是神灵的惩罚。这倒很能让人信服嘛。
- 师：所以巫和医往往结合在一起。正因为这样，古代最早发展出来的科学估计就是从巫师那里得到发展的医术。
- 生：这样一解释，也就说得通了。研究科学需要恒心，是吧？
- 师：可能在原始社会最需要花精力去研究，并且必须接受一次次失败的，就是医术了。南方在那个时代要比北方落后，巫的地位也相对要高，所以才会有这样的说法。
- 生：后面孔子说："……'道德不专一，有时会蒙受羞辱。'"这话是啥意思？
- 师：这是《周易·恒卦》中的句子。"恒德"和"恒心"是互补的两个词。《诗经·氓》中有"二三其德"，就是指品德上不专一，与"恒德"正好相反。我们今天没有品德专一这种说法，所以人们一般把"二三其德"翻译成三心二意。
- 生：我们现在有用心不专一，感情不专一，还真没有道德不专一的说法。
- 师：道德不专一，来自于等级制度，最重要的就是对君主的不忠心，对主人的不忠心。没有恒心，没有恒德，孔子认为："不要去占卜了。"
- 生：这就是说，没有恒心研究不好医术，没有恒德无法与神沟通，占卜也不会灵验。
- 师：大概就是这个意思，占卜不灵验，自然会遭人嘲笑，会蒙受羞辱。

13-23

子曰："君子和而不同，小人同而不和。"

- 生：孔子说："君子和谐相处而彼此不同，小人彼此相同而不能和谐相处。"
- 师：这里的"和"还有一种理解，即"附和"。这样意思就成了：君子会附和你却保留不同意见，小人赞同你却不会真心附和你。
- 生：这种解释有些牵强附会。
- 师：不管怎么说，也算是一种理解吧。
- 生：孔子这是说君子具有宽容心，能容忍别人的不同。小人因利益之争而不能和谐相处。
- 师：我认为倒过来说或许更加科学点。

- 生：和而不同的是小人，同而不和的是君子？
- 师：实际上君子也有相同的，小人也有和的，不是吗？纵然都是为了利益，如果利益不发生冲突，而是一致的话，小人也是可以很团结的。

13-24 子贡问曰："乡人皆好之，何如？"子曰："未可也。""乡人皆恶之，何如？"子曰："未可也。不如乡人之善者好之，其不善者恶之。"

- 生：子贡问道："乡里的人都喜欢他，这人怎么样？"孔子道："不怎么样。""乡里的人都讨厌他，这人怎么样？"孔子道："不怎么样。不如乡里的好人都喜欢他，坏人都讨厌他。"孔子讲的这个道理也太简单点了吧。
- 师：道理是简单了点，实际上还是很理想化的。一个人在乡里除非干了什么大事，否则像大多数人一样，既谈不上喜欢，也谈不上讨厌。从一个人的性格来说，往往一种性格有人喜欢有人讨厌，也谈不上是好人坏人。
- 生：中国老百姓就是如此简单地看问题的，好坏善恶分得很清楚。
- 师：所谓清楚，就是既成的过去，即传统的观念上在辨别。这样就很难容忍什么创新和发展。记得八十年代初穿牛仔裤、吹口哨，都被视为流氓的行为，实际并非全都如此。
- 生：在里弄里，老年人总是对年轻人有看不惯的地方的，讨厌这个讨厌那个，要做到亲者快仇者痛，哪那么容易呀？

13-25 子曰："君子易事而难说(悦)也。说(悦)之不以道，不说(悦)也；及其使人也，器之。小人难事而易说(悦)也。说(悦)之虽不以道，说(悦)也；及其使人也，求备焉。"

- [词语解释] 备：完备，全面。
- 师：孔子这话说领导干部还是有些道理的。他说："君子容易侍奉却很难取悦他。用不正当的手段取悦他，他会不高兴；等他用人时，会衡量才能来用人。小人很难侍候却容易取悦。即使用不正当的手段取悦他，他也会很高兴；等他用人时，

就会求全责备。"

- 生：这话是应该记住的，以后工作了，看看单位的领导是君子还是小人。
- 师：难道用不正当的手段去试验？
- 生：比如所有的小人都喜欢探听别人的隐私，帮老板刺探刺探别人的隐私，看老板乐不乐呢？乐了，就是小人。
- 生：这种事你也做得出来？你自己算是君子还是小人呢？
- 师：我认为取悦别人本身就是小人所为，凭什么要取悦别人。如果说封建社会侍奉上级是不可避免的话，那也没必要取悦上级。现代社会连侍奉上级也谈不上了，凭什么下级要侍奉上级，各人干好自己的本职工作就行，取悦上级，那是令人恶心的做法。
- 生：有时候为保住工作，取悦领导也是没办法的事。
- 师：你们要保住自己的人格，拥有人与人平等的观念，就必须学好知识，拥有在社会上立足的能力。人沦落到要靠取悦领导才能保住工作，可以说悲惨到学无所成了。
- 生：可社会上没有技术和学历的人，有些为保住工作只好取悦领导。
- 师：这是社会的悲哀，社会的不合理。

13-26

子曰："君子泰而不骄，小人骄而不泰。"

- 生：孔子说："君子安详而不骄傲，小人骄傲而不安详。"骄傲不骄傲可以理解，安详不安详似乎不容易理解。
- 师：大概说的是内心坦不坦荡，也就是孔子说的"君子坦荡荡"。
- 生：有社会责任感的人恐怕不可能做到坦荡，世界如此动荡，社会还有很多不合理现象。
- 师：或许在个人生活上不坦荡也不行吧。

13-27

子曰："刚毅木讷，近仁。"

- 师：孔子说："刚强、有毅力、朴实、不善言辞，接近于仁德。"你们觉得仁者是不是有这样四个特征？

- 生：前面这三个特点也就算了，总归属于优点吧。可不善言辞无论怎么说都是缺点，品德好的人看上去都戆头戆脑很木讷的样子？我敢肯定是孔子自己不善言辞，才这么说的。
- 师：孔子要是不善言辞，他还当什么教师呀？
- 生：孔子一点也不幽默，一副深高莫测的样子，平时说话也不多吧。估计那会儿上课也不像现在灌输式的，教师在讲台上一个劲地讲，那时应该以自学为主，有问题才问老师。
- 师：或许是这样。还有一个原因就是孔子太注重表面了，"巧言令色"的确给人的印象不太好，能说会道显得有些轻浮，因此孔子认为既不符合德高望重的形象，也不符合等级的威严。
- 生：现在不少人也这么看。女孩子找男朋友，小伙子很会花言巧语，姑娘会觉得这人很花心；小伙子不太会说话，给人的印象就比较老实。
- 师：这是表面现象，说和做是两回事。

13-28

子路问曰："何如斯可谓之士矣？"子曰："切切偲偲，怡怡如也，可谓士矣。朋友切切偲偲，兄弟怡怡。"

- [词语解释] 切切：贴近，磨，切磋的样子。　　偲偲（sī）：勉励督促的样子。怡怡：和顺的样子。
- 生：子路和子贡一样，也来问："怎样才称得上士呢？"孔子的回答和前面不一样哩。
- 师：可以说孔子自己也没有什么固定的标准，也可以说孔子是根据各个学生的不同特点，来因材施教。这次孔子回答说："彼此切磋彼此勉励，和睦相处，可以称得上士了。朋友间相互切磋相互勉励，兄弟间和睦相处。"
- 生：如果是因人而异的回答，说明子贡喜欢和人交往，喜欢外交，而子路比较内向，和人相处不好。
- 生：这倒是挺容易的：狂者问士，谦也；狷者问士，同流合污也。
- 师：这什么话，同流合污也叫士？
- 生：那就换成道家说的"与世推移"。
- 师：对你们来说，士就是平等地对待老师，工作以后平等地对待领导；对社会和家庭要有责任感，决不能做一个洁身自好的狷者。
- 生：记住啦，老师！

13-29

子曰："善人教民七年，亦可以即戎矣。"

- [词语解释] 即：就，接近。
- 师：孔子说："善人教导百姓七年，也可以让他们去打仗了。"
- 生：难道教导百姓就是为了让他们去打仗？
- 师：这是特定的时代决定的，孔子处在各国纷争的时代，估计每个国家都会实行义务兵役制，即便不去侵略别人，也得拿起武器保卫国家。
- 生：为啥一定要教七年呢？
- 师：这个不太清楚，可能是随口说的，也可能是孔子觉得当时应该实行七年制义务教育。
- 生：不会吧，那时也有义务教育？
- 师：说说而已啦。我也觉得当兵的应该有些文化，否则部队的素质很差，尤其是现代化战争，兵不在多而在精。
- 生：大学生军训，是义务兵役制的另一种形式吗？
- 师：应该是。从目前我国的人口和军队的数量来说，不可能实行义务兵役制度，但部队生活对一个人的体质、习惯、毅力等方面都是很好的培养，在这种情况下，对一个成长中的青年来说，有一段军事化训练是必不可少的。
- 生：我觉得刚进学校时，军训很苦很累。
- 师：这就对了，要是不苦不累，那军训就可以取消了。

13-30

子曰："以不教民战，是谓弃之。"

- 生：这话好像是接着上面的。孔子说："用没教导过的百姓去打仗，这就等于抛弃他们。"
- 师：一般很少有这种情况。统治者谁也不想抛弃自己的百姓，只有在迫不得已的情况下，才会那么做。要知道在古代，社会人口众多可是一种繁荣。
- 生：现代社会也不会吧，现在人口再多，抛弃百姓谁都不敢说这话的。
- 师：现代的观念，国家是人民的国家，谁抛弃谁呀！不过我不知道孔子这里的教，是指教他们打仗，还是教他们文化。
- 生：打仗教七年，也太久了吧，又不是练武。
- 师：冷兵器时代，士兵学点武功，要比现在重要得多。现在倒是要学点文化，没有文化的士兵，是没法打现代化战争的。

☺ 生：老师，要是遇到特殊情况，也来不及教吧。别的国家入侵了，仓促应战；部队打光了，没来得及教的百姓就被推上了战场。这样的部队就是所谓的乌合之众。

☻ 师：光靠教是训练不出一支精锐部队的，真正的士兵是在战场上训练出来的，也就是说，一个有经验的老兵，是用九个新兵的生命换来的。

☺ 生：战争看来真的是很残酷哟。

☻ 师：世界上的人分成各种利益集团，这种利益集团以区域为单位的话，被命名为国家，然后为了各自的利益进行争斗，矛盾冲突到一定程度，就发动战争。

☺ 生：被老师这样一说，国家的神圣性一点都没啦。

☻ 师：国家是历史形成的，我们没法改变它，在没有办法改变的情况下，我们只能维护自身所在集团的利益，平时我们把这叫作国家利益。想到这点，我觉得战争是可恶的，就像邻居间为了各自的家庭利益，闹到动拳头的地步。人应该爱好和平，国家间利益冲突，能和平解决就和平解决。

☺ 生：解决不了，还是会动拳头的吧？

☻ 师：这就是毛主席说的："人不犯我，我不犯人；人若犯我，我必犯人。"

宪问第十四

14-1

　　宪问耻。子曰:"邦有道,谷;邦无道,谷。耻也。""克、伐、怨、欲不行焉,可以为仁矣?"子曰:"可以为难矣,仁则吾不知也。"

- 师:原宪问什么是羞耻。
- 生:原宪好像就是那个叫子思的学生,比孔子小三十六岁。
- 师:对,也叫原思。孔子说:"政府清明,做官领工资;政府黑暗,也做官领工资。这就是羞耻。"
- 生:古代社会要是政府一直都是黑暗的,那就只好不做官,像孔子这样没有手艺,又不肯种地的人,只能开办私人学校来养活自己了。
- 师:如果政府规定不能私人办学怎么办?
- 生:那孔子只好到首阳山饿死了。
- 师:国家、政府的清明或黑暗,在封建社会如果是由君主决定的话,那么现代社会没有了君主,每个公民都成了黑暗或清明的制造者。这不是领不领工资的问题,而是当家做主的问题。
- 生:"克"就是能够的意思吧,在这里怎么解?
- 师:原宪是这样的意思:"好胜、自夸、记仇、贪婪都不表现出来,这可以说是仁了吧?"孔子道:"可以说是很难能可贵了,是不是仁,我不晓得。"
- 生:原宪可能觉得不就业不行,他不像孔子这么有名气,办学估计也不行,要是政府黑暗,不领工资咋行啊,所以原宪只好降低一点标准。
- 师:你倒是替原宪想得挺周到的,原宪是什么情形我们谁也不清楚。显然孔子对于仅仅克服这样四个缺点很不满意,认为与仁相去甚远。

14-2

　　子曰:"士而怀居,不足以为士矣。"

- 生:"怀居"就是怀念居住地吧,指家乡?
- 师:也有另一种说法,指安居,转意为安逸。
- 生:这样的话,孔子是说:"士留恋安逸的生活,就不配称为士。"

- 师：这样解释更好一点。士也是人，是人都有怀乡之情。
- 生：这对所有人都有效吧。贪图安逸的人，难以成就大事，困境中容易成材。
- 师：困境和安逸差别是很大的。其实安逸也不需要什么富有，俗话说"平平安安的生活"，就是安逸了。
- 生：一般人都是想追求安逸的，只有想干一番大事业的人，才放弃安逸，追求更高的目标。
- 师：孔子"士"的概念是很混乱的，如果按前面孔子的标准，士是一种道德上的完善的话，那么生活安逸的人，道德就不好了吗？
- 生：政治黑暗，不领工资，洁身自好地过自己的安逸生活，这不就是孔子前面说的士嘛。
- 师：所以因材施教，一个学生一种回答。

14-3

子曰："邦有道，危言危行；邦无道，危行言孙（逊）。"

- [词语解释] 危：正直。　孙：逊，谨慎。
- 师：孔子说："政府清明，就正直地说话，正直地做事；政府黑暗，就正直地做事，说话要谨慎。"
- 生：为啥"危"是正直的意思？
- 师：危最早是指房上的屋梁，例如"上屋骑危"。屋梁在屋子里处于正中，所以有端正的意思，我们说的正襟危坐的"危"就是这个意思，这个意思引申到品德上就是正直。
- 生：那危险的意思也是来自屋梁？
- 师：是。屋梁在屋子里又是最高的，就有高的意思，例如"百尺危楼"，就是高楼。因为高才引申出危险的意思。
- 生："邦无道"，孔子不是认为士就不应该在政府里干了吗？
- 师：原宪问士的时候，可能他很想工作，孔子不想让他工作，才说在黑暗的政府里工作是无耻的。
- 生：再说，在黑暗的政府里工作，就算说话谨慎，能做正直的事么？
- 师：这个我们不必追究了，说不定孔子能在黑道上混出个正直来。

14-4
　　子曰："有德者必有言，有言者不必有德。仁者必有勇，勇者不必有仁。"

- 师："有言"是很含糊的，是有话要说，是有要说的话，是有名言，是会说话，都不清楚。
- 生：老师认为哪个更妥？
- 师：我看还是认为会说话贴切点。
- 生：那么孔子就是说："有道德的人一定是会说话的人，会说话的人不一定是有道德的人。仁者一定是有勇气的，有勇气的人不一定是有仁德的。"
- 师：我认为后面的都没错，第一句太绝对了。你们觉得有道德的人一定是能说会道的人么？
- 生：孔子前面自己还说不善言辞接近于仁呢，转眼又说仁者会说话。
- 师：或许是会说而不随便说，显得有些木讷。

14-5
　　南宫适问于孔子曰："羿善射，奡荡舟，俱不得其死然。禹、稷躬稼而有天下。"夫子不答。南宫适出，子曰："君子哉若人！尚德哉若人！"

- [词语解释] 羿（yì）：夏朝有穷国的君主。　　奡（ào）：传说中夏朝寒浞的儿子。荡舟：荡指左右冲杀，荡舟指水军的左右冲杀。　　稷：后稷，尧时的农师，朝廷中主管农业，周文王的祖先。
- 生：我记得南宫适，就是孔子把侄女嫁给他的那个学生南容。他跑来问孔子："羿善于射箭，奡善于水上作战，都没得到善终。禹和后稷亲自下地种田，却拥有了天下。"南容说的羿，是不是射掉九个太阳的那个？
- 师：不是的。传说中善于射箭的有三个羿。第一个是《说文》中记载的帝喾时代的射师，第二个就是《淮南子》中记载的射落九个太阳的羿，南容讲的是第三个羿，即《左传》中记载的夏朝有穷国的君主。
- 生：南容的意思是，为啥武力出众的人，不得好死，反而种地的人得到了天下。孔子没有回答。孔子大概回答不上来吧。经济决定一切，农业社会搞好经济，不就是种地嘛，禹亲身致力于农业，尧的农业部长稷能把农业搞上去，经济发达了，不得天下才怪呢。

- 师：虽然孔子回答不上来，但他对侄女婿的评价还是蛮高的。南宫适出去后，孔子说："这个人是君子啊！这个人崇尚道德呀！"
- 生：这是把种地和武力比较，要是把种地和礼仪比较呢？像秦国这种缺少文明、不懂礼仪的国家，最后得天下，孔子肯定更想不通啦。
- 师：他能想通的，不过会觉得那不仅仅是"邦无道"，而是"天下无道"了。

14-6 子曰："君子而不仁者有矣夫，未有小人而仁者也。"

- 生：孔子的这话很费解哩。他说："君子中有不拥有仁爱的人哪！没见过小人中有仁爱的人哪！"说小人没有仁爱，可以理解，孔子可以把没有仁爱的统统归入小人。为啥说君子中也有没有仁爱的人呢？
- 师：孔子把一些表面的东西作为君子的标准，像礼仪上如何如何，行为上如何如何，言语上如何如何，但仁爱毕竟是内心的表现。难道语言粗鲁，不守礼节，行为冒失，甚至犯上作乱的人都没有仁爱之心吗？
- 生：为啥孔子不把这种人归入小人呢？
- 师：这是两难的，归入小人的话，那么小人中就有仁爱者，这不符合孔子的道德理念了。

14-7 子曰："爱之，能勿劳乎？忠焉，能勿诲乎？"

- 生：孔子说："爱他，能不让他勤劳么？……"这是讲家长教育小孩吧，爱孩子就应该让孩子吃点苦。
- 师：不是这么回事。这里说的是君主对臣民，君主爱自己的臣民，就得让他们勤劳。后面是臣民对君主："……忠于他，能不教导规劝他吗？"
- 生：老师怎么看，也认为百姓像孩子般要不断教化么？
- 师：我不这么看，我认为教化的工作在一个人成年以前就应该完成，一个人成年后踏入社会，主要就靠社会的制度和法律来规范他的行为，靠社会的传媒和舆论来制约和引导他。无论是管理者还是被管理者，都是没有区别的，不是管理者来教化被管理者，让他们如何勤劳。
- 生：就是说，管理者的权力是人民赋予的，他们没权力来教化人民。
- 师：不是没权力，而是应该提供一个法治和制度健全的社会环境。

14-8

子曰："为命，裨谌草创之，世叔讨论之，行人子羽修饰之，东里子产润色之。"

- [词语解释] 命：这里指外交辞令。　裨(bì)谌(chén)：郑国大夫。　世叔：字太叔，名游吉，郑国大夫。　行人：外交官的名称。　子羽：公孙挥，字子羽，郑国大夫。　东里：地名，今天的郑州市。
- 师：这是说郑国外交辞令的创制。孔子说："创制外交辞令，裨谌起草稿，世叔进行了讨论，外交官子羽进行了修改，东里的子产进行了润色。"子产前面提到过，是郑国的宰相。
- 生：狠下了一番功夫嘛。
- 师：一部法律，一项政策，都得下一番功夫的。我看现在有些法律法规就没有那么严密，不法分子总是能钻一些法律的空子。
- 生：再严密的法规也有空子可钻的吧？
- 师：严密的话，空子就会少许多。你们现在写文章就没养成反复推敲、修改和润色的好习惯。
- 生：那多烦呀，尤其是语文考试时，时间是有限的。
- 师：语文考试为什么比别的考试时间长，就是给你们写文章提供打草稿的时间嘛。

14-9

或问子产，子曰："惠人也。"问子西，曰："彼哉！彼哉！"问管仲，曰："人也。夺伯氏骈邑三百，饭疏食，没齿无怨言。"

- [词语解释] 子西：公孙夏，子产的同宗兄弟，在子产之前主持郑国的朝政。　伯氏：齐国的大夫。　骈邑：伯氏的封邑。
- 师：有人问孔子对子产的评价，孔子道："总能给人以恩惠。"问对子西的评价，孔子道："他呀！他呀！"
- 生："他呀"是啥意思？
- 师：有人说是当时表示很蔑视的口语。
- 生：相当于现在我们说的："这种家伙！"很不值得一提，是吧？
- 师：应该是这样，反正孔子看不起这人。最后问对管仲的评价，孔子说："是个人才。夺了伯氏三百户的封地，使他只能吃粗粮度日，但他到死都没有怨言。"

- 生：说明管仲这个人执法还是蛮公正的。
- 师：孔子从来不认为管仲道德上有什么好，因为管仲老是做一些超越等级的事，但他不得不承认，管仲是个人才，事情都做得蛮到位的。
- 生：不管怎么说，他帮助齐桓公称霸诸侯。
- 师：如果从孔子的标准来看的话，孔子对子产的评价相对高一点，因为孔子的主要出发点是为人。

14-10

子曰："贫而无怨难，富而无骄易。"

- 生：孔子说："贫穷却没怨言很难，富有却不骄横容易。"好像都不容易吧。现在一些有钱人很骄横的，要他们和农民工一样低声下气，恐怕也很难哩。
- 师：不骄横就要低声下气么？只要平等待人就行了。不过话说回来，要所有有钱人平等待人，没几个能真正做到的，尤其是平等对待无权无势的穷人。
- 生：有钱人骄横，穷人自然就有怨言，这也怪不得他们。
- 师：我认为孔子要穷人安于受穷，没有怨言，是不人道的。
- 生：说不人道，帽子扣得大点了吧？
- 师：合理受穷，没有怨言是正常的，不合理受穷，还不让人家有怨言，是不是太霸道了？
- 生：如何区分合理不合理呢？
- 师：有人事业成功，富有了，有人事业失败陷于贫穷，这是正常的。但成功和失败是什么原因造成的呢？如果是自身的原因，那应该没话说。就像高考，你自己不努力，没考上重点大学，只考了个大专，毕业后那些考上重点大学的同学工资比你高，你会有怨言么？
- 生：要怨也只能怨自己。
- 师：可事业失败并不全是自身的原因，也有不公平导致的，比如你的竞争对手通过不正当手段，通过钱权交易，把你的公司挤垮，那你肯定要有怨言吧？
- 生：这就是不合理受穷，这样的受穷发怨言也没用啊。
- 师：不发怨言，社会会变得合理吗？
- 生：孔子时代穷人受穷也大多不合理吧？
- 师：我看主要是因为等级，等级地位低，只好受穷。孔子又要求大家安于等级制度，所以把不发怨言，作为一种美德。
- 生：贫穷并不可怕，可怕的是我们不该受穷而不得不穷。

14-11

子曰："孟公绰为赵 魏老则优，不可以为滕 薛大夫。"

- [词语解释] 孟公绰：鲁国的大夫。《史记》中说，孔子对此人很尊敬。　赵魏：晋国的两个正卿赵氏和魏氏。　老：大夫的家臣称室老，也叫老。　优：优裕，有余。　滕薛：滕在今天的山东滕县西南十五里，薛在滕县南四十多里。两个都是当时鲁国附近的小国。
- 师：孔子说："孟公绰当赵氏、魏氏这种大夫家的家臣，能力是绰绰有余的，但不可以去做滕、薛这种小国家的大夫。"
- 生：为啥孔子认为他只能当家奴，不能当朝廷大臣？
- 师：具体原因我们不清楚，不过从孔子对孟公绰的尊敬来看，可能是这个人比较正直。当家庭总管，只要把家务事管理好就行了，当朝廷大臣，人际关系就复杂得多，不管国家的大小，钩心斗角的事都很多。

14-12

子路问成人。子曰："若臧武仲之知(智)、公绰之不欲、卞庄子之勇、冉求之艺，文之以礼乐，亦可以为成人矣。"曰："今之成人者何必然？见利思义，见危授命，久要(约)不忘平生之言，亦可以为成人矣。"

- [词语解释] 臧武仲：鲁国大夫，因预见齐庄公被杀而被人视为聪明绝顶。　卞庄子：当时鲁国著名的勇士。　要：约，贫困。
- 师：子路问如何成为完美的人。孔子说："如果有臧武仲的智慧、孟公绰的清心寡欲、卞庄子的勇猛、冉求的多才多艺，再加上礼乐培养出来的文采，也就可以成为完美的人了。"
- 生：子路似乎是个绝对的理想主义者嘛，居然想成为完美的人。人无完人哪。
- 师：虽然没有完人，但一般培养人的目标总是朝这方面努力的，学校要求德智体美全面发展，也就是这种努力。
- 生：按照这个标准的话，孟公绰是德，臧武仲是智，卞庄子是体，冉求是美。孔子和我们现在的培养目标也差不多哇。
- 师：所有时代在形式上都差不多，在内容上相差就大了。要做到各方面都很优秀，是很难的，所以孔子说："现在要成为完美的人何必要面面俱到呢？见到利益想到道义，见到危难想到献身，长久地处在贫困中却不忘平生的诺言，也就可以成为完美的人了。"

☺ 生：孔子放低了标准，只要讲道义、讲勇敢、讲诚信就可以了。老师觉得怎样才算完美的人呢？

● 师：如果要我对你们建立三条标准的话，那就是平等、责任、自立。平等就是彻底破除等级观念，平等待人，不管是对待领导还是对待下属以及对待没有文化的社会底层的劳动者，这是人的尊严所在。

☺ 生：责任讲过了，对家庭对社会对人类文明的责任。自立呢？

● 师：自立就是要有独立的人格，经济上生活上思想观念上自立。

☺ 生：啥叫思想观念上自立？

● 师：就是要能够独立思考，思想观念是经过独立思考建立起来的，不是从众和人云亦云，也不是媒体上说什么就信什么。经济上生活上自立是第一步。这样才可能承担起方方面面的责任。

☺ 生：老师的"成人"，不是成为完美的人，而是成为"独立的人"。

● 师：成为独立的人，再去想怎么完美，再去考虑怎么处理好家庭、伦理、人际、社会之类的问题。

14-13 子问公叔文子于公明贾，曰："信乎？夫子不言，不笑，不取乎？"公明贾对曰："以告者过也。夫子时然后言，人不厌其言；乐然后笑，人不厌其笑；义然后取，人不厌其取。"子曰："其然，岂其然乎？"

● [词语解释] 公叔文子：卫国大夫。　　公明贾：姓公明，名贾，卫国人。以：此。

● 师：孔子向公明贾打听公叔文子，问道："真的么？那位先生不言语，不笑，不索取？"

☺ 生：孔子很有好奇心嘛。是不是当时人都传说公叔文子不苟言笑，不向人要报酬？

● 师：孔子好奇，可能是因为这种行为很符合他的君子形象。

☺ 生：但事实和传说不一样啊。公明贾回答说："这是告诉你的人的过错。那位先生该说的时候才说话，所以人们不讨厌他的话；该笑的时候才笑，人们就不讨厌他的笑；在道义上可以索取才索取，人们因此不讨厌他索取。"所以孔子听了以后很失望，说："是这样啊，难道真是这样吗？"

- 师：孔子未必是表示失望。从公明贾的话里，可以看出公叔文子是非常谨慎小心的人，孔子喜欢这样的人。
- 生：谁知道孔子怎么想，他也没表示啥看法。

14-14

子曰："臧武仲以防求为后于鲁，虽曰不要君，吾不信也。"

- [词语解释] 防：地名，臧武仲的封邑，靠近齐国边境，现为山东费县东北六十里的华城。　要（yāo）：要挟。
- 生：臧武仲就是上面那位被认为很聪明的鲁国大夫吧？
- 师：是。这人得罪了孟孙氏，逃到自己的封邑防城，虽然流亡了，但他要求鲁君把自己卿大夫的地位让给自己的子孙，所以孔子说："臧武仲凭借着防城向鲁国请求为自己的后代封卿大夫，就算并没要挟君主，我也不信。"
- 生：防城难道很强大，鲁国政府对他没办法？
- 师：主要是依靠齐国为后盾，齐国可是大国。
- 生：这人的确挺聪明，找好靠山讲条件。
- 师：孔子是很反感这种以下犯上的事情的。但在那个时代，这算不了什么。话说回来，也不是得罪君主，只是得罪"同事"而已，既然君主没权力，摆不平同事间的矛盾，受到要挟也是正常的。
- 生：是啊，生存还是第一位的嘛。假设孔子得罪季氏，他也只好逃到国外去，要是他有资本，说不定也会和鲁君谈条件的。

14-15

子曰："晋文公谲而不正，齐桓公正而不谲。"

- [词语解释] 谲（jué）：欺诈。
- 生：孔子说："晋文公诡计多端，为人不正派，齐桓公为人正派，不要阴谋。"在春秋五霸中，孔子还是蛮欣赏齐桓公的嘛。
- 师：春秋五霸虽然有多种说法，但齐桓公和晋文公是少不了的，这两人被公认为在春秋时代当过老大。当老大有当老大的手法，孔子认为晋文公的手法不够光明正大。

14-16

子路曰:"桓公杀公子纠,召忽死之,管仲不死。"曰:"未仁乎?"子曰:"桓公九合诸侯,不以兵车,管仲之力也。如其仁!如其仁!"

- [词语解释] 合:诸侯会盟。
- 师:这个故事,你们学《史记·管晏列传》读到过。齐襄公荒淫无道,和自己的妹妹有乱伦关系,他的两个弟弟,公子小白和公子纠觉得国家要发生祸乱,分别逃到邻近的莒国和鲁国去了。召忽和管仲都跟随着公子纠去了鲁国。后来齐襄公被杀,公子小白抢先一步回国登基,成为齐桓公,并发兵攻鲁国,强迫鲁国杀死自己的哥哥公子纠,跟随公子纠的召忽尽忠自杀,而管仲却被齐桓公引渡回国,封为宰相。
- 生:学过这段历史。子路说:"齐桓公杀了公子纠,召忽为此自杀,管仲没死。"他大概听了上面孔子说齐桓公光明正大的话,有些不明白,所以问:"齐桓公没有仁德吧?"
- 生:把自己哥哥逼死,不符合孔子的"悌"呀,无怪乎子路要疑惑。
- 师:孔子有孔子的道理,他说:"齐桓公多次召集诸侯结盟,不依靠武力,这都是管仲的能力所致。这就是他的仁德!这就是他的仁德呀!"
- 生:老师,您搞错了,子路问的是管仲有没有仁德,因为召忽尽忠自杀,而管仲没有自杀。
- 师:或许是搞错了,历来的解释都是问管仲仁不仁,但后来子贡又来问这个问题,而前面讲的是齐桓公,所以我认为子路问齐桓公仁不仁也属合理的解释。
- 生:可后面孔子的回答,多次召开联合国大会,是管仲的功劳,不是问的管仲么?
- 师:啥?联合国大会?亏你想得出。
- 生:召集诸侯国结盟,差不多就是联合国大会啦。
- 师:就算是吧,齐桓公召集这样的会议大概有十一次,"九"只是约数。

14-17

子贡曰:"管仲非仁者与(欤)?桓公杀公子纠,不能死,又相之。"子曰:"管仲相桓公,霸诸侯,一匡天下,民到于今受其赐。微管仲,吾其被(披)发左衽矣。岂若匹夫匹妇之为谅也,自经于沟渎而莫之知也。"

- [词语解释] 匡:正,纠正。　微:无,没有。　被:披。　谅:小信小节。

自经：自缢。　　沟渎：沟壑。

- 生：子贡来问："管仲不是有仁德的人吧？齐桓公杀了公子纠，他不能为主人尽忠，又当了齐桓公的宰相。"也难怪子贡有这样的问题，孔子不总是教导要"忠"吗？
- 师：管仲本来就没有准备效忠谁，他只想自己能发达。当时他和童年的朋友鲍叔牙商量，两个公子逃亡国外，也不知道将来哪个能登基当君主，所以一人跟一个，鲍叔牙跟着公子小白，管仲跟着公子纠。他们约定，以后不管谁登基，都要彼此推荐。所以公子小白登基后当上齐桓公，鲍叔牙没有食言，竭力向他推荐管仲，把自己放在管仲的下面。你们说，管仲怎么可能像召忽那样自杀，他正等着鲍叔牙推荐自己哩。
- 生：管仲很聪明嘛。鲍叔牙倒是个铁杆哥们儿。
- 师：在司马迁看来，管仲的为人真不怎么样，但他的功绩是显而易见的。所以孔子说："管仲当齐桓公的宰相，帮他称霸诸侯，使天下统一于规范，老百姓到今天都得到他的好处。没有管仲，我们都还是披头散发敞开左边衣襟的野蛮人哩。为什么他要像俗男俗女那样为了一点小义小节，在山沟沟里自杀而不闻名于天下呢。"
- 生：老师，这里为啥"微"是没有的意思呢？现在完全没有这个意思呀。
- 师："微"原来是躲起来的意思，如"奔山而微"，就是逃到山里躲起来。躲起来，就没有了，这样才引申出没有的意思。
- 生：那微言大义的"微"是啥意思？总不见得是不说话吧？
- 师：躲起来就看不清楚，看不清楚就有神秘感，所以就引申出深奥的意思。微言大义就是用深奥的话把意思讲清楚。
- 生：不是用少量的话讲清道理呀。"微"不是有少量的意思吗？微弱、轻微都是这个意思。
- 师：躲起来看不清楚，可毕竟还有所察觉，于是就产生了少量的意思。有一个故事，说以前科举考试和现在一样，要填准考证，准考证上有一栏"面貌特征"，那时没有照片哪，必须把自己的特征填上去，以防冒名顶替。
- 生：那也太不科学了，很容易假冒的吧。
- 师：不科学也没办法。当时有个考生在"面貌"一栏填上"微须"。他的意思是没有胡子。考试前他把胡子剃得光光，但监考不让他入考场："不是微须嘛，怎么一点胡子都没有？""微是没有的意思。""怎么可能呢？书上说'孔子微服过宋'，孔圣人不穿衣服跑到宋国去啦，像话吗？"人家不认"没有"的意思。得，进不了考场。
- 生：那"微服过宋"的"微"是啥意思？现在也用"微服私访"。
- 师：躲起来就是不显露，"微服"就是不显露身份的衣服。

- 生：原来都是从"躲起来"这个意思出来的呀。
- 师：所以一个词，最重要的是明白它的本义。言归正传，我们来看看孔子对管仲的评价。
- 生：评价蛮高的，照孔子的评价，管仲岂不成了中原文明的传播者啦？这相当于说，没有孙中山先生，我们还是留着马尾辫、穿长袍马褂的古人哩。
- 师：怎么能和中山先生相比，中山先生改变了一个时代，管仲只是帮助齐桓公摆平诸侯而已。
- 生：所以一个人要胸怀天下，不能为小义小节而愚忠。
- 师：这话不错，可管仲的目的很难说是为了天下，或许只是为了个人的飞黄腾达，为自己能闻名天下而已，可其实际效果要比尽忠好。

14-18 公叔文子之臣大夫僎，与文子同升诸公。子闻之，曰："可以为'文'矣。"

- [词语解释] 诸：于。　　公：朝廷。
- 生：公叔文子就是前面提到的不苟言笑的卫国大夫吧。公叔文子的家臣大夫僎（zhuàn），和公叔文子一起升到了国家的大臣地位。孔子听说后，说："可以给他一个'文'的封号了。"什么意思？为啥给"文"的封号？
- 师：僎是因为公叔文子推荐，才成为朝廷大臣的，孔子认为此人很有胸襟。
- 生：难道不认为推荐自己人，有拉帮结伙之嫌？
- 师：孔子说的是，能让自己的下人与自己平起平坐。有点像鲍叔牙推荐管仲，让他处在自己的上面。
- 生：要是推荐自己的下人当自己的上司，那就心胸更宽广了。
- 师：这要求也太高了。至于"文"的谥号，可能代表这人很有修养，很有文明。
- 生：要是有一个青出于蓝的学生，孔子会让他处在自己上面吗？孔子是那么在乎等级的人。
- 师：这可不知道，至少孔子不认为有学生比他更有能耐。
- 生：老师也没这个机会啦，您教过那么多当官的，个个都在您之上。
- 师：时代不同了，现在读书不是为了做官。

14-19

　　子言卫灵公之无道也，康子曰："夫如是，奚而不丧？"孔子曰："仲叔圉治宾客，祝鮀治宗庙，王孙贾治军旅。夫如是，奚其丧？"

- ☺ 生：是孔子和一个叫康子的人在讨论卫国政治。孔子说卫灵公是个无道的昏君，康子问："既然如此，为什么没有亡国呢？"卫灵公就是那个被南子迷住的家伙吧，是够昏庸的。
- ☻ 师：孔子说："仲叔圉管理外交，祝鮀管理祭祀活动，王孙贾管理军队。既然这样，怎么会亡国呢？"
- ☺ 生：昏庸归昏庸，但卫灵公还是挺会用人的。
- ☻ 师：是啊。虽然这些大臣，也算不上什么好人，可至少都有某一方面的才能，在自己的岗位上能发挥专长。
- ☺ 生：这说明能力比品德重要，是么？
- ☻ 师：不能这么说。有才能的人如果品德坏到只为自己考虑，不拿国家之事当回事，那在岗位上也不会认真做事。如果只是道德上有些小缺点，当然不会产生大的影响。

14-20

　　子曰："其言之不怍，则为之也难。"

- ● [词语解释] 怍（zuò）：惭愧。
- ☺ 生：孔子认为："说话大言不惭，要做到就很难了。"这道理应该不会有错，生活中常有这样的人，夸夸其谈，好像自己本领大得不得了，别人真托他办什么事，结果啥都办不到。
- ☻ 师：个人言过其实，对社会危害不是最大，一家公司对产品的宣传言过其实，对社会危害就大了。现在广告铺天盖地，我看大多言过其实，说得到做不到，使得商业的诚信度急剧下降。

> **14-21** 陈成子弑简公。孔子沐浴而朝,告于哀公曰:"陈桓弑其君,请讨之。"公曰:"告夫三子!"孔子曰:"以吾从大夫之后,不敢不告也!君曰'告夫三子'者。"之三子告,不可。孔子曰:"以吾从大夫之后,不敢不告也。"

- 师:陈成子杀了齐简公。齐国大夫陈成子就是陈桓,齐景公死后,齐国政权一直动荡,杀君不足为奇。但孔子认为臣弑君是很严重的,所以他斋戒沐浴后去朝见鲁哀公,告诉鲁哀公说:"陈桓杀了自己的君主,请讨伐他。"
- 生:齐国的事,鲁国管得着嘛,再说,不是还有周天子吗?鲁国真要出兵,那不就成侵略了么?
- 师:齐国是大国,鲁国是小国,打是打不过的。
- 生:那孔子还为了自己的理想,让老百姓去送死啊?
- 师:看上去是想惩罚犯上作乱,实际上是机会主义。因为陈桓杀了国君后,国内有一半人反对他,据说孔子觉得鲁国出兵的话,有一半的齐国人会倒向鲁国,所以就能打赢。
- 生:还真是机会主义分子。
- 师:但鲁哀公没什么权力,权力掌握在三家贵族手上。所以鲁哀公说:"请去告诉那三个人。"孔子说:"因为我享受着大夫的待遇,不敢不告诉。君主说'去告诉那三个人吧'。"孔子就去告诉那三个人了,没有得到允许。孔子说:"因为我享受着大夫的待遇,不敢不告诉。"
- 生:孔子干吗像祥林嫂似的老重复这句话?
- 师:孔子这时已七十岁出头了,上了年纪喜欢唠叨,是可以理解的。孔子也只是个文职官员,出兵动武的事,属于朝廷管,根本就不属于孔子的本职工作,何况他已退休,更是管不着了。
- 生:孔子不是真的想管,他只是在向人家一再强调,他享受这个待遇是付出了劳动的。
- 师:是这么回事,难道孔子会不明白鲁哀公没有权力,会不明白"三家"不会出兵?
- 生:会出兵才怪,"三家"本来就架空君主,对弑君觉得很正常吧。

14-22

子路问事君。子曰:"勿欺也,而犯之。"

- 师:子路问怎样侍奉君主。孔子说:"不要欺骗他,可以冒犯他。"
- 生:所谓冒犯,就是犯颜直谏吧。
- 师:那当然,总不会吵架吧?
- 生:不过领导都喜欢被欺骗,不喜欢被冒犯。
- 师:有谁会说自己喜欢被欺骗呢?喜欢听好话是真的,没有谁说自己喜欢被人骗的。
- 生:那孔子的这番教导会不会断送子路的政治前途?
- 师:我想会的。在当时如此动荡的年代,要是没有一点变通性,一味耿直地冒犯,不要说政治命运可忧,说不定连命都会搭上。

14-23

子曰:"君子上达,小人下达。"

- 师:对"上达""下达"有许多不同的解释,我们还是按照大多数人的那种解释。孔子说:"君子通达上乘的道理,小人通达下乘的道理。"
- 生:道理也分上乘和下乘么?
- 师:孔子就是这样理解的,仁义道德之类,属于上乘,而樊迟偏要学什么种菜种地,那就是下乘的道理。种地也有种地的规则不是吗?
- 生:不仅仅是这层意思吧。上乘就是管理者的品德,下乘就是被管理者的品德,也就是服从的品德。
- 师:对,这样归纳更精确。

14-24

子曰:"古之学者为己,今之学者为人。"

- 生:孔子说:"古人学习是为自己,现在的人学习是为别人。"就是说古人学习是为了自己的修养,现在人学习是为了给别人看的。
- 师:这是我们从好的方面来理解。孔子这话让我想起小时候看的《红灯记》中鸠山的话:"人不为己,天诛地灭。"

- 生：这不能同日而语吧。那是讲自私自利的。
- 师：只为自己修养而读书，虽不是自利，也是自私。再说，我们处在人与人交往的社会，学习只为自己，听起来是很虚伪的。一个人真会只为自己而培养很高的修养么？如果一个人不与别人交往，连参照系都没有，哪谈得上什么修养的高低；不参与这个社会，要懂得这个社会那么多干吗？你们学习难道只为自己吗？
- 生：怎么会？一半为自己找个好出路，一半为父母呗。
- 师：随着你们责任感的增加，还会为国家、为社会、为人类文明。说到底，修养的高低，最终都是为了别人。
- 生：老师这一说，孔子成了自私的人。
- 师：不要认为自私就只能"自利"，自私也可能"自修养"！学习为自己，也为别人。

14-25

蘧伯玉使人于孔子。孔子与之坐而问焉，曰："夫子何为？"对曰："夫子欲寡其过而未能也。"使者出。子曰："使乎！使乎！"

- [词语解释] 蘧伯玉：卫国大夫，名瑗。孔子在卫国时，曾住在他家。
- 师：蘧伯玉派人来探望孔子。孔子与来人坐下后问道："老先生在干什么呀？"来人回答说："先生想减少自己的过失却未能做到。"使者离开后，孔子感叹道："好个使者！好个使者呀！"
- 生：好奇怪，他干吗一个劲地赞美使者？
- 师：不要说你们，我都不明白哩。以往的解释，说孔子是从侧面赞美蘧伯玉。我想有这个必要么？使者也已经走了。
- 生：或许这个使者真的看上去好可爱的，是个帅哥，孔子情不自禁地赞叹。
- 师：你们哪，老是帅哥美女的。
- 生：要是蘧伯玉这个人老是想自己有什么过失，那他啥事都别干了。
- 师：从年龄上看，蘧伯玉比孔子大得多，如果孔子这时已经退休，那蘧伯玉该老得不成样子了。
- 生：这样的话，有事想着也不错，可以避免得老年痴呆症。

14-26 子曰："不在其位，不谋其政。"曾子曰："君子思不出其位。"

- 生：孔子说："不在那个岗位上，不去谋划那职位上的事。"这话前面已说过了。
- 师：这里曾子加了一句。曾子说："君子不考虑超出自己职位的事情。"
- 生：曾子比孔子还要本分，孔子是不出主意，曾子连想都不想。
- 师：这都是没有责任感的表现，不管什么职位，都牵涉到社会，尤其是政府部门的职位，对社会的影响更大，连想都不想，对社会还有没有责任心？
- 生：是啊，虽然不是你干的，可评价还是要有的。现在政府也提倡社会监督、媒体监督、群众监督。
- 师：在单位里也一样，纵然是别人的岗位，怎么干才是最好的，也要群策群力，这样才能发展才能进步。

14-27 子曰："君子耻其言而过其行。"

- 师：孔子认为："君子对说得多做得少感到可耻。"一个人说得多做得少，或许是不太好，但把这提到耻辱的高度，也实在可笑，你们觉得呢？
- 生：前面已说过这点了。只说不做最次，只做不说也没啥好，最好是多做多说。
- 师：孔子不这么看，孔子向来提倡出言谨慎，所以认为多做少说最好。
- 生：老师觉得呢？
- 师：我觉得尽可能地做、尽可能地说。
- 生：那就是多说多做啦。
- 师：我是说尽可能。每个人做和说的能力各有不同，有些人说的能力很强，做的能力小，就只好少做多说了。说也不让人家说，那肯定是不对的。
- 生：孔子没有意识到舆论的重要性。
- 师：那个时代舆论的作用没现在大，现在说也是很重要的，是参与社会建设必不可少的。

14-28

子曰:"君子道者三,我无能焉:仁者不忧,知㊟者不惑,勇者不惧。"子贡曰:"夫子自道也。"

- 师:孔子说:"君子之道包括三方面,我没能达到:有仁德的人不忧虑,有智慧的人不困惑,有勇气的人不恐惧。"
- 生:和我们三好学生的标准差不多,德智体全面发展。子贡说:"这是老师讲自己呀。"孔子承认自己不是三好学生。
- 师:我们从另一个角度看问题的话,似乎都应该倒过来说。
- 生:怎么倒过来?
- 师:凡是有道德的人,无论是面对春秋战乱的时代,还是面对目前商业化的时代,能不忧虑吗?能源、气候、生活的基本资源、贫富差距等等一系列问题都是让人忧虑的。
- 生:这样说的话,只有盯着眼皮底下只顾自我的人,才会不忧虑。
- 师:想想孔子的时代,战争频仍,百姓流离,弱肉强食,甚至用活人殉葬,有德者能不忧虑吗?只有那些没心没肺的人才不忧虑。
- 生:那智者困惑怎么讲?
- 师:这个世界难道没有你们困惑的东西吗?我看知识越多、想得越多的人越困惑。不信去问那些科学家困不困惑,不困惑他还搞什么研究?真正不困惑的反倒是什么都不想的文盲。
- 生:应该说"愚者不惑"。那勇者总不会害怕得浑身发抖吧?
- 师:勇者只能说有时可以不惧,有时只好害怕。面对坏人可以不惧,面对不合理的事情,能表现出勇气就难了。如果你说高考制度不合理,可你有勇气不参加高考吗?
- 生:没有。不上大学,以后找工作很难。
- 师:所以语言上可以怎么怎么勇敢,行为上是很难做到的。所以现代社会,固然不能说勇者害怕,但也不容易做到不惧。
- 生:哎,什么都被老师颠覆了,世间常理何在呀!

14-29

子贡方人。子曰:"赐也贤乎哉?夫我则不暇。"

- [词语解释] 方:评价。

- 师：子贡喜欢评价别人。孔子就对他说："端木赐你自己很好吗？我就没那闲工夫。"
- 生：他评价别人，大概老是挑别人的缺点。
- 师：世间总有这样一种人，喜欢议论别人的缺点。这的确是一种坏习惯，尤其是背后议论别人。
- 生：这个毛病是不是自我感觉良好的人才会犯？
- 师：那倒不一定。我希望你们不要背后议论同学，你觉得哪个同学有缺点，就当面指出来。做得到这点吗？
- 生：注意时做得到，不注意时就难说了。
- 师：那么从现在开始注意吧。

14-30

子曰："不患人之不己知，患其不能也。"

- 生：前面孔子说，不担心别人不了解自己，担心的是自己不了解别人。这里孔子说："不担心别人不了解自己，担心的是自己没能耐。"好像意思进了一步。
- 师：不是进了一步，而是从另一方面说的。
- 生：这个意思就是"酒香不怕巷子深"吧，可现代社会酒香也怕巷子深的，不做广告，产品是卖不出去的。
- 师：现在你们推销自己的意识很强嘛。
- 生：会推销自己也是一种能耐，不是吗？否则孔子干吗带着学生周游各国呢，还不是要推销自己吗？
- 师：说到点子上了。孔子再有能耐，也患人不知己，否则就不用到处跑，只在家里等着别人来请他出去做大官好了。

14-31

子曰："不逆诈，不亿不信，抑亦先觉者，是贤乎！"

- [词语解释] 逆：预料。　亿：臆，猜测。
- 师：俗话说："害人之心不可有，防人之心不可无。"你们与别人初次打交道，会不会有防人之心呢？
- 生：会吧。毕竟我们涉世不深，总得留个心眼儿。
- 师：孔子说："不去预料别人的欺诈行为，不去猜测别人不讲信用，但也能事先发觉别人的预谋，这是很贤能的人哪！"
- 生：岂止是贤能，简直可以说是天才了。
- 师：一般人没有先知先觉的能力，还是防着点好。

14-32

微生亩谓孔子曰："丘何为是栖栖者与㉞？无乃为佞乎？"孔子曰："非敢为佞也，疾固也。"

- [词语解释] 栖栖：忙碌的样子。
- 生：微生亩，这么可笑的名字，干脆叫微生物得了。
- 师：微生是姓，亩是名字。现在搞不清楚这是个什么人，从他对孔子直呼其名来看，不是比孔子年龄大，就是比孔子地位高。微生亩对孔子道："丘，你为什么这样忙忙碌碌的样子？难道是想成为花言巧语的人？"
- 生：语气很牛嘛。他对孔子到处奔波去宣传自己的理论看不惯。
- 师：孔子对他好像也没办法，所以回答说："我可不敢做花言巧语的人，只是痛恨固执而已。"
- 生：这和固执有啥关系？
- 师：不清楚。有人说微生亩是个固执的人，孔子这是反唇相讥。也有人认为"佞"和"固"是相对的，佞是太没原则，固是太有原则。
- 生：老师怎么看呢？
- 师：其实我觉得没那么多说法。就是一个长辈问孔子："小丘子呀，你干吗到处乱跑，想成为能言善辩的人吗？"孔子就说："哪敢呀，我就是讨厌待在一个地方不动。"
- 生：那么这个"固"就是固守在一个地方啦。
- 师：差不多吧。

14-33

子曰："骥不称其力，称其德也。"

- 生：孔子说："千里马我们不称赞它的体力，而称赞他的品德。"千里马的品德，就是有毅力。马且如此，人何以堪！千里马真的毅力很强么？
- 师：我想动物也应该是有毅力的，尤其遇到求生时。

14-34

或曰:"以德报怨,何如?"子曰:"何以报德?以直报怨,以德报德。"

- 师:有人问:"以德报怨,怎么样?"
- 生:是啊,有德者不都提倡以德报怨嘛,否则怨怨相报何时了。
- 师:但孔子不这么认为,他说:"拿什么报答别人的恩德呢?应该以正直报答仇怨,以恩德报答恩德。"
- 生:这点我看孔子是对的,德和怨毕竟要区别对待,否则很不公平,别人打你,你还赔笑脸,这种老好人是做不得的。
- 师:别人跟你有仇,你会投票选举这个有才能的人当你的上司么?
- 生:就算这样做了,也有些不情愿的。
- 师:实际上关键是看什么样的怨,怨仇总有对与错的。错在自己,当以德报之;不在自己,就以正直的态度对待。
- 生:用正直的态度如何对待?
- 师:摆事实讲道理,告诉对方错了,要求对方道歉。
- 生:要是对方蛮不讲理,拒绝道歉呢?
- 师:该打官司的就打官司,该绝交的就绝交。
- 生:要是原本是好朋友,闹上法庭或者绝交,不太好意思吧?
- 师:那只是你一厢情愿,要真是好朋友,知道自己错了,会不道歉吗?真要是这么不讲理,这样的朋友不交也罢。

14-35

子曰:"莫我知也夫!"子贡曰:"何为其莫知子也?"
子曰:"不怨天,不尤人,下学而上达。知我者其天乎!"

- 生:前面还说"不患人之不己知",转眼就悲叹道:"没人了解我哇!"。
- 师:人老了悲叹一下,并不表明他的思想。估计这会儿孔子以前的学生死的死,离开的离开,只有子贡一个人守在身边,孔子悲叹自己的处境。
- 生:子贡好像觉得老师无视自己的存在,所以他问:"为什么说没人了解你呢?"孔子道:"不怨恨天,不责备人,学习普通的东西,了解上乘的道理。了解我的只有老天哪!"孔子前面说过有上乘的道理和下乘的道理,这里的上达应该是"上乘的道理"吧。相对而言,"下学"就是学习下乘的东西,也就是普通的学问。

这样理解对么？

- 师：对"下学而上达"有许多种理解，其中比较多的是：学习人间的东西，从而了解天命。把"上"理解为"天命"，这是根据上下文而得出的结论。
- 生：老师的理解呢？
- 师：我认为人在悲叹时，说出的话都不是太理性，说了解天命也是可能的。人在呼天唤地的时候应该是蛮绝望的。
- 生：所以说不担心别人不了解自己肯定是不对的，人毕竟是社会动物，培养了半天自己的修养，到死也没人欣赏，还硬着头皮说，学习只为自己，不为别人。话说得多违心哪！
- 师：要真的不为别人，也没学生去记录孔子的言论，后代也许就不会知道孔子这个人。还是马克思说得对，人是社会关系的总和。

14-36

公伯寮愬子路于季孙。子服景伯以告，曰："夫子固有惑志于公伯寮，吾力犹能肆诸市朝。"子曰："道之将行也与？命也；道之将废也与？命也。公伯寮其如命何！"

- [词语解释] 愬（sù）：诉，进谗言。　　肆：杀人陈尸。　　市朝：陈尸示众。
- 师：孔子离开鲁国，周游各国的直接原因，是和季孙、叔孙、孟孙三家大夫的矛盾激化。当时三家大夫在自己的领地里建城堡、养军队，矛头直指鲁国国君，对于这种犯上作乱的事，在朝廷当大司寇的孔子插手干涉。子路当时在季氏家当总管，孔子通过子路悄悄地去拆除修建的城堡，但有个叫公伯寮的人到季孙氏那里去告密。
- 生：公伯寮是谁呀？
- 师：此人不知什么来历，在《史记》中提到过，说他的字叫子周。有人说他也是孔子的学生。
- 生：公伯寮向季孙告发子路。子服景伯来告诉孔子说："季氏的心志肯定被公伯寮迷惑了，凭我的力量还能杀了他，并且陈尸示众。"这个子服景伯是谁？权力蛮大的嘛。
- 师：他是鲁国的大夫，跟孔子关系不错。
- 生：如果公伯寮是孔子的学生，孔子让子服景伯杀了他，也太过分了。
- 师：事情远没有那么简单，"三家"的势力已大过鲁国国君，靠拆人家的城堡、杀个告密者有什么用？孔子不会笨到连这点都不明白，所以他说："我的理念将推行吗？这是命运。我的理念将被废除吗？这也是命运。公伯寮能拿我的命运怎么样呢？"

- 生：这种听天由命的态度也太消极了。
- 师：嘴上这么说，孔子也不傻，离开为上。
- 生：真是焉知祸福。孔子要是不离开鲁国，到各地宣传自己，也不会有那么大的名气，最后鲁国也不会把他请回去。

14-37

子曰："贤者辟(避)世，其次辟(避)地，其次辟(避)色，其次辟(避)言。"子曰："作者七人矣。"

- [词语解释] 辟：避。
- 师：孔子说："贤能的人逃避社会，其次是逃避某个地方，再次一等是逃避人家难看的脸色，再次一等是逃避人家难听的话。"
- 生：儒家学说不是讲究到社会上来混的嘛，道家才主张退出江湖。现在孔子怎么也赞美起逃避社会来啦？
- 师：此一时彼一时，这会儿孔子要逃离鲁国。
- 生：那也不算最上等的，只是逃避某个地方。孔子对于老子这种逃避整个社会的道家，一定很崇拜吧。
- 师：孔子倒是去见过老子，想请教礼仪方面的问题。你们想，老子是什么人，咋会对世俗礼仪感兴趣。还没问呢，老子就历数了孔子身上的种种缺点，然后把他打发了。
- 生：真是世外高人哪，孔子一定很郁闷。
- 师：孔子好像对老子还真是蛮崇拜的。学生们就问他，老子是个什么样的人呀？孔子说，我见过飞禽走兽，见过河里的鱼，但没见过龙，老子像条龙，我不清楚他是怎样的人。
- 生：哇，老子像条龙，长得很难看吧？
- 师：什么呀，你以为孔子说的龙是你们的口头禅"恐龙"呀？
- 生：如果逃避社会是条龙，那么孔子逃避某个地方，就是次一等，相当于蛇了。
- 生：再次一等的话，就是一条虫了。
- 师：别开这种玩笑了。
- 生：孔子又说："这样做，已有七个人了。"孔子说的七个逃避社会的人是哪七个呀？
- 师：不清楚，孔子也没说。或许老子算一个，还有前面说过的伯夷、叔齐吧。

14-38

　　子路宿于石门。晨门曰："奚自？"子路曰："自孔氏。"曰："是知其不可而为之者与㉞？"

- [词语解释] 石门：鲁城的外门。
- 生：子路在鲁国城门外住了一宿。为啥睡那儿？是落魄了么？
- 师：孔子带着学生在外周游，对家乡放心不下，派子路回鲁国看看。估计赶到时天晚了，城门已经关上，身边的钱不够住店的，只好在城门外睡一宿。
- 生：第二天早上守城的问他："从哪儿来？"子路回答："从姓孔的那儿来。"这叫什么回答！
- 师：孔子到处跑，居无定所，你叫子路咋回答。
- 生："就是那个知道做不到却偏要做的人吧？"从门卫的回答来看，孔子傻得很出名，连门卫都知道他。
- 师：普通人当然认为傻，有些人则认为与众不同，个别人会对"知不可为而为之"的行为产生钦佩。
- 生：老师不会对此钦佩吧？
- 师：钦佩倒不会，但也不至于认为傻。人总得做点什么。孔子既然瞧不起"小人之事"，整天有那么多学生在自己左右，也不好意思去做违背自己理论的事，剩下的就只有到处去游说自己的学说啦。更确切地说，是"无所为而为之"。
- 生：没啥可做，只好去做。
- 师：他认为自己是在干很上乘的事情哩。

14-39

　　子击磬于卫。有荷蒉而过孔氏之门者，曰："有心哉，击磬乎！"既而曰："鄙哉！硁硁乎！莫己知也，斯己而已矣。深则厉，浅则揭。"子曰："果哉！末之难矣。"

- [词语解释] 磬（qìng）：石制的打击乐器。　蒉（kuì）：盛土的竹筐。硁硁（kēng）：击石之声。　厉：不脱衣服下水。　末：无。　难：发难，反驳。
- 生：说无聊就无聊，孔子在卫国玩打击乐，不就是没事干吗？
- 师：玩打击乐不能说是无聊的事，人总得抒发一下心中的郁闷吧。
- 生：好像来了个隐士。有一个挑着竹筐的人走过孔子家门前，顺口道："玩打击乐，有心思嘛！"过了一会又说："这么粗俗！砰砰咣咣的声音！以为别人不了解自己，如此而已嘛。河水深就不脱衣服过河，河水浅就提起衣服过去。"用河水打比喻，说孔子不知世道的深浅。

- 师："深厉浅揭"是《诗经·邶风·匏有苦叶》中的句子，这位路过的人引用这个句子，意思是要孔子根据世道的深浅，变通自己的处世方式。
- 生：真是个世外高人，一听就听出孔子的心思，用道家"与世推移"的理念教育他。
- 师：别动不动就世外高人，似乎老百姓就没什么思想。这都是封建士大夫建立起来的良好自我感觉。如果我们留心一下周围普通百姓的话，就会发现他们时常说出一些朴实而高深的话。再说，《诗经》大多为民歌，老百姓都会唱的，引用一下歌词，也不能说明这人读过多少书。
- 生：可这毕竟是道家的理念哩。
- 师：很难说的，老百姓生活在社会底层，必须适应这个社会才能生存，有"与世推移"的朴实想法，是很正常的。
- 生：老师的意思，这只不过是个普通的农民？
- 师：我想是这样，哪有那么多隐士高人。真理总是朴实简单的，对于农夫的话，孔子说："那么肯定哪！没办法反驳。"
- 生：既然出来混，就不要有那么多讲究，要学会变通才对呀。

14-40

子张曰："《书》云：'高宗谅阴，三年不言。'何谓也？"子曰："何必高宗，古之人皆然。君薨，百官总己以听于冢宰三年。"

- [词语解释] 高宗：殷高宗武丁。　谅阴：居丧住的房子，也叫"凶庐"。
总己：守着自己的岗位。　冢宰：太宰，宰相。
- 师：子张问："《尚书》里说：'殷高宗住在守孝的屋子里，三年不说话。'这是什么意思？"
- 生：古人守孝真的三年不说话么？那也够难受的。
- 师：要是大家都这样，也就习以为常了。孔子说："不仅殷高宗，古代的人都这样。君主死了，文武百官守在自己的岗位上，三年之内听命于宰相。"就是说，三年里新任君主守丧去了，对朝廷的事不管了。
- 生：估计君主守丧也有人陪着的，不说话只是不到朝廷上说话而已。
- 师：你们哪，就喜欢整天说话，要你们三年不说话肯定疯掉。

生：那当然，哪用得着三年，三个月就疯啦。

14-41

子曰："上好礼，则民易使也。"

生：孔子说："管理者爱好礼仪，那么老百姓就容易被使唤。"这话说的，老百姓听了肯定很胸闷，难道他们就是被使来唤去的动物吗？

师：孔子的理论就是为君子、统治者服务的，就是为了维护等级制度的。封建时代，老百姓就是被使唤的人。

生：是不是该倒过来："民好礼，则上易使也。"

师：倒过来也没用呀，还是上使民，只是去掉"被"而已，再说，听使唤也不是因为有礼仪。

生：那是什么？

师：就是为老百姓着想，让老百姓日子过得好。

生：可是以前日子过得穷，老百姓反而比现在听话。

师：那是因为不对外开放，就像一个孩子，不让他知道外面的世界，整天关在家里，对他进行听话式教育，那会是什么结果？

生：那肯定会变傻。

师：你给钱雇保姆为了什么？为了让保姆欺骗你？

生：这怎么可能呢？

14-42

子路问君子。子曰："修己以敬。"曰："如斯而已乎？"
曰："修己以安人。"曰："如斯而已乎？"曰："修己以安百姓。修己以安百姓，尧舜其犹病诸！"

生：子路问怎样做君子。这个问题已问了很多遍，听了也烦。

师：你烦孔子不烦，而且正中其怀。孔子说："提高修养，认真工作。"

生：这个子路很要求上进，还要问："就这样了么？"孔子就说："提高修养，使人安乐。"他还问："就这样了么？"孔子说："提高修养，使百姓安乐，尧、舜都担心做不到这一点。"前面说"安人"，后面又说"安百姓"，百姓不是人么？为什么要重复？

- 师：百姓，只是民。孔子这里，人和民是两个完全不同的概念，前面已经讲过了。
- 生：提高自己的修养，能使老百姓安乐么？
- 师：修养好了，事情就做得好，或许能治理好国家，能让百姓安乐。
- 生：这和现在的干部知识化，学历越来越高，有些相似。

14-43

原壤夷俟。子曰："幼而不孙⟨逊⟩弟⟨悌⟩，长而无述焉，老而不死，是为贼！"以杖叩其胫。

- [词语解释] 夷：箕踞，叉开两腿坐。　俟：等候。　孙弟：逊悌。逊即谦逊，悌即孝悌。这里两字连用，泛指礼节。　述：称述，称道。
- 师：原壤又开两腿坐着等孔子来。在古人看来，叉开两腿坐是最没礼貌的坐姿。
- 生：原壤是谁？在孔子面前这么随便。
- 师：据说是和孔子关系很好的朋友，在《礼记·檀弓》中有一段记载，说他母亲死了，孔子帮他去办丧事，这个原壤居然站在老娘的棺材上放声歌唱。
- 生：这也太过分了吧。
- 师：所以秉着"非礼毋视，非礼毋听"的原则，孔子只好当作没看见，没听见。
- 生：或许他本来就是这样一个不拘小节的人。
- 师：大概是这样。孔子知道他是这种人，估计是发小，否则孔子是不会交这种朋友的。孔子看到他这样不礼貌地坐着，就说："小时候就不懂礼貌，长大了也没有让人称道的地方，老了却还赖着不死，这真是祸害！"说着用拐杖敲他的小腿。
- 生：听这话的口气是开玩笑，说明孔子和他关系很熟。总算听到孔子一句开玩笑的话，否则他老是一本正经的，我都怀疑他会不会笑哩。
- 师：我们搞不清楚，原壤到底是有怎样思想的人，这种没有规矩不守礼节的人，纵然是小时候的玩伴，能和孔子关系维持到老，也是不容易的。
- 生：或许是性格互补。
- 师：像原壤这种性格的人，其思想更可能是属于道家。记得庄子老婆死了，庄子就又开两腿，坐在门口放声歌唱，让去安慰他的朋友很不理解。

14-44
阙党童子将命。或问之曰："益者与㈤？"子曰："吾见其居于位也，见其与先生并行也。非求益者也，欲速成者也。"

- [词语解释] 阙党：地名，在山东曲阜。有人认为孔子就住在那里。　将命：传达使命。
- 师：阙党的一个孩子来向孔子传达使命。有人问孔子道："这是个求上进的孩子吧？"
- 生：是不是这孩子在当地很出名呀？
- 师：那倒不见得，只是老替成人传达使命，好歹在官场上也混个脸熟。不过孔子不喜欢这样的孩子，他说："我看他经常坐在大人的位子上，看到他经常和大人一起走。这不是追求上进，而是急于求成啊。"
- 生：这样的孩子家长喜欢吧。现在的家长都望子成龙，希望孩子早点懂事，早点成功。一个孩子说话和行为举止像大人，人们会说这孩子好懂事，将来一定会有大出息。
- 师：我看这样的孩子应该去看心理医生。一个孩子模仿成人的世界，过家家什么的，那是好玩、游戏，要是当真了，过早地进入成人世界，就有心理问题了。
- 生：那望子成龙式的教育不对，是吧？
- 师：望子成龙的心情是可以理解的，但过早地把他们推入成人的世界，只能让他们成"虫"。
- 生：这就叫画虎不成反类犬。
- 师：成人的世界是个理性的世界，缺少想象力，儿童的世界是纯感性的世界，是想象力的世界。孩子过早进入成人世界，其想象力就会枯竭，没有想象力，就很难有创造力。
- 生：这就像现在有的学生读书很好，但创造力不足。
- 师：我认为大人的一些活动不宜让孩子参加，比如出席什么晚会、谈判，成人间的聊天啦。有些家长甚至还把孩子带到单位里来，单位中成人世界的言行举止，对孩子的影响是不好的。

卫灵公第十五

15-1 卫灵公问陈[阵]于孔子。孔子对曰:"俎豆之事,则尝闻之矣;军旅之事,未之学也。"明日遂行。

- **[词语解释]** 陈:阵。 俎豆:俎和豆都是盛肉食的器皿,行礼仪时用,这里泛指礼仪。
- 师:孔子周游各国,在卫国待的时间不算少。虽然卫灵公很昏庸,可对孔子还是不错的,给他朝廷大夫的待遇。有天卫灵公向孔子请教排兵布阵的事。孔子回答说:"礼仪方面的事,我还听说过,军队方面的事,没学过。"第二天就离开了卫国。
- 生:卫灵公需要的是军事方面的人才,孔子觉得自己完全不懂,所以赶紧走人,再混下去也没意思了。
- 师:这也是可以理解的,在诸国纷争的年代,军事人才属于紧缺型人才,礼仪专业没人感兴趣。卫灵公能厚待孔子,已属不错了。
- 生:要不是看在孔子是这方面的权威专家、学科带头人,卫灵公也不会给他丰厚待遇的。

15-2 在陈绝粮,从者病,莫能兴。子路愠见曰:"君子亦有穷乎?"子曰:"君子固穷,小人穷斯滥矣。"

- 师:离开卫国后,孔子带着学生在蔡、陈、宋等国间奔波,这时吴国攻打陈国,孔子只好离开,准备逃亡楚国,没到楚国,还在陈国境内,他们就断粮了,跟随的学生纷纷生病,爬都爬不起来。
- 生:怪不得子路怒气冲冲地来见孔子问:"君子也有走投无路的时候吗?"
- 师:"穷"指的是没有出路,"贫"指的才是穷。子路发牢骚不是因为没粮,而是同学都病得起不来了。
- 生:孔子倒也沉得住气,他对子路道:"君子走投无路时能坚持原则,小人走投无路时就像河水泛滥那样，无所不为了。"

- 师：在这种情况下，孔子当然得沉住气，否则这个团队不就散伙啦！你们以后万一遇到走投无路时，会是君子还是小人呢？
- 生：也没法无所不为，想犯罪，智力也拼不过警察哟。据说现在警察都是本科毕业的，以后说不定非硕士、博士不取，犯罪这条路都堵上了。
- 师：那只好做穷途之哭了。
- 生：哭也没用，没人同情，大不了就是哭死。
- 师：当然你们也不会走投无路的，你们如果穷困也会是萨克雷的穷困，不会是狄更斯的穷困。
- 生：啥是萨克雷的穷困和狄更斯的穷困？
- 师：萨克雷赚钱再多也跟不上他的消费，越赚越觉得钱不够用；而狄更斯则是从社会底层出来的，那是真正生存的贫困。

15-3

子曰："赐也，女(汝)以予为多学而识(志)之者与(欤)？"对曰："然，非与(欤)？"曰："非也，予一以贯之。"

- [词语解释] 识：志，记住。
- 师：孔子道："端木赐呀，你认为我是学得多并能记住的人么？"
- 生：子贡对老师很崇拜，认为老师能知道那么多东西，真了不起。所以他回答说："对呀，不是这样么？"
- 师：你们认为是这样么？一个人学识渊博，是因为学得多，并且能记住？
- 生：我们认为没用的，孔子不是否定了嘛。"不是的，我只是用一个观念把它们贯穿起来。"
- 师：你们不要因为孔子否定，也跟着否定。我看现在大多数学识渊博的人，就是"多学而识之"。学术研究也就是把记住的知识加上一个观念，串连起来，就成了一篇论文。没几个人能做到孔子说的"一以贯之"。
- 生：孔子的"一"就是道德观念，"贯"得也很勉强啊。
- 师：贯得是不好，因为道德是社会经济、政治、制度、文化等等一系列东西在人们行为上的反映。
- 生：怎么贯才算是对的呢？
- 师：首先得了解人类是怎样发展进化的，在这个发展进化过程中，什么起了最重要的作用，什么是最终的结果，什么才是文明的结晶。抓住这个才是抓住了那个"一"。

- 生：经济的发展是核心，是吧？
- 师：那为什么各国的经济发展会不一样，会有不同的形态？
- 生：为啥？
- 师：那就要牵扯到地球的地理、气候、生态等等的因素。在国家建立以后，又牵涉到各国之间的关系等等。
- 生：明白了，就是前面说过的："我们从哪儿来，我们到哪儿去，我们是什么。"

15-4　子曰："由！知德者鲜矣。"

- 生：孔子说："仲由！懂得道德的人很少哇。"为啥对仲由说这话呢？
- 师：不清楚。或许仲由认为一般人也知道好歹吧。
- 生：我也认为一般人是知道道德和不道德的，只是有时因为利益的关系，做不到而已。
- 师：要是大家都知道道德，孔子还怎么混？
- 生：硬说别人都不知道，真是过分。
- 师：孔子的意思可能是人们知道道德，却不懂得道德，也就是不懂道德对社会的"决定性"作用。
- 生：只有用道德贯穿其他学识，才算真正懂道德。孔子就是这个意思。

15-5　子曰："无为而治者，其舜也与㉘！夫何为哉，恭己正南面而已矣。"

- 生：无为而治不是道家的观念么？
- 师：是道家的观念。孔子说的可能和道家的不太一样。孔子说："不做什么而治理好国家的，大概只有舜吧！他还要干什么？自己端正地朝南面坐着就是了。"说他不做事，其实是说他会用人而已。
- 生：事必躬亲，鞠躬尽瘁，的确是治理不好国家的。自己累死累活，也干不了多少事，君主就应该学会用人，任用有能力的人，放心地让别人去干。
- 师：孔子的无为而治，并不是不做，而是不做具体的事情，只做选用、任用人的事就行了。现在有些领导对别人做的事总是不放心，最后只好自己拼命带头干。公司董事长，看看报表还不行，最后只好自己去兼任总经理。

生：那是他自己没有选拔人才、任用人才的能力，也就是对自己不放心。

师：道家的无为而治与此不同。道家的核心是"道"，也就是事物自身的规律。无为就是不要人为地妨碍事物自身的运行规律，所以不做就是尊重事物的规律。

生：国家也有自身的运行规律么？

师：管理者不管理，老百姓就能按自己的想法生存，这就是最好的治国方法，这才是道家的无而为治。

15-6　子张问行。子曰："言忠信，行笃敬，虽蛮貊之邦 行矣；言不忠信，行不笃敬，虽州里行乎哉？立，则见其参于前也；在舆，则见其倚于衡也。夫然后行。"子张书诸绅。

生：子张问怎样行走江湖。

师：什么呀，脑子里尽是行走江湖，金庸的小说看多了吧。子张问如何行事。有的人解释为到处行得通。

生：和行走江湖差不多啦。孔子说："说话要诚实讲信用，做事要实在认真，就是到了落后的国家，也要这样做；说话不诚实不讲信用，做事不实在不认真，就是在乡下地方，能行得通么？站着时，就看见这些原则放在眼前；坐车时，就看见这些原则靠在车的横木上。这样才能很好地行事。"

师：说话诚实信用，做事实在认真，在社会上并不都行得通，但做人还是得讲这些原则的，尤其是对待朋友。这也是人与人之间平等的原则。

15-7　子曰："直哉史鱼！邦有道，如矢；邦无道，如矢。君子哉蘧伯玉！邦有道，则仕；邦无道，则可卷而怀之。"

● [词语解释] 史鱼：卫国大夫史鰌，字子鱼，也叫史鱼，以正直著名。

师：孔子赞美道："正直啊，史鱼！政治清明，像箭一样正直；政治黑暗，也像箭一样正直……"

- 生：箭到最后成强弩之末，不是也会弯的吗？
- 师：你这叫诡辩。当然啦，也可以理解为耿直，是个直筒子的性格。
- 生：接下来孔子是对上面提到过的蘧伯玉的赞美："……真是个君子啊，蘧伯玉！政治清明，就出来做官；政治黑暗，就把自己的才能藏起来。"这两个人，依老师看是哪个好呢？
- 师：中国人受传统思想影响，都喜欢采取蘧伯玉的人生态度。而史鱼的性格是蛮危险的，弄不好是要掉脑袋的。
- 生：那就是喜欢蘧伯玉。
- 师：不是。我想最好是这样："邦有道，如矢；邦无道，则仕。"
- 生：政治清明，你正直当然没问题。政治黑暗，还做官，怎么做？不会像史鱼一样吧？
- 师：邦有道，能做官就做，"卷而怀之"也没问题，因为有才能的人都出来做官，你的那点才能未必用得上，把机会留给人家也是可以的。邦无道，大家都把才能藏起来，谁来拯救国家，谁来使无道变有道呢？
- 生：那要看你是不是改变得了。
- 师：时代不同啦，现在的国家不是以前的君主国家，国家是百姓的，不是个别人的，所以"邦无道"时更应该出来做事。当然像史鱼这样一味正直也是不行的，必须在保存自己的情况下，尽可能地正直。
- 生：要是大家都这么想，"无道"的局面是也会改变的吧。
- 师：如果你推翻不了纳粹，多救几个犹太人也是好的。不是吗？
- 生：邦无道，心中要有道。是这个意思吧？
- 师：就像现在，绝大多数老师都为学生获得各种证书而战，我呢，尽量教你们一些真理。虽然这不实用，在求职简历的特长一栏里填上：懂得一些真理。这会被别人笑话，但这又有什么关系呢？在不正直的人当中，一个正直的人不也会被人笑话嘛。
- 生：老师，我们可以卷而怀之。
- 师：那就谢谢啦。

15-8

子曰："可与言，而不与之言，失人；不可与言，而与之言，失言。知(智)者不失人，亦不失言。"

- 师：孔子说："可以说的却不跟他说，就会失去朋友；不可以说的却去跟他说，

就会说错话。智慧的人不会失去朋友，也不会说错话。"

- 生：要知道什么话该说，什么话不该说，可不容易呀。
- 师：其实不是很难的，首先是说的时间，其次是说的对象，第三是说的场合，最后才是说的内容。
- 生：老师，"期而后可"。
- 师：说话时间，比如上课时间，除了课堂内容，别的话都不该说。你不想听课，你的朋友要听课，你跟他讲话，他会讨厌你。
- 生：要是我的朋友也不想听课呢？
- 师：且不说你践踏了别人听课的权利，就说你的朋友，现在不想听课，或许以后反悔了，工作后觉得在学校里没学到东西，是谁影响他的？想来想去都是你上课跟他讲废话，他会觉得你这个朋友没意思，这样你不还是"失人"嘛。
- 生：老师想得太远了，也只是假设而已。
- 师：再说对象。对什么人说什么话，这不是投其所好。每个人都有其隐秘的东西，各人忌讳的方面也不一样，再说每个人的兴趣也不一样，要是在别人面前老说他忌讳的或不感兴趣的东西，那不失去朋友才怪呢。
- 生：老师忌讳啥？忌讳的就是他的弱点，我们想知道老师的弱点。
- 师：忌讳的东西多啦。比如不喜欢把我和别的老师进行比较，一比较，我上课就和学校的标准差距很大，板书也很乱，离题又太远，教学进度不遵循等等，简直算不上一个好老师。再比如当面夸我，我会觉得尴尬，在我面前谈同事的隐私，也是令我不安的。
- 生：讲究还蛮多嘛。说话的场合，我们都清楚，什么场合说什么话。总不能在厕所门口说："时代不同了，男女都一样。"
- 师：你们不要觉得很清楚，我看有些同学就不太注意说话的场合。至于说话的内容，你们自己去甄别吧。

15-9　子曰："志士仁人，无求生以害仁，有杀身以成仁。"

- 生：志士仁人，按现在的话说，就是有理想有道德。这话经常被学校领导挂在嘴边："培养有道德有理想的社会主义接班人。"
- 师：孔子对仁人志士的标准要高得多，他说："志士仁人，没有为保命而损害仁义的，只有牺牲性命来实现仁义的。"
- 生：就是见义勇为啦。坏人手上没有刀子要上，有刀子也得上。

- 师：没这么简单，邦有道要上，邦无道也得上。按这个标准，史鱼属于仁人志士，而蘧伯玉只能算仁人，算不上志士了。

15-10

子贡问为仁。子曰："工欲善其事，必先利其器。居是邦也，事其大夫之贤者，友其士之仁者。"

- 生：子贡问怎么成为仁人。按现在的说法就是要树立远大的理想，建立正确的道德观，培养起自己的职业道德。
- 师：你们说起来一套套的，其实并没有告诉我怎么成为仁者。孔子说："工匠要做好他的工作，首先得把他的工具磨锋利了……"
- 生：这不就是树立理想，培养道德吗？
- 师：这是空话。你们的理想是什么，道德又是什么？别跟我说人类的理想、社会的道德这类不着边际的话，就说个人的理想和道德。
- 生：老师，我承认自己不是啥仁人志士。我的理想就是找份好工作，赚点钱，能够小康一些，日子过得好点。至于"杀身成仁"的精神，我承认自己没有，我只是小人物。
- 师：我也没有。仁人志士哪那么好当？其实呢，把你们的理想稍稍拔高点，找个好工作，对得起父母、家长，父母把你们养这么大，寄托了不小的希望，不就是能让你们生活安定富有嘛。不说对得起自己，也是对得起父母，这就是家庭的责任，就是责任心。这个理想，看似低了点，其实很实在，这就是志士。以后到社会上，不做亏心事，不做有损于社会的事、有损于人民的事，这就是社会责任，这就是仁人。为了做到这些，得学点本事，这也就是"利其器"。
- 生：还是老师理解我们，对我们的要求符合实际。其实孔子对子贡的要求也不算高，他说："……住在一个国家，要侍奉大夫中有贤能的人，结交读书人中有仁德的人。"按我妈的话说，就是：在学校里跟成绩好的同学学，不要扎坏道。
- 师：就是这回事，理想道德不是什么空洞的高调。我看孔子的"杀身成仁"就属于唱高调。看到危险，国家政治黑暗，他不也带着学生走为上，哪里会真的成仁。
- 生：现代社会杀身成仁的机会也不多吧，跟歹徒搏斗的机会，还真是很难得的哩。

15-11

颜渊问为邦。子曰："行夏之时，乘殷之辂，服周之冕，乐则《韶》、《舞》。放郑声，远佞人。郑声淫，佞人殆。"

● [词语解释] 夏之时：夏历。夏朝用的是自然历，以阴历正月为一年的开始，这便于农业生产。　辂（lù）：天子坐的车子。　《舞》：《武》，周武王时的音乐。

○ 生：颜渊问怎么治理国家。他做大官了么，来问治理国家？

● 师：非得做了大官才能问治理国家的问题呀？你们这种想法不对，干什么再去学什么。没有治理国家的本事，别人会让你去治理国家么？

○ 生：我们有治理国家的本事，也没人会让我们治理国家的，没这个机会哟。

● 师：机会在自己身上，你具备多少本事，就有多少可能的机会。

○ 生：仅仅是可能呀。

● 师：还要有机遇不是？你们去求职，总得告诉别人自己有什么本事吧。有本事，别人才有可能给你机会，没本事就没这种机会。颜渊有治理国家之道，或许以后能做大官，如果没有，也就没有"或许"了。

○ 生：还是来看看孔子给他的这个"或许"吧。孔子说："施行夏朝的历法，乘坐殷朝的车子，戴周朝的帽子，音乐就取《韶》、《舞》的曲子。舍弃郑国的曲子，远离巧言令色的人。郑国的音乐淫乱，巧言令色的人危险。"很讲究呀，用夏朝的历法，有利于农业生产，这说得过去，可难道坐什么样的车，戴什么样的帽子也属于治国的方法？

● 师：据说殷商时的车子比较朴实，周代的帽子比较华美，这符合孔子的个人兴趣。

○ 生：说郑国的音乐很淫荡，因此亡国了，我是不会相信的。古代的政府再重视音乐，也不至于因为音乐会亡国。

15-12

子曰："人无远虑，必有近忧。"

○ 生：孔子说："人没有长远的打算，肯定有眼前的忧虑。"这话很出名，连没多少文化的人都知道。

● 师：一句话如此为人熟知，肯定有它的道理。

- 生：的确是有道理的。一个人要建立一个长远的目标，然后分阶段实施，分成许多阶梯式小目标，这样做事时，就不会像无头苍蝇似的没章法。没章法就会做不好，就会遇到麻烦，就会忧虑。
- 师：说得很有章法嘛。不过你们的长远，到底有多远呢？十年二十年？
- 生：没那么远吧，最多也就几年。
- 师：那就叫长远啦？我看你们应该设计一个从毕业后到自己退休的理财计划。
- 生：到退休？那也太远了吧？
- 师：没有这样长远的计划，你们会遇到许多"近忧"，像遇到结婚、生孩子、父母生病等等之类的事，你们都会变成无头苍蝇。这只是个人理财计划，还应该有自己事业上的计划。
- 生：那是八字没一撇的事啦，毕业后先就业才是关键，然后才能设计事业的发展规划。
- 师：必须记住，我们面对一个有诸多变数的社会，必须要有所准备。

15-13 子曰："已矣乎！吾未见好德如好色者也。"

- 师：孔子道："完蛋了！我没见过像好色一样热衷于道德的人。"
- 生：这话前面孔子说过了。
- 师：据《史记·孔子世家》上记载，这话是在卫国说的，当时卫灵公和夫人南子同车出去，要孔子一起陪着，卫灵公大有招摇过市炫耀一番的意思：瞧见没？我一边是美人，一边是道德专家，很酷吧！
- 生：为此孔子才发此感慨的呀。
- 师：是啊。想想也是，卫灵公给孔子大夫的待遇，图个什么？不就图个名声嘛。

15-14 子曰："臧文仲其窃位者与㈱？知柳下惠之贤，而不与立㈤也。"

- [词语解释] 臧文仲：鲁国大夫，名叫臧孙辰，侍奉过鲁国四个君主，可说是四朝元老。　柳下惠：名字叫展获，又叫展季，字禽。据说柳下是他住的地方，惠是他妻子给他的谥号。　立：位。
- 师：据说柳下惠在鲁国是很闻名的贤者，政府没有给他官做，孔子很为他抱不平。

☺ 生：孔子说："臧文仲难道是窃取官位的人么？知道柳下惠很贤能，却不给他一个职位。"孔子为啥怪罪臧文仲呢？说他窃取官位。难道他是组织部长么？

● 师：估计当时做官搞的是推荐制，纵然臧文仲不是管人事的，可他历经四朝，在朝廷上应该是讲话说得响的人。不管怎样，孔子得找个人怪罪吧，孔子会怪罪君主吗？

☺ 生：那当然不会，怪罪君主，岂不是犯上作乱？

● 师：那臧文仲只好成了替罪羊。说他窃取官位，估计当时朝廷官员都有推荐的责任，他没尽到应尽的责任。

15-15　子曰："躬自厚而薄责于人，则远怨矣。"

● [词语解释] 躬自：自己，这是双音节词。
● 师："躬自"应该是"躬自责"，因为后面有"责"而省略了。
☺ 生：这样意思是蛮清楚的。孔子说："多自责，少责备别人，就能远离怨恨了。"
● 师：多自我批评，少批评别人，说起来容易，做起来难。现在的社会，人们的自我保护意识很强，发现有什么错误，往往本能地去找客观原因，找别人的责任，最后才会找自我原因。
☺ 生：自我保护意识强也是情有可原的，现代社会利益之争、尔虞我诈的确不少。
● 师：瞧见没有，首先找客观原因了吧？
☺ 生：这也是事实。为什么老年人容易上当受骗，就是防范意识太差，缺少自我保护。
● 师：似乎偷换了概念。我们不是说上当受骗，而是说事情搞砸了。
☺ 生：差不多的啦。在一个单位里，大家都想把责任往别人身上推，你要是来一番自我批评，岂不是给大家提供了推责任的对象，最后责任自然就全是你的。
● 师：社会真有那么凶险么？夸大其词了吧。不管怎么说，我认为社会上还是好人多。

15-16　子曰："不曰'如之何，如之何'者，吾末如之何也已矣。"

☺ 生：这话啥意思？孔子说："不说'怎么办，怎么办'的人，我也不知道怎么办了。"
● 师：意思是有些含糊的。可能是这样的意思：有些人遇到困难的事情，不去想办法，连怎么办都不说，这样的人孔子认为没出息。

- 生：有些人想办法时，也不说怎么办的嘛。
- 师：的确也有这样的人。所以我说字面上意思有些含糊。不过从本意来说，孔子就是不知道拿不肯动脑筋的学生怎么办。
- 生：要是动了脑筋，也解决不了问题呢？
- 师：我认为这世上还真是不存在解决不了的问题，只存在不愿意解决的。
- 生：有问题，人们都是愿意解决的吧。
- 师：未必是这样。愿不愿意解决，取决于解决问题的成本，解决问题的成本远高于问题解决的收获的话，大多数人会选择放弃。什么事情都有成本核算的。温室效应解决不了吗？不是吧。是因为不能放弃尾气排放，让人们不坐车上班，代价太大。能源不够吗？降低生活水准，大家都不愿意。
- 生：走倒退的路，当然不愿意啦。
- 师：前进也可以呀。能源不够可以用太阳能，在太空建造太阳能电站，通过超声波来传输电力，太空中没有阴天晴天、白天晚上之分，阳光永远充足，可成本太高，用不起。

15-17

子曰："群居终日，言不及义，好行小慧，难矣哉！"

- 生：老师啊，这不是说我们嘛。孔子道："整天在一起，说的话没一句有意义的，喜欢卖弄小聪明，真是难教哪！"
- 师：知道说你们，还有点自知之明。
- 生：老师对孔子的这话批判一番吧，否则我们怎么受得了这样的评价。
- 师：既然是说你们的，我就不批判了，要批判你们自己批判。
- 生：还真是没法说孔子说得不对。像我们这些住校的学生，整天混在一起，说的话也大多是废话，有时还耍耍小聪明，至于难不难教，那只有老师知道啦。
- 师：我看是挺难教的。
- 生：那我们没话可说了。

15-18

子曰："君子义以为质，礼以行之，孙（逊）以出之，信以成之。君子哉！"

- 师：孔子说："君子以道义作为自己的本质，用礼仪作为行为规范，用谦逊的口

气说话，用诚信的态度完美自己。这才是君子啊！"

生：知道啦，道义、礼仪、谦逊、诚信，这就是君子，前面已说过很多遍了。

师：先别说知道。礼仪从吃穿住行开始，孔子都讲过了，谦逊、诚信是为人的态度，那么"义"到底是什么呢？

生：道德吧。对人有爱心，宽厚待人，反正就是做好人。

师：那见义勇为呢？

生：看到不好的事，挺身而出。看到不好的，就是看到违背道义，就是看到道义。

师：那大义灭亲呢？对大义灭亲孔子是反对的，如果义是道德，那么当道德与伦理发生矛盾时，孔子是取伦理而舍义了。

生：这样也就做不成君子了。

师：问题出在什么地方？

生：标准是两套呀，一套是伦理的，就是孝悌；另一套是社会的，就是忠恕信义。

师：孔子把两套标准进行类比同化，家中的长幼之别，相当于社会中的君臣等级，以孝悌作为对等级的维护，可他没去考虑这两套标准是会发生冲突的。如果子为君、父为臣，弟为君、兄为臣会怎么样？

生：那就乱了，成了"名不正"。

师：家庭是社会的细胞，家庭的"小义"必须服从社会的"大义"，可做的时候，我们得从小做起，也就是为小义而顾大义。你不能不顾家人处于贫困之中，到处去献爱心。当两者发生冲突时，必须以大义为重，所以大义灭亲应该是见义勇为的举动。

15-19

子曰："君子病无能焉，不病人之不己知也。"

生："君子担心没能耐，不担心人家不了解自己。"孔子的这个意思表达过多次了。

师：我看现代大多数人正好倒过来。倒过来也就算了，还担心别人的名声盖过自己，所以在媒体上霸占着话语权不肯放。

生：占着茅坑不拉屎。

师：因此现在人都浮躁得很，不要说能耐，自己还没弄出个人样儿，就急于想让别人了解自己。说不担心别人了解自己，那也过了，毕竟出名是件好事。重要的是了解什么，是了解你的能耐，还是了解你本身。

生：应该是能耐吧。

师：更重要的是你的能耐所创造的成果，人是次要的。现在一些人把自己的家庭生活、私生活统统都搬到媒体上、微信上，唯恐别人不了解他这个人。

15-20

子曰："君子疾没世而名不称焉。"

生：老师，这里的"称"是指相称还是称述呢？

师：我们不知道孔子到底指哪种意思，如果是第一种意思，孔子是说："君子恨自己到死还是和自己的名气不相称。"如果是第二种意思，孔子就是说："君子恨自己到死都还没有被人称述过。"

生：要是这个君子出名了，就是第一种意思；要是没出名，就是第二种意思。

师：第一种意思的可能性大一点吧，孔子不是不担心别人不了解自己嘛。

生：说得容易啦，孔子自己已经出名了，要是他到七十岁还默默无闻的话，还不急得嗷嗷叫。

师：这也把孔子说得太不君子了。或许正因为他觉得与自己的名声不相称，所以到晚年才去编修《春秋》。

生：我看有些学者推测，孔子编《春秋》时差不多七十岁了，这么大年龄，编得动吗？

师：以前人们说《春秋》是孔子写的，但七十岁老人，要拿着刀子刻一部大书，没有多少人相信，所以后来大家就说是他编的。

生：不过这也蛮叫人怀疑的。

师：姑且就这么认为吧。不过我倒是真的认为孔子到死都和他的名声不相称，尤其是他死后，汉朝独尊儒术之后，就更不相称了。

15-21

子曰："君子求诸己，小人求诸人。"

生：这句话也有不同解释吧。"求"可以是要求，也可以是"请求"。

师：是啊。一种是"君子要求自己，小人要求别人"，另一种是"君子求自己，小人求别人"。你们看哪种合适？

生：好像都挺符合孔子思想的。

- 师：我觉得第一种意思可能性大些。即使孔子，也不可能做到不求人，毕竟生活在社会中，可以做到少求人，不求人是做不到的。
- 生：不要求别人也难吧。孔子总是教导学生说应该怎么样怎么样，不是要求别人吗？
- 师：那是别人来请教他，或者是教导学生。主动去要求别人，似乎没有吧？
- 生：要是做领导，就不能不要求别人了，否则怎么能让下面的人干好工作呢？以此推理，领导干部岂不是都算不上君子？
- 师：工作上的事应该是例外。
- 生：领导不是对别人的生活态度、道德情操，样样都管嘛。
- 师：那也管得太宽了。
- 生：君子既然出在管理阶层，管理者就得管，管人就得要求别人。

15-22　子曰："君子矜而不争，群而不党。"

- 师：孔子认为："君子矜持而不争执，合群而不结党。"
- 生：一般情况下不显得很矜持、很清高的样子，如果惹急了，也会争的。狗急了也会跳墙，兔子急了也会咬人。
- 师：用动物和君子比，孔子肯定受不了。
- 生：合群而不结党，结党和政党是一个意思吗？
- 师：不是，孔子说的结党，就是搞小团体。
- 生：我看差不多，小团体搞大了就成了政党。
- 师：政党是根据某一目的或理想组织起来的同志，怎么能与合群扯在一起，与拉帮结伙相比，这是不对的。
- 生：一个人喜欢争执，也不庄重、矜持，整天大大咧咧的，可他道德品行很好，难道就不是君子吗？
- 师：在孔子眼里恐怕很难算是君子，孔子是很看重表面礼仪的。
- 生：那我不做君子了，要我整天摆深沉状，一脸严肃的样子，我会觉得没有生活情趣的。
- 生：不做君子，难道你要做小人？
- 生：难道就没有非君子非小人的中间之道？
- 师：做小人也就小人了，做个普通百姓，有啥不好？

15-23

子曰："君子不以言举人，不以人废言。"

- 师：照理说，人如其言，言如其人。但有不少人言行是不一致的，说的话有时也不表示他内心真实的想法，所以孔子说："君子不因为言论而推举一个人，也不因为人有问题而否定他的言论。"
- 生：言过其实的人真是不少，可啥事都能言过其实，也是一种本事。让他从事广告业、推销活动不是很好嘛。学校可以推荐这样的学生到广告公司去。
- 师：言过其实不管怎样都是一种缺点，变成一种特长，是广告和推销的悲哀，说明商业缺乏诚信。不过能说会道和言过其实是不同的，会说话和说大话是两码事。语言艺术课就是教学生能说会道。
- 生：怎么划清两者的界限呢？
- 师：能说会道不是夸大事实，而是把事实说得更容易让人听懂、更容易让人接受。
- 生："不以人废言"就是坏人也能说出真理。
- 师：这样理解太狭隘了，这只是一个意思。有些人常常能提出合理化建议，可他们自己做不好，提供创意的人，未必都会去实现这个创意。
- 生：那不就是谋士嘛，锦囊妙计很多，亲自领兵打仗却不行。这好像不是孔子所说的人有问题。
- 师：在孔子看来言行合一才是君子，说得到做不到就成了小人。

15-24

子贡问曰："有一言而可以终身行之者乎？"子曰："其恕乎！己所不欲，勿施于人。"

- 生：子贡问道："有一句话可以一辈子奉行的么？"子贡好像要离开老师，踏上工作岗位，向孔子要一句临别赠言哩。
- 师：当然也可能这人比较机械，觉得孔子的话太多，记不住，需要简化为一句座右铭。
- 生：孔子扔了一句话给他："可能就是恕了。自己不愿意的，不要强加给别人。"
- 师："忠恕"的概念是孔子的核心思想之一，"忠"是对上级，对君主的；"恕"是对下级，对同事的。
- 生：孔子为啥没有给他"忠"？

- 师：孔子自己可能对"忠"都没了信心，看到各国的君主昏庸的昏庸、无能的无能，要"忠"也只能是愚忠。连孔子自己都做不到"好女不嫁二夫"，怎么能要求学生？
- 生：我们要是毕业了，老师给我们一句座右铭会是什么？
- 师：平等！"恕"毕竟是封建等级的东西，对待同事，尤其是下级，才有强加于人的权力。人与人是平等的，你有什么权力强加于别人呢？
- 生：是换一种说法的"恕"，现代意义上的"恕"吧。
- 师：不是的。平等，这是从法理上要求的，在现实中做到很不容易，不仅要平等对待下级，也要平等对待上级；在家里，要平等对待子女，也要平等对待父母。
- 生：这怎么讲？父母对子女不是有监护权管理权么？
- 师：由于长期受孔子把家庭伦理与社会等级等同观念的影响，有些家庭就把父母与子女的关系视为上下级的关系，听话和孝顺就是这种关系的具体体现。监护权不是等级的权力，而是一种教育的权力。
- 生：教育不通，孩子又不懂事，不是要惩罚吗？
- 师：惩罚是不对的，不懂事不讲道理，都会有后果的，得让孩子体会到这种后果。
- 生：对孩子说，老爸生气啦，后果很严重。
- 师：孩子不肯好好吃饭，就得饿肚子，不肯好好读书，就没零花钱。不是么？不读书以后就不能就业，就没法赚钱。
- 生：那读书好零花钱就多啰。
- 师：不应该这样，而是要进行更高级的教育，那就是责任。平等的延伸概念就是责任，父母对你有责任，你对父母也有责任。不能平等对待父母的孩子，才会成为啃老族；不能平等对待子女的父母，才会让子女"啃"。

15-25

子曰："吾之于人也，谁毁谁誉？如有所誉者，其有所试矣。斯民也，三代之所以直道而行也。"

- 师：孔子说："我对别人，骂过谁夸过谁么？如果有夸过的人，那也是有所验证的……"
- 生：啥叫"有所验证"？
- 师：也就是验证过他有值得夸的地方。
- 生：说得真别扭，就说他值得夸不就行啦。后面说的更不清楚了。

- 师：后面是有些含糊："……这些老百姓哪，夏、商、周三代因此能根据率直的标准来行事。"我的理解是，三个朝代的老百姓能率直地行事，因为没人诋毁别人，也没人拍别人马屁。
- 生：绕了半天，孔子好像在标榜自己。他是说自己很客观，不随便骂谁，也不随便夸谁，古代的统治者都像他这样，所以老百姓都能直率地做事情。
- 师：差不多就是这个意思。
- 生：标榜自己直说得了，像屈原那样坦率："我多么伟大，我修养多么好哇！"孔子说得这么隐晦，还标榜"直道而行"呢。
- 师：孔子不是很在乎谦逊的品德嘛，怎么好意思直说呢？这里依然体现了孔子的两点思想：以古代为标准；统治者道德好，老百姓才会有道德。

15-26 子曰："吾犹及史之阙文也。有马者借人乘之，今亡矣夫！"

- 师：还有更隐晦的呢。看这句。孔子说："我还能发现史书里漏掉的文字。有马的人借给别人骑，现在没这种情况了。"
- 生：发现史书里遗漏的文字和借马有啥关系？
- 师：历代孔学家都说不清。
- 生：或许孔子的意思是：现在的人文化素质都很低，连史书里的漏字都看不出来，所以他们的道德品质也就很差了，小气得连把马借人用用都不肯。这大概也是隐晦地标榜自己，只有他看得出史书里的漏字，只有他还有点文化素质，只有他肯借别人马……
- 师：你倒是真能想。

15-27 子曰："巧言乱德。小不忍，则乱大谋。"

- 生：孔子道："花言巧语会扰乱德行。小地方不能忍耐，就会扰乱大的计划。"后面一句人们常讲，与前面的道德有啥关系？
- 师：都是说人要有忍耐力。花言巧语是很诱惑人的，有德行的人能忍住，不被诱惑。实现大计划的人，对小的方面也能忍住。
- 生：现在人们很少引用"巧言乱德"，说明花言巧语还真是有作用，谁都爱听好

- 师：不管怎么说，这有种给人玩阴谋的感觉。现代社会大家都对小事忍着，那还了得？
- 生：那是讲君子，为了伟大的理想，对小事忍着。
- 师：那是在等级之下的做法。等级比你高的人，羞辱你，你忍着，为了什么？为了得到上司的欣赏，能往上爬。在人与人应该平等的现代社会，对别人谦让点是应该的，可对不合理的事容忍，是不对的。
- 生：那么就是：忍小，则乱大谋。
- 师：应该是这样。这里的"谋"是为社会谋，不是为个人谋。
- 生：大家事事容忍不合理的小事，社会风气就坏了，歪风邪气就抬头了。

15-28

子曰："众恶之，必察焉；众好之，必察焉。"

- 生：这个问题前面子贡问过。孔子认为："大家都讨厌他，一定得考察考察；大家都喜欢他，也一定得考察考察。"我想这样的人不会有的吧，好人坏人都喜欢或者讨厌，这算什么人哪？
- 师：这是说得绝对了点，实际上，我们平时说"大家"指的是一般人，普通的老百姓。
- 生：这样的话，是应该有的。地方恶霸，大家都讨厌他；老好人，大家都喜欢他。这也没啥好考察的，硬要在恶霸身上发现优点，在老好人身上发现缺点，也没啥意思。
- 师：坏人身上的确也有优点，好人身上也有缺点。

15-29

子曰："人能弘道，非道弘人。"

- [词语解释] 弘：发扬光大。
- 生：孔子说："人能够使道发扬光大，不是道使人变得伟大。"孔子讲过许多"道"，这儿的"道"还是蛮令人费解的。
- 师：中国传统文化很含蓄，很内敛，最终培养了中国人内向含蓄的性格。但从不好的意思来说，这就是狡猾。一个人在你面前说话很少，不太表露，你知道他是内向还是贫乏?

☺ 生：不容易看出来。有些人或许根本没多少知识和思想，一副深沉的样子，你也会把他视为深刻的人。

☻ 师：概念含糊一点，不确定一些，也有这样的好处，让人觉得含意很多，很丰富。加上古汉语绝大多数都是单音节词，词义众多，那就更丰富啦。我相信若是把孔子请到现代来，对他逼问一番，不让他含糊概念，结果肯定会令许多人失望的。

☺ 生：二千多年来，人们在他的含糊之处，加了许许多多他都没想到的意思，使他的话含义越来越丰富了。

☻ 师："道"的概念也不能说是道家的专利，那时的一些理论家都喜欢用这个词，凡是符合自己理想、规范、标准的都称之为道。

☺ 生：那邦有道、邦无道，这个"道"就是指他心目中的标准规范。

☻ 师：就是这么回事，所以有人认为道就是道理，就是真理，也没什么不对。或许把道视为一个理论家的最高理念更合适，道家有道家的理念，儒家有儒家的理念，这就叫"道不同，不相为谋"。

☺ 生：要是这样说，孔子此话的意思，可不可以理解为：人能够发扬光大自己的学说，不是学说能使人伟大。

☻ 师：不可以这样理解的。一种学说符不符合真理，那是要靠实践检验的。如果把"道"理解为客观规律，理解为真理的话，那各家学说上的"道"是不能等同于真正的"道"的。既然孔子含糊其"道"的准确意思，我们也没必要去给它准确界定，姑且把它视为客观规律就是了。

15-30

子曰："过而不改，是谓过矣。"

☻ 师：孔子说："有过错不改正，这才是真正的过错。"

☺ 生：我还以为后面的"过"是过分哩。不是也讲得通嘛：有过错不改正，这才叫过分呢。

☻ 师：是讲得通，我看也没什么不对。

☺ 生：要是一次性错误呢，不就没改正的机会啦。

☻ 师：啥叫一次性错误?

☺ 生：有些事情只干一次啦，做错了，就没机会改正了呗。

☻ 师：事情做错了，一般不是做的问题，而是做的人有问题。改正错误不是再去做一遍，而是改正自己身上的毛病。

15-31 子曰："吾尝终日不食，终夜不寝，以思，无益，不如学也。"

- ☺ 生：孔子说："我整天不吃，整夜不睡，用来思考问题，结果没什么益处，还不如学习。"整天不吃不睡想问题，真能这样？
- ☻ 师：没那么严重。整天想问题很正常，再说孔子这也是假设。
- ☺ 生：他想啥呀，也不是什么很抽象的推理，很高深的哲学思辨，就一些人生的道理，用得着费那劲儿？
- ☻ 师：说得蛮轻松嘛，你也想几条试试。
- ☺ 生：这想法孔子前面说过了，光想不学危险，光学不想糊涂。

15-32 子曰："君子谋道不谋食。耕也，馁在其中矣；学也，禄在其中矣。君子忧道不忧贫。"

- ☺ 生：孔子说得很轻巧："君子谋求真理，不谋求衣食……"想想现在我们要谋食多不容易，大学毕业如果还谋不到食的话，还得读研究生，再谋不到，还得读博士。
- ☻ 师：所以呀，孔子说的道理不是我们这些需要养家糊口的"小人"能接受的，谋食还是第一位的。不过光谋食也太低级了点，得食与道兼谋。
- ☺ 生：下面是孔子对君子与小人的划分："……种地，其中就会有挨饿的时候；学习，工资就在其中了呀。君子担忧真理，不担忧贫困。"
- ☻ 师：到底君子是为"禄"而学，还是为"道"而学。要是"禄"不在其中，还肯学么？
- ☺ 生：孔子的意思是，只要为"道"而学，钱是不成问题的，不用担心贫困。
- ☻ 师：现在的社会"禄"和"道"并不统一，就很难选择了。

15-33　子曰："知(智)及之，仁不能守之，虽得之，必失之。知(智)及之，仁能守之，不庄以莅之，则民不敬。知(智)及之，仁能守之，庄以莅之，动之不以礼，未善也。"

- 师：孔子在这里分了三个层次。他说："靠智慧得到它，仁德却不能守住它，即使得到了，也一定会失去它。"
- 生："它"指啥呀？
- 师：孔子没说，后人就可以自己去想，大可以是天下，小可以是职位。第二个层次是："靠智慧得到它，靠仁德守住它，不用庄重的态度对待它，那么老百姓就会对你不敬。"
- 生：好像指国君，要让老百姓尊敬，自己必须显得很庄重。
- 师：也可以是指比较高的职位。第三个层次是："靠智慧得到它，靠仁德守住它，用庄重的态度对待它，但不用礼节来行动，就还不完善。"
- 生：智慧、仁德、庄重、礼节，四个步骤。靠智慧就能得天下么？没这么简单吧？
- 师：孔子是反对以武力得天下的，所以他认为周武王"尽美未尽善"。当然这是不切实际的理想主义的想法。
- 生：那靠仁德就能守住天下么？
- 师：也没那么简单，统治者的仁德或许能减少内部叛乱，却未必能抵御外部入侵。尤其是春秋战国时期，要守住地盘，还得靠军事实力，而军事实力，又取决于经济实力。至于靠庄重来博得老百姓的尊敬，用礼仪来点缀政府行为，那都是次要的。
- 生：这对于找工作还是有些用处的。靠智慧得到一份工作，靠品德好守住这份职业，靠庄重赢得同事的尊敬，靠礼貌使自己在别人眼里很完美。
- 师：或许你能通过小聪明捞到一份工作，靠品德就能守住这份工作么？不行的，得靠工作成绩。靠品德，我看我是守不住这三尺讲台的，得靠自己的知识。

15-34　子曰："君子不可小知，而可大受也；小人不可大受，而可小知也。"

- 生："小知"是知道的"知"，还是智慧的"智"呢？
- 师：似乎都可以解。这里的"大受"就是接受重大的任务，委以重任的意思。

- 生：那孔子的意思是说："君子不可以跟他耍小聪明，却可以委以重任；小人不可以委以重任，却可以跟他耍小聪明。"听起来有些别扭呀。
- 师："不可小知"说得很别扭，理解的意思也不同，有人说君子不可以用小聪明要求他；也有人说，君子不可以在小地方探知他，或者试验他。
- 生：意思完全不同嘛。
- 师：意思是不一样，但总的来说，就是君子可以放心大胆地用，别在乎小地方，君子在品德上是令人放心的。
- 生：那还不如反过来说，可以委以重任的是君子，不能委以重任的是小人。
- 师：反过来说可不一样，有才能、能担当重任的人，也有品德不好的，孔子不会把这些人视为君子的。

15-35

子曰："民之于仁也，甚于水火。水火，吾见蹈而死者矣，未见蹈仁而死者也。"

- 师：孔子说："老百姓对仁德的需求，胜过对于火和水的需求。水和火，我看见有人踏进去后死掉了，却没见过踏入仁德之中而死掉的。"
- 生：意思有些含糊吧。
- 师：一点也不含糊。水火是老百姓生活必需，一刻也不能离开，但水火无情，是很危险的。既然老百姓比需要水火更需要仁德，而仁德又不危险，他们为什么不敢踏进去呢？
- 生：这难道不是说老百姓坏话么？说他们对需要的东西不肯要。孔子凭啥就判断老百姓更需要仁德呢？
- 师：不是说坏话，他怎么能把仁德和水火相比？按孟子的说法："民非水火不生活。"没水火，老百姓还活不活啦？既然不活了，那还讲啥仁德，是不是？
- 生：老百姓不是君子，不会宁死不屈的。老百姓讲究的是"好死不如歹活"，活着才是硬道理，老百姓的生活是很艰难的。能活下来，再去考虑屈不屈的问题。君子不一样，他们有钱，没钱的，至少也能活下去，所以他们有时间去考虑屈不屈的问题。

15-36

子曰："当仁不让于师。"

- 生：孔子这话说得好："面对仁，就是老师也不谦让。"

- 师：好什么？不就是对老师不谦让嘛，我本来也没有让你们谦让的企图。
- 生：不一定指您。只是没想到"当仁不让"这个经常用的成语，是针对老师说的。
- 师：现在的用法，只是取后面"不让"的意思，"当仁"早忘了。如果真想想孔子的意思，觉得有什么问题么？
- 生：面对道德的事，不谦让。
- 师：什么是道德的事？见义勇为，冲在老师前面；做好人好事，冲在老师前面。从小了说，老师在擦黑板，冲上来帮老师擦。是这种事不谦让，你们以为不谦让什么？
- 生：老用这个词，还真是把"当仁"忘了，只取"不让"的意思了。
- 师：现在你们"让"还是"不让"啦？
- 生：老师既然这么说了，我们也只好"不让"了。

15-37

子曰："君子贞而不谅。"

- [词语解释] 贞：言行统一。　　谅：勍，固执。
- 师：这句话也有许多不同的理解。有人认为是：君子讲正义，不拘泥于信用。有人则认为是：君子讲大的信用，不在乎小的信用。我觉得孔子的意思是："**君子言行一致，而不固执。**"
- 生：反正是各人按照自己对君子的理解来诠释呗。
- 师：那也得字面上有这个意思。要做到言行一致很不容易的，我看孔子也没做到。前说后忘，前面说食不厌精，后面来个不谋食。
- 生：总不会是当面一套背后一套的人吧？
- 师：那倒不是。时代迫使他带上机会主义的烙印，从他的本意来说，他讨厌自己的时代，梦想回到原始社会，是个很无奈的人物。

15-38

子曰："事君，敬其事而后其食。"

- 生：孔子说："侍奉国君，先认真做事，然后才拿工资。"这点孔子用不着担心，现在先给工资后干事，哪儿去找哇。孔子的时代难道都是先拿工资后干事的么？
- 师：或许孔子的意思是，要认真做事，别老惦记着那点钱。

- 生：那时是不是会经常加工资？
- 师：没听说过，各级官员的工资待遇不同。
- 生：那就是了嘛。惦记也没用，不会给你加工资，只有把事情做好，升官了，工资才上去。我们现在不行啊，随时都有加工资的可能，每月的工资也没个准数，说不定哪天还有个红包，这么多的可能性和不确定性，要不惦记着，也太难啦。
- 师：幸亏你们不是孔子的学生，否则孔子就不会说后面的话喽。

15-39

子曰："有教无类。"

- 生：这句啥意思？
- 师：孔子说："有需要教育的，不应该有区别。"意思就是：只要有让我教的学生，我是不加区别，都教的。
- 生：那当然，私人办学嘛，生源第一。现在一些民办大学还拼命招落榜生哩，还区别什么类型呀，好坏呀，招进来就是钱哪。
- 师：你们把孔子想得太低劣了吧，他也没规定多少学费，只要交十束干肉就行了。
- 生：战乱年代啦，经济不景气，能收到学费蛮好啦。要是在现在，GDP每年以超过6%的速度增长，孔子当然也要考虑经济效益的，说不定靠自己的名声，在媒体上为自己的学校大做广告。
- 师：我说嘛，孔子看到你们这些学生，怎么教哇！君子的那套估计是不行的了。

15-40

子曰："道不同，不相为谋。"

- 生：这句话人们常挂嘴边："理念不一样，不相互商量。"
- 师：这里的"道"也是蛮含糊的，你翻成"理念"算是一种理解吧。也有理解成观念、主张、规则、理想、学说等等，甚至有人理解为人生的道路，反正大家都根据自己的需要来解释。
- 生：孔子很能利用概念的含糊性，来使自己的话成为名言。现代人干脆用符号取代，比如：× 不同，没得商量！
- 师：有这么说的吗？再这样说下去，我可真觉得自己和你们不是"同道中人"啦。

15-41

子曰:"辞达而已矣。"

- 生:这也太看不起文学了:"言辞,能表达意思就足够了。"前面他还曾经赞赏过文采呢。
- 师:此一时彼一时,这会儿或许孔子正在改作文,一个学生的文章,内容空洞,言辞很华丽,孔子才会给这样的评语。
- 生:那也应该说,文章内容空洞,光靠华丽的言辞是没用的,总不该认为言辞能表达就足够了,表达有好有坏吧?
- 师:年轻人对言辞的华丽很看重,其实把言辞的华丽和文学等同是完全不对的。文学是一门研究人的学问,言辞是表达研究结果的形式。
- 生:形式还是很重要的。让孔子写一篇文章看看,能写出屈原《离骚》的文采吗?
- 师:屈原是文学家,孔子是教育家,两人比文采,不公平。

15-42

师冕见。及阶,子曰:"阶也。"及席,子曰:"席也。"皆坐,子告之曰:"某在斯,某在斯。"师冕出。子张问曰:"与师言之道与?"子曰:"然,固相师之道也。"

- [词语解释] 师冕:师,乐师;冕,鲁国乐师的名字。　　相:扶持,帮助。
- 师:鲁国的乐师冕来见孔子。由于他是个瞎子,所以走到台阶时,孔子提醒道:"台阶。"走到坐席前,孔子提醒道:"坐席。"都坐下以后,孔子告诉他说:"这个人在这儿,那个人在那儿。"乐师冕出去了。子张问道:"这是和盲乐师说话的规矩吗?"孔子说:"对呀,这本来就是帮助盲乐师的规矩嘛。"
- 生:这里的"师"就指盲乐师么?
- 师:那时音乐家中有不少盲人,盲人听觉比较好,对音乐容易接受,乐师中大多是盲人,所以才在"师"之前不加"盲"字。
- 生:对待盲人要时刻提醒,子张咋连这点都不懂?
- 师:别怪子张啦,你们遇见盲人会这么周到地提醒么?
- 生:会的,老师。不管怎么说,盲人总是弱势群体,对弱势群体,我们还是会帮助的。哪像孔子,这么点小事,也敢拿出来说,这也体现不了什么道德高尚嘛。
- 师:好啦,对古圣人不必要求这么高,对自己要求高点就行了。

季氏第十六

₁₆₋₁ 季氏将伐颛臾。冉有、季路见于孔子曰："季氏将有事于颛臾。"孔子曰："求！无乃尔是过与㉛？夫颛臾，昔者先王以为东蒙主，且在邦域之中矣，是社稷之臣也，何以伐为？"冉有曰："夫子欲之，吾二臣者，皆不欲也。"孔子曰："求，周任有言曰：'陈力就列，不能者止。'危而不持，颠而不扶，则将焉用彼相矣？且尔言过矣！虎兕出于柙，龟玉毁于椟中，是谁之过与㉛？"冉有曰："今夫颛臾，固而近于费。今不取，后世必为子孙忧。"孔子曰："求！君子疾夫舍曰欲之而必为之辞。丘也闻：有国有家者，不患寡而患不均，不患贫而患不安。

盖均无贫，和无寡，安无倾。夫如是，故远人不服，则修文德以来之。既来之，则安之。今由与求也相夫子，远人不服而不能来也，邦分崩离析而不能守也，而谋动干戈于邦内。吾恐季孙之忧，不在颛臾，而在萧墙之内也。"

- [词语解释] 颛（zhuān）臾（yú）：鲁国的附属国，估计位置在今天的山东费县西北八十里的颛臾村。　东蒙：东蒙山，处在山东蒙阴县南面与费县的交界处。　周任：古代的史官。　相：辅佐。　兕（sì）：雌性犀牛。　柙（xiá）：关野兽的木笼。　费（bì）：季氏的采邑，在今山东费县西南七十里的费城。萧墙：国君所用的屏风，这里代指鲁君。
- 师：季氏将攻伐颛臾国。这个季氏就是季康子。为了这事，冉有和季路来见孔子说："季氏将对颛臾动武啦。"古人往往把祭祀和打仗称为"事"，这里的"事"指的是打仗。
- 生：季氏为啥要去打颛臾国？毕竟人家是一个国家，他用家庭武装，打得过么？
- 师：估计季氏早就想动手了，主要是想扩张自己的地盘，在那时还需要别的理由么？打不过季氏也不会动这个念头。
- 生：孔子是讨厌动武的，所以他责备冉有道："求，难道不该责备你吗？……"
- 师：对，这里的"过"是责备，而不是过错的意思。下面孔子认为没有动武的理由："……那颛臾，古代的先王封他为东蒙山的祭祀，而且在国土以内，这也算是社稷的大臣了，凭什么讨伐它呢？"

- 生：不管有没有理由，冉有、子路也没办法。所以冉有说："那家伙想这样干，我们两个当臣子的，可都不想这样。"
- 师："夫子"别翻成"家伙"好不好？太不敬了。孔子对冉有说了一番道理。他说："求，周任说过：'在岗位上发挥自己的能力，能力不够就辞职。'危险时不能扶持，倒下时不能挽一把，那为什么要你们这些辅佐的人呢？况且你的话也是错误的。老虎和犀牛从笼子里跑出来，龟壳和美玉在盒子里毁掉，这是谁的过错呢？"
- 生：孔子的要求也太高了吧，人家找份工作也不容易。管家说到底只是个高级保姆，怎么阻止得了主人要干的事情？孔子自己干这份差使，也不可能阻止季氏的。说老虎、犀牛从笼子里出来，是保姆没关好笼子，像猛兽般的主人出来了，或许算个比喻。可龟壳、美玉在盒子里毁掉，是啥意思？
- 师：或许这是比喻颛臾好端端地被毁掉。本来是附属国，却在盒子里被毁掉。
- 生：我看冉有没有能力阻止，也没什么责任。难道季氏这只老虎聘请冉有当管家，就是为了把自己关起来么？动武的理由很简单，冉有说："现在这个颛臾国，坚固而且靠近季氏的地盘费城。现在不攻取，后代一定会成为子孙的祸患。"就是说，颛臾强大了，对季氏的威胁很大。
- 师：这个理由是最能说明问题的，不要说春秋战乱时期，就是现在，一个国家在你边上搞核武器，你受得了么？
- 生：当然受不了。面对朝鲜的核试验，我们不也很急，不断撮合六方会谈嘛。
- 师：但孔子说："求！君子痛恨不说自己想这样，一定要找个借口。我孔丘听说：有国家有地盘的人，不担心人少而担心分配不平均，不担心贫穷而担心不安定。如果分配平均就没有贫穷，和谐就没有人少，安定就没有灭亡的危险。要是这样的话，远方的人不服，就建设文化和道德来召唤他们，已经把他们召唤来了，就使他们安定下来……"
- 生：孔子也太理想化了。这个世界不是只有一个国家，贫穷是要挨打的，这道理谁都知道。
- 师：一个国家恰恰最担心的就是贫穷。所谓富强，就是富了才能强大，富了才能召唤他国的百姓。穷国百姓想移居富国的多，还是富国百姓想移居穷国的多？这是明摆着的事实。搞平均主义，就会丧失内部竞争，国家就不可能富强。安定和谐也不是什么平均主义导致的，而是富强加上分配的合理性导致的。
- 生：孔子怪学生显然是毫无道理的，他责备他们说："……现在仲由和冉求辅佐季氏，远方的人不买账却不能召唤他们过来，国家将要分裂崩溃而不能保全，却谋划在国内动武。我恐怕季孙氏的忧虑，不是颛臾国，而是在鲁国国君哪。"
- 师：孔子只有最后一句话说对了。季氏实力强大了，灭颛臾国，一方面可以扩大地盘，另一方面是杀鸡给猴看，震慑一下鲁君，巩固自己在国内的实权地位。

☺ 生：这是个用实力说话的时代，周天子都形同虚设了，季氏的行为也是很正常的吧？

● 师：难道今天不是用实力说话的时代？今天依然是。

16-2　孔子曰："天下有道，则礼乐征伐自天子出；天下无道，则礼乐征伐自诸侯出。自诸侯出，盖十世希不失矣；自大夫出，五世希不失矣；陪臣执国命，三世希不失矣。天下有道，则政不在大夫。天下有道，则庶人不议。"

☺ 生：这是总结历史规律。孔子说："天下清明，那么礼乐制度和发兵打仗都是由天子决定；天下黑暗，那么礼乐制度和发兵打仗则是由诸侯决定。由诸侯决定，大概很少有十代而不灭亡的；由大夫决定，很少有五代而不灭亡的；要是由大夫的家臣掌握国家命运，很少有超过三代而不灭亡的。天下清明，那么政权不在大夫手里。天下清明，那么老百姓不会有非议。"

● 师：其实这谈不上历史规律，只是历史的现象。中央政权被地方政权取代，地方政权又被家族势力取代，家族权力又落到家奴的手里。孔子为此很悲痛，迫切希望不要以下犯上，篡夺权力，可他又能想出什么法子来改变这种现象呢？

☺ 生：历史规律就是政权一步步由集中到分散么？

● 师：从封建社会漫长的过程来看，就是这样的规律，不过这也只是表面现象的规律。所谓分久必合，合久必分。天下大乱之后，又诞生一个新的封建王朝，重新再经历这样的过程。

☺ 生：没有例外么？

● 师：没有例外，每次大乱之后，老百姓活不下去了，举行农民起义。但农民起义从来就没有也不会结束封建时代，只是成为封建王朝更替的助推器。

☺ 生：教科书上说，农民起义推翻封建王朝。

● 师：只是推翻旧的，建立新的。农民的本质决定了他们不可能终结封建王朝。

☺ 生：为啥说农民的本质不能终结封建王朝？

● 师：奴隶和奴隶主有什么区别？区别很明显，就是有没有人身自由。一个是人，一个不是人，这是本质性的差别。奴隶起义如果获得成功，奴隶就解放自己，就变成自由民，社会的性质就变了。没有了奴隶，社会就从奴隶社会变成了封建社会。农民和地主有本质差别么？

- 生：不也是剥削和被剥削的关系？
- 师：我认为农民和地主的差别只是占有土地的多少，占有土地最多的是皇帝，然后是诸侯、大地主、小地主，最后是农民。这是量的差别，不是质的差别。农民穷到最后，就失去土地，成为雇农。所以农民造反的目的与奴隶不一样，奴隶是要推翻奴隶制度，农民却不是为了推翻这种制度，而是为了夺回失去的土地，或者占有更多的土地。也就是要对土地所有权进行重新洗牌，对大大小小的土地占有者进行更换和重新注册登记，制度不变，人换了一遍。这样做根本就不会改变封建社会的性质。
- 生："皇帝轮流做，今天到我家。"这就是农民起义的目的。
- 师：其实从中央集权，到地方分权，再到家臣夺权，那只是土地重新分配的一个步骤而已。
- 生：孔子哪里想得到这个？面对残酷的现实，除了悲叹，他还能怎样？
- 师：真正推翻封建社会制度的是资产阶级，马克思认为，只有资产阶级统治，才能真正结束封建社会的物质基础。
- 生：啥是物质基础？
- 师：就是封建社会的生产力与生产关系。生产力的发展以及生产关系的改变，才是社会发展的规律。
- 生：孔子的时代不可能有这么深刻的认识吧？
- 师：那当然。

16-3

孔子曰："禄之去公室五世矣，政逮于大夫四世矣，故夫三桓之子孙微矣。"

- 生：老师，"禄之去公室"啥意思？
- 师：工资离开了政府，也就是国家不发工资了，政权旁落了。
- 生：那应该这样翻，孔子说："国家失去政权已经有五代了，政权落到大夫手里也有四代了，所以那三桓的子孙也衰微了。"
- 师：孔子算得蛮清楚的。从鲁国国君丧失政权，经历了宣公、成公、襄公、昭公、定公五代。季氏掌握鲁国政权，经历了季文子、季武子、季平子、季桓子四代。到鲁定公和季桓子的时代，鲁国进入了"陪臣执国命"的时代，按孔子的算法，最多也就三代，国家将灭亡了。
- 生："三桓"也就是前面所讲的季孙、叔孙、仲孙（孟孙），因为都是鲁桓公的后代，才这么叫的吧?
- 师：对。孔子认为他们衰弱了，政权也被家臣架空了。
- 生：既然孔子已经意识到了朝代更替的规则，那他为什么还这么起劲地知不可为而为之?
- 师：不做总是不对的，因为时代混乱，浑水摸鱼，做坏事也是不对的。人总得干点什么，什么都不干，什么也不说，就算不以道德论之，人也是很无聊的。

16-4
孔子曰："益者三友，损者三友：友直，友谅，友多闻，益矣；友便辟，友善柔，友便佞，损矣。"

- [词语解释] 便（pián）辟：便嬖，君主周围宠信的小人。　便佞：能说会道。
- 师：孔子说："有益的朋友有三种，有害的朋友也有三种。和正直的人交友，和讲诚信的人交友，和见多识广的人交友，这是有益的。和阿谀奉承的人交友，和圆滑的人交友，和能说会道的人交友，这是有害的。"
- 生：老师，为啥把"善柔"理解为圆滑?
- 师："善柔"就是善于绕来绕去，善于变化，不讲原则，不就是圆滑么?
- 生：这都是相对的吧。喜欢拍马屁的人不正直，圆滑的人不讲诚信，没见识的人才乱说。
- 师：不能如此机械地相对。尤其是能说会道的人不一定没知识，知识渊博的人中能说会道的也多得是。
- 生：孔子大概不是个能言善辩的人，所以对于会说话的人很反感，但把这类人认定为坏人，很过分。
- 师：我倒是觉得交友不必那么苛刻，老想在朋友那里得到什么益处，是不对的。当然坏人最好不要交，朋友有缺点也是正常的，帮助别人改掉缺点，才是君子所为。
- 生：是啊，一定要比自己好许多的人才肯跟人家交朋友，人人都这样想，那谁也找不到朋友。朋友应该互相帮助才对。

16-5

孔子曰:"益者三乐,损者三乐:乐节礼乐,乐道人之善,乐多贤友,益矣;乐骄乐,乐佚游,乐宴乐,损矣。"

● [词语解释] 宴:安逸,安闲。
● 师:我看在享乐方面,你们还是接受孔子的建议比较好,现代人的乐子太多,都没法把握自己。孔子说:"有益的乐子有三种,有害的乐子也有三种。喜欢用礼乐来调节自己的身心,喜欢说别人的优点,喜欢交许多有贤能的朋友,这是有益的。喜欢放纵的快乐,喜欢无目的的游荡,喜欢安逸的娱乐活动,这是有害的。"
○ 生:老师连"娱乐活动"都翻出来了,真是的!
● 师:我给你们提供三种有益的娱乐建议:用诗乐调节自己的身心,用哲学活跃自己的脑细胞,用关心经济来进行理财。
○ 生:老师的娱乐很可疑呀。首先是把孔子的"礼乐"改成了"诗乐",难道礼仪不需要么?
● 师:礼仪不是不需要,但的确不是那么重要,具备一些基本礼节就行了。不过你们说礼仪是一种娱乐么?
○ 生:礼仪缺乏娱乐性,音乐肯定是一种娱乐。
● 师:诗是很美的,有节奏性、音乐感,而且内部也有很丰富的现实性与情感性,古典诗要学,现代诗也要学。
○ 生:说到娱乐性,老师说的后面两项也没啥娱乐性吧?
● 师:说音乐有娱乐性,听交响乐、歌剧呢?
○ 生:有音乐功底的人会认为有娱乐性,但一般人不会。
● 师:既然有一定音乐功底,而又不搞音乐的人,能把交响乐作为娱乐享受,那么有一定哲学功底的人,而又不从事哲学研究的人,为什么就不能把哲学作为娱乐呢?
○ 生:交响乐和哲学,宁可选择交响乐,哲学也太枯燥了。
● 师:脑筋急转弯有趣吧。这说明动脑筋是可以成为娱乐的,既然动脑筋可以成为娱乐,那还不赶紧建立这方面的兴趣呀,你们总不愿意比别人傻吧?
○ 生:听起来很有诱惑。一个人真要是把看哲学书作为一种娱乐,那脑子可就太厉害啦。这么一说,我明白老师把关心经济作为娱乐的用意啦。把娱乐频道换成财经频道,那这人一辈子肯定会对商机具有敏感性。
● 师:不是商机,我们并不经商,但我们必须把节余的钱转化为资本,转化为各种各样可以增值的资产。情商、智商、财商,这种娱乐有益吗?
○ 生:当然有益。可难了点,尤其是哲学和经济。

- 师：你们现在的娱乐，幼儿园孩子感到难不难？
- 生：那当然难啦，他们有他们小屁孩的游戏。
- 师：所以你们应该知道娱乐是有层次的，本就不存在难与易的问题，只存在肯不肯下功夫的问题。

16-6　孔子曰："侍于君子有三愆：言未及之而言谓之躁，言及之而不言谓之隐，未见颜色而言谓之瞽。"

- [词语解释] 愆（qiān）：过失，过错。
- 师：孔子说："陪君子说话容易犯三种毛病：没轮到自己说就说了，这叫急躁；轮到自己说却不说，这叫隐瞒；不看别人脸色就乱说，这叫瞎子。"
- 生：一群君子在一起聊天也太没梗了。得看别人脸色，挨着一个个说过来，轮到你，不管有话没话都得表示一下。
- 师：孔子就是喜欢这种礼节，估计这种轮次还是按等级或年龄排定的。
- 生：陪领导说话也不必这样哪。我还是当小人吧，想说就说，直爽也是一种品德吧。

16-7　孔子曰："君子有三戒：少之时，血气未定，戒之在色；及其壮也，血气方刚，戒之在斗；及其老也，血气既衰，戒之在得。"

- 生：血气是不是就是精气神儿？中医很讲究这个的。
- 师：孔子认为："君子有三个戒律：少年时，血气尚未稳定，要警戒好色；到年轻力壮时，血气正好旺盛，要警戒好斗；等到年老时，血气衰弱了，要警戒贪婪。"
- 生：年少戒色，年壮戒斗，很好理解。为啥年老要戒贪呢？
- 师：老年人不管成不成功，体力有限，没有奋斗的精力了，但老年人混了一辈子，社会关系要比年轻人多，有些人就会不顾身体拼命奋斗，特想得到年轻时得不到的东西。
- 生：这样一戒的话，会不会把人生的乐趣都戒掉了？

- 师：戒色，对于现代社会来说，是一辈子的事，不在于少年。封建时代的男子并不是一夫一妻制的，所以他们要戒色。
- 生：为啥封建社会不是一夫一妻制，虽然男人有一妻多妾的，可从名义上来说，还是一妻呀。
- 师：我们应该从实际情况出发，封建时代对女人来说是一夫一妻，而对男人并不是，因为男人娶许多老婆是法律允许的，所以我把这种婚姻形式叫作"专偶婚"。现在的婚姻才是一夫一妻制，虽然出现了"包二奶"之类的"返祖"现象，但毕竟法律是不承认彼此有义务和责任关系的。
- 生：老师为啥把"包二奶"叫"返祖"现象？
- 师：封建时代纳妾是法律允许的，目前进入一夫一妻制时代，法律不允许有"妾"，"二奶"就是妾。倒退回"专偶婚"，是反文明的。反文明的倒退，就是文化返祖。不要以为生理上返祖，才叫返祖。生态有自然生态和文化生态之分，返祖也有生理返祖和文化返祖之分。文化返祖就是文明的倒退。
- 生：但这种现象法律虽然不认可，却也管不了。
- 师：这属于社会舆论的监管范围，不是管不了，而是社会舆论监管不力，是我们社会舆论的文明程度有问题。总之，戒色在现代社会，社会应该是有监管的，你不自戒，社会也会戒你。至于戒斗，那是属于社会监管范围。一个社会暴力和色情横流，那还成什么样？
- 生：戒贪应该是自己的事吧？
- 师：我看现在老年人贪婪，部分原因应归于子女，许多老年人就是为了子女，不顾自己年老体弱，还在奋力拼搏。要是子女都拒绝啃老，拒绝遗产，老年人贪婪就会少许多。
- 生：按老师的说法，三戒岂不都成了社会问题啦？
- 师：社会应该负很大的责任。不要以为真的三戒了，就没人生的乐趣了。前面已经说过三乐了，没乐趣，那是你自己出了问题。从你们目前的状况来说，我认为你们的三戒应该是：戒网络、戒微信、戒追星。
- 生：那可真是没人生乐趣了哩！老师还让不让俺当现代人啦！
- 师：网络、手机都是好东西。但别忘了，这都是工具，工具只要会用就行了，用的时候才用，哪有拿一把锤子整天敲打的？现在你们已不把锤子当锤子了，整天拿着锤子玩，而且由父母埋单。再说追星，把父母的钱扔给与你们毫无关系、根本不认识也不会传授给你们生存之道的陌生人，你们对父母还有没有感情？
- 生：把对父母的感情都扯上啦，真恐怖！
- 师：有感情的话，就心疼一下父母的血汗钱，把对你们没有益处的乐子彻底掐掉。

16-8
孔子曰："君子有三畏：畏天命，畏大人，畏圣人之言。小人不知天命而不畏也，狎大人，侮圣人之言。"

- 师：你们觉得自己有害怕的东西么？
- 生：害怕的东西当然有啦，比如害怕老师感到伤心。
- 师：那是拍马屁的话。孔子说："君子害怕三件事：害怕天命，害怕大人，害怕圣人的话……"
- 生："大人"是指做官的么？君子自己不也是做官的？
- 师："大人"是指官位比自己高的人，也就是领导、上司。
- 生：那孔子当然害怕啦。他那么看重等级，要是谁不怕上司，孔子肯定不承认他是君子。说害怕圣人的话，是不是有点自吹呀？那会儿不是已经有人把他当圣人了吗？他这样说，岂不成了"不怕我就不是君子"？
- 师：孔子还不至于那样厚脸皮，纵然当时有人认为他是圣人，他也不敢自封。他所谓的圣人无非就是原始社会的尧、舜之类的部落头领。
- 生：孔子这人虽然"敬鬼神而远之"，可也蛮迷信的，把天命放在敬畏之首。
- 师：那个时代能有几个不信天命的？信和怕是两回事，像宋朝说过"天变不足畏"的王安石，就不怕天命，但这不能说他不相信。
- 生：君子三畏，那小人就是三不怕啦。孔子说："……小人不了解天命，所以不害怕，他们轻贱大人，侮辱圣人的话。"
- 师：实际上这里的"狎"是亲昵的意思。就像现在有一些人看到领导，拍拍肩膀，称兄道弟，似乎和领导很亲切，打成一片的样子。孔子蛮讨厌这个的。他认为上级就得在下级面前摆出威严的样子，下级就得对上级毕恭毕敬，这才是维护等级的礼仪。
- 生：难道君子真的都能"知天命"么？
- 师：那就不知道了，真的追问下去，孔子未必回答得了。

16-9
孔子曰："生而知之者，上也；学而知之者，次也；困而学之，又其次也；困而不学，民斯为下矣。"

- 生：孔子在前面标榜过自己是"学而知之者"。这里孔子说："天生就知道的人，是上等的；学习后才知道的人，就次一等；有困惑再去学的人，再次一等；有困惑还不去学的，就是最下等的老百姓。"

- 师：我估计你们在孔子眼里，顶多归入第三等级，就是"困而学之"。这里的"困"，还不是困惑，而是困难。
- 生：老师真是了解我们。我们来读书不是因为困惑，而是因为不读书找工作很困难，混成"白骨精"很困难，个人前途也很困难。
- 师："生而知之"，当然是没有的。如果真要划等级的话，我认为"困而学之"高于"学而知之"。因为现在的知识量要比孔子时代多得多，学是学不完的，只有靠困惑、不解，去引导自己的学习。
- 生：虽然我们的"困"与孔子的"困"不一样，但不管怎样，老师把我们归入最高等级啰！

16-10

孔子曰："君子有九思：视思明，听思聪，色思温，貌思恭，言思忠，事思敬，疑思问，忿思难，见得思义。"

- 师：孔子说："君子有九个方面是要想一想的：看的时候想想看明白了没有，听的时候想想听清楚了没有，想想脸色温和么，想想态度恭敬么，想想说话是否忠诚老实，想想做事是否认真，想想有疑问有没有请教别人，想想自己生气会不会造成灾难性后果，看见能得到的好处，想想是否在道义上应该得到。"
- 生：还不如干脆说，不许乱说乱动得了。
- 师：要是天下君子都这样，倒是蛮有意思的，他们都像一个模子里刻出来的，毫无个性。要是你们个个也像这样，我还教个什么劲儿，也太没情趣了。要是君子都是这样千篇一律，那相对来说，小人就是千姿百态，我还真愿意在小人的世界里混。
- 生：看来没有个性的世界，就是没有色彩的世界。
- 师：不仅没有色彩，而且没有创新，没有竞争，没有发展。

16-11

孔子曰："见善如不及，见不善如探汤。吾见其人矣，吾闻其语矣。隐居以求其志，行义以达其道。吾闻其语矣，未见其人也。"

- [词语解释] 汤：开水。

- 师：孔子说："看见善的，好像赶不及似的追求；看见不善的，好像手碰到开水似的逃避。我见过这样的人，也听说过这样的话。"
- 生：那就是说孔子见过雷锋。
- 师：什么话？雷锋见了不善的会逃避吗？当然是挺身而出，与之斗争。雷锋是有社会责任感的人。
- 生：那下面一种类型就更没有社会责任感了。"……靠隐居来追求自己的志向，行正义来达到自己的理想……"老师，这不是矛盾的吗？既要隐居，又要行正义。
- 师：所以孔子说："……我听说过这样的话，没见过这样的人。"
- 生：除非这人的志向就是隐居，像陶潜，否则隐居怎么追求自己的志向呢？
- 师：当然是没办法追求的，为此有人把"求"理解为"求全""保全"的意思。
- 生：这岂不成了自私鬼？
- 师：所以隐居的年轻人，都是自私的人。退休了，为社会干了一辈子，干不动了，隐居是很正常的，每个人都有选择自己养老方式的权利。但年纪轻轻就隐居起来，要么是贪图安逸，要么是看破红尘。
- 生：贪图安逸是自私，看破红尘算不上吧？
- 师：可看破红尘还有什么志向可言呢？所以归根结底，说为保全志向而隐居的人，是为贪图安逸找个借口罢了。
- 生：人有高远的理想不对么？
- 师：有高远的理想是对的。拥有共产主义的理想岂能说不对？既然是高远的理想，就知道不是一代二代人能实现的，必须靠许多代人的努力奋斗才能实现，为此自己就得去拼搏呀。
- 生：真是被老师绕进去了。只好承认这是贪图享受的借口了。
- 师：自己不为之奋斗的理想呀、志向呀，统称为幻想。用一个不能实现的幻想来拒绝现实社会，那只能是借口了。

16-12 齐景公有马千驷，死之日，民无德而称焉。伯夷 叔齐饿于首阳之下，民到于今称之。其斯之谓与㊾？

- [词语解释] 驷：古代四匹马拉一辆车，驷即四匹马。
- 师：这句可能漏了"子曰"，有人认为语气也有些断裂，推测可能不是一句话。从字面意思来说，就是：齐景公有四千匹马，死的时候没什么德行可以让老百姓称颂的。

- 生：四千匹马就是一千辆自备车呀，很有钱哩。
- 师：别盯着钱，人家毕竟是大国的君主。下面的意思是：伯夷、叔齐饿死在首阳山之下，老百姓到现在还称颂他们。难道说的就是这个道理吗？
- 生：所谓语气有断裂，指的就是最后一句吧？勉强解释也行得通啊。这个道理指的是老百姓称颂的不是钱，而是道德。
- 师：有财富，老百姓或许会羡慕，当然不会称颂啦。历史上很少有什么人因为有钱而名垂千古的。

16-13

　　陈亢问于伯鱼曰："子亦有异闻乎？"对曰："未也。尝独立，鲤趋而过庭。曰：'学《诗》乎？'对曰：'未也。''不学《诗》，无以言。'鲤退而学《诗》。他日，又独立，鲤趋而过庭。曰：'学礼乎？'对曰：'未也。''不学礼，无以立。'鲤退而学礼。闻斯二者。"陈亢退而喜曰："问一得三，闻《诗》，闻礼，又闻君子之远其子也。"

- [词语解释] 陈亢（gāng）：陈子禽。
- 师：陈亢叫陈子禽。还记得陈子禽这个人么？在"学而第一"中出现过。
- 生：有这个印象，这是个身份不明的人，他来问子贡，孔子到一个国家是打听情况还是别人来告诉他情况。
- 师：这次他来问孔子的儿子孔鲤。陈亢向伯鱼打听道："先生也许有什么不同寻常的新闻吧？"
- 生：这人好像老喜欢打听名人的隐私，就像现在的狗仔队。
- 师：孔鲤没满足他的好奇心，回答道："没有。曾经有一次父亲一个人站在那儿，我跑过庭院。父亲问：'学《诗经》了么？'我回答说：'没有。''不学《诗经》，没办法把话说好。'我就退下去，学《诗经》。又有一天，父亲又独自站着，我跑过庭院。他问：'学礼了么？'我回答：'没有。''不学礼，无法立足。'我就退下去学礼。我给你的新闻，只有这两件事。"
- 生：这就是后代所谓的"庭训"吧。看起来孔子对他的儿子不太关心嘛，儿子读没读过《诗经》都不知道。要求也不高，只要能说话、能自立就行了。现在的父母盯得可紧了，陪着孩子做功课做到晚上十一点，都希望孩子考个好学校。
- 师：陈亢回去后高兴地说："问一个问题，得到三个知识，知道了《诗经》，知道了礼，又知道了君子和自己的儿子保持一定距离。"

- 生：老师，我看有些书把"远其子"就理解为对儿子的态度，有些理解为对儿子没有偏心，你为啥说成"疏远自己的儿子"？
- 师：疏远儿子不就是和现在的父母盯紧自己的孩子正好相反吗？古代说不定父母也望子成龙，盯得很紧，孔子的教育方法和别人不同，只是关照一下，不紧盯着他。这不就是保持一定距离吗？
- 生：有点距离才能使孩子有自己的自由空间。

16-14

邦君之妻，君称之曰"夫人"，夫人自称曰"小童"，邦人称之曰"君夫人"，称诸异邦曰"寡小君"，异邦人称之亦曰"君夫人"。

- 师：这是对国君老婆的称呼，放在这里不知什么意思，或许是放错了地方。
- 生：知道古代的称呼，也蛮有意思的。国君的妻子，国君叫她"夫人"，她自称"小童"，国内的人叫她"君夫人"，在外国人面前，称她为"寡小君"，外国人也叫她"君夫人"。
- 师：封建时代称呼蛮严格的。比如天子的老婆叫后，诸侯，也就是这里所说的邦君的老婆叫夫人，再下一等级，大夫的老婆叫孺人，小官吏的老婆叫妇人，老百姓的老婆才叫妻。在通用的情况下都可用妻。
- 生：挺复杂的嘛，自称"小童"，是不是有自贱的意味？
- 师：那当然，在父系社会，女人的地位都比较低，自称也千奇百怪。比如唐朝，结了婚的妇女自称"尔"。当时著名的滑稽演员李可及在台上表演说："释迦牟尼是女人。"人家问为什么说是女人，他说："《金刚经》里说释迦牟尼'夫坐尔坐'，就是丈夫坐下了，我才坐。"其实是谐音，应该是"敷坐而坐"，就是把坐垫铺好了才坐下。
- 生：唐朝居然就有滑稽戏啦？中国的戏剧真是发达。

阳货第十七

17-1 阳货欲见孔子，孔子不见，归(馈)孔子豚。孔子时(伺)其亡也，而往拜之。遇诸涂。谓孔子曰："来！予与尔言。曰：'怀其宝而迷其邦，可谓仁乎？'曰：'不可。''好从事而亟失时，可谓知(智)乎？'曰：'不可。'日月逝矣，岁不我与。"孔子曰："诺，吾将仕矣。"

- **[词语解释]** 归：馈，赠送。　　时：伺。　　亟（qì）：屡，多次。
- 生：阳货就是那个长得像孔子的家伙吧？
- 师：对。这人又叫阳虎，因为长得像，孔子在匡这个地方被人围攻。不过阳货此刻很牛，他原来是季氏的家臣，现在像季氏架空鲁国国君那样，把季氏架空了，这样就成了鲁国的实权派人物。
- 生：就是上面说过的"陪臣执国命"吧。怪不得他现在要网罗人才。
- 师：阳货想见孔子，孔子不见他，他就送了一头乳猪给孔子。
- 生：是烤乳猪哇。
- 师：不是烤的吧，应该是煮熟的。阳货耍了个心计，他是大夫，而孔子没有做官，只能叫作士，按当时的礼节，大夫送给士东西，士应该登门道谢。
- 生：孔子乘他离开家时前去拜访。结果两人在路上遇到了。阳货对孔子道："过来！我有话跟你说……"听语气，阳货是个挺傲慢的家伙。
- 师：这人比季氏更野心勃勃，素质也更差。他可不是请教什么，而是教训孔子："……你说：'怀揣着本领，却让国家处在困境中，可以叫仁吗？'应该说：'不可以。''喜欢做事情却屡次丧失机会，可以说是智慧吗？'应该说：'不可以。'岁月流逝，时不我待呀。"
- 生：虽然话说得傲慢，可也蛮有道理的，孔子还真是反驳不了。
- 师：孔子一方面觉得"邦无道"，要"卷而藏之"，另一方面内心实在是很想做官的。
- 生：这个阳货一下子掐住他的软肋，使他没有办法再说假话。所以孔子回答说："好吧，我将出去做官了。"
- 师：孔子说的还是假话。孔子也没那么傻，在阳货掌权的鲁国做官会有啥好结果？因此他说了句应付的假话，最终还是没有出去做官。后来阳货企图削弱"三桓"的势力，"三桓"联合起来围攻他，迫使他逃到外国去了。
- 生：这样看，孔子很英明。

17-2

子曰:"性相近也,习相远也。"

- 师:虽说这是《三字经》当中尽人皆知的句子,可理解上有很大的不同。"性"到底是本性,还是情性,抑或是性格,甚至是人性之类的,谁说得准呢?
- 生:总不至于是性别吧?
- 师:有这种可能。
- 一般人都理解为"本性"。
- 师:好,就算是"本性"吧,可后面的"习"怎么理解呢?学习、习得、习染、习惯,等等。
- 生:要追究起来,还真是搞不掂哩。
- 师:我们就按一般的理解,孔子的意思是:"人的本性是相近的,由于学习,相互间的差异就越来越大。"这种观点与美国人类学家本尼·迪克特的"文化决定论"差不多。
- 生:啥是文化决定论?
- 师:本尼·迪克特考察了三个原始部落中个人的差异,认为这种差异是由他们各自的文化决定的。对这个观点认同的人很多,如果一个中国孩子生在西方社会,并在那个社会里长大,那么他的行为举止和价值观都是西方式的,并不因为他是蒙古利亚种,就认同东方的那套文化。
- 生:这种文化决定论,中国人肯定会说,二千多年前的中国早已有之了。老师是不是认同这种观点呢?
- 师:我基本认同。不过任何一种文化环境,总会导致一小撮人对所处文化的反叛,尤其是当这种文化与其他文化进行碰撞时,少数的反叛行为是不可避免的。
- 生:好像目前传统文化与外来文化的碰撞中,传统文化处于劣势嘛,反叛的人还不在少数哩。
- 师:我看反叛的依然是少数,许多年轻人表面上很时尚,很西方化,可内在的价值观依然是传统的。如果他们无视传统,就只剩下浅薄了,其实绝大多数年轻人根本就没有建立起系统的价值观。
- 生:老师这样说,有点蔑视我们年轻人吧,当心我们扁你哟。
- 师:"啃老"不是很传统么?把父母的财产视为己有不是很传统么?我认为文化是有先进落后之分的,人类的文明是朝一个方向发展的,虽然外在的形式不同,但文明的基本原则是相同的。传统的并不一定是文明的,有些就是反文明的。重男轻女,是很传统的观念,就很不文明。
- 生:这让我意识到,传统的另一含义就是过去,就是倒退,就是和文明的发展逆

17-3 　子曰："唯上知(智)与下愚不移。"

- 生：孔子认为："只有上等智慧的人和下等愚蠢的人是不会改变性情的。"这里的"上知"就是前面讲的"生而知之"的天才，"下愚"指的就是老百姓吧？
- 师：下愚是指下等的愚笨的人。换句话说，就是天才和愚笨的人是不会改变性情的。

17-4 　子之武城，闻弦歌之声。夫子莞尔而笑曰："割鸡焉用牛刀？"子游对曰："昔者偃也闻诸夫子曰：'君子学道则爱人，小人学道则易使也。'"子曰："二三子！偃之言是也。前言戏之耳。"

- 师：武城就是言偃即子游当长官的边境小城，还记得么？
- 生：前面提到过，孔子去问子游，你这地方有没有人才。子游说了一个叫澹台灭明的人。
- 师：这次孔子到武城，听到弹奏音乐的声音。孔子微笑着说："杀鸡何必用牛刀呢？"
- 生：孔子看到这地方治理得好，觉得子游的才华用在这个小地方可惜了。
- 师：或许不是这个意思，而是说这种无足轻重的边境小城，花那么大的精力治理好，没什么意思。所以子游觉得花了那么多精力把这地方治理好，没得到肯定，很气馁，他回答说："过去我听老师说过：'君子学习道就会对别人仁爱，小人学习道就容易被使唤。'"孔子道："你们几个小的们，言偃的话是对的。我前面讲的话是开玩笑的。"
- 生：孔子并不是一个人去的，而是带着学生到武城春游。

17-5

　　公山弗扰以费畔(叛)，召，子欲往。子路不说(悦)，曰："末之也已，何必公山氏之之也。"子曰："夫召我者，而岂徒哉？如有用我者，吾其为东周乎！"

- [词语解释] 畔：谋逆。　　末：没有。　　之之：第一个"之"是动宾间的倒装连接词，第二个"之"为动词"去"的意思。
- 师：公山弗扰凭借着费邑进行谋反，叫孔子加入，孔子想去。
- 生：这个公山弗扰是谁呀？
- 师：现在没办法考证清楚，据说这次谋反就是和阳货联手，要推翻季氏。费邑属于季氏的领地，孔子的学生也在那儿做过长官。
- 生：阳货要孔子出来做官，孔子还拿架子，现在公山弗扰叛乱，他倒想去。为啥？
- 师：谁知道呢？可能是孔子想做官，也可能是他经济上有困难。为此，子路很不高兴，说："没官做也就算了，何必投奔公山弗扰。"
- 生：子路这人似乎很情绪化，很容易生气，前面也生过气。
- 师：估计孔子这时想做官听不进子路的劝告。他说："那个叫我去的人，会让我白跑一趟么？如果有人用我，我将替他建立东方的周朝！"
- 生：孔子真是想恢复周武王的制度。凭借费邑这么个小小的地方，建立周朝制度，可能么？
- 师：我看他是自己不好，什么"邦无道，卷而藏之"。有官就做，也不至于落到投奔公山弗的地步。
- 生：我看即使给他官做，他也不可能实现什么周武王时期的政治，历史倒车是随便开得起来的么？
- 师：在如此的乱世，怎么可能实现他的梦想社会呢？

17-6

　　子张问仁于孔子。孔子曰："能行五者于天下，为仁矣。""请问之？"曰："恭、宽、信、敏、惠。恭则不侮，宽则得众，信则人任焉，敏则有功，惠则足以使人。"

- 生：子张来问孔子什么是仁。子张这人问了很多次各种问题，他喜欢问，不喜欢自己去领悟，是个很刻板的学生。

☻ 师：不要因为别人好问，就下这样的断言。孔子告诉他："能奉行五种品德于天下的，就是仁了。"子张不明白，问："请问哪五种？"孔子说："庄重、宽厚、诚信、敏捷、慈惠。庄重别人就不敢侮辱你，宽厚能得到大家拥护，诚信能得到别人任用，敏捷能做出成绩，慈惠足以使人听你指挥。"

☺ 生：这些品德好像很实用，老好人的样子，在单位里也混得开。

☻ 师：我认为在这五种品德中，诚信是最重要的，在市场经济社会里，这一条的重要性远大于其他四条。

17-7

佛肸召，子欲往。子路曰："昔者由也闻诸夫子曰：'亲于其身为不善者，君子不入也。'佛肸以中牟畔，子之往也，如之何！"子曰："然。有是言也。不曰坚乎，磨而不磷；不曰白乎，涅而不缁。吾岂匏瓜也哉？焉能系而不食？"

● [词语解释] 佛肸（xī）：晋国大夫范中行的家臣，中牟的长官。　　中牟：晋邑，位于今天的河北省邢台和邯郸之间。　　磷（lìn）：薄。　　涅（niè）：用植物制成的黑色染料。　　缁：黑色。　　匏（páo）瓜：瓢葫芦。

☺ 生：佛肸召孔子去做官，孔子想前去。佛肸是个什么家伙，也来请孔子出山？

☻ 师：那时晋国的地方叛乱，佛肸凭借着中牟攻打晋国大夫赵简子，性质跟公山弗扰打季氏差不多。

☺ 生：怎么国内、国外的叛乱者都喜欢请孔子出山，正规的政府都不用他，难道这个"危邦不入，乱邦不居"的孔子，竟成为叛乱者的偶像？

☻ 师：你们想想，能控制局面的统治者不会用孔子的这套理论，而叛乱者喜欢给孔子官做，并不是看重他的思想理论，而是看重他的名声。叛乱者希望招揽越来越多的人，以壮声势，而孔子则是他们看中的东西。

☺ 生：这种官真的是不能做的，弄不好叛乱失败，命都保不住。

☻ 师：所以子路又劝阻他道："过去我听老师说过：'亲自做坏事的人那里，君子是不去的。'佛肸凭借着中牟搞叛乱，先生却要前去，这如何解释！"子路阻止他去，他还给自己找了番去的理由。他说："对，我说过这话。不是说坚固的东西磨也磨不薄，不是说白的东西用黑染料也染不黑嘛。我难道是只葫芦吗？怎么能挂在那儿一直不让人家吃呢？"

- 生：就是说到坏人那里做官，自己也不会变坏。这种发急的话都说出来了，子路还能说啥，只好让他去了吧。
- 师：也没记载孔子到底去了没有，此事也无法考证了，要是去了的话，恐怕凶多吉少。
- 生：说起来也蛮可怜的，一辈子东奔西走真不容易。
- 师：没什么不公平的，孔子也没什么可怜的，难道做做老百姓，不好吗？好歹他也是个"士"，还不至于落到他所认为的只配被人使唤的"下愚"中去。生活上也有个私人学校来保障，有什么可怜的！

17-8

子曰："由也，女(汝)闻六言六蔽矣乎？"对曰："未也。""居！吾语女(汝)。好仁不好学，其蔽也愚；好知(智)不好学，其蔽也荡；好信不好学，其蔽也贼；好直不好学，其蔽也绞；好勇不好学，其蔽也乱；好刚不好学，其蔽也狂。"

- [词语解释] 言：字。　荡：没有原则。　绞：刺痛。
- 师：子路这个人我认为是蛮可爱的，直性子、情绪化，不过这样的人到社会上容易吃亏，为此孔子想把他的棱角磨平，使他变得中庸一点。孔子说："仲由呀，你听说过六个字概括的六种弊端么？"子路回答说："没有呀。"
- 生：看来孔子是要数数子路身上的缺点，这好像是对子路阻止他去做官的报复哇？
- 师：孔子还没那么坏，对学生怎么会这样。你们惹我生气，我会报复你们吗？
- 生：那可难说，考试时少给我们几分，我们吃了亏还蒙在鼓里。
- 师：多几分少几分有那么重要么？我们来看孔子怎么说："坐下！我告诉你。爱仁德不爱学习，这种弊端就是愚昧；爱智慧不爱学习，这种弊端就是没有原则；爱讲诚信不爱学习，这种弊端就是害自己；……"
- 生：不就是一个弊端，不爱学习罢了，弄得这么复杂。
- 师：估计在孔子眼里子路不如子张那么爱学习。
- 生：下面句式是一样的："……爱直率不爱学习，这种弊端就是会刺痛别人；爱勇敢不爱学习，这种弊端是捣乱闯祸；爱刚强不爱学习，这种弊端是狂妄自大。"后面这几项，好像直指子路的缺点嘛。
- 师：不是缺点，是个性。子路就是个直性子，喜欢勇敢刚强的人。
- 生：子路听了一定很郁闷。

- 师：你们觉得孔子的说法对么？学习了就能改变自己的这些性格？
- 生：好像不太容易，要改变一个人的性格，光靠学习咋行啊？
- 师：那要看学什么东西。学文化礼仪，估计能改变一点，像我们现在学各种专业知识，恐怕改变不了。

17-9　子曰："小子何莫学夫《诗》？《诗》，可以兴，可以观，可以群，可以怨。迩之事父，远之事君，多识于鸟兽草木之名。"

- 生：孔子道："小的们……"
- 师：等等，我前面翻"小的们"，你也来翻"小的们"，你以为孔子是山大王呀！
- 生：那就翻成"同学们"。"同学们为什么不学《诗经》呢？《诗经》，可以用来想象，可以用来观察，可以用来合群，可以用来抒发郁闷……"老师，孔子是不是太夸大《诗经》的作用啦？
- 师：是夸大了。不过一部好的文学作品，应该可以成为社会的百科全书。别林斯基就把普希金的《叶甫盖涅·奥尼金》称为俄国生活的"百科全书"。
- 生：大概为调节一下学生的情绪，孔子让学生唱唱歌。《诗经》当时不是可以唱的嘛。
- 师：不仅仅是调节情绪，孔子简直把《诗经》当作政治教科书，你们看接下来他说："……从眼前说可以侍奉父母，从以后说可以侍奉君主，还可以多认识一些鸟兽草木的名称。"
- 生：这也太夸张了，靠这个来侍奉父母、报效国家，我无论如何都看不出《诗经》有这种功效。
- 师：从素质培养的角度看，或许可以理解。

17-10　子谓伯鱼曰："女为《周南》、《召南》矣乎？人而不为《周南》、《召南》，其犹正墙面而立也与？"

- 师：《周南》和《召南》都是《诗经·国风》当中的篇章，是其中的第一、第二部分。孔子问儿子伯鱼道："你研究《周南》《召南》了吗？做人如果不研究《周南》《召

南》，他就像正面对着墙站立呢。"
- 生：正面对着墙，就是啥也看不见，没法跟人交流，看来孔子把《诗经》推崇到了极点。现在有哪本书能起到这种效果呢？
- 师：我看没有。孔子的时代知识量是有限的，著名的书也没几本，现在书海浩瀚，专业分得那么细，要找到一本做人必读的书是很难的。

17-11 子曰："礼云礼云，玉帛云乎哉？乐云乐云，钟鼓云乎哉？"

- 师：孔子道："礼呀礼呀，仅仅是针对玉器和丝织品说的吗？乐呀乐呀，仅仅是针对钟鼓之类的乐器说的吗？"
- 生：发这样的感慨，估计是对当时礼乐过于追求表面的奢华而不注重内在意义的批评。

17-12 子曰："色厉而内荏，譬诸小人，其犹穿窬之盗也与㊾？"

- [词语解释] 窬（yú）：小门洞。
- 生：孔子在说某些领导干部吧，现在的一些领导也是这副样子的："脸色严厉，内心怯懦……"
- 师：一些领导往往是这样的，自身工作能力不强，面对下级又要维护领导的"权威性"，不色厉内荏怎么行呢？凡是慈眉善目、和蔼可亲的领导，一般都有些本事。
- 生：老师也这样吧，肚子里没多少东西的老师，往往色厉内荏，严肃得不得了。
- 师：那要看对什么样的学生了，有些学生你越是对他和蔼可亲，他越是不听话，所以老师的"色厉"就得有所区别。
- 生：在孔子眼里这些没本事的严肃者，"……要是拿小人相比，他们犹如钻小门洞的小偷似的。"这个比喻蛮有意思的，有些工作能力不强的领导就像小偷。
- 师：能感觉到自己是小偷的领导还算好的，有些领导色厉而不内荏。
- 生：但孔子不也主张领导应该庄重嘛，庄重和色厉区别不大吧？
- 师：是区别不大，有本事的人庄重，内心不会怯懦。

17-13

子曰："乡原㊉，德之贼也！"

- 生：乡愿是啥意思，老师？
- 师：孟子对此有解释，后人大多用孟子的解释，"乡愿"指的是乡下的老好人。
- 生：这就是说，孔子认为："乡下的老好人，是道德的祸害！"孔子对老好人没好印象，前面他说过，所有人都夸某人，就得考察考察。不过为啥他对乡下的老好人这么反感呢？
- 师：老好人或许每个单位都有，什么人都不得罪，难道他内心就没有好恶？
- 生：应该有吧。但不得罪人，在单位里就容易混，所谓"多个朋友多条路"。
- 师：这就清楚了，他做老好人是有目的的，是故意不得罪人的，内心还是有好恶的。这是道德的祸害。
- 生：不会吧，乡下的老好人，也是为了在村子里混得好才不得罪人的，你以为乡下人那么傻呀，他们也是有好恶和是非的。我就是从乡下考出来的，乡下人的是非观念比城里人传统一点，但肯定比城里人强烈，原则性更强。乡下的老好人对舆论否定的东西，也是谴责的，说他们是道德的祸害，实在是过分。

17-14

子曰："道听而涂㊉说，德之弃也。"

- 师：孔子说："听到路上的传言，又到处传播，这是道德所背弃的。"我们今天用的成语"道听途说"虽出于此，可往往只用前面"道听"的意思，"途说"的意思省略了。
- 生："道听"似乎牵扯不到道德吧？自己在道路上听到小道消息，又不是故意的。但"途说"就有道德问题了，把这种不知真伪的东西传播出去，肯定是不应该的。

17-15

子曰："鄙夫可与事君也与㊉哉？其未得之也，患得之；既得之，患失之。苟患失之，无所不至矣。"

- 生："鄙夫"是指卑鄙的人么？

- 师：大概不是，一般指没有多少文化或者目光短浅的人。
- 生：孔子的自我感觉多好，当然不愿意和下里巴人混在一起。他说："可以和那些凡夫俗子共同侍奉国君吗？没得到时，担心……"老师，漏了一个"不"字耶。
- 师：是漏了，原文就少个"不"字。
- 生："……没得到时，担心得不到；已经得到了，担心失去。如果担心失去，那会无所不用其极。"也就是说，为保住得到的，啥手段都可以用。
- 师：其实并不仅仅是没有文化的凡夫俗子患得患失，绝大多数人都是患得患失的。没有文化的人患得患失是可以谅解的，因为他们缺少文化知识，处于社会最低层，得到一点利益真是很不容易的。
- 生：一个社会要是普通老百姓沦为了弱势群体，那是蛮可怕的。
- 师：孔子即便没官做，也处于上流社会，这个上流社会士大夫集团是强势群体，他根本不用"患"，就能得到这个集团争得的利益好处。但弱势群体行吗？
- 生：我看弱势群体也不用"患"，因为他们根本就得不到。我来自农村山区，我父母有啥好"患"的？是升迁还是就业？这些对他们来说都是不可能得到的。又有什么可以担心失去的呢？
- 师：他们唯一可以"患"的是他们的"来生"，也就是子女能否改变命运。

17-16　子曰："古者民有三疾，今也或是之亡(无)也。古之狂也肆，今之狂也荡；古之矜也廉，今之矜也忿戾；古之愚也直，今之愚也诈而已矣。"

- [词语解释] 廉：器物的棱角，形容行为有规矩。　　戾（lì）：乖张。
- 生：不用说，复古主义者孔子在褒古贬今。
- 师：孔子说："古代的老百姓有三种毛病，现在的老百姓或许连这三种毛病都没有了。古代的狂妄是无所顾忌，现在的狂妄是放荡不羁；古代的矜持是行为规矩，现在的矜持是愤愤不平地乖张；古代的愚笨是直率，现在的愚笨是欺诈。"
- 生：狂妄、愚笨算是毛病，矜持怎么也算毛病？孔子不是主张庄重的样子么？
- 师：是啊，我也有些奇怪，或许孔子这里的矜持指的是过于拘束吧。
- 生：无所顾忌和放荡不羁意思差不多吧？
- 师：是差不多。或许无所顾忌的人内心还有原则，只是他管不了那么多，执意破坏这些原则；放荡不羁就根本没有建立起什么原则，他们的狂妄目空一切。
- 生：就如尼采的狂妄和无知者的狂妄的区别吧？

- 师：我们姑且这么理解。
- 生：愤愤不平地乖张性格不就是矜持嘛。还有愚笨的人能欺诈谁呀，欺诈比他更愚笨的人？
- 师：你们如此追问，我去问谁？

17-17
子曰："巧言令色，鲜矣仁。"

- 生：这句在"学而第一"里就说过了，孔子又重复了。
- 师：孔子的重复算是好的，学生跟他那么多年，有的到死都没离开，要不重复同样的话，难以做到。现在的教师，每年都重复同样的话，我也一样，每届学生还不是教一样的东西呀，真是厌倦透了。
- 生：像您这种老师，一点敬业精神都没有。

17-18
子曰："恶紫之夺朱也，恶郑声之乱雅乐也，恶利口之覆邦家者。"

- 师：春秋时诸侯一般都穿人红色也即朱色的服装，但鲁桓公和齐桓公都喜欢穿紫色的衣服。
- 生：怪不得孔子厌恶哩。孔子道："我恨紫色夺取了大红色的地位，恨郑国的音乐搅乱了典雅的正统音乐，恨尖嘴利舌颠覆国家。"人家喜欢穿啥颜色的衣服，孔子管得着吗？
- 师：他再痛恨，别人不理他，他也没办法。
- 生：要是孔子活到现在肯定会说："我痛恨西装夺取了中山装的地位，痛恨流行音乐搅乱了革命歌曲，痛恨……"用伶牙俐齿来颠覆国家，这可不容易。
- 师：这是夸大其词，如果说几句话真能颠覆一个国家，说明这个国家早晚是要被颠覆的，这几句话只是压死骆驼的最后一根稻草罢了。

17-19

子曰:"予欲无言。"子贡曰:"子如不言,则小子何述焉?"子曰:"天何言哉?四时行焉,百物生焉,天何言哉?"

- 生:孔子说:"我想不再说话了。"
- 师:要真不说话,他的弟子们还真急了。子贡道:"老师要是不说话,那么弟子们传述什么呢?"孔子道:"老天讲什么了吗?四季照样运行,百物自然生长,老天讲什么了吗?"

17-20

孺悲欲见孔子,孔子辞以疾。将命者出户,取瑟而歌,使之闻之。

- 师:孺悲这个人来历不明,据《礼记》当中记载,鲁哀公让他到孔子那儿学礼。
- 生:孺悲想见孔子,孔子称病推辞。要是这事发生在孔子不想再说话之后,很容易理解。随后传话的人出了房门,孔子拿起瑟弹着唱歌,使孺悲听到。
- 师:未必发生在孔子拒绝说话之后,孔子拒绝说话也是一时赌气,未必真这样。
- 生:会不会孔子讨厌这个家伙,故意气他呢?
- 师:对此有各种各样的猜测,我们没必要搅和进去,反正孔子这会儿有情绪。
- 生:老师有情绪的时候也会讨厌学生吧?
- 师:我想会的,不过你们放心,我不会态度很恶劣的,我会告诉你们心情不好,别来烦我。

17-21

　　宰我问："三年之丧，期已久矣。君子三年不为礼，礼必坏；三年不为乐，乐必崩。旧谷既没，新谷既升，钻燧改火，期㊟可已矣。"子曰："食夫稻，衣夫锦，于女㊟安乎？"曰："安。""女㊟安，则为之！夫君子之居丧，食旨不甘，闻乐不乐，居处不安，故不为也。今女㊟安，则为之！"宰我出。子曰："予之不仁也！子生三年，然后免于父母之怀。夫三年之丧，天下之通丧也。予也有三年之爱于其父母乎？"

- ☺ 生："朽木不可雕"的宰我好像很能找茬，这会儿又和孔子争辩起来。宰我问："三年替父母守孝，期限也太长了……"古人都这样么，父母死了守孝三年？
- ☻ 师：古人有这种规定，一般守规矩的人都会这样，现在的一些农村，上了年纪的人也会守孝。到底时间多长，各地不太一样。
- ☺ 生：宰我对守这么长时间，提出自己的反对理由，他说："……君子三年不做礼仪方面的事，礼仪就一定会废弃；三年不从事音乐方面的事，音乐也会荒废。旧的粮谷已吃完，新的粮食已到了收割期……"后面钻木取火啥意思？
- ☻ 师：古代既没火柴，也没打火机，取火主要是钻木取火。被钻的燧木四季是不同的，春天主要用榆、柳树的木材，夏天则用枣、杏、桑、柘等树的木材，秋天用柞、楢之树，冬天用槐、檀树。宰我的意思是，粮食吃完了，又要收割了，"……取火的燧木也换了一遍，守孝满一年就可以了。"
- ☺ 生：在孔子看来，这肯定是不守规矩。孔子说："吃那稻米，穿那锦缎的衣服，对你来说心安吗？"宰我道："心安的。"宰我蛮可爱嘛，直率得很哩。
- ☻ 师：拿这样的学生，孔子怕也没什么办法。孔子只好说："你心安，就去做好了！作为君子在服丧期间，吃美味没有甘甜的味道，听音乐不觉得快乐，住在家里会觉得很不安宁，所以不这样干。现在你觉得安心，就去做好啦！"
- ☺ 生：听孔子的口气，好像很生气的。守孝到底怎么守呀，难道家里都不能住了吗？
- ☻ 师：当然是不能住的。古人的守孝，吃不能吃美味，穿不能穿锦缎之类的好衣服，连上面提到的稻米都是不能吃的。水稻在古代是精细的小米，属于比较奢侈的食物，守孝期间只能吃粗粮。听音乐这种娱乐活动更不允许了。住是不能住在家里的，必须住到用草料临时搭建的凶庐里，睡在用草编成的垫子上，枕头则是用土块做的。
- ☺ 生：这也太恐怖了，三年下来还能活着吗？要是能活下来，也成了森林里的野人，能回到文明社会吗？

- 生：减肥倒是蛮不错的，野外生存训练。
- 生：训练你三年，你早死啦，三天还差不多。别说我安心不安心，要是九泉之下的父母看到子女拼死守孝，他们能安心吗？我赞成宰我，这种没有人性的守孝规矩是得改改。
- 师：别吵啦。我们来看看孔子怎么说。宰我出去后，孔子说："宰予真是没道德！孩子生下来三年，然后才离开父母的怀抱。那三年的守孝，是天下通行的丧礼。宰予难道没有从父母那里得到三年的父母之爱吗？"
- 生：孔子看来很反感宰我。不过我想，守孝也要守得起是吧。三年野人般的生活，能守住，也得能够三年不工作。现代社会一天不工作就没工资，连粗粮也吃不上，现在的粗粮很贵的。

17-22

子曰："饱食终日，无所用心，难矣哉！不有博弈者乎？为之，犹贤乎已。"

- 生：孔子说："整天吃饱了饭，对什么事都不用心，真是难办哪……"这是说谁呢？
- 师：不知道说谁，估计不会是孔子的学生，因为孔子后面说："……不是有博采下棋的游戏吗？干干这个也比闲着好。"如果是孔子的学生，早让他们学习去了，还会让他们玩博彩下棋呀？
- 生：博彩下棋不是下棋，是一种游戏？
- 师：一种下棋的游戏，那时下棋先掷骰子，赢的一方下，输的一方不能走棋。掷骰子就是博彩。
- 生：那棋下得好，不如骰子掷得好哇。
- 师：那是当然，不过下棋总是要动动脑子的吧，比整天闲着没事干强。

17-23

子路曰："君子尚勇乎？"子曰："君子义以为上。君子有勇而无义为乱，小人有勇而无义为盗。"

- [词语解释] 上：尚，崇尚。

- 生：子路问："君子崇尚勇敢么？"子路在孔子的学生当中算个猛男，只是他跟错了老师，他应该找个武术教师，毕业后当个武将。
- 师：孔子不会武术，自然不会把勇敢看得很高，他回答子路说："君子把义作为崇尚的对象。君子有勇敢的性格却没有道义，就会犯上作乱，小人有勇敢的性格却不讲道义，就会成为盗贼。"
- 生：至少孔子还承认君子应该有勇敢的秉性，只是把义放在首位。这个"义"的意思不太清楚吧，是道义、正义，还是义气？按庄子的说法，盗贼也讲义，只是这个义是指义气。
- 师：我看主要还是道义。即便是道义，也还是很模糊的概念。
- 生：我看理论家都这样，自己去捉摸吧，解释权在孔子！
- 生：老师对勇敢怎么看呢？
- 师：我认为勇敢是一种个人秉性，算不上一种道德。有的人勇敢一点，有的人怯懦一点。但再怯懦的人，也该有道德底线。底线被打破时，怯懦者会变得出奇的勇敢。
- 生：就像法国电影《老枪》里的那个医生吧，面对淋漓的鲜血，也会拿起枪成为斗士。
- 师：当然生活中存在没有道德底线的真正坏蛋，这种人可以一辈子做坏事，不做好事，并且有不断堕落下去的能力。对于这种人，用舆论建立起来的道德对他们是没有意义的，他们的行为底线就是法律。
- 生：要是他们游走于法律的边缘，又不犯法，拿他们也没办法吧？
- 师：最终一定会犯法。因为完全不讲道德的人，在社会上很难混，甚至伦理关系也得不到维系。在这种情况下，他要获得生存，并且要提高生存质量，那只有一条道：犯法。如果没有道德底线的人能活得有滋有味，那就是社会没有道德底线了。

17-24 　　子贡曰："君子亦有恶乎？"子曰："有恶：恶称人之恶者，恶居下而讪上者，恶勇而无礼者，恶果敢而窒者。"曰："赐也亦有恶乎？""恶徼以为知(智)者，恶不孙(逊)以为勇者，恶讦以为直者。"

- [词语解释] 窒：闭塞，不通。
- 生：子贡问："君子也有痛恨的人吗？"他大概遇上了非常憎恶的人，痛恨别人觉得心里不踏实，所以才这样问的吧。做君子真累呀，痛恨都这么不爽！

- 师：爱憎原本是很自然的感情，子贡连这点都心怀疑虑。
- 生：孔子还是要求他有憎恨感的。孔子道："君子有憎恶的人：憎恶讲别人坏处的人，憎恶身处下位却毁谤上司的人，憎恶勇敢却不讲礼节的人，憎恶果敢行事却讲不通道理的人。"
- 师：我们来看孔子认为君子应该憎恶的四种人。讲别人的坏处没什么错，别人有不好的地方应该指出来，错的是到处讲，不是为了指出来，而是为了传播，把别人的名誉搞臭。
- 生：第二种毁谤别人总是错的，可孔子认为要憎恶的却是下级毁谤上级，要是倒过来怎么办？上级毁谤下级，这种事也有的吧？
- 师：那就自认倒霉吧，下级憎恶上级，孔子敢吗？至于勇敢而无礼，那要看对象，要是有人无中生有地毁谤我，我就勇而无礼。
- 生：最后一种是对领导的吧。果敢行事，讲不通道理，不是领导吗？一般人你行事就行事好啦，懒得跟你讲道理。领导就不一样了，他不讲道理地行事，就会涉及下面人的利益哩。孔子居然也敢痛恨领导？
- 师：我看未必是领导。前面三种也没有涉及自身利益嘛，孔子也憎恨。
- 生：固执一点，又跟自己无关，孔子凭啥恨人家？
- 师：这种人不好教育不是吗？我们来看看子贡到底是有什么想痛恨的。孔子问："赐啊，你也有憎恶的人吗？""憎恶偷了别人的成绩以为很聪明的人，憎恶不讲谦逊自以为很勇敢的人，憎恶揭别人的短以为直率的人。"
- 生：子贡或许受了什么刺激，不是有人偷了他的成绩，就是有人揭他的短。
- 师：别瞎猜了。偷窃别人的功劳、不谦逊、揭人短处。子贡的憎恶和孔子的憎恶有啥区别？
- 生：差不多，子贡比孔子更具体一点。
- 师：就是这具体一点，使子贡的憎恶不容易找到破绽。比如说别人坏处和揭人短，揭人短肯定是不好的，说人坏处就要看怎么说，说给谁听。

17-25　子曰："唯女子与小人为难养也：近之则不孙(逊)，远之则怨。"

- 生：这话很出名，却很过分。孔子说："只有女人和小人难以豢养，亲近他们，他们就无礼，疏远他们，他们就恨你。"
- 师：大多数学者把"养"翻译成"相处"。我无论如何都看不出有相处的意思，养就是"豢养"。孔子讲了那么多，第一次讲到"女人"，或许可以认为，"女人"

的地位比"小人"更低，对她们孔子连提都不提。

生：尼采也是蔑视女人的，他和孔子的这种蔑视有啥区别？

师：封建时代属于父系社会的顶峰时期，蔑视女人是正常的观念，我们不能用现代的观念要求孔子。尼采是个唯意志主义者，他蔑视女人的依据恐怕是女人的意志薄弱，女人是被男人征服的，最著名的话就是：到女人那儿去，请带好你的鞭子。美国哲学家罗素开玩笑说：到了那里，他把鞭子交给女人。不管怎么说，尼采还是把女人作为男人某一方面的对立物来说的。孔子不一样，孔子是把女人作为豢养物来说的，也就是说，女人在孔子那里比在尼采那里的地位更低，毕竟尼采的时代离我们也就一百多年，而孔子有二千多年。

生：我代表现代的女生，恨孔子！

师：这是不对的，你们不能要求孔子有男女平等的思想。明朝的李贽提出这种思想，那离孔子的时代已过了一千多年。

生：那母系社会男人是不是也是被豢养的呢？

师：不是。母系社会男女差不多是平等的，并不意味着女性高于男性。

17-26

子曰："年四十而见恶焉，其终也已。"

师：孔子说："年龄四十了却被别人憎恶，他这一生也完蛋了。"你们比较一下，"人到中年万事休"，都是表示这辈子完蛋了，哪个更好点？

生：孔子是从道德的角度说的，后面这句是从事业的角度说的。

师：那把道德作为自己从事的事业，不就统一啦？

生：以道德为目标的事业，有这样的事业么？

师：当然有啦，部队里的政委，大学里的政治辅导员，不都是这个职业么？

生：那是搞别人的道德，孔子是提高自己的道德修养。这人道德修养很好，工资就要比别人高，有这样的事吗？

师：反正四十多岁被人家憎恶是比较悲惨的。

微子第十八

18-1

微子去之，箕子为之奴，比干谏而死。孔子曰："殷有三仁焉。"

师：商朝最后一个君主纣，是有名的暴君，商朝在他手里灭亡。这里讲纣的三个亲戚的结局：微子离开了，箕子成了奴隶，比干因为劝谏被杀死。微子是纣的同母异父的兄长，箕子和比干都是纣的叔叔。为此孔子发表看法说："殷有三个仁者。"

生：在孔子看来，大义灭亲是不对的，犯上作乱也是不对的，所以只能有三种出路：离开、被奴役和死掉。

师：古希腊神话中，阿加门农被妻子杀害，儿子俄瑞斯忒替父亲报仇，杀了亲生母亲。俄瑞斯忒是否有罪，众神争执不下，最终投票表决，投票的结果是俄瑞斯忒无罪。恩格斯对这个神话的评价是：父系社会战胜了母系社会。撇开父系、母系之争，杀人偿命，这是公平所在。原本这个"偿命"的行为是由法律来完成的，但如果法律不能完成，那么直系亲戚应该怎么做？在古代，君主代表着法律，阿加门农是城邦的君主，他死后，君主的位置自然由俄瑞斯忒继承，他必须完成让母亲"偿命"的法律责任。所以问题就不仅仅是父亲重要还是母亲重要这么简单了。

生：既然封建君主代表着法律，那么当他无法无天时，天下就应该讨伐他，就应该像周武王那样推翻商纣。

师：孔子既然把伦理等级引申到社会等级，既然用礼仪来维护这个等级，那么反过来说，制约这个等级，也应该用礼仪制度，同样伦理反过来就应该制约等级上的出轨行为。也就是说，与纣有伦理关系的人有责任制止纣的暴虐，制止不了，也有责任推翻他，不这样做就是不道德的。

生：以此而论，纣的这三个亲戚，非但不是仁人，而且是最不道德的人。

师：尤其是选择离开的微子，肯定是最不道德的。我举俄瑞斯忒的例子，就是想说明这个。杀死母亲在伦理上是大逆不道的，但完成"杀人偿命"的社会责任，是俄瑞斯忒必须做的。孔子说的道德是伦理意义上的道德，还是社会意义上的道德呢？当伦理和社会责任发生冲突时，孔子把伦理关系等同于社会等级的观念就会混乱。从伦理道德上说，微子等人的行为是"仁"，从社会道德上说就成了"恶"。

生：孔子哪里想得那么远？

18-2

柳下惠为士师，三黜。人曰："子未可以去乎？"曰："直道而事人，焉往而不三黜？枉道而事人，何必去父母之邦？"

- 师：士师就是司法官。柳下惠当法官，多次被罢免。
- 生：这个柳下惠就是前面孔子因为臧文仲不用他而很恼火的那个人吧。给他官做，老被罢免，肯定不适合在官场上混。
- 师：是啊。人家对他说："你不是可以离开鲁国么？"他说："用正直的原则侍奉别人，到哪里还不是屡屡被罢免呢？用不正直去侍奉别人，又何必一定要离开自己的祖国呢？"
- 生：他是太正直了，才捞不着好。
- 师：如果一个法官不正直会怎么样？
- 生：那这个社会就太可怕了。孔子的时代就是权贵当道的时代，柳下惠看得很清楚，跑到哪儿都一样，正直在那个时代吃不开。
- 师：记得司马迁在《史记·屈原列传》中评价说，凭屈原的才能，到哪个国家都能得到重用，硬是赖在楚国，为那昏庸的楚顷襄王投河，真是不值得。其实司马迁的看法未必站得住，在战国时代，屈原这样正直的人，就和柳下惠一样，因为有才能，别人可以给你官做，因为正直，老是要被罢免的。

18-3

齐景公待孔子，曰："若季氏，则吾不能，以季、孟之间待之。"曰："吾老矣，不能用也。"孔子行。

- 师：据说这是孔子年轻时到齐国，齐景公说的话。
- 生："待"就是待遇吧。齐景公跟孔子讲待遇问题，说："像鲁国给季氏那样的待遇，那我不能做到，给你季氏和孟氏之间的待遇吧。"季氏在鲁国是最有实权的，其次是孟氏，比季氏低，比孟氏高，那也很不错了，相当于副总理的待遇哩。
- 师：可孔子空喜欢一场，估计是晏婴劝齐景公不要用孔子。所以后来齐景公又说："我老啦，不能用你啦。"孔子只好走了。
- 生：这跟老了没关系呀，国君再老，也要用人的吧。
- 师：老，只是借口罢了，当时齐景公也才"奔五"，怎么算老呢？

[18-4] 齐人归(馈)女乐。季桓子受之，三日不朝。孔子行。

- 生：齐国人送给鲁国歌舞美女。无缘无故齐景公给鲁国送美女，一定不怀好意。
- 师：齐鲁邻国，当然都希望邻国治理不好国家，这样才有机可乘。
- 生：他们从来没想过双赢么？
- 师：战争年代讲双赢是很少的，大家都希望别人打架，自己看好戏。
- 生：可美女应该是送给鲁定公的，怎么季桓子接受了，也就是说，季桓子去接受礼物，看看太迷人了，占为己有了。随后三天不上朝。孔子离职走了。这跟孔子有啥关系？反正鲁国的朝政也一塌糊涂。
- 师：这个季桓子是季康子的老爸，叫季孙斯，在鲁定公时成为执掌朝政的上卿，在鲁哀公初年死去。孔子当大司寇，还多亏了他的提拔。
- 生：后来不是因为学生参与了削弱"三桓"的行动，孔子才辞职的嘛。怎么又因为季桓子不理朝政，孔子才辞职的呢？季氏不理朝政，不是正合孔子削弱他的企图么？
- 师：这是记录这事的学生为孔子脸上贴金呢。你想，出了拆除季氏城墙的事，在季桓子看来肯定是以怨报德吧。孔子可以说是学生干的，但季桓子也不傻，终究会找借口罢免孔子的。孔子赶紧辞职，面子上也好看，记录这条来说明孔子辞职的理由，能说明孔子很希望把国家搞好。

[18-5] 楚狂接舆歌而过孔子，曰："凤兮！凤兮！何德之衰？往者不可谏，来者犹可追。已而！已而！今之从政者殆而！"孔子下，欲与之言。趋而辟(避)之，不得与之言。

- 师："接舆"恐怕不是这人的真名。你们想在路上遇见的一些人，孔子和他的学生并不知道人家的名字，估计这些人的名字，是孔子的学生写《论语》时自个儿起的。比如前面出现的，守门的叫"晨门"，后面拄拐杖的叫"丈人"；下面那段出现的，问人家渡口，就叫"沮""溺"，反正跟水有关。这里孔子正好在驾车，就取了个"舆"字。
- 生：这里说楚国的狂人接舆唱着歌儿经过孔子的身边。孔子和学生跟人家又不认识，怎么就认为人家是狂人了呢？

- 师：这就是少见多怪了。凡是自己不理解的人，或者跟自己观念完全不同的人，有些人就会把他们称为怪人、疯子、白痴、"十三点"之类的。
- 生：这个"十三点"就对孔子说："凤凰啊！凤凰啊！为什么道德衰败了呢？过去的无法挽回，到来的还可以追得上。罢了！罢了！现在搞政治很危险哪！"为啥叫凤凰？
- 师：这个在前面已说过了。我们今天对于凤凰到底是什么，还争论不休。据说商的祖先是因为凤凰降临才出生的。我们这里不知道这个狂人是把孔子比作凤凰呢，还是用凤凰来象征道德。
- 生：孔子的意思还是很清楚的：在官场上混很危险，时不我待，赶紧离开道德败坏的世界吧！
- 师：是很清楚。孔子赶紧下车，想跟他谈谈。他以为遇上了什么高人，可人家小跑着躲开了他，孔子没能够和他搭上话。
- 生：那人意思很清楚：这种人，没啥好说的。

18-6

长沮、桀溺耦而耕。孔子过之，使子路问津焉。长沮曰："夫执舆者为谁？"子路曰："为孔丘。"曰："是鲁孔丘与㊙？"曰："是也。"曰："是知津矣！"问于桀溺。桀溺曰："子为谁？"曰："为仲由。"曰："是鲁孔丘之徒与㊙？"对曰："然。"曰："滔滔者，天下皆是也，而谁以易之？且而㊐与其从辟㊙人之士也，岂若从辟㊙世之士哉？"耰而不辍。

子路行以告。夫子怃然曰："鸟兽不可与同群，吾非斯人之徒与而谁与？天下有道，丘不与易也。"

- [词语解释] 执舆：执辔，拉马的缰绳。　而：尔。　耰（yōu）：翻土。
- 师：长沮和桀溺在一起耕地。"耦而耕"就是耦耕，这是怎样的一种耕地方法，现在说法不一，一般人认为就是两人一起耕地。孔子路过，派子路去问渡口在什么地方。
- 生：孔子在那儿迷路了？
- 师：上一段遇到楚狂人，有人认为是孔子正带着学生去楚国的途中。孔子去楚国时，正好遇到楚国和吴国开战，孔子还没到楚国，楚昭王就在军中病逝了。孔子后来在楚国边境，就是叶公管理的负函小城逛了一圈后，又往北走了。这里的渡口也许是淮河上的渡口，也可能是汶水上的渡口。

☺ 生：这次，我们总算看到农民对孔子的感情了。长沮问："那拉着马缰绳的人是谁？"子路回答："是孔丘。"对方问："是鲁国的孔子丘么？"子路说："是。"对方回答："他知道渡口。"子路很没面子，只好再问桀溺。桀溺问："你是谁呀？"子路回答："我是仲由。"子路的确蛮可爱的，他还认为自己像孔子一样出名哩。"是鲁国孔丘的学生么？"子路回答："对呀对呀。"结果也没捞着好。对方说："江水滔滔，天下都这样了，谁能改变呢？你与其跟从躲避坏人的人，还不如跟从躲避社会的人呢。"说完，不停地翻土耕地。问了半天，没问出啥名堂，弄得子路灰头土脸的。

● 师：学者们会说，又碰上两个高人隐士。照我看，不就是两个耕地的农民嘛。去问问现在的农民，知不知道那些在江湖上混出名的人。别以为农民只知道种地，对社会两眼一抹黑。我看现在的农民兄弟也能报出一串名人的名字。

☺ 生：他们或许不完全了解孔子的理论，但孔子瞧不起他们这些"下愚"的种地人，他们还是知道的，所以才会这样对待孔子。

● 师：子路走回来后告诉孔子。孔子惆怅地感叹道："鸟兽是不能和它们为伍的，我不和那些人在一起，还和谁在一起？天下清明的话，我孔丘也不会和你们一起改变它。"

18-7

子路从而后，遇丈人，以杖荷蓧。子路问曰："子见夫子乎？"丈人曰："四体不勤，五谷不分，孰为夫子？"植其杖而芸㉖。子路拱而立。止子路宿，杀鸡为黍而食之，见其二子焉。明日，子路行以告。子曰："隐者也。"使子路反㉗见之。至则行矣。子路曰："不仕无义。长幼之节，不可废也；君臣之义，如之何其废之？欲洁其身，而乱大伦。君子之仕也，行其义也。道之不行，已知之矣。"

● [词语解释] 蓧（diào）：除草工具。　　黍：黄米，当时比较珍贵的主食。

● 师：子路跟随孔子时落到了后面，遇到挂拐杖的人，用拐杖挑着除草的工具。子路问："先生看见我老师么？"挂拐杖的人道："四肢不勤劳，连五谷都分不清，谁是老师？"

☺ 生：这人是骂孔子么？

● 师：有一些学者认为不是骂孔子，是骂子路。

- 生：老师一定认为是骂孔子吧，孔子鄙视种地，当然是"四体不勤，五谷不分"啦。
- 师：我也不认为是骂孔子，但也不认为是骂子路。这人骂的就是知识分子。我们不清楚他认不认识孔子和子路，很难断言他骂的是确定的对象。他骂完后撑着拐杖除草。子路只好在一旁拱着手站立着。那样子一定很难堪。
- 生：孔子对子路还是挺好的。留子路在家住宿，杀了鸡做了上等的米饭给他吃，还招呼两个儿子和子路认识。
- 师：劳动人民一般都比较朴实，虽然他们中有些人瞧不起知识分子，可他们都是蛮好客的。第二天，子路赶上了老师，把事情告诉了老师。孔子说："这是隐士。"派子路返回去见那人。到那里，那人却走了。
- 生：这回是遇见真隐士了吧，孔子都这么说。
- 师：你从哪点看出这是隐士？到农村，一个农民说，你们这种不劳动的人，五谷都不认识。这个农民就成隐士啦？子路在那里吃人家的饭，睡人家的床，难道孔子还能说农民的坏话？难道他就此承认农民是很有道德的人？所以孔子干脆把人家说成隐士。
- 生：为啥子路返回，人却不在了，行踪很诡秘呀。
- 师：人不在，房子难道也消失了？人家只是一早下地劳动去了，不在家而已。
- 生：这事把子路的心弄得大河动荡。子路说："不做官就是没有道义。长幼之间的礼节，不可以废弃；君臣之间的道义，怎么能废弃不顾呢？想洁身自好，就会打乱君臣间大的伦理。君子出来做官，就是奉行道义。现在道义推行不了，这是我早已知道的。"看来这事让他心里特矛盾。
- 师：这就是孔子的那套。小伦理就是家族伦理，长幼关系不能废除；大伦理就是社会伦理，在孔子眼里，社会关系就是等级关系，就是君臣关系，这当然更不能废除。既然你在家得侍奉父母，在社会就得侍奉君主。这就是孔子的道义，想不做官，就是不想侍奉父母，不侍奉父母的人，当然是没有道义的。可现在他们在外奔波，"父母"们不要他们侍奉，想奉行道义却奉行不了。这就是孔子的"知不可为而为之"。
- 生：这不是社会责任感么？
- 师：我看不是。这只是道德的自我完善，孔子的道德包含着侍君，包含着提高人们的道德修养。
- 生：子路似乎很向往这种农家乐的隐士生活，为此内心很苦恼。

[18-8] 逸民：伯夷、叔齐、虞仲、夷逸、朱张、柳下惠、少连。子曰："不降其志，不辱其身，伯夷、叔齐与！"谓"柳下惠、少连，降志辱身矣，言中伦，行中虑，其斯而已矣！"谓"虞仲、夷逸，隐居放言，身中清，废中权。我则异于是，无可无不可。"

- 师："逸"就是"佚"，指遗失的。逸民这里指流落到民间的有才之士：伯夷、叔齐、虞仲、夷逸、朱张、柳下惠、少连。除了伯夷、叔齐和柳下惠前面提到的这三个人外，其余四位的事迹都考证不出什么了。
- 生：孔子对这些人进行了评价，还分为三个等级。孔子说："不降低自己的志向，不辱没自己的身份，是伯夷、叔齐呀！"说"柳下惠、少连，降低了志向辱没了身份，不过话说得合乎法度，行为也是经过思考的，也就这样罢了！"说"虞仲、夷逸，隐居起来，放肆地乱说，身份弄得很清高，却放弃了权力……"孔子这三个等级是从高到低的吧，他对伯夷、叔齐评价最高。他们和第三等级的虞仲、夷逸不一样是隐居吗？
- 师：第三等级的隐居是抛弃社会，伯夷和叔齐是以隐居来对抗时代的发展，前者隐居是目的，后者隐居只是手段。
- 生：当隐居的手段不行时，他们采用了绝食的手段。所以孔子认为他们没有降低志向，没有辱没身份。这是孔子在赞美他们。
- 师：赞美归赞美，但孔子是不会隐居的，他说："……我就和这些人不同，没什么可以，也没什么不可以。"
- 生：这是啥意思？隐居可以，不隐居也可以？好像不讲原则了。
- 师：表示自己是大丈夫，能屈能伸，可以在社会上混而不放弃原则。

[18-9] 大师挚适齐，亚饭干适楚，三饭缭适蔡，四饭缺适秦。鼓方叔入于河，播鼗武入于汉，少师阳、击磬襄入于海。

- [词语解释] 播：摇。　鼗（táo）：小鼓。
- 生：啥是"亚饭""三饭""四饭"呀？
- 师：那时天子和诸侯吃饭都有音乐伴奏，所以演奏的乐官有这样一些名称。
- 生：今天有"配乐诗朗诵"，过去有"配乐饭菜汤"。那一直到"四饭"的话，就是每顿要吃四大碗饭吗?
- 师:恐怕不是,可能是一日三餐,再加上一顿点心或宵夜什么的。
- 生:大乐师挚跑到齐国去了,二饭乐师干跑到楚国去了,三饭乐师缭跑到蔡国去了,四饭乐师缺跑到秦国去了。鼓手方叔去了黄河之滨,摇小鼓的武去了汉水河畔,小乐师阳和击磬手襄跑到大海边去了。整个乐队都散了,是不是鲁国国君进食习惯变了,音乐伴奏着吃不下饭。
- 师:恐怕不是这样。什么原因没有记载,可能鲁国出了什么事,清洗音乐人才。
- 生:出现了反动歌曲或者犯上作乱的音乐,要严查严办,音乐家人人自危,纷纷逃亡。
- 师:别瞎猜了。

18-10

周公谓鲁公曰:"君子不施㊟其亲,不使大臣怨乎不以。故旧无大故,则不弃也。无求备于一人。"

- [词语解释] 鲁公:周公旦的儿子伯禽。　　施:弛。
- 师:这是一段周公旦关照儿子的话,估计是周公被封在曲阜后,自己得留在朝廷中辅佐周武王,没法回封地,所以儿子回封地时,他对儿子进行关照。
- 生:不是孔子的话,放在这里,纯粹是因为孔子对周公旦很崇拜吧。
- 师:估计是这样。周公旦对鲁公说:"君子不能怠慢自己的亲戚,不能让大臣抱怨自己得不到任用。老朋友老部下没有大的过失,就不能抛弃不用。不要对某人求全责备。"
- 生:干脆说做个老好人,不就行啦?对亲戚、对朋友、对部下、对别人都要宽厚,只剩下对自己了。总之一句话,要对大家好。
- 师:把周公这句关照儿子怎样做人的话放在这儿,可以想见,孔子是非常看重怎样做人的,把做人提高到极端的地位。这对中国传统知识分子的影响非常深,所以司马迁就会把"为人"置于"为政"之上。
- 生:那就是说,做好人比做出好成绩重要。
- 师:然而评价历史人物,从来就不会把个人道德放在第一位,历史功绩永远是第一位的。再者,人的好坏得从他所处的历史及个人环境来下定论。一个心理学家说,这人心理不正常,要是这人处在扭曲的环境里,心理的扭曲不是很必然也很自然的吗?一个心理学家如果不能提出解决扭曲处境的办法,一味强调正常,那

- 生：他肯定是个只知道个人，不懂得社会的人。
- 生：可不管怎么说，孔子的时代很混乱，道德败坏，难道这也是社会在发展吗？
- 师：社会是呈螺旋式发展的，其间不能说没有历史的倒退，甚至可以说，每一次混乱都是倒退，可总体上向前发展是不会改变的。现在我们社会的个人道德，你敢说比计划经济时代好吗？
- 生：我看一些老人虽然口头上说那时人的道德好，其实谁也不愿意倒退回去的。
- 师：为什么？
- 生：毕竟生活比以前好。
- 师：仅仅是生活比以前好么？
- 生：还有娱乐也多了，生活方式多样化了，眼界开阔了，思想开放了，言论自由了，人与人更加平等了，领导甚至包括市长也通过传媒和老百姓对话交流了。
- 师：这就是社会进步。难道更加平等地待人，敢于向领导甚至市长提意见，不是个人道德的进步么？个人道德必须适应社会，与时俱进。不能用传统的道德去衡量当今社会。想一想吧，奴隶得到越来越多的解放，变成自由民，用活人殉葬的恶习正在减少，这难道不是道德的进步？季氏解放了奴隶，他的个人道德会比鲁国国君差？犯上作乱，从另一面看，就是对等级观念的否定，就是平等观念的一次进步！没有这些进步，孟子也不可能有"君轻民贵"的思想。

18-11

周有八士：伯达、伯适、仲突、仲忽、叔夜、叔夏、季随、季骃。

- 生：周朝有八个有教养的人：伯达、伯适、仲突、仲忽、叔夜、叔夏、季随、季骃（guā）。老师，蛮奇怪的，伯、仲、叔、季不是辈分的排次嘛，难道是八兄弟，还是四对兄弟？
- 师：不清楚了，这八个人无法考证，有人甚至怀疑是双胞胎八兄弟。
- 生：哇，这家人也太神奇了，居然生了四对双胞胎。
- 师：我认为是有这种可能的，因为"士"是很一般的词，有文化有修养有知识的读书人都称为士，除非这八个人在"士"当中特别著名，有特殊才能或特殊贡献。可记载的就这一句，没特别地说明，那么就是一般的士人。要是这样，唯一值得记载的原因就是四胞胎八兄弟，因为这种情况概率很低，太神奇了，才记录下来。

子张第十九

19-1　子张曰："士见危致命，见得思义，祭思敬，丧思哀，其可已矣。"

- 😀 师：这一章基本是孔子学生的言论，估计孔子已死了，他说的话可以记下的也都记了。
- 🙂 生：孔子的不少学生自己也当老师了吧，听子张说话的口气，跟孔子很像哩。子张说："读书人遇见危险要敢于献出生命，遇见可以得到的利益得想想道义，祭祀时要想想严肃的事，居丧时想想悲哀的事，那才可以哟。"子张的话没啥新意嘛，跟孔子几乎相同。
- 😀 师：对现代人来说，要读书人献出生命，不太容易。
- 🙂 生：现在读书人大多缺少锻炼，要是与歹徒搏斗，胜算不大，生命献出了，效果全没有。
- 😀 师：没那么悲惨吧。这种事，打得过得打，打不过也得打，这是绝对命令。
- 🙂 生：啥叫绝对命令？
- 😀 师：那是德国古典哲学的鼻祖康德的命题：一个社会价值很高的人，比如一个"国宝"级人物，遇到一个歹徒处在危难之中，若是救歹徒就得献出生命，救的结果是，社会蒙受重大损失，获救的歹徒却继续危害社会。是救还是不救？
- 🙂 生：那当然不救啦。
- 🙂 生：不救是不对的吧，坏人落水，也得救呀，可结果……
- 😀 师：难住了吧？雨果在小说《悲惨世界》里塑造了一个冷酷无情的沙威警长，一直追踪冉·阿让，要把他重新抓进监狱，可在危难时刻，冉·阿让却救了他一条命。在他眼里，铁板钉钉的坏人居然会做好事，救他的命，这给他的观念造成了巨大的冲击，瓦解了他的价值体系，最后他自杀了。
- 🙂 生：老师讲这个故事，意思就是说，救人这个行为有更高一层的社会价值。
- 😀 师：对。这就是康德所说的绝对命令。这不仅仅是个人的一个见义勇为的举动，而是关系到社会价值体系的底线。沙威之所以自杀，是因为他抱有的坏人只会干坏事的价值体系崩溃了。危难之中救助他人的行为，不是孤立的。不能从这个人救了那个人来看，也不能从社会功利的角度看，因为这是人类社会文明的原则，这个原则是绝对的。如果今天一个有价值的人，不肯救一个没价值的人，那么明天人们就会考虑我和落水者谁更有价值，后天人们就会从功利的角度怀疑人与人之间是不是平等。

☺ 生：虽然这样做很不合算，但我明白了康德的绝对命令是啥意思。的确，有些文明的底线是必须守住的。

19-2
子张曰："执德不弘，信道不笃，焉能为有？焉能为亡㊄？"

☻ 师：这句话有一个歧义，就是"弘"字，有人认为就是弘扬，有人认为这应该是"强"字，这是和后面的"笃"字相对应的。我认为还是从字面的意思来理解比较合适。

☺ 生：这样的话，子张说："秉持着道德却不去弘扬，相信道义却不能坚守，怎么能知道他有？又怎么能知道他没有？"子张这话是不是比孔子进了一步，道德和观念都得体现在行为上。

☻ 师：仿佛是进了一步。因为不体现在行为上，怎么知道这人有道德有信仰？看来子张跟了孔子那么多年，也体会到外面的世界很无奈，他更讲实际效果了。

☺ 生：怎么坚守道义，怎么弘扬道德，还是要学会方法的。

☻ 师：虽然我们的道义和道德的内容跟孔子很不一样，但坚守和弘扬是不能放弃的。比如现在许多人都不提共产主义理想了，而那些提的人，内心也是空洞一片，自己都不相信自己说的话。在市场经济的大潮之下，我想会有人不自觉地认为共产主义仿佛是天方夜谭，我劝他们静下心来，去读读马克思的《资本论》《德意志意识形态》《1844年经济学哲学手稿》之类的著作。读完了以后，你才会有真正的信仰，才知道共产主义是必须坚守的人类理想，是决不能放弃的。

☺ 生：老师，我不明白，我父母也不明白，他们老是唠叨，马克思的《资本论》不是揭露批判了资本家剥削工人的秘密吗？可现在又鼓励人家当老板，那些手上有钱有资本的老板不就是资本家吗？他们不是在剥削工人吗？

☻ 师：这个问题问得好哇。有些人甚至说，老板越来越有钱，那不都是工人的劳动血汗吗？对，《资本论》就讲这个，这就是马克思否定的东西。但否定的东西就不干了吗？

☺ 生：否定还干呀？

☻ 师：孔子的时代为什么战乱？孔子和许多爱好和平的人都会反对这种战乱，可社会的发展不以人的意志为转移，战乱是发展必不可少的一部分，通过战乱，秦国统一天下，就不再是奴隶社会，而是封建社会了。没有战乱，夏商时代的奴隶社会会进化到封建社会吗？这种质的提升，不可能是和平过渡的。结束封建时代成为共和国，不也是通过战乱实现的吗？马克思揭示了经济发展的规律，想跳过这个规律是不可能的，这就像想跳过战乱，直接从奴隶社会过渡到封建社会，这可能吗？

生：明白了，否定的东西只有发展成为现实，并且在现实的发展中被否定，这才是真正的否定，这种否定才会有真正质的飞跃。

师：你们总算学会辩证法的思维方法了。只有把市场经济发展成熟，使资本的逐利性发展到极致，私有化发挥到成熟，最终才能回归共产主义，那时没有私有财产的共产主义就不再是原始的了。"否定"不是观念的否定，而是现实本身的否定，观念上否定的东西必须发展成为实实在在的东西，然后通过现实的进一步发展，对这种被否定的现实进行扬弃，这种扬弃才是否定之否定。

生：也就是说，私有制必须成为现实，并且发展到成熟，成熟到最后自我否定，自我扬弃。

师：理解正确。现在你们可以理解黑格尔的名言了："现实的就是合理的，合理的就是现实的。"

生：现实的东西，就算是被观念否定的，也必须存在，必须作为对立面存在，这就是合理性。而对立面最终是要被扬弃的，要被观念上肯定的东西所取代，就是合理的东西最终将成为现实。

师：没错。人必须从孩子异化为社会的人，再通过社会人扬弃自身的非理想成分。社会也一样，必须从公有制异化为私有制，通过私有制的发展成熟，达到自身的扬弃，回归到公有制。这就是社会发展的过程，不管是肯定还是否定，都是合理的，必需的。

生：辩证法好深刻哟。肯定、否定、否定之否定。我们现在就是在发展这个"否定"，什么保护"私有财产"啦、剥削工人啦，都是使这个"否定"向成熟发展。

师：这也就是社会主义比资本主义优越之所在，当市场经济在社会主义国家发展成熟时，这种优越性便会体现出来，因为社会主义是以"否定"来发展市场经济的，资本主义是以观念上的"肯定"来发展的，现在只是社会主义国家的市场经济才刚刚起步，还有很长的路要走。

生：孔子哪来这么深刻的思想，他的观念就是对和错。

师：对和错的观念从哪里来？就是从现实而来。"异化"是非常重要的，你们毕业后踏入社会，将被社会异化，你们的观念将在社会活动中对象化，你们会觉得社会和你们的理想差距很大，可为了生存，你们不得不放弃一些理想化的东西，这就是被否定被异化的过程。你们学会了在社会上混，具备了社会能力，合理的渐渐成为现实。

生：我们被异化了，我们面目全非，哪还有合理性，这是很痛苦的耶。

师：这就是现实的才是合理的。观念上的对与错，再也不重要了。坚守信念很难吧。必须在社会上混得开，又能最终扬弃社会上不好的习俗。

☺ 生：一句话：活下去，并且要记住！

19-3

子夏之门人问交于子张。子张曰："子夏云何？"对曰："子夏曰：'可者与之，其不可者拒之。'"子张曰："异乎吾所闻：君子尊贤而容众，嘉善而矜不能。我之大贤与㉙，于人何所不容？我之不贤与㉙，人将拒我，如之何其拒人也？"

☺ 生：子夏的学生来问子张如何交朋友。子夏和子张都做了老师，子夏的学生对老师不信任，来问子张，子夏要是知道了，多没面子。子张问："子夏说什么？"他想知道一下，以便说出更精妙的话。

● 师：这个学生挺老实的，把子夏的话原原本本地告诉了子张："子夏说：'可以交往的就交往，不可以交往的就拒绝交往。'"这话说得实在没水平，等于什么也没说。子张说："跟我所听说的不一样：君子尊重贤能的人，容纳普通人，称赞善良的人，同情没能力的人。我要是有很大的贤能，什么人不能容纳呢？我没什么贤能，别人将会拒绝我，我凭什么去拒绝别人呢？"

☺ 生：说得这么详细，这个学生看来得转学了。

● 师：其实我们分析一下，子张的意思也简单：你有能耐，什么人都能容忍，什么人都能交往；你没能耐，想交往也没人理你。只是子张说得细一点，你是怎样的人，交往的就是怎样的人。子夏说得很笼统。可交往往往并不是你想交什么人就能交到什么人的，一个人的交往大多受自己所处的环境影响。

19-4

子夏曰："虽小道，必有可观者焉；致远恐泥，是以君子不为也。"

● [词语解释] 泥：拘泥，受妨碍。

● 师：在孔子的学生中，子夏办学算办得很不错的，招了不少学生，影响也比较大，还到魏国讲过学。

- 生：那也算访问学者了，所以他留下的话也比较多吧。这里子夏说："既然是小伎俩，也一定有可看的东西；要靠这些达到高远的目标，就很困难了，因为君子不干这些小伎俩的事。"
- 师：这话有点像力大如牛的项羽说的，不肯学一人敌，要学万人敌。把武术练得再好，不如去读《孙子兵法》。相对《孙子兵法》来说，个人的武功全是小伎俩。
- 生：那金庸的小说里什么"宝典"啦、"秘籍"啦，全是雕虫小技喽。
- 师：那当然，刀剑舞得密不透风，一枪就被人打死了。
- 生：这是相对主义吧，一种伎俩在更大的伎俩面前，就成了小伎俩。
- 师：最大的伎俩就是使用人才，说到底，经济也是人发展起来的。
- 生："二十一世纪什么最贵？人才！"《天下无贼》里的这句话够经典吧。
- 生：人才是可以培养的，办教育就是培养人才。
- 师：培养是要投入的，而且是一个长期的过程，就像人要有一个高远的理想一样。比如实现共产主义不能急功近利，靠一代人能实现吗？肯定不行的。得把"否定"部分充分发展到位，才有可能进行"否定之否定"。这得靠几代人、几十代人，甚至几百代人，才能实现。
- 生：这也太高远了吧，这辈子要坚守怕是守不住了。
- 师：坚守信仰是很难的。孔子要提高人们的道德，那就得老老实实办教育，他的学生再办教育，学生的学生再办，子子孙孙办下去，民族的道德不就提高啦？

19-5　子夏曰："日知其所亡（无），月无忘其所能，可谓好学也已矣。"

- 生：子夏的语气跟孔子一模一样啊。现在是他告诫学生："每天了解不知道的东西，每月不忘记所学到的东西，可以说就是好学了。"
- 师：做老师就是这个样子啦，以前孔子关照他要好好学习，现在他这样关照学生。
- 生：老师，您好像并不这么讨厌地老是叮咛我们的嘛。
- 师：这个任务就交给你们班主任了。现在跟孔子时代不一样，现在的诱惑和乐子太多了，要关照的是，在什么东西上不该花时间。

19-6　子夏曰："博学而笃志，切问而近思，仁在其中矣。"

- 生：子夏说："广泛地学习，并且坚定自己的志向，恳切地提出问题，现实地考

虑问题，仁就在这中间了。"孩子刻苦用功，坚定自己考上名牌大学的志向，他的道德就能很高尚吗？

- 师："博学而笃志，切问而近思。"这句成了复旦大学的校训。复旦是我的母校，对于母校的校训，我至今还搞不清楚，说的是啥意思。
- 生：啊？老师也太愚笨了吧。
- 师：子夏的这句话呢，有不同的理解，比如"志"，有人理解为"誌"，"博学而笃志"，就是今天的成语"博闻强识"的意思了。再比如"切问"，可以理解为"切合实际"地提问，"近思"可以理解为考虑自己的问题。
- 生：这么多不同理解，那意思不就大变样啦？
- 师：谁叫我们的祖先喜欢用单音节的词呢。所以，叫我怎么准确理解校训呢？或许这样的校训就是取其多义性吧。

19-7

子夏曰："百工居肆以成其事，君子学以致其道。"

- [词语解释] 肆：作坊。
- 生：子夏说："各种工匠居住在作坊里完成自己的工作，君子通过学习获得道。"这个比喻好像不是太贴切。他的意思应该是工匠在作坊里完成工作，君子在学校里得道。这是为自己的学校做广告，最后他没好意思说出来，在哪个学校。
- 师：你倒是挺能掰的。不过不是没这种可能性。
- 生：对吧，否则他该说工匠通过手艺完成工作。
- 师：在学校里通过学习"得道"正是今天学生的弊病。我认为弊病有两方面：一方面是自学能力减弱，另一方面是思维能力减弱。
- 生：今天的学生自学能力减弱可以理解，在学校里有老师教，当然可以偷懒，没有那些通过自学考试拿到文凭的学生自学能力强。可思维能力怎么会减弱？难道学校里的学生与自学的学生比，是傻瓜吗？
- 师：你们现在的学习就盯着考试，学习不是为了考试。从小学开始，我们都在为考试而学习，考试的最终目的就是为了升学就业。我说的自学，不是为了考试的学习，纯粹是为了对世界和历史的了解，纯粹是一种个人修养。
- 生：想看啥书就看啥书？
- 师：学校学习都是有标准答案的，自己学习没有答案，答案得自己去找，问题得自己去解决，这就意味着你必须去思考。这并不是你们那种随便翻翻书的休闲式阅读，是想问题、解决问题的阅读。

- 生：我们没啥问题。
- 师：这就说明你们的思维能力在衰退。

19-8 子夏曰："小人之过也必文。"

- 生：子夏跟孔子一个腔调，把君子和小人的区别划得清清楚楚的，像真的一样。
- 师：他当然认为是真的，难道还有假？
- 生：子夏说："小人有过错，肯定会掩饰。"孔子说，知错能改，算是君子。知错不改，进行掩饰，当然是小人。
- 师：你们得记住，不是所有错都能改正的，尤其是对时间犯下的错，是无法改正的。
- 生：啥是对时间犯下的错？
- 师：错误一般指做错的事情，但人们往往忘记了所有事情都是在某个时间段发生的。错误还不仅仅是事情做得不对，还在于该不该做。在某一时间段里做了不该做的事，那是改正不了的。现在到了法定年龄的大学生可以结婚，也可以生孩子。你有承担家庭责任的能力和养育孩子的能力，你可以去做，如果你没有这个能力却去做了，你改正给我看看？
- 生：这当然没法改正。掩饰也不可能呀。
- 师：在该发奋读书的时间里，你却在玩，结果考不上大学，中学毕业就得工作，改正给我看看？
- 生：虽然可以靠自学弥补一下，可毕竟人生的道路会和大学毕业生很不相同。
- 师：所以你们必须明白，什么时间段该做什么，什么时间段不该做什么。如果你做了不该在这个时间段里做的事，那就是对时间犯下的错误，时间的流程是不可逆转的，这种错误无法改正，最多只能弥补，而弥补会挤掉下个时间段的时间，于是你的人生轨迹会变成另外一副模样。
- 生：另外一副模样不一定不好吧，不能绝对地说是一个错误。
- 师：要是这不是你想走的路，当然是个错误。此时此刻，在读书的时间段里不很好地读书，我看就是一个错误。
- 生：我们得勤工俭学，我们得进行社会实践，这可是"学而时习之"哟。
- 师：我看还是不要"时习之"为好。毕业后你们再进学校就难了，进入社会后有更多的实习机会。不要弄到最后，读书时想着工作，工作时想着读书，有些人就是在人生的流程中，错误地晃来晃去。

19-9

子夏曰："君子有三变：望之俨然，即之也温，听其言也厉。"

- 生：没文化的人唠叨好人坏人，有文化的人唠叨君子小人。他们也不觉得烦哪？
- 师：讲道德当然就是这样烦人的。街道里上了年纪的婆婆妈妈们，东家长西家短地议论人家，你们会认为很俗气，可我们从好的方面看，社会舆论不就是这样维系的吗？以前媒体没那么发达，这种社会舆论的维系方式就显得更加重要了。当然从不好的方面说，这种议论也会扼杀与众不同的性格。
- 生：在媒体不发达的农村，这种议论的力量是很强大的。左邻右舍议论哪家的孩子，父母压力就很大，就会对孩子进行教育。
- 师：所以中国传统的道德教育，就是靠长辈们的唠叨。我们来听听子夏的唠叨："君子有三种变化：远望庄严，靠近他显得温和，听他讲话感觉很严厉。"
- 生：严厉的人，总觉得自己有教育别人的权力和义务，严肃的人就未必，或许他只是没有幽默细胞。所以君子都是高高在上，认为自己有权力教育别人。
- 师：分析得不错，在子夏那里，跟孔子一样，君子指的就是管理者。
- 生：看来老师不能成为君子，这么不严肃，还能管理教育学生，我们只能成为小人啦。远看随随便便，近看嬉皮笑脸，讲话嘻嘻哈哈。这就是我们哟。
- 师：怎样一副模样并不重要，只要内心善良，为人宽厚，做事正直，就是君子。

19-10

子夏曰："君子信而后劳其民；未信，则以为厉己也。信而后谏；未信，则以为谤己也。"

- 生：说得没错吧，君子教育别人管理别人，就是为了使唤别人，子夏说："君子取得信任后才能使百姓劳作；没取得信任，百姓会认为是在折磨他们……"这跟现代社会不同，现代社会管理者应该为百姓服务。一脸严肃地教育百姓，会被视为官僚主义。君子应该微笑服务，为百姓劳作。
- 师：那只是理论上的"应该"，能做到的君子很少。对于上级，子夏认为："……也要取得信任然后才劝谏；没有信任，那就会认为是诽谤自己。"在子夏看来，无论对上还是对下，信任是最重要的。如何取得信任，子夏没说。
- 生：总不见得求别人信任自己吧。信任是靠做事情做出来的，你做的事情让别人可以信任你。

- 师：对上侍奉，取得信任容易，对下使唤他们，使他们替你劳作，要取得信任就难啦。谁愿意被人使唤？我看唯一的办法是骗取信任。
- 生：封建社会，对劳动人民而言，君子是骗子。培养君子就是培养骗子。
- 师：话说得有些难听，却也不无道理。

19-11

子夏曰："大德不逾闲，小德出入可也。"

- [词语解释] 闲：木栏，喻界线。
- 师：子夏说："大的德行不能逾越界线，小的德行有些出入也是可以的。"子夏似乎比孔子灵活一点，小的方面放宽了一点。
- 生：也就是说一个人本质好，小节上不必太追究。这里的"界线"到底是啥界线？
- 师：应该是君子的行为规范吧。子夏的意思是，原则问题把握住，个人作风问题就不是太重要。
- 生：现在有一本书蛮畅销的，叫《细节决定成败》，强调的是细节的重要性，这和子夏的看法正好相反。
- 师：这书我没看过。不过我想，此书说的成功肯定不是道德上的成功，不是子夏所说的成为德高望重的人吧？
- 生：那当然，现代人在乎的是事业上的成功，说俗点，就是赚到钱。
- 师：赚钱无视小节是不行的，在激烈的商业竞争中，要胜出别人，当然得靠细微末节啦。产品一样，服务好点，人家就买你的东西。

19-12

子游曰："子夏之门人小子，当洒扫、应对、进退，则可矣。抑末也，本之则无，如之何？"子夏闻之，曰："噫！言游过矣！君子之道，孰先传焉？孰后倦焉？譬诸草木，区以别矣。君子之道，焉可诬也？有始有卒者，其惟圣人乎！"

- 师：孔子死的时候，子张、子夏、子游、曾子等学生都还不到三十岁。二十多岁的人，血气方刚，属于好斗的年龄，所以子夏办学办得有声有色，自然会引来同

☺ 生：子游在说他的坏话了吧。子游道："子夏的学生们，让他们做些打扫卫生、接待客人、引导客人进出的工作就可以了。这些或许都是细枝末节的事，做根本性的东西他们就没能力了，拿这样的学生怎么办呢？"把子夏的学生贬得很低，就是说子夏教不出有大出息的学生。

☺ 生：子夏听了岂不上门找他算账？

● 师：没有找上门，子夏听说了之后，说："唉，言游说得太过分了！君子教育的规则，哪些先传授呢？哪些放在后面传授才能让学生不厌倦呢？这犹如草木，是可以区别和判别的。君子的教育规则，怎么可以被这样诬蔑呢？有始有终地去循序渐进，大概只有圣人是这样的！"

☺ 生：子夏说话还是蛮有艺术的嘛，绵里藏针，不仅数落了一通子游根本不懂教育，还自封为"圣人"。

● 师：老师死了，学生都会争老师留下的地位，可这个地位是谁也争不到的。老师之后，谁是"圣人"呢？谁都觉得自己是老师的接班人。这就像释迦牟尼死后，门徒们都觉得自己是正宗的接班人，于是彼此争吵，弄出十八罗汉来，最后分出各种流派，又弄出许多菩萨来。

☺ 生：孔子的这批学生也算是孔门的罗汉了。后来出了孟子，相当于弥勒佛吧。

● 师：这个比喻虽然贴切，但还是蛮可笑的。

19-13

子夏曰："仕而优则学，学而优则仕。"

● 师：这是子夏说的最著名的话，也是子夏说的话当中，孔子唯一没有涉及这层意思的话。子夏说："做官时还有悠闲的时间就去学习，学习时还有悠闲的时间就去做官。"

☺ 生：以前我还以为这个"优"是优秀呢。说是学习成绩好的就去做官。

● 师：那肯定是不对的，"优"是"悠闲"的"悠"。我看有些父母要孩子好好读书，将来可以做官，要是这样来理解子夏的这句话，肯定是错的。

☺ 生：我看这样理解的为多，否则为啥只记住"学而优则仕"，却很少有人记住"仕而优则学"呢。

19-14

> 子游曰:"丧致乎哀而止。"

- 生:子夏说完了,子游登场。子游说:"居丧表达一下悲哀就行了。"是不是说,不用居丧三年时间了。
- 师:似乎不是这个意思,这里的"丧"到底是"居丧"还是参加丧礼,还很难说。不过子游至少没有孔子那么重视这个。
- 生:表示悲哀,真的很悲哀,那仅仅表达一下是挡不住的,会哭天恸地。要是没有悲哀,表达也是表达不出的,硬装出虚伪的悲哀,对死者很不敬。
- 师:既然没有悲哀,去参加丧礼干什么?去参加丧礼,死者不是亲戚就是朋友,要是对亲戚和朋友的去世无动于衷,恐怕你的情商有问题。

19-15

> 子游曰:"吾友张也,为难能也!然而未仁。"

- 师:子游说:"我的朋友子张,真是难能可贵呀!但是还达不到仁的境界。"
- 生:这是夸他还是骂他?老师一死,就这样说同学,公然把孔子不要说别人短处的教诲,置于脑后。
- 师:我看他们最多也只能算是表面的朋友了。不知道子张听了以后,会不会和子游断绝朋友关系。这就是教训哪。你们以后离开学校,可不能反目为仇。

19-16

> 曾子曰:"堂堂乎张也,难与并为仁矣。"

- 生:曾子怎么也指责子张,可能子张做事真的不地道。
- 师:据说子张注重外在的礼仪,曾子注重内在的修养,形成了完全不同的学派。所以曾子说:"那子张弄得高不可攀的样子,真是难以和他一起实践仁德。"
- 生:要允许百家争鸣嘛,曾子也真是小心眼儿。
- 师:要是颜回还活着,肯定也会受到别的学生攻击。孔子生前老是夸奖颜回,同学们不攻击他才怪呢。
- 生:要是有一个学生,否定孔子的思想,另立门户,会怎么样?

- 师：那同学们一定联合起来指责他离经叛道。

19-17　曾子曰："吾闻诸夫子：人未有自致者也，必也亲丧乎！"

- 师："自致"就是自我发挥到极致的意思，发挥什么呢？绝大多数人从上下文分析，认为是感情发挥到极致。按这个意思，曾子说："我听老师说过：人没有尽情流露自己感情的原因，一定是因为父母还没有去世。"
- 生：老师，曾子是说父母去世哩。
- 师：要是这样翻的话，那得加上一句：如果有尽情流露……
- 生：在父母去世前，不能尽情地流露感情，岂不要憋出病来呀？父母活到八十多岁去世，自己也六十出头了，总算可以尽情流露了，还得三年守丧。嗨，守丧完了，总可以抒情了吧，都快七十了，还有啥感情可抒发的？
- 生：凑合着流露一下老年人的感情呀，否则这样的机会都没了。像孔子的儿子孔鲤就更惨啦，死在老爸前面，一辈子也没尽情流露过什么感情。
- 生：要是临死的时候，问他还有啥遗愿，或许他会说：我最大的愿望就是，这辈子能痛痛快快地哭一次、笑一回哪。
- 师：我看你们可以体会封建礼仪对人性的摧残了。人不能尽情流露感情，到五六十岁，如果还有情感的话，恐怕已不会流露了，他们早已习惯压抑自己的感情了。
- 生：整个社会都这样的话，也就变得很正常了。
- 师：这是心理学家的新课题，在环境不正常的情况下，大家都认为正常的心理，是不是正常呢？

19-18　曾子曰："吾闻诸夫子：孟庄子之孝也，其他可能也；其不改父之臣与父之政，是难能也。"

- [词语解释] 孟庄子：仲孙速。他的父亲叫仲孙蔑，即鲁国的大夫孟献子。
- 生：别人的"子"放在前面，这个曾参把"子"放到了后面，属于年轻一辈学生里的班长，难怪他言必称"老师怎么说"。这里他又"我听老师说过：孟庄子的

孝哇，其他可能都做得到；他不炒父亲部下的鱿鱼，不改变父亲的行政措施，这是很难做到的。"
- 师：这是孔子所谓"三年无改于父道"的孝。不过孟庄子三年后要改变"父之政"，也没机会了。他比父亲孟献子只多活了四年。
- 生：孟庄子有可能是笑死的，像程咬金一样。父亲活着时不能开怀大笑地尽情流露感情，父亲死后得守丧三年，也不能大笑。第四年守丧期满，终于可以放声大笑了，从来没狂笑过，这一笑，一口气缓不过来，死了。
- 师：你倒是真能瞎掰。不炒父亲老部下的鱿鱼，从良心上可以理解，炒人家鱿鱼，弄得人家下岗失业，是不太人道。

19-19 孟氏使阳肤为士师，问于曾子。曾子曰："上失其道，民散久矣！如得其情，则哀矜而勿喜。"

- 师："士师"一词前面出现过，就是法官。阳肤这个人也不太清楚，有记载说他是曾子的学生。孟氏就是"三桓"之一。
- 生：孟氏让阳肤当法官，阳肤来请教曾子。这或许是孔子死后许多年吧，孔子死时，曾子三十都不到，现在也教出个大法官来了。
- 师：曾子办学影响或许超过了子夏，孔子的孙子子思后来也成了曾子的学生。
- 生：子思也很有名哪，孟子就出在他的门下。
- 师：来看曾子是怎么教导阳肤的，他说："管理者丧失行为规范，老百姓人心离散已很久了。如果有罪案的情况得到查实，就同情怜悯罪犯而不要得意。"
- 生：曾子真是蛮善良的哩，管理者都无法无天，对待老百姓犯罪最好睁只眼闭只眼。
- 师：从道德上可以这么干，但法律上行吗？老百姓的犯罪对象，未必都是管理者吧，一个老百姓欺负另一个老百姓，放任不管，老百姓不是更没安全感了吗？法律毕竟是法律。
- 生：那倒也是。现在有些当官的贪污，老百姓去偷他们，他们未必敢报案。要是偷本来就很穷的百姓，法官再不管，让被偷者怎么活呀？
- 师：所以道德和法律是两回事。

19-20

　　子贡曰:"纣之不善,不如是之甚也。是以君子恶居下流,天下之恶皆归焉。"

- 师:商朝的末代君主纣,在人们的眼里一直是暴君的象征,说他没做过残暴的事,那是胡说,但他并不比历史上的其他皇帝残暴多少,身为君主总有残暴的一面。
- 生:子贡提出了不同看法,子贡说:"纣的不善,不像人们传说的那么严重。因此君子讨厌处于下流,处于下流,天下的丑恶之事都会落到你头上。"老师,这里的"下流"应该指道德上的地位低下吧?
- 师:"下流"原本指地势低下,这里指道德或者舆论上的地位低下,跟我们今天用于品行上的低下还是有些差别的,今天我们多用于好色的行为。
- 生:纣不是好色而亡国的么?说他居于下流,也有好色的意思吧?
- 师:好色从来就是封建帝王的属性,拿这个指责纣是没有道理的。周朝的天子娶老婆,还得带上一起娶过来的媵、妾,不算上使女,也有十二个。天子娶妻,诸侯国都得送女子祝贺,这样弄下来,一娶就是上百个。后宫三千只是虚指,实际根本不止这个数。三国时代,吴国的末代君主,老婆就有一万五千人,他还不是天下一统时的皇帝。
- 生:封建时代还真不是什么一夫一妻制啊。拿好色说事,有些"天下之恶皆归焉"的味道。
- 师:其实商朝到了纣的手上,气数已尽,叛乱四起,纣带领大军去平定东方的叛乱,无法顾及西北方的周武王的崛起。说商纣如何暴虐,周武王如何仁德,那是周朝人的自夸。商朝很少有文献留下来,周朝即春秋战国时期留下的文献不少。末代皇帝一般比开国皇帝道德差,能力也差,这是普遍现象,不只是周武王和纣有这种差别。
- 生:这么说子贡的说法有些道理。一个人被视为坏人,啥坏事都落在他头上,跳进黄河也洗不清。
- 师:人们评判的眼光,随着科学的进步,也会改变的。原始部落时期,如果部落里发生了杀人案,谁是凶手往往靠投票表决来决定。
- 生:啊?这太恐怖了吧!岂不都是冤假错案啦?
- 师:所以一个人必须树立道德形象,在舆论上得到大家的认同,否则极可能被选为杀人犯而处死。不需要什么证据,你是大家公认的坏人,那么坏事肯定就是你做的,这才是真正的"天下之恶皆归焉"。
- 生:这么说,那种部落里,社会舆论就等于法律了。

- 师：随着社会的进步，法律和舆论分离，讲法律就需要证据。社会进一步发展，舆论的力量越来越弱，法律的力量则越来越强。

19-21

子贡曰："君子之过也，如日月之食焉：过也，人皆见之；更也，人皆仰之。"

- 师：子贡说："君子的过错，如同日蚀月蚀：犯错，人人都看见；改正错误，人人都仰望着。"
- 生：君子的错误也是个伟大的错误，让人景仰啊。
- 师：我看这是标榜君子。错误人人都会犯，管理者犯错误与一般老百姓犯错，影响可不一样。地位越高，犯错就越可怕。"文革"我们现在承认是错误，可其造成的影响是长期的、持久的。"读书无用论"造就缺少文化的一代，这代人的家庭教育又会影响下一代人。
- 生：老师，据我爷爷说，以前知识分子工资很高，"文革"前我爷爷的父亲当大学老师还能拿三百多，是当时工人的十倍。
- 师：这也是"文革"造成的影响，知识分子被打倒了，还有什么工资？有人专门研究新中国成立前名人的收入，研究的结果是，鲁迅的年收入相当于现在的人民币将近二十万的购买力，而胡适更高，年收入相当于今天五十万人民币。北大有些知名教授，甚至比胡适还高。

19-22

卫 公孙朝问于子贡曰："仲尼焉学？"子贡曰："文 武之道，未坠于地，在人。贤者识其大者，不贤者识其小者。莫不有文 武之道焉。夫子焉不学？而亦何常师之有？"

- [词语解释] 坠：坠落，遗失。
- 师：当时叫公孙朝的人，有记载的好几个，鲁国和楚国都有，所以这里限定是卫国的。卫国的公孙朝来问子贡："仲尼的学问是从哪里学来的呢？"
- 生：为啥问子贡？这时孔子的其他学生都死掉了吗？

- 师：估计是这样，比孔子小几岁的颜回、子路、闵子骞，比孔子死得还早，像前面提到的子张、子游、子夏都比孔子小四十多岁，子贡小孔子三十一岁。老一辈的学生死了，相对年轻一辈的学生中，子贡算是年纪大的了。
- 生：孔子死后名声还这么响，也算是不容易。想必他的学生也成了名人。
- 师：子贡对公孙朝说："周文王、武王时代的东西，并没有在人间遗失，留存在人们身上。贤能的人认识它的基本原则，不贤能的人也能认识它的细枝末节。任何地方都有文王武王时代的东西。老师哪里不在学习呢？又哪里会有固定的老师呢？"
- 生：孔子的学问不是读书读来的，是从民间打听来的？
- 师：那时哪有那么多书读哇？老子曾经当过周王朝的"守藏吏"，也就是中央博物馆、图书馆、档案馆之类的馆长，有书可读。孔子又不是图书馆管理员，当然只能在民间学习啦。
- 生：那可真是不容易。会不会是孔子自己胡乱想出来的呢？
- 师：我看这是你自己在胡思乱想。你们要珍惜如今有这么多书可读，这可是人类文明的结晶，在孔子的时代，要增长点学问可真不是容易的事。

19-23　叔孙武叔语大夫于朝，曰："子贡贤于仲尼。"子服景伯以告子贡。子贡曰："譬之宫墙，赐之墙也及肩，窥见室家之好；夫子之墙数仞，不得其门而入，不见宗庙之美、百官之富。得其门者或寡矣。夫子之云，不亦宜乎！"

- [词语解释] 宫墙：围墙。　　仞：七尺。　　官：房舍。
- 师：叔孙武叔在朝廷上对大夫们说："子贡比他的老师仲尼要贤能。"这个叔孙武叔也是鲁国的大夫，真名叫州仇。
- 生：好像有拍子贡马屁的意思，反正孔子已经死了。
- 师：我看他讲的不一定错。在当老师、做学问上，子贡肯定不如孔子，但在做官的能力上，子贡比孔子强，比孔子更有才能。不过州仇是不是指某一方面，就不知道了。
- 生：子服景伯去告诉了子贡。这个子服景伯前面出现过，和孔子的关系挺不错的。
- 师：我们来看子贡打的比喻。他说："拿围墙打比方，我端木赐的围墙只有肩膀那么高，可以看见里面房舍的漂亮；老师的围墙有好几丈高，不能找到它的门进入，就看不见里面宗庙的美丽、众多房舍的富丽堂皇。能找到大门的人或许很少哇。那位先生这样说，不也是很自然的嘛。"
- 生：子贡这个比喻打得有些水准。自己的水平差，不得入其门，只能目光短浅啦。

19-24

叔孙武叔毁仲尼。子贡曰："无以为也！仲尼不可毁也。他人之贤者，丘陵也，犹可逾也；仲尼，日月也，无得而逾焉。人虽欲自绝，其何伤于日月乎？多见其不知量也！"

- [词语解释] 以：此。　多：只，仅仅。
- 生：叔孙武叔诋毁仲尼。大概是有人把子贡的话告诉了叔孙武叔，这家伙气不过，干脆骂孔子的"山门"。
- 师：没记录他是怎么"诋毁"的，我们也不好乱猜。不过《论语》都快写完了，总得歌颂一下孔子，正面歌颂有些不好意思，来个侧面歌颂。
- 生：来听听侧面歌颂。子贡道："不能这么做的呀！仲尼是不可以诋毁的。别人的贤能，像丘陵，还可以翻越；仲尼，那是日月，不可能翻越的。有人既然想自绝于日月，对日月又有什么伤害呢？只能看出这些人是多么不自量力呀！"

19-25

陈子禽谓子贡曰："子为恭也，仲尼岂贤于子乎？"子贡曰："君子一言以为知(智)，一言以为不知(智)，言不可不慎也。夫子之不可及也，犹天之不可阶而升也。夫子之得邦家者，所谓立之斯立，道(导)之斯行，绥之斯来，动之斯和，其生也荣，其死也哀。如之何其可及也。"

- [词语解释] 道：导。
- 师：这个陈子禽，你们还记得么？
- 生：噢，就是那个专门打听隐私的陈亢，在"第一"和"第十六"里出现过。这次他没打听隐私。陈子禽对子贡说："您是谦虚吧，难道仲尼真的比您有才能？"

他还真想搞清楚孰优孰劣哩。

- 师：这段是延续上面，继续歌颂孔子。子贡道："君子一句话可以显出智慧，一句话也可以显出无知，所以说话不可以不慎重……"
- 生：他的意思是让陈亢别乱说，免得显出无知。看来他对陈亢的态度比对叔孙武叔要好点。
- 师：这也说明子贡的名气也日益大了起来。不过在子贡面前说孔子能力差，怕是找错了对象。在子贡眼里："……老师是高不可及的，犹如青天不可能用阶梯攀登上去。老师要是能够得到地盘执政，那可以说，要建立什么就建立什么。引导大家，大家就前行；安抚大家，大家就来投奔；动员大家，大家就齐心协力。他生前是那么荣耀，他死后人们是那么悲痛。这样的人，我怎么能够赶得上呢？"
- 生：真是推崇得可以。所谓生的光荣，死的悲哀。
- 师：说到这份上，子贡说的完全是情感性的话。
- 生：好像子贡为孔子居丧了六年，是吧？
- 师：是啊。像颜回这些比孔子早死的学生不算，孔子去世时，活着的学生当中，子贡的确对孔子最有感情。孔子被安葬在曲阜城北的泗水边上，别的学生守三年墓就离开了，只有子贡在墓旁搭了个茅棚，又守了三年丧。
- 生：孔子为啥不葬在山上？据说他是在山上生的，所以取名叫丘。
- 师：我哪知道？
- 生：老师可别奢望死后我们会替您守丧六年，六个月都不可能。
- 师：我哪有这种奢望？我甚至不敢奢望你们能守丧六小时。
- 生：六小时是可以做到的，开个追悼会也就这点时间哩。
- 师：我想死后，追悼会都不用开，直接火化，骨灰往抽水马桶里一倒，也就了结了。
- 生：这也太随便了，会伤害我们对老师的感情的。
- 师：现在你们体会到古人"一日为师，终身为父"的情感了吧。在子贡面前，说他"老爸"不好，他还不跟你急呀。

尧曰第二十

20-1

尧曰："咨！尔舜！天之历数在尔躬，允执其中。四海困穷，天禄永终。"舜亦以命禹。曰："予小子履，敢用玄牡，敢昭告于皇皇后帝：有罪不敢赦。帝臣不蔽，简在帝心。朕躬有罪，无以万方；万方有罪，罪在朕躬。"周有大赉，善人是富。"虽有周亲，不如仁人。百姓有过，在予一人。"谨权量，审法度，修废官，四方之政行焉。兴灭国，继绝世，举逸民，天下之民归心焉。所重：民、食、丧、祭。宽则得众，信则民任焉，敏则有功，公则说(悦)。

- [词语解释] 历数：指王位的传承。　　允：诚实。　　予小子：上古帝王自称为"予小子"或"予一人"。　　简：检阅，检查。　　赉(lài)：赏赐。　　周亲：至亲。　　权量：权是轻重的度量，量是容量大小的度量。　　法度：长短尺寸的度量。

- 师：许多学者认为这一段似乎与整部《论语》是脱节的，但也有人认为，应该把这视为孔子理论的传承，表明这种理论的源头，以示儒家学说的正宗。

- 生：老师，理论也分正宗不正宗的呀，不符合自己的想法，就被称为旁门左道，跟江湖武林一样？

- 师：理论没有这种分别，有这种分别的是某些人的想法，可以说有此想法，已经完全没有科学精神了。社会科学也是科学，其客观性只有一个，那就是社会。符不符合社会的历史和现实，这是唯一的标准。我们来看看，这段话放在这里到底是什么意思。尧说："喂！你，舜！上天给予的王位落到了你身上，请诚实地把握政权在中正之道上。如果四海陷于穷苦，上天赋予你的禄位将永远地终止。"

- 生：这应该是尧把王位传给舜时说的话。下面舜也以此话传位于禹。

- 师：为此有人就认为，孔子的学说，是由一代代圣人传下来的：尧、舜、禹、商汤、文王、武王、周公，然后就是孔子，再后面就是孟子。

- 生：老师，有这种可能吗？一种理论代代相传，这还是科学么？一首歌曲代代相传，还能让人相信。难道尧就认识了社会发展的规律、人类文明的原则？

- 生：老师，后面是接受王位的演说，这是谁说的呢？

- 师：履就是商汤，商朝的开国君主，《史记》里说他叫天乙，甲骨文中说他叫大乙，传说中他又叫履。汤说："我履谨以黑色的牡牛作祭品，斗胆地明白告诉光明而伟大的天帝：有罪的人，我不敢赦免。天帝之臣的行为，我不敢隐瞒，天帝的心里自能明察。我自己有罪，不要牵扯到天下万方；天下万方有罪，罪责归于我一人。"

☺ 生：开国君主都有些能耐，品行上一般也比后面的君主要好，瞧商汤说得多么振振有词，俨然千秋伟业从自己开始。

☻ 师：发表豪情万丈的就职演说的商汤会想到纣的灭亡吗？接下来是周。周朝大封功臣，有道德的人都富了起来。"虽然有至亲，不如有道德的人。百姓有过错，责任在我一个。"后面估计是周武王说的话，可能也是就职演说。

☺ 生：让有道德的人先富起来，这倒是蛮有意思的说法。如今道德底线屡屡受到威胁，是不是也应该让有道德的人先富起来。我看光靠表扬作用不大了，英雄流血又流泪，这怎么行呢？

☻ 师：周武王得天下，你认为他真的愿意分封各路诸侯哇，没办法，人家出力了，得给人家好处。我就不信周武王不想让自己的至亲富起来，而让有道德的人先富起来，那也是手下各个利益集团斗争的结果。同样，尧、舜不想把王位传给自己的儿子么？不是的，那是原始社会还没有建立世袭制，没办法而已。

☺ 生：看来一切都围绕着利益在转，所谓有道德的人，也只是对周武王得天下有功的人而已。

☻ 师：下面的这段，有人认为是孔子说的话，我看没依据。这段只是总结了这些开国君主的治国方针。谨慎制定度量衡，审定尺寸长短的用法，修复废弃的各种官职，天下的统一政令得到推行。复兴灭亡的国家，承续断绝的世族，推举流落民间的人才，天下的老百姓就诚心归服。这是一般开国君主都会做的事。战乱之后，天下统一，不做这些，还能统治这个国家吗？这些百废待兴的事，不说也知道。

☺ 生：秦始皇统一天下后，也做这些事。统一度量衡，统一语言文字，推行郡县制，建立法律，选举人才，等等。

☻ 师：这是一般的规律，随后所注重的是：百姓、粮食、丧礼、祭祀。有的学者把这段视为孔子的话，以此证明孔子把百姓放在第一位，他是多么爱民，多么以民为重。首先很难证实这是孔子的话，其次这里把百姓作为注重的首位，实际上不是把人民放在重要位置，不是统治者建立什么为人民服务的思想，而指的是人口。人数众多，这是冷兵器时代国家实力强大最重要的标志。人口和粮食产量，那是大国的基础。

☺ 生：就是对百姓好点，四方的百姓能够归顺，让他们生活安定，就能多多繁殖后代，繁衍人口比发展经济还重要。

☻ 师：经济是人创造的，那时正好倒过来，人少地多，只要有人，耕地是不成问题的。这是开国君主所重视的。至于丧礼和祭祀，在相信鬼神的时代，这是非常重要的。

- 生：下面，宽厚就得到大家拥护，诚信就得到百姓信任，勤勉就会有功绩，公正就让百姓高兴。这些都是说的对百姓好点儿吧。
- 师：的确是这样。这段文字看似与孔子的话没关系，其实关系大着哩。它想说明的是孔子理论的基础。孔子的理论来自于对远古社会理想化的构想，来自于远古社会开国君主们的治国理念。

20-2

子张问于孔子曰："何如斯可以从政矣？"子曰："尊五美，屏四恶，斯可以从政矣。"子张曰："何谓五美？"子曰："君子惠而不费，劳而不怨，欲而不贪，泰而不骄，威而不猛。"子张曰："何谓惠而不费？"子曰："因民之所利而利之，斯不亦惠而不费乎？择可劳而劳之，又谁怨？欲仁而得仁，又焉贪？君子无众寡，无小大，无敢慢，斯不亦泰而不骄乎？君子正其衣冠，尊其瞻视，俨然人望而畏之，斯不亦威而不猛乎？"子张曰："何谓四恶？"子曰："不教而杀谓之虐；不戒视成谓之暴；慢令致期谓之贼；犹之与人也，出纳之吝，谓之有司。"

- [词语解释] 屏：屏除。　犹之与之：一样给别人。　有司：管具体事务的小吏。
- 生：孔子不是死了么？怎么又活过来啦？
- 师：孔子是死了，理论基础也阐明了，《论语》是该结束了。拖了个尾巴，估计是遗漏补上去的。子张问孔子道："如何才可以从政呢？"孔子说："遵从五种美德，屏除四种恶行，就可从政了。"
- 生：原来中国"五讲四美三热爱"这种简称，也属于传统文化哩，孔子二千多年前就这样用了。
- 师：简称虽然容易记，可也容易不明就里。所以子张问："什么叫五美？"孔子道："君子施恩而不浪费，使百姓劳作却不让他们埋怨，有欲望却不贪婪，矜持却不傲慢，威严却不凶猛。"
- 生：不就是那套中庸嘛，领教够了。只是有一点，施恩时不浪费，这是孔子以前所没讲过的。很实际呀，对下级或百姓施恩，为了啥？就是为了后面使他们劳作，为了让他们替你卖命时无怨无悔。

- 师：一切都为了等级。老板给你一点恩惠，你加班不就心甘情愿啦。
- 生：这是肯定的。老板把利润全放到自己的腰包里，谁还愿意替他赚钱呢？
- 师：领导嘻嘻哈哈，还有什么等级的威严呢？可太傲慢、太凶猛，也使唤不动别人，别人很反感。孔子进步的地方在于，等级不是靠压迫和残暴维护，而是靠恩惠和道德。
- 生：接下来子张问："什么叫施恩而不浪费？"他悟性不好，要问个详细。
- 师：我们来看孔子说："根据老百姓的利益所在，给予他们一点恩惠，不就是施恩不浪费了么？选择可以劳作的事让他们劳作，又有谁会怨你呢？想仁爱而得到仁爱，又怎么算贪婪呢……"
- 生：老师，他说的欲望不是贪财哩，是想得到"仁"，我们冤枉他了吧？
- 师：算是冤枉他吧，当官的是贪财的，当官里面的君子是贪"仁"。我们忘了，他是在说把等级作为理想的君子。"……君子不论人多人少，势力大势力小，都不敢怠慢，这不就是矜持却不傲慢么？君子衣服帽子都穿戴得很整齐，目不歪视，庄严得让人望而生畏，这不就是威严却不凶猛么？"
- 生：看上去是个特严肃的老板，一点幽默感也没有。老板这副样子，中层干部也会这样。在这样的公司里工作很压抑的哩。
- 师：为啥压抑？因为没有平等的气氛。那不是一个团结协作的团队，而是靠等级维持的集体。
- 生：下面是子张问："什么叫四恶呢？"孔子说："没有教育就把他杀了，这叫虐待；没有事先告诫就要看别人的成绩，这是粗暴；命令下得很慢，又要限期完成，这叫陷害；一样是给别人东西，出手却很吝啬，这就叫小家子气。"
- 师：孔子就是告诉统治者，使唤百姓时要合理使唤。
- 生：后面像是对公司老板说的。看成绩啦，限期完成啦，发奖金很吝啬啦。公司老板可都这样，尤其是私企老板。
- 师：老板付钱，使唤手下的员工，当然要使员工发挥最大的效益。孔子告诉了他们一套使用员工的最佳方案。但当官的和百姓是这种关系吗？上下级之间是这种关系吗？
- 生：不是，做官不为民做主，不如回家卖红薯。上下级关系只是同事关系，都是为国家做事。

20-3

孔子曰："不知命，无以为君子也；不知礼，无以立也；不知言，无以知人也。"

- 师：《论语》的最后一句话，或许是补漏而为的，或许是孔子的最后一丝幽魂。

孔子说:"不知道命运,无法成为君子;不知道礼仪,无法立足于社会;不知道语言的奥妙,无法了解别人。"这里的"命",有人理解为"天命"。

☺ 生:要是知道天命,才是君子,君子岂不都成了算命先生啦?

● 师:所以翻译成"命运"比较妥当。孔子知道自己的命运吗?

☺ 生:不知道吧。要早知道周游列国捞不着什么官,推行不了自己的政治主张,还这么起劲地跑干吗?

☺ 生:我看是知道的,什么叫"知不可为而为之"呢?他知道自己得不到什么官,也施展不了自己的才能,却还去做。你以为他是傻瓜吗?不是的。他是到处做广告,力图成为名人。成了名人,鲁国才把他请回去,尊为"国老",给他大夫级待遇的。

☺ 生:这样应该说:"知不可为而为之。"

● 师:或许"知不可为而为之",这只是自我解嘲罢了。他并不了解当时的社会处于什么历史进程中,也不了解如何改造社会。要是真的给他一个封地,他会像子贡所说的,建立起一个理想化的国家?任何国家都不可能脱离整个世界的大环境,乌托邦式的国家是不可能存在的,也是不可能实现的。不能认清社会,岂能认清自己的命运?